하버마스 : 이성적 사회의 기획,
그 논리와 윤리

나남출판

나남신서 · 561

하버마스 : 이성적 사회의 기획,
그 논리와 윤리

한상진　박영도　윤평중

정호근　이홍균　이기현

황태연　장춘익　김재현

송호근　이신행　권용혁

이진우　이상화　허영식

NANAM
나남출판

"오늘날에는 곳곳에 안개가 너무 많이 끼어 있습니다.

저는 이 안개가 걷힐 수 있다는 희망을 버리지 않습니다.

이 일에 제가 무언가 기여할 수 있다면 좋겠습니다."

— 하버마스

Jürgen Habermas

머리말

하버마스가 30년 이상 줄기차게 추구해 온 이론적 시도는 비판적 사회이론을 정초하려는 과제에 수렴되며, 그간의 노력은 1981년에 2권으로 출간된 Opus magnum 《의사소통행위이론》으로 일단 그 '마지막 형태'에 도달했다. 저자 자신에 의해 '괴물'이라고 칭해진 이 책은 그 안에서 다루어진 이론들의 폭과 그 자극적인 논구 방식에 의해서 출간과 더불어 광범한 반향을 불러일으켰으며, 그에게 동의하든 동의하지 않든 오늘날 그를 거쳐가지 않고는 사회이론이나 사회철학을 논하는 것이 거의 가능하지 않을 정도로, 적어도 현대사회를 이해하고자 하는 전문가들에게는 논의의 수준에서 하나의 척도가 되고 있다.

하버마스의 사유는 고도의 이론적 엄밀성의 요구에 충실하면서도 사회의 구성원으로서 현실에 대한 예민한 관심을 줄곧 견지해 온 이중적 의미에서 '개입적 사유'라 할 수 있다. 수차에 걸친 당대의 유력한 학적 조류들과의 논쟁이 이론적 개입이라면, 사회적으로 민감한 사태에 직면해서 아끼지 않은 발언은 현실 개입이다. 현실사회주의의 몰락과 더불어 유토피아적 에너지 자체가 고갈되고 도대체 현재와 '다른 것'의 가능성 자체에 대한 믿음이 사라졌을지는 모르지만, 다행히 얻은 것이 있다면 냉정함이다. 하버마스의 이론도 섣부른 찬반공방을 넘어서 냉철히 수용될 수 있는 계기는 마련된 것이다.

하버마스가 지난 해 한국을 방문하고 떠났다. 분명 그다지 여유 있었

다고 할 수 없는 일정에도 불구하고 그는 여러 강연과 토론 등에서 성실
한 태도를 보여준 바 있다.* 방문과 때맞추어 《사회비평》은 금세기의 가
장 영향력 있는 철학자 중의 한 사람인 하버마스의 사회철학이론과 비판
적 대결을 벌인 바 있다. 이 책은 그간 독자들의 많은 관심으로 이미 절
판된 《사회비평》의 하버마스 특집호를 그 기본 틀은 크게 변경하지 않고
두 가지 면을 수정 보완하여 새롭게 단행본으로 꾸민 것이다. 첫째는,
특집호에서 현대사회와 현대철학의 폭넓은 맥락에서 하버마스 사상 전반
의 지평을 독자들에게 이해하기 쉽도록 개진해 주었던 대담을 이번 단행
본에서는 제외하고, 그 자리에 그 대담에 참여하였던 분들(김재현, 박영
도, 윤평중, 장춘익 교수)의 글을 수록하여 대담이라는 형식적 제약 때문
에 미진했던 논의를 전개할 수 있는 기회를 부여하여 논의의 완성도를
높였다. 둘째는, 《사회비평》의 지면에 그간 발표되었던 하버마스에 관
한 논문들 중 이 책의 기획에 맞는 글(송호근, 이신행 교수)을 선별하여
수록하였다. 따라서 새로 수록된 글들 중 일부는 이 책을 위해 새로 쓴
것은 아니라고 하여도 이미 발표된 글이라 하여 읽을 가치가 없는 것은
아닌 만큼 그 의의는 충분하다.
　이 책에서는 하버마스의 이론에 대한 일종의 '중간평가'를 시도했다.
이 기획의 의도를 이 기획이 의도하지 않았던 바 몇 가지를 언급함으로
써 대신하고자 한다. 이 기획은 하나의 이론을 오직 잘 이해하고자만 하
는 '해석 기술'의 경연장을 마련하고자 하지 않는다. 또한 생산적이지 않
은 이데올로기적 찬반의 소모전은 처음부터 논의 밖이다. 가능한 한 모
든 주제들을 망라하려는 요구도 설정하지 않았다. 대신에 이 기획의 필
자들은 직접 간접으로 하버마스 이론의 전문가이기는 하지만 모두들 각

---

* 내한 강연문들을 포함한 그의 체류기간 중의 '일거수 일투족'은 한상진 편, 《현
　대성의 새로운 지평》(나남출판, 1996)에 충실히 기록되어 있다.

자의 고유한 시각으로 하버마스와 비판적 대화를 시도한다. '하버마스와 더불어 하버마스에 대항해서' 사유하는 것이 이를테면 이 책의 모토이다. 각 필자들이 비판적으로 구명한 내용들이 하버마스가 자기자신을 이해하고 있는 바에 반드시 부합하지 않을 수도 있을 것이다. 그렇지만 자극적인 '오해'는 생산적일 수 있는 것이다.

'하버마스 읽기'는 힘들다. 그러나 그에게 동의하든 동의하지 않든 아무튼 그에게서 많은 것을 배운다는 것도 의심의 여지가 없다. 완전하고 완성된 '진리'를 단지 전하는 자가 아니라 사람들을 사고하게끔 부추기고, 나아가 그 스승조차도 넘어서도록 자극을 주는 자가 진정 훌륭한 스승이라면, 하버마스는 분명 금세기의 가장 훌륭한 스승 중의 한 사람이다. 이 기획을 꾸민 필자들의 '하버마스 읽기'가 이 사실을 입증할 수 있었으면 하는 바램이다.

여기서 각 장의 내용을 일별해 본다. 1부에서는 하버마스 이론의 기본개념과 이론적 구조 자체 및 철학적 배경의 폭과 깊이가 논의에 붙여진다. 가로로 다른 사상적 조류들과의 차별성이 부각되는가 하면 세로로 이론 내적인 정합성이 천착된다. 2부에서는 하버마스 이론의 정치적 함의가 논의의 대상이 된다. 그의 담론이론이 유도하는 정치이론의 특성이 밝혀지고 이른바 그의 후기 자본주의론이 제공하는 정치현실 기술의 적실성도 심문된다. 나아가 그의 이론이 한국사회의 정치변동을 이해하기 위해서 어느 정도까지 적용가능하며 또 유용한가 하는 물음도 숙고된다.

현대 서구사회에는 계급갈등이 제도적으로 통합되어 사회 전체를 동요케 하는 폭발력은 적어도 현상적으로 나타나지 않고 있다. 그 대신 다변화되고 다양한 관심과 이익 등을 대변하는 소규모 집단적인 움직임들이 형성되고 있다. 하버마스는 '의사소통행위이론'이 분배문제를 중심으로 한 갈등의 도식에 맞지 않는, 현대사회에 새롭게 대두되는 갈등과 그에 따른 신사회운동의 발생근거와 논리를 이해할 수 있게 한다고 본다. 3부 "신사회운동의 지평"은 바로 이 문제를 다룬다. 이 3부의 논의는 신사회 운동의 전 지평 또는 하버마스가 그의 이론 틀 안에서 고려하고 있는 모든 운동의 경향들을 포함하고 있지는 않다. 그 이유는 한편, 그와 같은 시도가 너무 큰 과제이기도 한 때문이지만, 다른 한편 그보다 더 의미 있는 이유는 신사회운동에서 언급된 모든 경향이 아직 우리의 '현실'은 아니기 때문이다. 3부의 기고들은 모두 현실에 관련된 뚜렷한 문제의식 으로부터 하버마스와 비판적 대화를 전개하여 하버마스를 넘어서는 생산 적 제안까지 논의를 전개하고 있다.

독자들의 이해를 위해 이 책에 게재된 글들의 주제를 간단히 소개한 다. 먼저 하버마스의 글에 익숙지 않은 독자들에게는 그의 철학의 형성 과정을 뒤쫓으며 안내하는 허영식 교수의 글이 훌륭한 방향잡이가 되어 줄 것이다. 한상진 교수의 글은 언어적 패러다임으로 전환한 비판이론이 갖는 의의를 폭넓은 맥락에서 균형 있게 조명하고 있다. 박영도 교수는 하버마스에서 주체중심적 사유의 극복은 담론의 변증법으로 구현됨을 보이고, 이것이야말로 탈근대론을 위시한 여타 담론의 '딜레마'를 피할 수 있는 입론임을 강조한다. 윤평중 교수는 하버마스적 언어이해의 비판적 논의를 통하여 그의 담론이론이 사회철학으로 확립되는 데서 갖는 난점을 보이고 그에 대해 '유물론적 담화이론'의 필요성을 개진한다. 정호근 교수의 글은 의사소통적 규범정초의 이론적 문제점을 지적하고 그 기획 으로부터 전환을 시론적으로 모색한다. 이홍균 교수는 하버마스의 체계와 생활세계의 구별에 입각한 사회이론이 안고 있는 이론적 문제점 및 현실진단에서의 미흡한 점을 지적하고 있다. 이기현 교수의 글은 프랑스 철학의 배경에서는 쉽게 눈에 띌 수 있으나 같은 '우물 안에 있는 자'들에게는 자칫 간과되기 쉬운, 그렇지만 경시되어서는 안될 의사소통과 연관된 권력의 문제를 지적한다.

　황태연 교수의 글은 시민사회와 공공영역의 정치적 기능이라는 맥락에서 하버마스의 정치이론을 구명하고 비판적 보완까지 제시하고 있다. 장춘익 교수는 하버마스의 법 담론이론에서 법의 정당성의 원천이 실천적 합리성에 있음을 밝히고 이어서 법과 도덕의 관계를 논한 다음 이로부터 법이 민주주의 체제에서 갖는 정치적 기능까지 규명하고 있다. 김재현 교수는 하버마스의 후기 자본주의론을 중심으로 위기논의를 정리하고, 하버마스가 전기의 '위기이론'에서 '사회병리학'으로 논의를 전개시킴으로써 전기 위기론의 애매성을 보완하고 그것에 경험적 구체성을 부여한다고 해석한다. 송호근 교수는 하버마스가 이성의 '도덕적 잠재력'을 복원하는 데는 성공한 듯하지만 그의 이론의 과도한 일반화 때문에 노동을 중심으로 점화되는 현실 정치적 갈등을 등한시하는 값비싼 대가를 치른다고 주장한다. 이신행 교수는 거대이론이 어쩌면 어느 정도 무릅쓸 수밖에 없는 '단순화'가 구체적인 역사적 정치사회의 변동을 설명하는 것을 어렵게 함을 지적하면서, 바로 체계와 생활세계의 이분법이 한국의 80년대 정치변동의 동력을 설명하기에 불충분하다는 점을 역설한다.

　권용혁 교수는 신사회운동의 다양하고 이질적인 경향들을 우선 하버마스에 논의를 국한하지 않고 일목요연하게 개관한 다음 이것과 하버마스와의 관련성을 제시하여 줌으로써 신사회운동의 윤곽을 파악하는 데 도움을 주고 있다. 이진우 교수의 글은 오늘날 긴급한 문제인 환경 내지는 생태계의 철학적 문제에 대해 하버마스적 '거대이론'이 노출하는 무관심의 근원을 추적하고 대안적 단초를 시사한다. 여권운동은 전통적인; 일종의 억압으로부터의 해방운동이다. 여성문제 전문가들은 많지만 하버마스와 생산적 대화를 나눌 수 있는 전문가는 그다지 많지 않은 현실이다. 이 공백을 이상화 교수의 글이 훌륭하게 메우고 있다.

　'하버마스의 한국방문 이후'의 논의는 그의 방문 이전과는 달라야 한다. 바야흐로 정보통신기술의 급격한 발달에 따른 이른바 정보사회의 도

래와 한계를 알 수 없이 위세를 보이는 소비문화의 격랑 속에서 '사회철
학의 위기'를 논하는 초조한 분위기가 적지 않게 유포된 상황에서, 그의
방문이 학계를 넘어 불러일으켰던 큰 반향은—여기에 우연적인 요인들
이 작용했음을 전적으로 부인할 수는 없다고 하더라도—'사회철학적 계
몽'에 대한 식지 않는 사회적 기대가 잠재해 있음을 보여주었다. 하버마
스는 내한 강연에서 자신의 철학적 관심 내용을 제시했을 뿐 아니라 사
회철학자답게 통일 문제 등 한국사회의 관심사를 자신의 이론 틀로 조망
하기도 하면서 우리에게 다가왔고, 우리측에 '수근거림'에서 '공명'에 이
르기까지 여러 파장을 남겨 놓았다. 그의 방문이 준 자극이 어떤 '스타의
공연'과 같은 일과성에 그치지 않으려면, 방문 이후 고양된 우리의 역량
으로 다시 한번 그의 철학과 대결하는 기회를 갖고 그 성과를 집약하는
노력이 필요할 것으로 생각된다. 이 대결은 어렵지만 다음 기회로 미룰
수밖에 없다.

1997년 8월
정 호 근

나남신서·561

하버마스 : 이성적 사회의 기획, 그 논리와 윤리

차 례

II. 정치적 실천의 차원

III. 신사회운동의 지평

현대의 '마지막' 거대이론

1장

언술검증과 비판이론

한 상 진

1. 머 리 말

맑스주의에 대한 실증주의의 가장 강력한 비판의 하나는 검증의 개념과 절차가 없거나 빈약하다는 것이다. 맑스주의를 '개방사회의 적'으로 보았던 칼 포퍼는 이 점을 매우 예리하게 지적했다. 이들의 눈에 비친 맑스주의는 변증법이라는 이름하에 사회적 총체성을 파악하는 과학적 방법론을 가지고 있다고 하지만, 이 주장은 어디까지나 이론적 가설일 뿐이며, 가설을 검증하는 절차나 방법 없이, 자신의 주장이 진실인양 포장한다는 것이다.

실증주의가 표방해 온 과학개념과 검증개념의 편협성을 아무리 신랄하게 비판할 수 있다 하더라도, 맑스주의 안에 과학적 검증의 정신이 결여되어 있다는 진단은 부정할 수 없는 것이다. 맑스주의의 토양 위에서 민주주의의 가치가 제대로 발전하지 못했고, 급기야 동구권 등 사회주의 체제가 무너지게 된 것도, 엄밀히 말해, 이 문제와 관련이 있다는 지적도 옳다고 본다.

이 글은 이러한 내재적 한계를 응시하고 비판 이론의 전통 안에서 해결책을 모색하는 데 앞장 서 온 위르겐 하버마스의 사상을 '언술검증'

■한 상 진
서울대학교 사회학과 및
동 대학원 졸업
미국 서던 일리노이대학
사회학 박사
현재 서울대 사회학과 교수

저서로 《중민이론의 탐색》,
《현대성의 새로운 지평》(편) 등

(discursive testing)의 개념에 초점을 맞추어 분석하려는 것이다. 엄격히 말하면, 언술검증의 개념을 논하려면 그것의 전제가 되는 언술분석(discursive analysis)의 개념을 살펴보아야 하고, 그러려면 해석학, 언어이론, 구조주의, 후기구조주의 등을 잇는 다양한 사조에 대한 검토가 요구된다. 이것은 명백히 이 글의 범위를 벗어나는 작업이다. 필자는 그 동안 다른 글에서 푸코의 언술분석과 하버마스의 언술검증 개념을 연결시키는 것이 가능하고 의미 있을 뿐 아니라, 새로운 사회과학의 패러다임을 모색하는 데 유용하다는 관점을 피력한 바 있다. 이 글에서는 하버마스가 언어이론으로 선회한 이래 그가 얻은 비판이론의 재구성과 토대확립을 위한 핵심적 열쇠의 하나가 언술검증의 개념에 있다는 판단하에 논의를 전개할 것이다. 때문에 이 글은 출발점에서 매우 선택적임을 강조하고 싶다. 하버마스의 방대한 저술 가운데 언술검증의 개념에 직접 관련되는 문헌을 중심으로 논하고, 다른 저술들도 이 관점에서 해독하는 방식을 택할 것이다. 그러나 1970년대 중엽에 명시적으로 발전시킨 언술검증의 개념이 80년대와 90년대에 나온 민주주의, 시민사회, 대화윤리 등에 관한 하버마스 이론의 기저가 되고 있음도 드러날 것이다.

2. 비판이론과 언어 패러다임

하버마스는 비판이론 기초를 보다 엄밀하게 다듬고 체계화시킬 목적으로 맑스주의 문제들에 도전했다. 하버마스(1979:95)는 이러한 노력을 '재구성적'이라고 불렀다.

재구성이란 어떤 이론이 스스로 설정한 목표를 보다 완전하게 달성하기 위해서 그 이론을 분해시키고, 다시 새로운 형식 속에 그것을 되돌려 놓는 것을 의미한다.

하버마스에 의하면(1979:95), 이것은 '많은 측면에서 수정을 요하지만, 자극의 잠재력이 여전히 사라지지 않은 이론'을 다루는 정상적인 방식이다. 맑스주의도 예외가 아니다. 하버마스가 볼 때 맑스주의는 언어와 유물론의 관계가 적절히 다루어질 수 있는 방식으로 수정될 필요가 있다. 크게 볼 때 비판적 사회과학의 기초를 밝히기 위해서 하버마스(1979:1~68)는 그의 '보편적 화용론'이라는 기획을 발전시켰다. 하버마스(1979:95~117)는 구조주의적 기호학(푸코, 보드리야르, 바르트, 라캉)에서 발견되는 것보다 훨씬 더 명시적인 방식으로 언어와 유물론을 연결시킴으로써 사회진화의 문제들을 해결하고자 했다. [1]

유물론이 언어의 중요성과 물질성을 다루는 데 결함이 있다는 하버마스의 비판은 두 가지 논점으로 나눌 수 있다.

첫번째는 자본주의 사회구성체의 복합성은 적절한 언어이론 또는 커뮤니케이션 이론의 도입 없이는 적절히 연구될 수 없다는 것이다. 두번째

---

1) 사적 유물론을 재구성하려는 논의는 그 동안 다양하게 전개되었다. 그러나 언어를 유물론에 연결하려는 하버마스의 시도는 '지식과 관심'에서 출발하여 그의 1970년대 중엽의 저작들(Habermas, 1976a; 1979) 속에서 가장 명확하게 진전되었다. 이에 반하여 카우어드(Coward)와 엘리스(Ellis)의 책 《언어와 유물론》은 언어와 유물론의 관계에 대하여 구조주의 기호학적 접근을 택한다.

24

는 유물론적 분석 그 자체가 하나의 언어이고, 따라서 비교조적인 방식으로 자신의 성격을 밝히기 위해서도 언어이론은 필수적이라는 것이다. 첫째 것은 다소 실질적 논점인 반면, 둘째 것은 인식론적 메타이론에 관한 것이다.

첫번째 비판은 왜 언어이론이 사회분석에 필수적인가를 탐구하기 위한 것이다. 하버마스의 입장에 관련하여 약한 의견은 적어도 정통 맑스주의 내의 환원주의적 언어 개념은 피해야 한다는 것이다. 흥미롭게도 알튀세 (1969)의 맑스주의 역시 사회구성체의 상부구조적 심급들의 상대적 자율성을 강조함으로써 이 점을 옹호했다. 강한 의견은 내적 분할과 복합성 속에 있는 사회구성체의 자본주의적 생산양식(mode)이 근본적으로 왜곡된 의사소통에 근거한다는 것이다. 이 점은 맑스주의 내에서 다소 논쟁적인 문제이다(Roderick, 1986; McCarthy, 1982). 왜냐하면 이것은 맑스주의의 분석적 부적합성을 지적해 낼 뿐만 아니라, 맑스주의가 포기할 수도 없고 포기하지도 않을 유물론적 결정이라는 전제를 의문시하기 때문이다. 맑스주의의 분석적 부적합성은 사회구성체의 정치적, 이데올로기적 양식의 상대적 자율성의 원칙을 통해 개선될 수 있지만 그것은 유물론적 결정이라는 전체적 틀 안에 있는 것이다. 거칠게 말하면 이것이 알튀세의 입장이다. 그러나 알튀세의 유물론적 결정론을 박차고 나가려고 시도한 사회학자와 기호학자들도 있다. 힌데스, 허스트, 푸코, 기든스, 부르디외, 보드리야르 같은 인물이 그 보기이다. 하버마스 역시 아주 주의 깊게 사적 유물론을 검토했다. 그러나 그는(1979:148), 의사소통은 생산양식에 의해 조건지어지지만, 그럼에도 불구하고 그 자체의 논리를 따른다고 결론지었다. 더구나 하버마스(1975:27)는 인간의 의식과 행위에 관한 사회의 심층구조는 의사소통의 구조 속에 위치한다고 보았다.2)

---

2) 이러한 하버마스의 관점은 1980년대 이후에 본격화된 현대성과 탈현대성에 관한 논의에서 더욱 두드러지고 있다. 현대성을 특징짓는 문화적 가치체계의 분화와, 각 영역의 상대적 자율성 문제가 전면으로 부상하고 있기 때문이다. 하버마스(1984; 1987; 1992)의 최신 저술들은 이러한 가정 위에 서 있다고 할

두번째 관점은 왜 비판이론의 전통에 자신의 조건과 성격을 보다 분명히 밝히는 메타이론이 필요한가에 관련된다. 맑스주의 변증법은 사회가 구조화되는 방식과 그 사회에 대한 지식이 형성되는 방식을 한꺼번에 포착한다고 주장한다. 그러나 논쟁의 여지가 없는 사실은 맑스주의가 생산하는 지식이 그 자체로 특권적일 이유는 아무것도 없으며, 일정한 개념적 질서에 의해 조건지어진다는 것이다. 그러면 이 질서의 특수성은 무엇인가? 어떤 인식의 조건 또는 개념틀의 조건 위에서 맑스주의는 지식을 생산하고 있으며, 또한 그 지식이 과학임을 주장할 수 있는 근거는 어디 있는가? 맑스주의 역사 안에서 이 질문을 해결하기 위해 많은 시도가 있었음에도 의문은 결코 사라지지 않았다. 알튀세는 현실의 질서와 이론의 질서, 과학과 이데올로기의 영역을 날카롭게 구분함으로써 이 쟁점을 새롭게 제기했다. 이것은 맑스주의 내부의 교조성과 편협성을 제거하면서 분석의 지평을 놀랄 만큼 확장시켰다. 또한 이론의 자기성찰 수준을 고양시킨 결정적인 계기였다. 그러나 알튀세는 맑스주의를 유물과학으로 재정립하려 했던 데 반해 하버마스의 입장은 달랐다. 하버마스는 모든 지식은 대상과의 관계에서 일정한 관심(interests)에 의해 매개된다고 보았다. 하버마스는 특히 비판이론에 각인된 '해방적 관심'의 근거와 효과 및 정당성을 논증하는 데 심혈을 기울였다. 다시 말해, 하버마스는 맑스주의를 다른 하나의 '과학'으로 보기보다 '비판이론'으로 재정립하려 했다. 그에 의하면, 해방적 관심은 비판이론이 무엇을 하는지를 정확하게 설명하는 이론을 발전시키는 데 필수적이다.

평범하게 말하자면, 이론은 자체의 개념적 질서를 가진 언어의 체계다. 어떤 이론도 결코 예외가 될 수 없다. 어떤 이론도 이 질서와 독립적으로 사물을 파악할 수 없다. 따라서 과학이 언어 밖에 있는 사물을 있는 그대로 재현한다는 가정은 근거 없는 것이다. 오히려 먼저 이론의 개념적 질서를 자기성찰할 수 있어야 한다. 하버마스(1967; 1984)의 핵심적 주장은 비판이론은 과학적 엄밀성과 적합성을 가져야 하지만, 과학

수 있다.

에 대한 실증주의적 자기이해에 빠져서는 안된다는 것이다. 반대로 어떤 규범적 전제들 아래에서, 어떤 사회집단을 위해서, 어떤 정치적 전략을 가지고 지식을 생산하는지 알아야 하고, 또 그것을 정당화할 수 있어야 한다는 것이다.

그래서 하버마스(1973a:1~2)는 《이론과 실천》의 1971년 독일어 4판의 서문에 다음과 같이 썼다.

> 역사유물론은 사회진화에 대한 설명을 목적으로 한다. 사회진화는 포괄적인 것으로서, 이론이 형성되는 원천과 적용되는 상호관계를 포괄한다. 역사유물론은 어떠한 조건 하에서 인류의 역사가 사회의 구성원들에 의해 객관적으로 가능해지는가를 밝힌다. 그리고 동시에 그 이론은 그 이론이 겨냥하고 있는 사람들, 역사 과정에서 해방적 역할에 대한 계몽을 얻을 수 있는 사람들을 향해 나간다. 그 이론은 자신이 어떻게 형성되는가의 원천에 대해 숙고하고, 또 그것이 현실에 어떻게 적용되는가의 상호관계를 예견하느라고 바쁘다. 그래서 역사유물론은 자신이 분석하는 사회복합체 내에서 변동의 필수적인 촉매작용의 계기로 자신을 인식한다.

위에서 개괄한 지식이론은 두 가지 상호연관된 성찰적 활동들로 구성되어 있다. 하나는 지식이 구성되는 조건들의 분석이고, 다른 하나는 지식이 사회집단들에 개입하는 조건들의 분석이다. 하버마스는 맑스주의가 객관주의의 함정에 빠지지 않고 자체에 내재된 해방적 관심을 방어하기 위해서는 이 메타이론이 필수적이라고 보았다.

하버마스의 맑스 독해는 알튀세만큼 독특하고 개성적이다. 즉, 그는 '비판'의 개념에 관심을 모았다.[3] 하버마스가 볼 때 맑스의 분석은 궁극적으로 왜곡된 의사소통의 비판으로 연결된다. 왜냐하면 이 분석은 이론

---

3) 하버마스는 맑스가 이데올로기 비판의 개념을 발전시켰지만 그 비판의 이론적 조건을 적절하게 밝히지는 못했다고 본다. 맑스와 하버마스의 비판 개념에 대한 체계적인 연구로는 박영도, 1994, "비판사회학의 비판개념에 관한 연구," 서울대 박사학위 논문.

적 개념들과 전략을 통해서 당연시된 이데올로기 효과를 문제시하기 때문이다. 우리는 여기서 엄격한 의미의 이데올로기 비판을 발견한다. 맑스의 《자본론》은 '정치경제학 비판'이라는 부제를 달고 있다. 그러나 《자본론》의 개념적 구조들만으로는 왜곡된 의사소통의 한 심급으로서의 부르주아 이데올로기가 어떻게 형성되고 기능하는지를 설명하는 데 충분하지 않다. 그 때문에 비판은 《자본론》의 개념적 구조를 넘어, 비판이 해체하고자 하는 왜곡된 의사소통의 문제영역을 심도 있게 다룰 수 있는 개념구조를 포함시켜야 한다. 더구나 왜곡된 의사소통은 보통 '허위의식'으로 이해되는 이데올로기보다 더 복합적이고 심오하다. 왜곡된 의사소통은 다른 사람들의 체계적인 희생을 대가로 자신들의 이익을 영속화시키는 어떤 집단들이 존재하는 실천의 장을 가리킨다. 또한 그것은 왜곡을 넘어선 상태, 보다 자유롭고 평등하며 정의로운 사회질서를 향한 갈증을 내포하고 있다. 이렇게 볼 때 맑스주의에서 의사소통의 분석의 중요성은 거의 논쟁의 여지가 없다. 그러나 유물론적 분석은 '가치의 법칙'이 실제로 기능하는 터전인 왜곡된 의사소통의 작용을 제대로 포착할 개념도구 없이 그 법칙의 연구에 온통 정신이 빠져 있다.[4] 그만큼 자신의 규범적 토대를 성찰하는 데도 무딘 것이 사실이다.

　이러한 판단이 하버마스의 비판이론 재구성 작업을 이끌었다고 할 수 있다. 그는 해결의 열쇠를 언어이론 또는 커뮤니케이션 이론의 패러다임에서 발견했다. 원래의 출발점은 보다 철학적인 문제의식이었던 것처럼 보인다. 즉, 인간의식의 선차성에서 출발하는 서구철학의 한계를 벗어나기 위해 소쉬르, 비트겐슈타인, 가다머 등의 언어철학과 본격적인 대화를 나누게 되었던 것이다. 그러면서 점차 언어와 상징의 물질적 성격이

---

4) 이것은 우리가 보다 주의 깊게 자본주의 경제의 실천적 조건들을 연구해야 한다는 것을 보여준다. 중요한 것은 가치법칙뿐만 아니라 이 법칙의 조건으로서 왜곡된 의사소통이다. 이런 맥락에서 문화의 중요성을 강조하는 다양한 접근, 예컨대 구조주의, 후기구조주의, 부르디외의 '아비투스' 이론, '상징자본' 이론, 기든스의 '구조화이론' 등과 함께 하버마스의 의사소통이론은 유용한 분석도구들을 제공한다.

분명해지고, 인간의 주관성, 권력, 규범 등이 기표와 상징의 네트워크 안에서 형성되고 변형됨을 보게 되었으며, 커뮤니케이션의 틀 안에서 현대성의 문제를 조명하는 새로운 입각점을 얻게 되었던 것이다. 또한 뒤에 보겠지만 '언술검증' 개념을 획득함으로써 비판이론의 과학성을 높일수 있었고, 아울러 맑스주의가 내재적으로 빠지기 쉬운 정치적 권위주의의 함정에서 확실히 벗어날 수 있는 길을 얻게 되었다. 5)

3. 말의 이중구조

그러면 이제 언어이론적으로 무장된 비판이론 프로그램을 보자. 비판이론이 단순한 비판이 아니고 통상적 의미의 과학을 지향한다면, 이론의 실체를 이루는 분석이 있어야 할 것이고 그 내용의 진위를 따지는 검증절차가 마련되어야 할 것이다. 전자를 우리는 언술분석이라 부를 수 있고, 후자를 언술검증이라 부를 수 있으며, 이 두 축을 결합한 이론을 편의상 '언술 변증 사회과학'(discursive dialectical social science)으로 명명할수 있을 것이다(Han, 1979b; 1980). 이 가운데 이하에서는 오직 언술검증의 문제만을 살펴보겠다. 6)

검증에는 여러 수준이 있고, 이론도 다양하다. 따라서 논의가 복잡할수 있다. 그러나 문제를 단순화하자면 경험과학 안에 제도화된 실증주의

---

5) 하버마스의 1962년 저술 《공론장의 구조변동》이 시민사회 이론의 새로운 활성화 계기가 되어 여러 논쟁을 촉발시킨 것이 좋은 보기이다(Calhoun, 1992; Cohen & Arato, 1992; Honneth, 1991; White, 1995). 하버마스는 맑스주의의 권위주의적 성향을 날카롭게 비판하면서 또한 자유주의적 입장에 대해서도 비판적이었다. 그러나 근대의 논의를 보면 그가 훨씬 더 진지한 자세로 법과 정의, 민주주의의 문제에 관하여 자유주의자들과 대화하고 있음을 볼 수 있다. 그의 1992년 저술 《사실성과 타당성》이 좋은 보기이다.

6) 언술분석의 가장 탁월한 보기는 푸코의 분석이다. 이것은 여기서 왜곡된 의사소통의 엄밀한 분석으로 취급된다. 자세한 논의는 필자의 박사학위 논문, 1979, "Discursive Method and Social Theory," 제4장 참고.

적 검증 모델이 관심을 끈다. 특히 포퍼(Popper, 1965 ; Adorno et al.,
1976)의 '비판적 합리주의'(critical rationalism)가 우리의 주의 깊은 관심
을 요구한다. 따라서 하버마스가 제안하는 언술검증의 개념이 포퍼의 검
증개념과 어떻게 다르며, 그 차이가 무엇을 뜻하는가를 정확히 보는 것
이 중요할 것이다.

비트겐슈타인 이래 과학도 일종의 '언어 게임'이라는 관점은 널리 유포
되어 있다. 그러나 과학 밖에는 또한 일상인의 삶을 이루는 의사소통과
정이 있다. 따라서 이 둘 사이의 관계가 종종 관심을 끌었다. 현상학적
사회학이나 일상생활 방법론(ethnomethodology)이 좋은 보기일 것이다.
그러나 하버마스는 일상적 의사소통과 과학적 담론 사이의 관계를 지식
의 형성에 초점을 맞추기보다 검증 문제에 초점을 맞추어 다루었다는 점
에서 독특하고 흥미롭다. 하버마스(Habermas, 1976b)는 이 기획을 '보편
적 화용론'(universal pragmatics)으로 발전시켰다.

우선 쉽게 생각해 보자. 우리는 이 세상의 무엇인가에 관하여 말을 한
다. 그 무엇은 우리가 관찰하는 '바깥 세계'의 어떤 대상일 수도 있고,
자기 '내면세계'의 소망이나 욕구일 수도 있으며, 인간 관계에서 무엇을
해야 마땅하고 무엇을 해서는 안된다는 규범적인 것일 수도 있다. 이 말
은 진술이 된다. 이 진술은 어느 개인의 고독한 상상이나 독백일 수도
있다. 그러나 우리가 누군가를 향하여 말한다면, 이 진술은 단순한 문장
이 아니라 누군가를 향하여 말을 하는 '수행적 행동'(performative act)을
전제한다. 즉, 의사소통에 참여하는 개인이나 집단은 서로를 향하여 '수
행적 태도'(performative attitude)를 갖는다는 것이다. 하버마스의 모든 논
의는 이 점을 전제하고 이로부터 출발하고 있다.

보기로 다음과 같은 진술들을 생각해 보자. ① '어제는 비가 왔다.' ②
'창문을 열어라.' ③ '나는 너를 좋아한다.' 첫번째는 사실에 관한 것이
고, 두번째는 규범적 관계를 전제하며, 세번째는 내면의 감정을 표현한
다. 인지적, 도덕적, 미학적 가치가 이 안에 내포되어 있다. 수행적 맥
락에서 보자면 ①의 진술은 '어제는 맑았다'든지 또는 '눈이 왔다'는 등의
주장에 대한 반론으로 제시된 것일 수도 있다. 때문에 이 진술은 '내가

주장하노니' 또는 '내가 확인하노니' 같은 화용론적 구조를 지니고 있다. 그러나 이 수행적 행동의 언어적 표현은 실제 의사소통에서 생략되는 경우가 허다하다. 마찬가지로 '창문을 열어라'는 진술에는 '내가 지시하는 바이니' 또는 '요청하는 바이니' 등의 수행적 언표를 함축하고 있다. '나는 너를 좋아한다'는 진술에는 인간의 주관성을 표현하는 '내가 너에게 맹세컨대' 또는 '약속하건대' 등의 성실성을 보장하는 언표가 들어 있다고 할 수 있다.

문제는 이 수행적 언표에는 특수한 타당성의 주장이 각인되어 있다는 것이다. 많은 경우 생략되지만 화행 구조 안에 전제된 '내가 확인하노니' 같은 언표는 진리 주장을 내포하고 있고, '내가 너에게 지시하노니'는 그 말에 전제된 규범의 타당성을 드러내 놓고 있다. 이런 타당성의 주장은 의식의 산물이라기보다는 근본적으로 언어의 속성이다. 때문에 일상적 의사소통 안에서 그 타당성에 대한 의문이나 도전이 다양하게 표출될 수 있다. 그러면 자연히 검증의 문제가 제기될 수밖에 없다. 검증은 일상적 의사소통 안에서도 일어나지만 조직화되면 과학의 형태를 띤다고 할 수 있다. 그러나 그 이행이 순조로운 것만은 아니다. 진실과 정의를 가로막는 도그마와 권력이 의사소통을 체계적으로 왜곡할 수 있기 때문이다. 우리의 일상적 의사소통 안에 제기되는 진리 주장을 강제로부터 자유로운 언술로 검증하는 제도를 발전시킨 것은 오직 근대 과학이 형성되면서부터였다. 그러나 중요한 점은 오직 과학에서만 엄밀한 의미의 검증절차가 제도화되었다는 것이다. 그러나 하버마스는 규범의 타당성 주장도 합리적으로 검증 가능하다는 관점을 편다. 이것은 사실과 가치의 오래된 이분법을 넘어서려는 야심찬 발상이지만 많은 난제를 예상케 하는 주제이기도 하다. 따라서 하버마스가 발전시킨 보편적 화용론의 구도를 자세히 살펴볼 필요가 있다.

하버마스의 보편적 화용론은 오스틴(Austin)과 설(Searle)의 화행(話行)이론(*speech act theory*) 없이는 이해할 수 없다. 오스틴에 의하면 화행(話行)은 기본적으로 수행적 행동과 문장들로 구성되어 있다. 문장들을 표명하는 수행양식 가운데 오스틴은 발화적(*locutionary*), 발화수반적

(*illocutionary*), 그리고 전발화적(*perlocutionary*) 양식을 구분했다.[7] 그 가운데서 발화수반행위의 범주가 가장 중요하다. 오스틴의 관점에서 볼 때(Austin, 1962:132), '나는 P를 말한다'로 예시되는 언어행위는 참 또는 거짓일 수 있는 반면, '나는 너에게 P를 명령한다'로 예시되는 행위는 '참 또는 거짓이 규범적인 관계를 지향한다'. 그러나 자세히 보면, 말하는 행위가 참인지 아니면 말해진 명제가 참인지가 충분히 명확하지 않다. 또한 '나는 말한다'라는 수행적 언사는 '나는 너에게 명령한다'라는 언사와 마찬가지로 발화수반행위라는 것도 분명하다.

설은 오스틴의 이론이 갖는 약간의 난점을 제거하기 위해서 발화수반행위와 명제의 차이를 새롭게 구별했다. 설의 제안에 의하면 모든 화행은 그것들이 수행적인 것에 속하든지, 명제적인 것에 속하든지 간에 하나의 발화수반행위와 명제로 구성되어 있다. 설에게서(Searle, 1969:31) 화행(話行)의 표준형태는 F(p)이다. 여기서 F는 발화수반력을 말하고, P는 명제들을 말한다. 이 정식과 함께 설은 발화적 행위(*locutionary act*) 개념을 포기함으로써, 그리고 전발화적 행위를 발화수반행위의 특정한 형태로 간주함으로써, 모호하지 않은 일반적 방식으로 화행(話行)의 이중구조를 확립시켰다. 또한 진리주장(*truth-claim*)은 명제에 속하고, 발화수반행위에는 속하지 않는다는 것도 명확해졌다. 달리 말하면 모든 말은 '진술행위'(*statement-act*)와 '진술대상'(*statement-object*)으로 구분되고, 참 또는 거짓이 될 수 있는 것은 전자가 아니라 후자가 된다(Searle, 1973:159).

하버마스는 설의 논의로부터 말의 이중구조 개념을 받아들이면서, 말의 상호주관적 기초를 보다 사회학적인 방식으로 확립했다. 하버마스는 사회 관계의 규범성을 발화수반력을 갖는 언어적 매체에서 확인할 수 있다고 주장한다. 말은 논리학이나 언어학이 가정하듯이 문장들의 단순한 결합이 아니라 그 안에서 실천적 효과들 — 말하기, 보고하기, 명령하기,

---

7) 발화적 행위는 어떤 의미를 가진 문장을 말하는 것과 관련되고, 발화수반행위는 어떤 힘을 가진 문장을 말하는 것과 관련되며, 전발화적(*perlocutionary*) 행위는 어떤 효과를 가진 문장을 말하는 것과 관련된다.

규정하기, 도전하기, 간청하기, 약속하기, 경고하기, 충고하기 등—이
이에 상응하는 사회관계의 언어적 양식들 안에서 실현되는 행위이다. 모
든 있을 수 있는 화행(話行)은 사회규범이라는 배경적 맥락내에서 실현
된다. 하버마스(1970)는 말의 이러한 차원을 언급하기 위해 '언어적 상
호주관성'이라는 용어를 사용한다. 이러한 관념은 근본적으로 사회학적
이기 때문에 사회관계의 개념(규범, 권력)을 발화수반력이라는 언어학적
개념과 연결시키는 것을 가능하게 만들었다. 하버마스에 의하면, 상호주
관성은 말에 외재하는 것도 아니고, 외부로부터 말에 부과되는 것도 아
니며, 말에 내재하는 것이다. 상호주관성은 말이 가능하기 위한 필수적
이고 보편적 조건이다.[8]

말의 이중구조는, 말의 표준모델에서 가장 잘 드러난다. 이 모델에서
는 명제가 발화수반행위와 명시적으로 구분된다. 예를 들자면 '나는 너
에게 P를 알린다,' '나는 너에게 P를 약속한다' 등을 들 수 있다. 물론
많은 실제 화행들은 이 표준 모델로부터 벗어나 있다. 그러나 하버마스
는 여기서 벗어나는 자료들은 이 모델로 재정식화할 수 있기 때문에 아
무런 문제가 없다고 주장한다. 따라서, 하버마스에 의하면(1976b:225)
모든 화행은 동시에 두 수준에서 일어나야 한다. 하나는 '(a) 상호주관성
의 수준이다. 여기서 화자와 청자는 그들이 서로 이해할 수 있도록 해주
는 관계를 발화수반력을 통해서 생산한다'. 다른 하나는 '경험과 사실의
수준이다. 화자와 청자는 상호주관성에 의해 확립된 의사소통의 틀 안에
서 사실들을 이해하려고 한다'.

---

8) 하버마스의 의사소통능력 개념은 이 판단에 근거하고 있다. 그러나 현실에서
는 상호주관성이 기형화되기 쉽기 때문에 이 이론은 기형화된 상호주관성을
극복할 수 있는 조건들도 검토한다. 하버마스(1970:144~145)는 다음과 같이
주장한다.

우리는 사회구조에 의해 유발된 순수한 상호주관성의 기형화를 대화규칙
의 수행과 관련된 불균등성의 기초 위에서 증명할 수 있어야 한다. 개인들
과 사회집단들 사이의 표준적인 의사소통에 작용하는 대화구성적 보편소
(*dialogue constitutive universals*)의 불균등한 분배는 … 상호주관성의 특별
한 형태와 기형화를 보여준다.

여기서 중요한 점은 말의 이중구조는 모든 말 안에 적어도 두 가지의 타당성 주장이 보편적으로 각인되어 있음을 보여준다는 것이다. 하나는 진리에 대한 이론적 주장이고, 다른 하나는 정당성에 대한 규범의 요구이다. 전자는 명제를 통해서, 후자는 발화수반력을 통해서 말 안에 새겨진다.

모든 말 안에 진리주장이 내포되어 있다는 것은 쉽게 입증될 수 있다. 왜냐하면 이 주장은 이미 언제나 모든 말의 명제 안에 전제되어 있기 때문이다. 이 요구는 '진술적' 화행에만 관련되는 것이 아니라 '표출적' 화행은 물론 '규제적' 화행에서도 발견된다. 규제적 행위의 예는 '나는 너에게 P를 경고한다'와 '나는 너에게 P를 충고한다'이다. 표출적 행위의 예는 '나는 P를 희망한다'와 '나는 P를 무서워한다' 등이다. 경고와 충고의 행위 자체는 참 또는 거짓으로 판별할 수 없지만, 그 내용이 되는 명제는 그것이 얼마나 사실에 근거하고 있는가에 따라 참 혹은 거짓으로 평가될 수 있다. 그래서 하버마스(1979:52)는 다음과 같이 말한다.

> 진리는 가능한 말 일반의 구조에 내재하는 타당성 주장의 한 유형이다. 진리는 보편적 타당성 주장이며, 그것의 보편성은 말의 이중구조 안에 각인되어 있다.

그러나 보다 근본적이면서도 어려운 과제는 규범의 타당성 주장도 화행의 구조에 보편적으로 내장되어 있음을 증명하는 것이다. 하버마스(1979:35)는 이 점에 관해서 다음과 같이 주장한다.

> 의사소통행위들이 명시적으로 언어적 형태를 갖든 안갖든 간에, 그것들은 행위규범과 가치의 맥락에 연결된다. 일상사, 역할, 생활형태의 규범적 배경—간단히 말해 관습—이 없다면 개인의 행위는 막연한 채로 남아 있을 것이다. 모든 의사소통행위들은 규범적 기대나 관습을 충족시키거나 위반한다.

상식적으로 말해, 규범에 관련된 타당성 주장은 어디보다 규제적 화행에 가장 명시적으로 드러나 있다고 할 수 있다. 그러나 하버마스는 이것이 규제적 화행에만 관련되는 것이 아니라 모든 유형의 화행에 암묵적으로 들어 있다고 주장한다.

> 규범적 맥락에 관련된 타당성 주장은 규제적 화행들(명령과 훈계, 제재와 거부, 약속과 동의, 주의, 용서, 추천, 승인, 등)에서 명시적으로 드러난다. 반면 명제적 내용의 진리준거는 여기서 단지 암묵적일 뿐이다. 즉, 그것은 실존적 전제들에 속한다. 반대로 명시적으로 진리요구를 제기하는 진술적 화행에서는, 규범의 타당성 요구가 암묵적으로 남아 있다. 그러나 사람들이 의도하는 인간 상호간의 관계가 실현되려면, 진술적 화행들(예를 들면, 보고, 설명, 의사소통, 해명, 해설 등)도 역시 어떤 확립된 유형의 가치지향에 상응해야 한다. 즉, 그것들도 인지된 규범적 맥락에 맞추어져야 한다(Habermas, 1979:54).

따라서 하버마스(1979:54)는 다음과 같이 결론짓는다.

> 화행들의 발화수반력과 함께 규범의 타당성 주장은 진리요구와 마찬가지로 말의 구조 안에 보편적으로 내장된다.

하버마스는 이 외에 두 가지 타당성의 주장이 또한 보편적으로 말의 구조 안에 각인되어 있다고 주장한다. 그것은 의도의 '진실성'(*Wahrhaftigkeit*)과 대화의 '이해가능성'(*Verstandlichkelt*)이다. 하버마스에 의하면 이 네 개의 타당성 주장은 상호이해를 지향하는 의사소통행위에 필수적인 것이다.

한 보기로 '창문을 열라'는 언어행동을 다시 생각해 보자. 우선 이 말은 누구나 이해할 수 있는 말이다. 이해가능성은 모든 의사소통의 기초라고 할 수 있다. 그러나 이 말 안에는 여러 종류의 타당성 주장이 서로 얽혀 있다. 이 말은 규제적 화행의 전형이기 때문에 우선 이 말을 한 사람이 그런 명령을 내릴 수 있는지, 또 그 지시가 합당한지를 따져볼 수 있다(규범의 정당성). 아울러 당시의 상황과 조건을 고려할 때 문을 열

필요가 있는지, 그럼으로써 어떤 결과가 나올 수 있을지 의문할 수도 있다(이론적 타당성). 또한 문을 열라고 지시하는 사람의 진정한 의도와 동기가 무엇인지를 따져볼 수도 있다. 자신의 권위를 세우고 남을 면박주기 위해서 그럴 수도 있기 때문이다(동기의 진실성).

그러나 언술 검증의 개념에 핵심적인 것은 사실 주장의 진리 여부와 규범의 정당성이라 할 수 있다. 이해가능성은 모든 검증의 기초이고 진실성은 다른 두 가지 타당성들과는 달리 언술적으로 입증하기가 쉽지 않기 때문이다.9)

4. 실증주의 비판과 언술검증

'언술검증'이라는 용어를 사용할 때 여기서 사용하는 언술이라는 용어의 뜻은 매우 제한적이고 엄격하다.10) 하버마스의 제안에 의하면, 언술(*discourse*)은 '논쟁으로 특징되는 의사소통의 특정한 형태'를 가리킨다. 이것은 "문제시된 타당성 주장들을 주제로 삼아 이것들이 정당화될 수 있는지 없는지를 검토한다"(Habermas, 1973a:214). 일반적으로 의사소통 행위 안에 암묵적으로 전제되어 있는 타당성의 주장들은 바로 언술 안에서 명시적인 검토대상이 된다. 하버마스는 다음과 같이 말한다(1975:107~108).

언술은 경험과 행위의 맥락들로부터 분리된 의사소통의 형태로 이해될 수 있다. 그 구조는 우리들에게 다음과 같은 것을 보장한다. ① 주장,

---

9) 내면세계의 진실성은 언술적으로 증명된다기보다는 적절한 행위를 통하여 증명될 수 있는 것이다.

10) 하버마스는 의사소통 행위와 언술(*discourse*)의 개념을 명확히 구분하여 사용하고 있다. 이에 반해 푸코는 언술 개념을 포괄적으로 사용하고 있음에 주목할 필요가 있다. 푸코에서 언술은 항상 권력과 결합된 의미생산의 실천인 반면, 하버마스는 언술을 권력으로부터 독립된, 그런 의미에서 이상화된 토론의 형태로 개념화한다.

추천, 경고 등에 내장된 문제의 타당성 주장들만을 독점적인 토론대상으로 삼는다. ② 참여자들, 주제들, 투고들은 문제시된 타당성 주장들을 검증하는 목표에 관련되는 한 제한되지 않는다. ③ 보다 나은 논증의 힘을 제외하고는 어떠한 힘도 행사되지 않는다. ④ 그리고 결과적으로 협력하여 진리를 추구하는 것을 제외한 모든 동기들은 배제된다.

　이러한 언술 개념은 이론적 구성물에 가깝다. 허구적인 것은 아니지만 실재한다고 할 수도 없다. 언어 안에 내재된 이상적 상황에 대한 지향이 분명히 드러나 있다. 언술과 의사소통행위 사이의 경계는 현실 안에서 매우 유동적이다. 이러한 의미의 언술은 과학적 논쟁과 토론에서 가장 그럴 듯한 모습을 띨 것이다. 그러나 과학이라고 해서 이러한 언술을 완벽하게 제도화한 것은 아니다. 그러나 학문 공동체에는 이런 이상화가 보다 강하게 작용한다고 할 수 있다.

　하버마스(1973b)의 언술적 검증 이론은 다양한 진리이론들에 대한 비판을 수반한다. 하버마스(1964:217)는 무엇보다도 '사실을 닮은 무언가가 우리의 논의와 독립적으로 존재한다'는 경험주의적 가정을 거부했다. 하버마스에 의하면(1973c:217), 진술과 관찰 사이의 상응이라는 이름 아래, 언술 밖에서 진리를 확증하려는 모든 시도들은 정당한 근거가 없다. 왜냐하면 '사실의 의미는 개념으로 매개된 해석을 떠나서 해명될 수는 없기' 때문이다. 검증에서 결정적으로 중요한 것은 관찰이나 측정이 아니라 언술의 합리적 구조이다. 하버마스(1973b:217)는 포퍼를 연상시키는 방식으로 다음과 같이 주장한다.

　　경험은 오직 논증의 맥락 안에서 자신의 주장을 펼칠 수 있다. 실험 같은 데서 제기되는 방법론적 주장은 일정한 해석에 의존하며, 그 해석의 타당성은 오직 언술 안에서 증명될 수 있다.

　그러나 하버마스는 비판적 합리주의의 노선에 만족하지 않는다. 11) 포

---

11) 하버마스는 비판적 합리주의의 중요성을 인식한다. 그러나 그는 실천적 문제

퍼는 과학적 객관성의 의미는 단지 합리적 비판주의에만 의존할 뿐이라고 주장함으로써 경험주의에 대한 강력한 논쟁을 발전시켰다. 하버마스는 이것이 올바른 방향의 논의라고 보았지만 포퍼가 제시한 합리적 토론의 개념은 실증주의의 잔여적 요소들 때문에 충분히 발전되지 못했다고 보았다.

실증과학의 주류에 의하면 검증은 보통 연역적인 것이거나 경험적인 것으로 이해된다. 포퍼(Popper, 1959:27)에 의하면 이 두 형태의 검증은 상호 보완적이다.

모든 설명의 기초가 되는 논리적 틀은 연역적 추론으로 구성되며, 여기서 몇 가지 최초의 조건은 〔설명의〕 전제가 되고 설명되어야 할 것은 결론이 된다.

이 맥락에서 검증은 두 방향으로 나아간다. 하나는 논리적 추론의 타당성을 검증하는 것이고, 다른 하나는 설명된 것의 경험적 타당성을 검증하는 것이다(Popper, 1959:27). 이 둘을 결합한다면, 연역 논리는 전제로부터 결론에로 진리를 이전시킬 수 있으며, 만일 결론이 잘못되었다면 그 오류를 적어도 하나의 전제에로 역진시켜 규명할 수 있다는 것이다(Adorno et al., 1976:98).

여기서 드러나는 설명과 검증의 개념은 사회과학 일반에서 오랫동안 이론 구성과 측정의 이상형으로 간주되어 왔다. 헴펠(Hempel)과 내걸(Nagel)이 그랬듯이, 호만스(Homans)와 블랠로크(Blalock)도 자연과학

들을 합리적으로 처리할 수 있으려면 합리적 논증의 개념을 보다 더 근본적인 것으로 만들어야 한다고 생각한다. 이런 의미에서 언술검증의 개념은, 한편으로 실증주의의 의미를 새로운 틀 안에 유지시키고, 다른 한편 실증주의에 억압된 채 남아 있는 검증의 새로운 영역을 창조함으로써, 변증법적으로 실증주의를 극복한다고 말할 수 있을 것이다. 이론적으로 하버마스는 가다머의 해석학적 성찰 개념과 알튀세의 지식효과 개념을 통합시키면서 포퍼의 비판적인 과학 개념을 검증의 이론으로 변형시킨다.

과 사회과학의 논리에는 근본적 차이가 없다고 주장한다. 머튼
(Merton), 파슨스(Parsons), 스멜서(Smelser)와 같은 기능주의자들도
마찬가지이다. 그들은 사회학이 설명과 검증의 면에서 자연과학의 뒤처
져 있음을 개탄한다. 그럼에도 기이한 것은 이들이 포퍼이론에 의존하면
서도 이것의 진보적 측면을 적절히 탐색하지 않는다는 것이다. 이것은
사회학에서 이론구성주의(theory constructionism)라고 부르는 입장을 살펴
보면 더욱 분명해진다.

사회학 이론은 여기서 일종의 연역체계로 간주된다. 이 체계는 "일련
의 명제들로 구성되며 개념의 적절한 조작화가 이루어진다면 이들 명제
로부터 경험적으로 증명 가능한 예측을 끌어낼 수 있다"(Blalock, 1968:
159). 이렇게 되면 경험적 검증이 요구된다. 측정의 규칙은 명시적으로
제시되어야 하며, 그렇게 함으로써 연구자가 누구건간에 조작이 반복될
수 있고, 같은 자료로부터 동등한 가치가 재생될 수 있도록 해야 한다
(Dubin, 1978:183). 검증의 핵심은 따라서 명제와 측정지표 사이의 상응
의 정도를 규명하는 것으로 압축된다. '예측의 검증에 사용될 자료가 쌓
이면서 그 예측의 정확성이 드러날 때' 비로소 이론의 타당성을 확인할
수 있다는 것이다(Dubin, 1978:13).

여기에는 사실상 어떤 언어의 개념이 전제되어 있다. 즉, 우리가 어떤
사실을 관찰했다고 할 때 그 사실을 있는 그대로 재현시키는 언어의 개
념이 전제되어 있는 것이다. 예컨대 블랠로크가 제시한 보조 이론의 개
념이 이 점을 전제하고 있다. 그에 의하면 보조 이론은 이론적 변수를
조작 가능한 용어로 옮기는 일을 한다(Blalock, 1969:151). 구체화된 조
작 절차를 통해 이론을 측정 지표들에로 연결시키는 것이다. 또 '등식 구
성에서 용어의 오류와 각 변수에 관한 측정 오류'의 가능한 출처를 예시
해 준다. 따라서 연역적으로 구성된 이론의 검증은 이런 보조 이론 없이
는 불가능해진다(Blalock, 1969:151). 이런 보조 이론의 개념은 사실상
경험적 사실을 있는 그대로 재현시키는 조작 언어를 전제하고서 비로소
성립되는 것이다.

그러나 사실이 담화 밖에 그 자체로 존재한다는 가정과 더불어 이것이

조작 언어에 있는 그대로 재현된다는 가정은 현대의 지성사적 흐름에서 볼 때 명백히 비판의 대상이 되고 있다. 심지어 포퍼 자신도 이런 경험주의적 가정은 이미 거부한 바 있다. 또한 언어 이론을 수용하고 있는 사회과학의 다양한 조류들도 이 가정에 대해서는 강한 의문을 던지고 있다.

그럼에도 이 비판이 사회학적 측정과 검증의 불가능성을 뜻하는 것으로 오해되어서는 안 될 것이다. 이런 관점은 건설적이라기보다 오히려 파괴적이기 쉽다. 우리가 여기서 유념해야 할 점은 측정의 의미와 검증의 의미를 혼동해서는 안된다는 것이다. 이 점에서 포퍼의 논의는 교훈적이다. 포퍼는 모든 관찰은 하나의 해석이라는 관점에서 이론 언어와 관찰 언어를 구분하는 카르나프(Carnap)의 발상을 일찍이 거부했던 것이다(Popper, 1965:214). 이런 해석학적 혜안이 포퍼로 하여금 보다 나은 검증 이론을 추구하게 만들었다. 포퍼의 해결은 합리적 비판의 개념에 있다. 그에 의하면 검증에 필수적인 것은 비판적 토론이며, 따라서 검증의 의미를 측정의 문제로 환원시키는 것은 잘못이라는 것이다. '(과학적) 객관성은 오직 유효적절한 상호 비판 위에서 비로소 가능해진다'고 포퍼는 주장한다(Adorno et al., 1976:96).

사실 과학적 검증은 합리적 비판으로 이루어진다는 포퍼의 생각은 우리에게 좋은 출발점을 제공해 준다. 그러나 포퍼는 비판의 개념을 연역 논리와 경험적 관찰로 연결시킨다. 따라서 그에 의하면 비판은 우리가 논리적 반증자료나 경험적 반증자료를 가지고 있을 때 비로소 가능해진다. 그러나 이 관점은 무시할 수 없는 손실을 가져온다. 첫째, 이 관점을 따른다면 쿤(Kuhn)이 '패러다임 전환'이라고 부른 것을 적절히 설명할 수 없다. 여기서 중요해지는 것은 단순한 논리적, 경험적 비판만이 아니라 체계적인 언어 비판이며, 알튀세의 용어를 사용한다면 '인식론적 단절'과 같은 새로운 언어 체계의 생산이다. 즉, 논의의 틀이 되고 있는 개념체계의 문제점을 합리적 토론으로부터 제외시키고 있는 것이다. 둘째, 포퍼는 부지불식간에 텍스트를 논리에로 축소시키고 있다. 그러나 담화는 그 자체가 하나의 생산양식이기 때문에 일련의 선택과 배제의 규칙이 그 안에 내화되기 마련이다. 때문에 푸코는 고고학적 또는 계보학적 관점에서 담화의 생산을 규명하고자 하는 것이다. 푸코(Foucault, 1972:177)는 분명 논리우선주의에 반대한다. 사회학적으로 말한다면 이데올로기 비판과 같은 지적 활동은 이러한 전제 위에서 충실해질 수 있다고 할 수 있다. 셋째, 포퍼는 진리의 상응 이론에 내포된 경험주의적 가정들을, 표면에서는 버리면서도 배면에서는 이에 의존하는 모순이 일어난다. 또한 비판적 토론을 강조하면서도 비판의 근거를 논리와 관찰로 국한시키는 것은 부지불식간에 실증과학 모델에 특권을 부여하는 결과를 가져온다.

이러한·포퍼의 한계를 넘어서는 하나의 대안으로서 언술검증의 개념은 적어도 두 가지 명확한 장점을 갖는다. 첫째로 그것은 검증의 개념을 언어비판에 연결시킬 수 있게 해주며, 그리하여 폭넓은 비판적 토론의 장을 열어 준다. 이것은 어느 의미에서 포퍼가 추구했던 비판적 합리주의를 실증주의적 잔여의 속박으로부터 풀어주는 의미도 갖는다. 둘째로 그것은 이론의 대상인 사실의 진위를 검증할 뿐만 아니라, 규범의 타당성도 합리적으로 검증할 수 있음을 보여준다. 그러나 언술검증의 요소와 과정들의 차이점들에 명심해야 한다. 어느 경우건 논쟁은 두 수준에서 일어나는데, 하나는 분석적이고 다른 하나는 성찰적이다. 분석적 논의는 기본적으로 문제시되는 타당성 주장에 관련된다. 우리는 특정한 이론적 주장이 참인지 아닌지 또는 특정한 규범적 주장이 정당한지 아닌지를 논의한다. 그러나 성찰적 수준으로 옮겨가면 우리는 언어체계의 적합성에 관심을 갖는다. 따라서 논쟁은 포괄적이다.

분석적 수준의 검증조건들은 툴민(Toulmin)이 말하는 담화논리 안에서 설명될 수 있다. 일반적으로 말하면, 이론적이든 규범적이든 모든 요구는 툴민이 '보증'(warrant)과 '배서'(backing)라고 부르는 것의 관점에서 비판적으로 검토될 수 있다. 경험적 언술에서 보증은 이론이고, 배서는 관찰 문장들이다. 그러나 실천적 언술에서 보증은 사회규범이고, 배서는 이 규범이 사회행동에 미치는 효과이다. 하버마스는 한때 이 논리가 이론적, 실천적 검증의 언술적 조건들을 설명한다고 지적한 바 있다. 여기서 중요한 것은 배서로부터 보증으로 이행이 어떻게 일어나는가에 있다. 하버마스(1973c:245)는 이 이행의 규칙을 이론적, 경험적 토론의 경우 '귀납'으로, 실천적 토론의 경우 '보편화'라고 부른다.

논의가 성찰적 수준으로 넘어가면 범위가 넓어진다. 왜냐하면 우리가 여기서 논하는 것은 어떤 주장이 참인지(혹은 정당한지) 아닌지의 문제일 뿐만 아니라, 논의가 의존하는 언어체계 그 자체가 적합한지, 그렇지 않은지의 문제이기 때문이다. 해석학적으로 말하면, 이 언어가 우리도 모르는 사이에 어떤 편견들을 일으키는지, 아닌지를 질문하는 것이다.[12] 이러한 고찰이 없이는, 어떤 논증이나 동의도 구속력을 충분히 가질 수 없다. 하버마스에 의하면(1973b:246) '언어는 경험을 넘어선 선험적 타당성'을 갖는다. '질료'(matter)에 대한 어떤 특권적인 접근도 '개념의 틀' 밖에서는 불가능하다는 점에서 언어에 대한 고찰은 근본적인 중요성을 갖는다.

따라서 이 수준에서 검증은 언어비판을 포함한다. 확립된 이론적, 정치적 패러다임이 변해 가고 있을 때 언어 비판은 특히 중요해진다. 쿤 (Kuhn)이 '패러다임의 전환'이라 부르는 것은 기본개념에 대한 비판 없이는 불가능한 것이다. 하버마스는 이 차원을 검증이론 내에서 포착한다. 그는 검증의 의미는 실증주의에서처럼 좁게 규정될 수 없고, 비판의 이러한 포괄적 차원은 적절히 포함해야 한다고 주장한다.

하버마스 자신은(1973b:250) 그의 입장을 다음과 같이 요약했다.

(언술검증의) 형식적 특징들은 토론의 수준들이 언제나 상호 교환 가능하고, 특정 언어 및 개념들의 체계가 부적당한 것으로 인식되면 수정될 수 있는 방식으로 진행된다는 것이다. 지식의 진보는 언어에 대한 실질적 비판이라는 형태로 일어난다. 경험의 해석에 작용하는 기본 개념 (Begrundungssprache)의 체계를 의문시하고, 변경하고, 대치할 구조적

---

12) 하버마스의 논쟁은 변증법적 특징을 지니며, 이것은 하버마스가 가다머와 루만은 물론 포퍼, 알베르트와 논쟁을 벌일 때 나타난다. 이것은 하버마스의 논증을 복합적이고 풍부하게 만든다.

42

가능성이 존재할 때, 오로지 그때만 논쟁적으로 성취된 동의가 진리의 기준으로 간주될 수 있다. 경험에 대한 해석이 적합하지 않다는 성찰적 경험이 논쟁에 참여할 수 있어야 한다.

언술검증의 다른 한 특징은 분석대상이 단지 통제되기만 하는 실증주의에서와는 달리, 이들이 이론가들과 함께 검증과정에 참여한다는 것이다. 하버마스의 정신분석학 고찰은 이에 관하여 두 가지 점을 밝혀 준다. 첫째로, 정신분석학에서는 분석가와 피분석가 사이의 대화가 단순한 자료(data)일 뿐 아니라 검증의 방식이 된다. 주체와 대상이 방법론적으로 분리된 것이 아니라 오히려 상호연결된다. 둘째로, 정신분석학적 검증의 특징은 언술이지 통제된 관찰이 아니다. 달리 말하면, 환자가 대화를 통하여 의사의 가설을 받아들여 무의식적 억압으로부터 벗어날 때 비로소 그 가설의 참됨이 드러난다는 것이다. 따라서 하버마스(1971:214)는 정신분석학에서 "방법론적 자기성찰을 통합하는 과학의 유일한 실체적인 예"를 발견했다고 썼다. 보다 정확히 말하면, 정신분석은 분석받는 자의 자기성찰을 검증과정에 통합시킨다는 점에서 독특한 것이다. 하버마스(1971:261)는 정신분석학을 다음과 같이 경험과학들과 구별한다.

경험과학들의 정보는 보통 연구과정의 참여자에게만 의의가 있다. 즉, 정보를 사용하는 사람들에게만 의미가 있다. 정보의 타당성은 일관성과 경험적 정확성이라는 기준들에 의해서 측정된다. … 이와 반대로 (정신분석의 경우) 분석적 통찰력은 분석받는 사람들에 의해 지식으로 인정되고 난 이후 비로소 분석자에게도 타당성을 갖는다. 왜냐하면 해석의 정확성은 통제된 실험이나 분석가의 의사소통에 의존하는 것이 아니라, 오히려 피분석가의 자기성찰의 성취와, 그에 따르는 조사자와 그의 '대상' 사이의 의사소통에 의존하기 때문이다.

우리는 여기서 대화의 두 수준을 구분할 수 있다. 즉, 과학자들 사이의 대화와, 조사자와 그의 대상 사이의 대화가 그것이다. 물론 전자는 모든 과학에서 중요하다. 이론적 주장들은 일단 학문공동체 안에서 비판

을 견뎌 낼 수 있어야 하기 때문이다. 그러나 하버마스는 다음과 같은
점을 지적한다. 즉, 정신분석학과 이데올로기 비판이 예시하는 유형의
사회과학에서는 그 이론의 청중인 개인과 집단들이 검증절차에 참여하도
록 검증 개념이 충분히 넓혀져야 한다는 것이다. 왜냐하면 개인과 집단
들이 이론으로 매개된 성찰적 태도를 통해 억압과 강제를 뚜렷이 식별하
게 될 때 그 이론의 타당성이 증명될 수 있기 때문이다.

주체와 대상 사이의 변증법적 관계는 따라서 검증과 관련하여 재확립
될 수 있다. 주지하듯이, 헤겔 이후로 이 관계를 지식의 구성과 관련하
여 확립하려는 시도가 수없이 이루어져 왔다. 그러나 이 계획은 오늘날
전적으로 믿을 만한 것은 아니다. 왜냐하면 후설과 그의 추종자들이 지
식의 현상학적 기초로 이해한 인간 의도성의 개념은 그들이 생각한 것만
큼 자명하지는 않기 때문이다. 하버마스는 최초로 이 관계를 검증과 관
련시켜 재정식화시켰다. 여기서 하버마스가 붙잡는 쟁점은 더 이상 지식
의 현상학적 원천에 대한 것이 아니라, 주체와 대상 사이의 대화적
(dialogic) 관계 내에서의 이론과 실천 사이의 언술적 상호작용이다. 13)
이 관계는 자연과학에서는 불가능하다. 그러나 하버마스에 의하면 언술
적 사회과학에서는 이 관계가 가능할 뿐만 아니라 중요하기까지 하다.

그러나 하버마스가 정신분석학에서 얻은 것은 언술 검증의 초보적이고
불완전한 모델일 뿐이다. 정신분석학적 검증은 기술적 통제에 의존하지
않고 대화적 방법론을 사용한다는 점에서, 그리고 해방적 관심이 이 검
증에 내재한다는 점에서 이 검증은 독특하다고 하버마스는 지적한다. 14)
그러나 정신분석학적 대화의 실제 조건들은 분석자와 분석받는 자 사이
의 불균형 때문에 구조적으로 결함이 있다. 따라서 언술검증이론은 이러

13) 이론과 실천 사이의 언술적 상호작용은 본질적으로 과학적이지만, 맑스주의에
   서처럼 연역적이지도 않고, 실증주의에서처럼 도구적이지도 않다. 이 쟁점에
   관한 하버마스(1992)의 최신 관심은 그가 발전시키는 언술적 민주주의
   (deliberative democracy) 개념에 잘 드러나 있다.
14) 하버마스의 《인식과 관심》에서 확립된 이러한 관점은 그 이후에 프랑크푸르트
   대학의 탁월한 정신분석학적 사회학자인 알프레드 로렌처(Alfred Lorenzer,
   1974)에 의해 보다 체계화되었다.

한 결점을 극복하기 위해 보다 더 급진화되어야 한다. 이 때문에 하버마스는 언술검증의 조건들을 보다 세심히 고찰하게 되었다.

하버마스에 의하면, 대화에 참여하는 사람들이 화행을 선택하고 실행하는 능력을 공평하게 지니고 있고, 토론이 강제로부터 자유로울 때 검증은 제대로 이루어질 수 있다. 하버마스(1973b:225)는 이것을 이상적 대화상황이라고 부른다.

> 나는 외적, 우연적 영향뿐만 아니라 의사소통의 구조로부터 생기는 강제에 의해 의사소통이 방해받지 않는 상황을 이상적 대화상황이라고 부른다. 이상적 대화상황은 체계적인 의사소통의 왜곡을 배제한다. 물론 대화에 참가한 모든 사람들이 화행을 선택하고 수행할 수 있는 기회를 균등하게 분배받았을 때에만, 의사소통의 구조가 어떤 강제도 생산하지 않는다.

말할 기회가 균분되기 때문에, 이상적 대화상황에서는 어떤 당, 어떤 이해관심도 영원히 특권을 가질 수 없다. 이와 반대로 모든 타당성 주장은 아무리 그것들이 표면상 확고하게 보일지라도 언제든지 의문시될 수 있다. 이 상황은 명백히 '반사실적'(counterfactual)이다. 그러나 엄격한 의미에서 초월적인 것도 아니다. 하버마스(1973b:258)에 의하면 이것은 "경험적 현상도, 단순한 구성물도 아니며, 언술행위에 전제된 피할 수 없는 전제"이다. 이상적 대화상황은 우리가 "예상할 수 있는 것이고, 예상된 것으로서 효력을 갖는다".

종합하건대 언술 검증은 암묵적으로 이상적 대화상황을 전제하면서 문제시된 이론적 실천적 타당성의 주장을 참여자들이 자유롭게 검증하는 것이 특징이다. 검증의 척도와 기준은 따라서 절대적일 수 없다. 제시된 근거와 자료, 경험 등을 검토하면서 참여자들이 비판적 논쟁을 통해 끌어내는 합의에 바탕을 둘 수밖에 없다. 따라서 오늘의 합의가 내일의 착각으로 변할 가능성은 배제할 수 없다. 때문에 언술 검증의 핵심은 제시된 증거 그 자체에 있는 것이 아니라, 이를 해석하는 개방적이고 합리적인 언술의 구조에 있다고 할 수 있다. 그러기에 하버마스는 포퍼의 비판

적 합리주의를 넘어서려는 자세로 전문가와 함께 일반 시민이 참여하는
자유로운 언술의 형식적 특성들을 주의 깊게 분석하고 여기서 언술검증
의 불가결한 조건을 찾았던 것이다.

하버마스의 이러한 시도는 결국 규범의 타당성도, 사실에 대한 주장과
마찬가지로, 우리의 인지의 대상이 될 수 있다는 가정 위에 서 있다
(Habermas, 1990). 당연시된 규범의 타당성이 의문시되는 상황을 가정
해 보자. 이 경우 우리가 이 규범을 따를 것인가 말 것인가의 쟁점이 제
기된다. 토론을 위해서는 규범의 준수가 가져오는 효과와 부작용 등에
관한 증거와 자료가 필요하다. 하버마스의 입장은 이로부터 출발하여 우
리가 규범의 타당성을 성찰적으로 검증할 수 있다는 것이다. 그 요체는
결국 모든 정보와 지식을 감안하고 도덕과 규범의 내적 응집성과 설득력
을 고려하면서 자신의 의지를 합리적으로 세울 수 있다는 데 있다. 실천
의 문제가 단순한 전통이나 관습 또는 감정에 의해 결단을 내려야 할 성
격의 문제는 아니라는 것이다.

비판이론은 분석 대상에 관하여 단순한 관찰자적 태도를 견지할 수는
없다. 근본적으로 해방적 관심에 의하여 이끌리는 한, 이론적 경험적 주
장과 함께 또한 규범적 주장을 내면화하지 않을 수 없다. 이 두 가지 측
면에서 비판이론은 다같이 언술검증의 과정에 종속된다. 즉, 분석하려는
왜곡의 사실적 타당성을 검증받아야 하듯이, 또한 이 분석을 이끌어가는
해방적 관심의 정당성도 언술검증의 대상이 된다. 이렇게 볼 때 비판이
론은 그 자체가 열려진 대화의 시도에 다름 아니다. 언술검증의 위나 밖
에서 어떠한 특권도 비판이론에 부여할 수 없다는 것이다. 이런 의미에
서 비판이론의 자의식은 급진적 개방성과 민주주의를 지향한다고 할 수
있다. 15)

---

15) 이러한 자의식은 1970년대 말까지의 하버마스의 저술에서는 맑스주의적인 전
　　통을 새롭게 구성하려는 의지를 수반하고 있었으나, 1980년대에 와서는 보다
　　자유주의적인 방향으로 나가고 있는 것처럼 보인다. 그러나 그 이면에 일관되
　　게 흐르는 문제의식은 바로 그가 1970년대 중엽에 발전시켰던 언술검증의 개
　　념이 아닌가 한다. 이 개념이 근래에는 보다 정교한 민주주의 이론, 법이론,

5. 맺는말

하버마스의 비판이론은 포퍼의 과학개념보다 검증의 프로그램이 더 포괄적이고 엄밀한 것처럼 보인다. 하버마스(1964:198~225)는 한때 포퍼는 '실증주의적으로 반분된 합리성'(*positivistically bisected rationality*)을 대변할 뿐이라고 주장했다. 비판이론은 그 나머지 반쪽의 합리성을 온전히 복원시키려 한다는 의미를 함축하고 있다. 하버마스는 또한 맑스주의를 구조주의적 유물과학으로 재정립하려 했던 알튀세와는 달리 과학적 검증의 정신을 도입하되 근본적으로 해방적 관심에 의하여 이끌리는 실천적이고 비판적인 과학으로 맑스주의를 재정립하려 했다.

이런 작업의 유기적인 부분으로서 언술검증의 개념은 우리들의 일상적 의사소통 안에 전제되기 마련인 타당성 주장에 그 뿌리를 둔 것이다. 그러나 이것이 조직화되면, 제도화된 과학에서 드러나듯이, 모든 증거와 자료를 검토하면서 참여자들이 잠정적이지만 합리적으로 내릴 수 있는 합의 안에 진리와 정의가 있다는 데로 귀착한다. 기존의 전통이나 관행 또는 인습은 강고한 것처럼 보인다 하더라도 깨질 수 있는 것이다. 실제로 과학정신의 증가와 사회집단들의 성찰적 태도에 의하여 무너지거나 변형되는 사례들을 많이 볼 수 있다. 페미니즘의 도전은 아마도 가장 중요한 도전일 것이다.

언술검증의 개념은 인습의 자의성과 사회적 부조리를 측정하는 데 긴요하다. 이 점에서 이 개념은 비판적 척도 구실을 한다. 그러나 언술검증의 제도화는 아직도 많은 난관에 둘러싸여 있는 문제이다. 어쩌면 이론적 담론이 과학의 형태로 제도화되었듯이 실천적 담론도 또 다른 과학의 형태로 제도화되어야 한다고 주장할 수 있을지도 모르겠다. 불완전하지만 심리분석과 이데올로기 비판이 앞에서 언급되었다. 그러나 언술검증은 학문만이 아니라 법과 정치 및 시민사회의 공론 안에 제도화되어야

대화윤리의 개념 등으로 발전하고 있다.

할 성격의 문제이기도 하다.

이 점에서 하버마스의 최신 연구결과는 의미심장한 것 같다. 특히《사실성과 타당성》이라는 저술(1992)에서 그는 자신의 논의를 법과 정치 영역으로 과감히 확장시켰다. 언술검증의 개념은 사실 하버마스가《공론장의 구조변동》(1962)을 출간한 이래 끊임없이 그의 지적 작업을 추동해온 요인이었다고 할 수 있다(Habermas, 1992; Calhoun, 1992). 시민사회는 자발적 결사체와 매스 미디어 등을 통하여 공론의 주제와 쟁점을 부각시키고, 이론적, 실천적, 미학적 문제들을 다양한 시각에서 검토한다. 이런 담화의 흐름을 따라 언술검증의 과정이 작동한다고 할 수 있다. 그 결과 개인과 집단의 욕구가 보다 언술적이고 성찰적인 방식으로 발전한다면 이것은 개인과 사회의 성숙에 유익할 것이다. 이로부터 출발하여 하버마스는 적어도 두 가지 점에서 언술검증의 제도화를 향한 새로운 시도를 보이고 있다.

첫째, 하버마스는 언술검증의 개념으로 법의 정당성 문제를 훨씬 심화시켰다. 법치주의의 이름으로 법을 정당화하는 것은 불가능하다는 것이다. 헌법이 인권을 보장해 줄 뿐 아니라 헌법 자체가 '인민주권'(*Volkssouveraenitaet : popular sovereignty*)의 표현이라는 점에서 인권이 또한 헌법의 기초가 된다. 급진적 민주주의 이론이 법이론에 접목되어야 한다는 것이다. 16) 하버마스는 인민주권의 표현 양식을 그의 의사소통 이론에서 탐구함으로써 종래의 제도론적 접근이나 법에 대한 자유주의적 해석을 넘어서는 새로운 급진 민주주의의 지평을 열었다고 할 수 있다. 그의 관점은 '정당한 법은 의사소통의 힘으로부터 창출되며, 후자는 또한 정당하게 입법된 법률을 통하여 정부 권력으로 전화된다'(Habermas, 1992: 209)는 진술에 잘 드러나 있다. 이로부터 출발하여 그는 관련 당사자들이 누구이건 배제되지 않고 참여하는 민주주의의 원칙과, 모든 쟁점이 자유롭게 제기되고 토론되는 보편주의의 원칙이 법률적, 정치적 담론으

---

16) 하버마스의 이 발상은 그가 1988년에 출간한 논문, "절차로서의 인민주권"에 가장 잘 드러나 있다(Habermas, 1992:600~630).

로 제도화되어야 할 필요성을 강조했다.

둘째, 언술검증의 개념은 이제 종래의 참여민주주의를 넘어 시민의 성
찰적 태도가 보장된 '성찰적 언술민주주의'(deliberative democracy)의 방향
으로 전진하고 있다. 숙고(deliberation)는 단순한 결단이나 선택이 아니
다. 오히려 선택이 가져올 결과, 가치선호의 복합성과 강렬성, 다른 집
단의 반응 등을 고려하면서 다차원적 사고의 회로를 가동시키는 의사결
정 방식이다(Habermas, 1992:349~396).

하버마스의 언술검증 개념은 서구 계몽주의에 대한 저항에서 움튼 이
른바 '포스트 모던' 발상들, 특히 상황구속적인 다양한 진리의 존재를 옹
호하는 상대주의 입장과는 구별된다. 물론 서구의 보편주의가 실제로는
문화제국주의가 되어 비서구 문화의 자율성을 파괴시킨 식민화의 부작용
을 가져왔음은 재론의 여지가 없다. 따라서 탈식민화의 주장이 태동할
충분한 근거가 있고, 전체화에 도전하여 로컬(local)한 문화와 생활방식
의 가치를 복원할 필요가 있다. 하버마스(1984; 1987) 역시 그의 최근 저
술들에서 화폐와 권력으로 매개된 사회체계의 운행 논리가 생활세계에
침투하여 로컬한 삶의 문법을 식민화하는 부작용을 현대성의 한계로 명
료하게 비판했으며, 이런 맥락에서 새로운 사회운동의 정당성을 옹호했
다. 이렇게 볼 때, 가치다원주의의 입장은 의문의 여지가 없다.[17] 그러
나 그렇다고 이로부터 진실과 정의에 대한 상대주의적 입장이 도출되는
것은 아니다. 그렇게 될 경우, 모든 것은 상황과 맥락, 즉 로컬한 환경
에 의존하게 되며, 인습적으로 당연시된 타당성과 검증을 통하여 성찰적
으로 정당화된 타당성의 차이를 놓치게 될 것이기 때문이다(Raffel,
1992). 이런 의미에서 비판이론은 지식으로 매개된 성찰적 태도를 언술
검증의 불가결한 조건으로 간주한다. 이 태도는 당연시된 전통의 타당성
을 의문시한다는 점에서 상대주의를 넘어서며, 아울러 가치다원주의를

---

[17] 하버마스는 이 점에서 막스 베버를 따른다. 즉, 칸트가 정립한 대로 현대사회
에서는 사실을 다루는 과학과, 규범을 다루는 도덕과 법 그리고 미학을 다루
는 예술이 서로 분화되어 제도화되었다는 것이다. 하버마스는 각각에 독특한
합리성이 있고, 이것이 역사적으로 발전하여 왔다고 본다.

전제하면서도 다양한 삶의 양식 사이의 대화를 추구한다는 점에서 보편
적 지향을 띤다고 할 수 있다. 이러한 태도의 윤리적 지향을 하버마스
(1990; 1993)는 '대화 윤리'(*discourse ethics*)의 개념으로 잡고 있다. 18)

■ 참 고 문 헌

Adorno, T. W. et al., 1976, *The Positivist Dispute in German Sociology*.
    NY: Harper & Row.

Althusser, Louis, 1969, *For Marx*, NY: Vintage Books.

Austin, John Langshaw, 1962, *How to do Things with Words*. Oxford
    Univ. Press.

Blalock, Herbert, 1968, "The Measurement Problem : A Gap between the
    Language of Theory and Research," Blalock(ed.), *Methodology of
    Social Research*, NY: McGrow-Hill, pp. 5~27.

_____, 1969, *Theory Construction*, Englewood-Cliffs: Prentice-Hall.

Calhoun, Craig(ed.), 1992, *Habermas and the Public Sphere*, Cambridge:
    MIT Press.

Cohen, Jean & Andrew Arato, 1989, "Politics and the Reconstruction of
    the Concept of Civil Society," A. Honneth et al. (eds.), pp. 482~
    503.

_____, 1992, *Civil Society and Political Theory*, Cambridge: MIT Press.

Dryzek, John, 1990, *Discursive Democracy*, Cambridge Univ. Press.

Dubin, Robert, 1978, *Theory Building*, NY: Free Press.

Habermas, Jurgen, 1962, *Strukturwandel der Oeffentlichkeit*, Berlin:
    Luchterhand.

_____, 1964, "A Positivistically Bisected Rationalism," Adorno et al.,
    1976, pp. 198~225.

_____, 1967, *Zur Logik der Sozialwissenschaften*, Suhrkamp.

---

18) 대화윤리는 고도로 절차적이고 형식적인 언술조직의 원칙 위에 서 있는 것이
    다. 이것은 문제시된 규범의 타당성을 충분히 언술적으로 검증하기 위한 것이
    지 그 자체가 특정 규범을 생산해 내는 것은 아니다.

50

_____, 1970, "Toward a Theory of Communicative Competence," Hans P. Dreitzel (ed.), *Recent Sociology* 2, NY: Macmillan, pp. 115~14.

_____, 1971, *Knowledge and Human Interests*, Boston: Beacon.

_____, 1973a, *Theory and Practice*, Boston: Beacon.

_____, 1973b, "Wahrheitstheorien," Helmut Fahrenbach (ed.), *Wirklichkeit und Reflexion*, Neske, pp. 211~266.

_____, 1975, *Legitimation Crisis*, Boston: Beacon.

_____, 1976a, *Zur Rekonstruktion des historischen Materialismus*, Suhrkamp.

_____, 1976b, "Was heisst Universalpragmatik?," Karl Otto Apel (ed.), *Sprachpragmatik und Philosophie*, Suhrkamp, pp. 174~272.

_____, 1979, *Communication and the Evolution of Society*, Boston: Beacon.

_____, 1984, *The Theory of Communicative Action*, Boston: Beacon.

_____, 1987, *The Philosophical Discourse of Modernity*, Cambridge: MIT Press.

_____, 1990, *Moral Consciousness and Communicative Action*, MIT Press.

_____, 1992, *Faktizitaet und Geltung*, Suhrkamp.

_____, 1993, *Justification and Application : Remarks on Discourse Ethics*, MIT Press.

_____, 1994, *The Past as Future*, Univ. of Nebraska Press.

Han, Sang-Jin, 1979a, "Discursive Method and Social Theory," Unpublished Ph D. Dissertation.

_____, 1979b, "Ideology-Critique and Social Science : The Use of Discursive Method," Scott McNall (ed.), *Theoretical Perspectives in Sociology*, NY: St. Martin's Press, pp. 292~309.

_____, 1980, "The Logic of Social Formations : Toward a Synthesis of Althusser, Foucault, Offe and Habermas," *Current Perspectives in Social Theory*, 1, pp. 161~192.

Holub, Robert, 1991, *Jurgen Habermas : Critic in the Public Sphere*, NY: Routledge.

Honneth, Axel, 1991, *The Critique of Power*, Cambridge: MIT Press.

_____, et al. (eds.), 1989, *Zwischenbetrachtungen im Prozess der Aufklaerung*, Suhrkamp.

Foucault, Michel, 1972, *The Archaeology of Knowledge*, NY: Pantheon Books.

_____, 1980, *Power / Knowledge*, Britain: Harvester Press.

Lorenzer, Alfred, 1974, *Die Wahrheit der psychoanalytischen Erkenntnis*, Suhrkamp.

McCarthy, Thomas, 1982, *The Critical Theory of Jurgen Habermas*, Cambridge: MIT Press.

Meahan, Johanna(ed.), 1995, *Feminists Read Habermas*, NY: Routledge.

Popper, Karl, 1959, *The Logic of Scientific Discovery*, London: Routledge & Kegan Paul.

_____, 1965, *Conjecture and Refutation*, London: Routledge & Kegan Paul.

Raffel, Stanlely, 1992, *Habermas, Lyotard and the Concept of Justice*, NY: St. Martin's Press.

Roderick, Rick, 1986, *Habermas and the Foundation of Critical Theory*, NY: St. Martin's Press.

Searle, John R., 1969, *Speech Acts*, Cambridge Univ. Press.

_____, 1973, "Austin on Locutionary and Illocutionary Acts," I. Berlin et al., *Essays on J. L. Austin*, Oxford Univ. Press, pp. 141~159.

White, Stephen(ed.), 1995, *The Cambridge Companion to Habermas*, Cambridge Univ. Press.

2장

하버마스에서 주체중심적 사유의 지양과 언술변증법

박 영 도

이 글은 두 가지 목표를 갖고 있다. 첫째는 하버마스가 주체중심적 사유를 어떻게 지양하는지를 밝히려는 것이다. 동일성, 통일성, 필연성보다는 차이, 다양성, 우연성이라는 문화혁명적 분위기 속에서 유행이 되다시피 한 말들, 그러니까 개인의 어깨를 무겁게 누르고 있던 인간의 죽음이라든지 역사적 사건들에 객관적 의미를 부여했던 큰이야기의 종말 등은 주체중심적 사유의 종말을 대변하는 구호들이다. 시대정신이 사라진 오늘날 주체의 감옥으로부터 탈출하려는 것이 시대 분위기라면 분위기인 셈이다. 형이상학적 향수에 젖은 이를 제외한다면 이것을 두고 왈가왈부할 사람은 별로 없을 것이다. 그러나 문제는 그 감옥으로부터 어떻게 탈출할 것인가이다. 급진적 탈현대론자들은 이른바 '바깥의 사유'를 통한 영웅적 결별의 방식을 택한다. 하버마스는 한계경험에 의존하는 이러한 결별방식이 이론구성상 수행적 모순에 빠질 수밖에 없으며, 또 그 모순을 제거하려는 노력도 무위로 끝나고 만다고 본다. 요컨대 그것은 주체중심적 사유의 추상적 부정에 불과하며, 이 추상적 부정의 그림자 속에서 부정된 것이 살아 움직이고 있다는 것이다. 분위기의 논증보다는 논증의 분위기를 선호하는 하버마스는 극적인 정도야 덜하지만 검증가능

■박 영 도
서울대학교 사회학과 및
동 대학원 석·박사
현재 서울대 사회학과 강사

주요 논문으로 "현대사회이론에서
비판패러다임의 구조변동" 등

한 차분한 결별을, 즉 총체적 이성 비판의 수행적 모순에 빠지지 않는 규정적 부정을 주장한다. 이것을 재구성하려는 것이 이 글의 첫번째 목표이다.

'규정적 부정'이라는 용어 자체가 이미 암시하고 있지만 하버마스의 탈출전략은 변증법적이다. 주체중심적 이성의 부정적 결과에 직면하여 이성의 타자로의 이행을 통해서가 아니라 이성 개념을 넓게 확장하면서 동시에 유연성과 탄력성을 부여하는 방식으로 반응하려는 시도는 전형적인 변증법적 사유이다. 그러나 이 과정에서 하버마스는 단순히 낡은 변증법적 사유를 반복하지 않고 새로운 변증법적 통찰을 보여주고 있다. 하버마스가 비록 그것을 명시적으로 이론화하지는 않았지만 그는 자신의 이론 전개의 중요한 고비마다 새로운 변증법적 통찰을 사용하고 있다. 이것은 결코 우연이 아니다. 현대의 변증법이 주체중심적 사유 속에서 전개되었다는 점을 감안한다면 주체중심적 사유의 변증법적 지양은 변증법 자체에 대한 새로운 통찰을 담지 않을 수 없다. 이것을 확인하려는 것이 이 글의 두번째 목표이다. 이 두번째 목표에 관한 한 이 글은 하나의 출발점에 지나지 않는다는 것을 미리 밝혀둔다.

우리의 논의에 좋은 출발점을 제공해 주는 것이 푸코가 현대적 에피스테메의 특징으로 꼽았던 세 개의 딜레마이다. 푸코는 근대적 사유가 선험/경험, 코기토와 사유불가능한 것, 기원의 후퇴와 기원의 회귀라는 세 겹의 이중체 사이를 불안스럽게 왕래해야 하는 불가피한 운명을 갖고 있다고 지적하면서, 이성의 타자로 자리를 옮길 때 비로소 해방과 노예화의 변증법을 동반하는 그 운명을 넘어설 수 있다는 입장을 보여준다. 이에 반해 하버마스는 그 딜레마가 이성 자체의 딜레마가 아니라 주체중심적 이성의 딜레마이며, 의사소통 패러다임으로 선회할 때 그 딜레마를 해소해 줄 것이라고 본다. 그러니까 이 딜레마의 합리적 지양이 과연 어떻게 가능할 것인지가 문제인데, 그 대답은 새로운 변증법적 통찰을 필요로 한다는 것이 필자의 생각이다.

먼저, 형식적 화용론의 기획 속에서 주체중심적 사유 또는 로고스중심주의가 어떻게 지양되며 또 여기서 어떠한 변증법적 통찰이 나타나는지를 언급할 것이다. 이어서 푸코가 지적했던 세 가지 딜레마가 하버마스에서 어떻게 지양되며, 거기서 어떤 변증법적 통찰이 사용되고 있는지를 살펴보겠다(2, 3, 4절).

1. 형식적 화용론과 언술변증법

《노동과 상호작용》의 한 구절에서 시작해 보자.

> 상호인정을 기반으로 하는 자기 동일성의 독특한 의미는, 대립하는 주체들을 상호보완적으로 통일시키는 대화관계가 논리적 관계를 의미하는 동시에 실천적 관계를 의미한다는 사실이 밝혀질 때만 이해될 수 있다. 이는 헤겔이 인정투쟁이라는 제목으로 발전시킨 인륜적 관계의 변증법에서 보인다. 이 인정투쟁은 인륜적 관계로서의 대화상황의 억압과 복구를 재구성한다. 이 운동만이 변증법적이라고 불릴 수 있는데, 이 운동 속에서 폭력에 의해 왜곡된 의사소통의 논리적 관계가 실천적 힘을 발휘한다. … (여기서) 변증법적인 것은 … 강제 없는 상호주관성 자체라기보다는 그 상호주관성의 억압과 복구의 역사이다. 대화적 관계의 왜곡은 균열된 상

징들과 물상화된 논리적 관계―즉, 의사소통의 맥락으로부터 분리되어
나와서 오직 주체들의 등 뒤에서만 효력을 가지고 작동하는 관계―의
인과율에 복속된다(Habermas, 1973:147~148).

여기서 하버마스는 우리의 주제와 일치하는 세 가지 이론적 의도를 보
여주고 있다. 첫째는 대화적 실천을 논리적 관계와 실천적 관계의 통합
으로 개념화하는 것이고, 둘째는 여기서 출발하여 이성의 현대적 거주지
로 여겨졌던 주관성이 사회적으로 구성되어 있음을 보여줌으로써 주체중
심적 사유를 지양하는 것이며, 셋째는 이 기반 위에서, 헤겔 이래 주-객
모델 속에서 개념화되었던 변증법적 통찰을 새롭게 펼쳐보려는 의도이
다. 이러한 의도는 형식적 화용론 속에서 명시적 혹은 묵시적 대답을 얻
는다. 먼저 (1) 형식적 화용론의 요지를 개괄하고 이에 기초하여, (2) 주
체중심적 사유 및 논리 중심주의가 어떻게 지양되고, (3) 변증법적 통찰
이 어떻게 나타나는지를 재구성하기로 하겠다.

(1) 형식적 화용론의 기본과제는 문장과 사태의 관계라는 측면과 화자
와 청자의 사회적 관계라는 측면으로 구성되어 있는 언어행동의 이중구
조를 합리적으로 재구성하여 그 동안 분리되었던 의미-사회적 행동-타
당성 사이의 내적 연관을 확립하는 데 있다고 요약할 수 있을 것이다.
이 과제는 분석상 두 측면으로 나누어 볼 수 있다. 첫째는 길고 긴 언어
적 추상의 전통 속에서 분리되었던 의미와 사회적 행동의 내적 연관을
(재)설립하는 화용론적 기획이다. 이 측면에서 하버마스의 기본 발상은
의미가 고독한 개인에게서 형성된 후에 언어를 매개로 소통되는 것이 아
니라 애초에 의사소통 관계 속에서 사회적으로 구성된다는 데에 있다.
여기서 하버마스는 후기 비트겐슈타인의 통찰을 따르는데, 이 통찰에 따
르면 언어적 표현의 의미론적 동일성은 그 표현의 사용에 있어서의 동일
성에 기초한다. 그리고 사용상의 동일성이 있다는 것은 그 사용이 하나
의 규칙을 따른다는 것을 뜻한다. 그리고 이것은, 규칙을 사적으로 따를
수는 없다는 비트겐슈타인의 통찰을 따른다면, 행위자들이 규칙의 타당

성을 상호주관적으로 인정하고 있음을 말한다. 여기서 의미 동일성은 규칙의 타당성의 상호주관적 승인에 바탕을 두고 사회적으로 구성된다는 관점이 나온다.[1] 이 관점을 이렇게 요약해 볼 수 있을 것이다.

> 동일한 상징을 같은 의미로 사용하는 것은 즉자적으로 주어져 있는 것이 아니라 상징을 사용하는 사람들에게 알려져 있어야 한다. 그리고 그 의미동일성은 상징의 의미를 고정하는 규칙의 상호주관적 타당성에 의해 보장된다. 규칙의 개념 속에 동일성과 상호주관적 타당성이라는 두 계기가 결합되어 있는 것이다(Habermas, 1981:30~39).

이 화용론적 측면 때문에 형식적 화용론은 분석 철학이나 구조주의 언어학과 구별된다. 그러나 의미를 사회적 행동 맥락에 연결시킬 때 의미와 합리적 타당성 사이의 내적 연관이 무시되는 경우가 흔하게 나타난다. 예컨대 후기 비트겐슈타인은 화용론적 선회를 통해 의미 동일성과 규칙의 상호주관적 타당성의 내적 연관을 지적했지만, 그는 그 타당성을 구체적인 사회제도의 인습적 효력과 같은 것으로 간주하였다. 하지만 이 경우, 주어진 언어게임을 어떻게 합리적으로 지양할 수 있는가 하는 질문에 대답하기 어려워진다. 바로 이 합리적 지양의 가능성을 제시하기 위해서는 주어진 언어게임을 넘어서는 합리적 타당성과 의미의 내적 관계를 입증할 필요가 있다.

의미가 사회적 행동맥락 속에서 구성되는 것으로 간주된 이상, 의미와 합리적 타당성의 내적 연관을 확보하기 위해서는 합리성의 장소가 사회적 행동맥락 속으로 옮겨져야 할 것이다. 하버마스가 논리적 관계와 실천적 관계를 하나로 통합하려고 하는 것도 이 때문이라고 할 수 있을 것이다. 이 과제를 해결하기 위한 하버마스의 기본전략이 바로 '참이다'는 술어의 사용의미를 밝히는 것이다. 그 결과 개념과 대상의 합치라는 틀 속에서 이해되었던 진리는 하나의 타당성 주장으로 재해석된다. 이것은

---

1) 의미의 사회적 구성을 해명하려는 하버마스의 작업은 여러 단계를 거친다(박영도, 1994:261~268 참조).

58

두 가지 중요한 이론적 혁신을 가져왔다. 첫째, 전통적으로 언어행동의
명제적 요소에 위치하는 것으로 간주되었던 합리성이 이제 언어행동의
발화 내적(*illocutionary*) 요소의 위치로 장소를 바꾸게 된다. 이와 함께
의미구성의 3원적 구조에 조응하여 이제 합리성은 타당성 조건, 타당성
주장, 타당성 주장의 검증이라는 세 요소로 이루어지는 논증의 상호주관
적 맥락 속에 자리잡게 된다. 둘째, 합리성이 발화내적 요소에 위치하게
되면서 이제 진리 타당성이 합리성을 특권적으로 주장할 수 없게 된다.
언어행동에서는 진리 주장만이 아니라 정당성 주장과 진실성 주장도 함
께 제기되기 때문에 이들 역시 진리 주장과 동등한 위상을 갖게 된다.
다시 말해서 정당성과 진실성 주장에 대해서도 합리적으로 검증할 수 있
는 가능성이 발생한다. 바로 이 세 가지 타당성 주장들이 보유하는 합리
적 부정력의 도움으로 주어진 언어게임을 넘어설 수 있는 가능성을 제시
하려는 것이 하버마스의 의도이다. 이것이 화용론적 선회가 빠지기 쉬운
상대주의 및 맥락주의의 위험을 피하고 의미와 타당성의 내적 연관을 유
지하려는 '형식적' 측면을 형성한다. 이 측면에서 하버마스는 후기 비트
겐슈타인이나 해석학, 그리고 포스트 구조주의 언어이론과 구별된다.

  (2) 그럼 형식적 화용론은 주체중심적 사유의 지양에서 어떤 의의를
갖는가? 주체중심적 사유는 주체가 인식과 행동이라는 이중의 경로를 통
하여 객체와 관계 맺는 동시에 이 관계를 매개로 자기와 관계 맺는다는
기본 관점에서 출발한다. 다양한 형태로 구체화되었던 이 관점에서 나타
나는 특징적인 점은 사회적 관계가 체계적 위치를 부여받지 못한다는 점
이다.[2] 사회적 관계는 이차적인 것으로 간주되었고, 주-객 관계 속으로
환원되어 이해되었다. 이러한 환원적 사유는 의미를 상호주관적 관계로
부터 분리시켜 주-객 모델 속에서 개념화하는 의미이론들 속에서 반영되
었다. 예컨대 후설의 현상학적 의미이론과 경험주의의 지시론적 의미이
론이 그렇다. 의미를 고독한 주체가 말없이 수행하는 내면적 자기관계로

---

  2) 칸트의 사례는 박영도(1994, 2장), 헤겔의 경우 Theunissen(1982) 참조.

부터 도출하려는 시도나, 말과 대상 사이의 경험적 지시관계 속에서 파
악하려는 시도는 의미를 구성하는 상호주관적 관계를 주-객 관계로 환원
할 때 발생하는 일란성 쌍둥이인 것이다. 그러니까 의미의 사회적 구성
은 사회적 관계가 주-객 모델에 의하여 설명되는 것이 아니라 오히려 주
-객 모델이 사회적 관계에 의하여 설명된다는 통찰을 표현하고 있다. 하
버마스는 이것을 다음 명제로 요약한다. "상호주관적으로 공유하는 생활
세계로부터 찢겨져 나오는 것, 바로 이것이 주체-객체 관계를 발생시킨
다."(Habermas, 1985a:41) 이것이 하버마스에서 주체중심적 사유의 지양
을 인도하는 기본통찰이다.

의미의 사회적 구성론은 단순히 주체중심적 사유만이 아니라 로고스중
심주의에 대한 비판까지 비합리주의의 함정에 빠지지 않으면서 수행할
수 있게 해준다. 이것은 형식적 화용론이 고대 그리스 시대 이래 오늘날
까지 이어지고 있는 언어적 추상을 지양한다는 사실에서 확인할 수 있
다. 고대 그리스에서 로고스는 언어라는 뜻과 함께 논리라는 뜻을 함께
갖고 있었다. 그런데 이것은 이미 언어의 합리적 잠재력이 형식논리 속
으로 환원되어 있었음을 암시해 준다. 다시 말해서 실천적 관계와 논리
적 관계가 양분화된 것이다. 이 양분화를 언어적 추상이라고 할 수 있을
텐데, 이 추상의 요점은 고대 이래 서구의 상식적 언어관을 대변하는 다
음 진술 속에서 잘 나타나 있다.

> 말은 이중의 관계 … 즉, 청자에 대한 관계와 … 사물에 대한 관계를 가진
> 다. 청자에 대한 관계의 측면에서 시학과 수사학이 성립한다. … 대상에
> 대한 관계의 측면에서 철학은 거짓을 배격하고 진리를 증명하는 문제에
> 특히 관심을 둔다. 3)

이 언어관을 비판적으로 읽을 수 있는 두 가지 방식이 있다. 하나는
데리다처럼 이 언어관이 서구 형이상학사를 지배했던 논리와 수사의 위

---

3) *Ammonnius*(*In Aristotelis De Interpoetation Commentarius*), ed. Ad. Busse,
   Berlin, 1887, S. 65; Apel, 1976:336에서 재인용.

계구조를 보여주는 것으로 읽는 방식이다. 이렇게 읽을 때 우리는 왜 데리다의 로고스중심주의 비판이 논리와 수사의 전통적 위계구조를 전복하는 방식으로 이루어지는지를 이해할 수 있다. 그러나 이러한 전복은 뒤에 보겠지만 비합리주의적 결과를 피할 수 없으며, 또 언어적 추상의 잔재를 그림자처럼 달고 있다. 그러나 다른 방식의 비판적 읽기가 가능하다. 즉, 그 언어관이 의사소통적 관계에 내재하는 합리성의 잠재력을 사상하고 있다는 식으로 읽을 수 있다. 이것이 하버마스식 읽기이다. 이렇게 읽어보면, 데리다가 전통적 언어관의 숨겨진 전제를 공유하고 있다는 사실을 확인할 수 있다. 다시 말해서 데리다 역시 사회적 맥락이 합리적 잠재력을 갖지 못한다는 전제를 공유하고 있는 것이다. 실제로 데리다의 언어이론은 사회적 행동맥락과는 완전히 분리되어 있다. 이런 점에서 데리다의 논리중심주의 비판 속에는 언어적 추상의 잔재가 부정적 형태로 투영되어 있다고 할 수 있을 것이다. 이것을 언어적 추상의 현대적 구현체라고 할 수 있을 형식적 의미론에 대한 하버마스의 비판 속에서 확인할 수 있다.

먼저 형식적 의미론은 기호와 사물의 관계가 아니라 문장과 사태의 관계에 주목함으로써 명제와 조응하는 사태가 단순한 의도대상보다 더 복잡한 구조를 갖는다는 사실을 지적하였으며, 이를 통해 전통적 주-객 모델의 문제점 중의 하나를 해결하는 데 중요한 공헌을 했다. 그러나 이 이론은 여전히 언어사용의 규칙을 의미론적 규칙체계에 비해 부차적인 것으로 간주하였다. 그 결과 언어분석은 문장의 분석에 한정되고, 문장의 사용이라는 사회적 행동맥락은 체계적 의미를 박탈당한다. 그러니까 의미이론이 행동이론과 분리된 것이다. 이것을 의미론적 추상이라고 할 수 있을 텐데 의미의 사회적 구성론은 이 추상을 극복해 준다.

둘째, 형식적 의미론은 후기 비트겐슈타인이나 후기 구조주의와는 달리 의미와 타당성의 내적 관계를 보존한다. 그러나 타당성의 전체 스펙트럼이 진리 타당성으로 축소되는 경향이 나타난다. 이러한 점에서 형식적 의미론은 인지적 추상을 범하고 있다고 할 수 있다. 이 추상이 일어날 때, 존재론적으로 세계는 표상가능한 대상이나 실존하는 사태의 총체로서의 객관적 세계로 환원되고, 인식론적으로 이성은 실존하는 사태를 인식하고 목적합리적으로 만들어낼 수 있는 능력으로 환원되며, 언어적으로 진리 타당성만을 허용하는 단언적 진술이 특권적 지위를 차지한다. 하버마스의 관점에서 본다면, 데리다가 비판하는 로고스중심주의의 요체는 바로 이 인지적 추상에 있다고 할 수 있다. 따라서 로고스중심주의의 문제점은 합리성의 과잉에 있는 것이 아니라 합리성의 부족에 있다는 하버마스의 판단이 자연스럽게 도출된다. 우리가 문장의 사용에 주목할 경우 문장과 사태와의 관계만이 아니라 문장 사용의 사회적 맥락과 문장 사용자의 의도도 함께 고려할 수 있다. 이것이 언어사용의 세 측면을 이룬다. 그렇게 되면 세계도 단순히 객관적 세계로만 국한되지 않고, 사회적 세계와 주관적 세계로 확장되고, 타당성의 영역도 진리 타당성에 국한되지 않고, 사회적 세계와 관련한 정당성 주장, 주관적 세계와 관련한 진실성 주장에까지 확장될 수 있다. 따라서 인지주의적 추상은 의미론적 추상의 결과라고 할 수 있다는 것이다. 그러니까, 하버마스의 관점에서 볼 때 로고스중심주의는 데리다가 생각하듯이 음성중심주의 때문에 발생하는 것이 아니라 의미 — 사회적 행동 — 타당성의 연관을 분해시킨 언어적 추상 때문에 발생하는 것이다.

(3) 혹자는 형식적 화용론이 합리성에 대한 과도한 신뢰에 의존하고 있으며 언어의 미학적 혁신력을 무시하는 것이 아닌가 하는 비판을 제기할 수도 있을 것이다(Gamm, 1987). 그러나 형식적 화용론이 언어의 미학적 생산력을 일방적으로 무시하는 것은 아니다. 오히려 언어의 미학적 생산력에만 일방적으로 의존하여 주어진 언어게임을 무정부적으로 지양하려는 탈현대론의 일면성을 넘어선다는 의의를 갖는다. 여기서 우리는 언술변증법적 통찰의 한 측면을 발견할 수 있다. 그것을 의미와 타당성의 관계에 초점을 맞추어 제시하도록 하겠다.

앞서 우리는 후기 비트겐슈타인처럼 타당성을 사회적 인습의 사실적 효력과 같은 것으로 여길 때 언어게임을 합리적으로 지양하기 어렵다는 점을 지적하였다. 그런데 그러한 동일시를 고수하면서 주어진 언어게임

을 넘어서려고 할 때 두 가지 전략이 있을 수 있다. 하나는, 푸코나 리
오타르처럼 언어게임을 권력게임으로 간주하여(Foucault, 1980; 1977:205
~217; Lyotard, 1989) 타당성 주장을 권력주장으로 환원시키는 전략이
다. 다른 하나는 데리다나 로티처럼 세계의 지평을 열어가는 언어의 미
학적-혁신적 기능을 특화하여 타당성을 의미로 환원하고, 논리보다는 수
사를 우위에 두고, 언어게임의 변동을 메타포의 변화로 이해하는 전략이
다(Derrida, 1977; Rorty, 1989). 이러한 전략들은 권력의 격랑과 의미의
격류를 통해 언어게임을 급진적으로 지양할 수 있는 전망을 열기 위한
것이다. 그러나 궁극적으로 가상에의 의지로서의 권력의지라는 니체의
발상으로 소급되는 이 전략들은 언어게임의 변화를 행위자들이 인식할
수도 이해할 수도 없는 익명의 힘에 맡기는 결과를 낳는다.

그 근본적 이유는 세계의 해석지평을 열어 가는 언어와 세계 속에서
이루어지는 실천 간의 상호작용이 깨어지기 때문이다. 하버마스에 의하
면, 탈현대론의 전략은 "구성적 세계이해와 구성된 세계 내적인 것 사이
에 존재론적 차이가 있다는 데에서 출발한다. … 이 차이에 의해 … 구성
적 세계이해는 … 주체들이 세계 속의 그 무엇과 실천적으로 조우하는 과
정에서 무엇을 학습하는지와 무관하게 변화한다. 언어적 세계상의 이러
한 메타 역사적 변동이 존재, 차연, 권력, 상상 등 그 무엇으로 간주되
든 간에 … 이 모든 개념에서 공통적으로 나타나는 점은 해석지평을 형성
하는 언어의 생산성이 그 언어 체계에 의해 완전하게 선판단되는 것으로
간주되는 '세계내적 실천의 결과'로부터 '분리된다'는 점이다"(Habermas,
1985a:371).

이 분리가 발생할 때 존재와 차연과 권력의 밤 속에서 모든 소가 검게
보이는 사태가 발생한다. 즉, 탈현대의 세계 속에서는 높고 낮음, 밝고
어두움, 심지어 허구와 현실의 구별까지 포함하여 모든 구별이 사라져
버린다. 이들이 차이, 다르기를 강조하는 것에 비하면 역설적 결과라고
하지 않을 수 없다. 헤겔의 이성이 정오의 눈부신 빛을 대변한다면, 탈
현대론적 이성의 타자는 자정의 칠흑 같은 어둠을 대변한다. 탈현대론자
들은 정오의 눈부심이 모든 차이를 앗아간다는 것을 강조했지만 자정의

어둠 속에서도 모든 차이가 사라진다는 점은 고려하지 않는다. 그들은 일상의 시간이 정오에 멈추어 있는 것도 아니지만 자정에 멈추어 있는 것도 아니라는 사실을 고려하지 않는다. 그 두 개 시점은 빛과 어둠이 다양한 비율로 혼합되어 있는 일상의 시간의 한계 사례에 지나지 않는 다. 그러한 한계 사례에만 의존할 때 현실적 삶의 시간이 보여주는 변증 법은 사라진다.

하버마스는 현실적 삶의 변증법을 제시하고자 한다. 하버마스에서 그 변증법은 "의미 이해를 통해 세계 속에서의 실천을 가능하게 만드는 세 계관의 구조와 그 세계관의 변혁 속으로 축적되는 학습과정 사이의 변증 법적 관계"(Habermas, 1985a:372)라는 형태로 나타난다. 그리고 이 변증 법적 관계는 언어이론의 측면에서 볼 때 세계의 의미지평을 혁신하는 언 어의 시적 기능이나 세계 속에서 언어의 산문적 기능 중 어느 하나를 특 권화하지 않고 이 양극 사이의 긴장관계를 매개할 수 있을 때 그 모습이 드러난다(Habermas, 1985a:240~241). 이 매개를 우리는 언술변증법의 한 측면을 구성하는 의미와 타당성의 매개관계 속에서 확인할 수 있다.

하버마스에서 언어의 시적 기능과 산문적 기능의 매개는 세계의 지평 을 열어가는 언어의 창조적 힘이 세계 속에서 사회적 실천을 통하여 이 루어지는 학습과정과 관련하여 자신의 가치를 증명해야 한다는 테제로 요약할 수 있다. 언어는 의미의 망을 통해 가능한 행동과 경험의 지평을 열어준다. 그리고 사람들은 이 의미지평 속에서 세계 속의 그 무엇을 해 석한다. 바로 이 의미지평이 타당성의 의미론적 조건을 규정한다. 그러 므로 언어의 시적 혁신은 타당성의 의미조건에 혁신을 가져온다. 그러나 여기서 유념해야 할 것은 그 의미 조건의 변화와 그 충족은 다른 문제라 는 사실이다. 다시 말해서 의미지평이 변화한다고 할 때 타당성의 의미 론적 조건이 변화할 수 있을 뿐이지, 과연 변화된 타당성 조건이 이 세 계 속에서 충족되는가 하는 문제는 여전히 남아 있는 것이다. 그리고 이 문제는 언어의 창조적 혁신력에 의해 미리 결정되는 것이 아니라 "언어 체계에 의해 가능해진 세계 속에서의 실천의 성과에 달려 있다" (Habermas, 1988:103). 다시 말해서 변화된 타당성의 의미조건은 세계

64

속에서 그 충족 여부를 검증받아야 하는 것이다.

이때 비로소 언어의 미학적 혁신력은 타당성의 의미론적 조건에 흡수되고, 그 조건의 충족여부에 대한 검증을 매개로 세계 속에서의 실천과 연결된다. 그렇지 않을 경우 그것은 공허한 급진성으로 끝나고 말 것이다. 이와 함께 세계를 구성하는 것과 그 세계 속에서 이루어지는 실천 사이의 존재론적 차이가 지양되어 타당성 조건과 그 조건의 충족여부에 대한 검증 간의 변증법적 긴장으로 전환된다. 이것을 변증법적이라고 부를 수 있는 것은 타당성의 의미론적 조건과 그 검증이 한편으로는 구별되면서 다른 한편으로는 언어행동의(여기서는 논증의) 3원적 구조 때문에 구조적으로 결합되어 있기 때문이다. 4) 이로써 세계의 해석지평을 혁신하는 시적 언어의 무규정적 부정력은 주어진 사회적 게임규칙을 혁신하는 타당성 주장의 합리적인 규정적 부정력 속으로 흡수된다. 다시 말해서 존재론적 차이에 힘입어 사회적이고 역사적인 실천과 무관하게 펼쳐지는 차연, 존재, 상상, 권력 등의 미학적 부정력은 이제 의사소통적 생산력 속으로, 현실적 실천과 관련하여 주어진 의사소통 관계를 비판하고 넘어서는 합리적 부정력 속으로 흡수된다.

2. '합리적 재구성'과 언술변증법 : 선험/경험 이중성의 지양

종래 타당성 문제를 담당했던 신이 죽으면서 현대의 인간은 이중화된다. 다시 말해서, 인간은 한편으로 세계 속에서 다른 객체들 곁에 나란히 존재하는 경험적 인간으로 존재하고, 다른 한편 인간은 사태들의 총체로서의 세계 자체와 마주하면서 지식의 타당성을 판정하는 선험적 인간으로 나타난다. 푸코는 이 이중화가 현대적 에피스테메의 공간을 열었으며, 또 그것이 현대의 위기의 심층적인 원천임을 지적하였는데 그것은

4) 논증행동의 3원적 구조에 대해서는 박영도(1994:324~328) 참조. 이 3원적 구조는 미드의 내면화 메커니즘을 통해 해명될 수 있다. 이에 대해서는 박영도(1994:261~264) 참조.

정당한 것이었다. 그러나 앞서 이미 지적했듯이 주체중심적 사유의 탈현대적 극복이 세계 구성적인 것과 구성되는 것 사이의 존재론적 차이를 낳는다면, 선험/경험 이중체는 적절한 매개를 통하여 극복된 것이 아니라 변형된 형태로 재생산된 것이라고 할 수 있을 것이다. 이렇게 본다면, 현대의 에피스테메는 단순히 선험/경험의 이중체로만 특징지어지는 것이 아니라 거기에 이성의 타자를 강조하는 제3의 입장이 첨가되는 3중체로 특징지어진다고 할 수도 있을 것이다. 하나의 패러다임에 대한 추상적 부정은 새로운 패러다임이라기보다는 기존 패러다임의 부정적 동반자일 수 있는 것이다. 헤겔도 경험론과 계몽주의적 합리주의, 그리고 이들 모두에 반대하는 낭만주의라는 제3의 입장을 모두 근대적 사유로 간주하면서 그 3자 대립을 극복하고자 하였으며, 이 맥락에서 변증법적 통찰을 사용하였다(박영도, 1994:3장). 그럼 새롭게 등장한 3자 대립의 구도를 하버마스는 어떻게 지양하며 여기서 어떤 변증법적 통찰이 나타나는가? 앞서 우리는 이미 언술변증법적 통찰이 탈현대론의 일면성을 어떻게 비판하고 또 그 긍정적 측면을 어떻게 수용하는지를 확인했다. 여기서는 형식적 화용론이 선험/경험의 이중성을 어떻게 넘어서는지를 살펴보고, 이 과정에서 변증법적 통찰이 어떻게 나타나는지를 사실성과 타당성의 관계라는 측면에서 확인하도록 하겠다.

　앞서 지적했지만, 하버마스는 의사소통 관계의 복구를 통하여 인간의 이중화를 넘어서는 전략을 취한다. 여기서 출발하여 그는 선험/경험 이중체의 지양을 이렇게 표현한다.

> 예지적 세계와 현상적 세계의 선험적 차이는 자연철학과 역사철학적으로 극복될 수 있는 것이 아니다. 오히려 그것은 의사소통 행위자들의 생활세계 속에서 등장하는, 맥락을 깨고 나가는 초월적 타당성 주장의 무제약성과 맥락에 종속되어 있고 행동에 관련되어 있는 예/아니오 입장표명의 사실성 사이의 긴장이라는 부드러운 형태를 취한다(Habermas, 1988:182).

　이 지양방식의 가능성과 의의를 이해하기 위해서는 하버마스의 방법론적 원리인 '합리적 재구성' 개념을 분석할 필요가 있다. 합리적 재구성은 일상적 실천을 가능하게 만드는 규칙에 관하여 행위자들이 갖는 묵시적 형태의 지식을 명시적 지식으로 변형하는 절차라고 할 수 있다. 이 절차는 우선 의사소통 패러다임으로의 선회 위에서 칸트의 선험적 논증을 약한 형태로 변형시키는 효과를 가져온다. 여기서 '약한'이라는 형용어가 뜻하는 중심 내용은 선험/경험의 엄격한 분리가 유지될 수 없다는 것이다. 행동 주체들이 행동의 규칙에 관하여 갖고 있는 실천적 지식은 분명 그 행위자에게는 일종의 선험적 성격을 갖는다. 그러나 그 지식의 재구성은 "더 이상 현상의 피안에 있는 예지계를 지향하는 것이 아니라 규칙에 합당하게 발생된 진술 속에 침전되어 있고 실제로 실현된 규칙지식을 지향하기 때문에, 선험적인 것과 경험적인 것 사이의 존재론적 분리는 사라진다"(Habermas, 1985a:348). 요컨대 합리적 재구성의 산물은 변화와 오류가능성에 개방되어 있는 경험적 지식의 성격을 갖는다는 것이다. 이러한 의미에서의 선험/경험 분리의 지양의 의의를 분명히 하기 위해서는 칸트 철학을 언어철학적으로 계승하는 전통 내부에서 등장하는 상반된 두 입장에 대한 하버마스의 비판적 개입을 확인할 필요가 있다. 그 중의 하나가 포퍼와 알버트의 비판적 합리주의가 제기하는 '오류가능론' 관점이고, 다른 하나의 입장은 아펠과 쿨만 등의 선험적 화용론이 주창하는 최종적 정당화의 이념이다.

비판적 합리주의에 대해서는 두 가지 문제점을 지적할 수 있다. 먼저 그것은 의미론적 추상에서 벗어나지 못했다. 다시 말해서 그것은 근거제시를 형식 논리적 연역과 동일시함으로써 근거제시의 상호주관적 구조, 그러니까 논증 행동들의 망으로 구성되어 있는 합리적 토론의 상호주관적 구조를 사상시키고 있다. 둘째, 모든 것을 의심할 수 있다는 비판적 합리주의의 출발점은 일종의 거짓말쟁이의 역설에 빠진다. 우리가 모든 것을 회의할 수는 없다는 퍼스와 비트겐슈타인의 통찰을 수용한다면, 특히 우리가 말을 통하여 하나의 행동을 할 뿐 아니라 그 행동의 의미에 대한 해석도 함께 제시한다는 언어행동의 반성구조를 고려한다면, 회의가 무전제적인 것이 아니라 나름의 규칙과 절차를 전제한다고 생각할 수 있다.

아펠과 쿨만은 이 사실에서 출발하여 우리가 자기모순을 범하지 않고
서는 부정할 수 없는 논증의 전제가 있으며, 그 전제들은 비판의 비판될
수 없는 전제로서 최종적 정당성을 보유한다고 주장한다(Apel, 1987:259
~290; Kuhlmann, 1985). 그러나 선험적 화용론의 이러한 입장에 대하여
하버마스는 최종적 정당화는 불필요할 뿐 아니라 불가능하다는 비판을
제시한다(Habermas, 1983:93~108). 왜냐하면 우리가 자기모순을 범하
지 않고서는 부정할 수 없는 논증의 전제가 있다고 하더라도 그 전제를
어떻게 알 것인가 하는 문제는 여전히 남기 때문이다. 그 전제에 대한
지식은 항상 암묵적이고 실천적인 지식의 형태로 존재한다. 철학적 성찰
은 단순히 그 실천적 지식의 '패러다임적 명증성'을 확인하는 것에 그치
는 것이 아니라 그 지식을 재구성하는 과제를 안고 있는데, 문제는 이
암묵적 지식을 모두 명시적 지식으로 전환시킬 수 없다는 데에 있다. 이
러한 이유에서 하버마스는 합리적 재구성 절차는 오류가능성을 인정해야
한다는 입장을 표명한다.

그러나 여기서 한 가지 질문을 던져볼 수 있다. 하버마스가 제시하는
오류가능론은 비판적 합리주의의 오류가능론과 어떤 점에서 다른가? 과
연 그것은 하버마스 자신이 비판했던 포퍼의 오류가능론이 보여주는 자
기모순을 벗어날 수 있는가? 이곳이 새로운 변증법적 통찰이 요구되는
지점이다. 그 통찰을 우리는 하버마스가 그 질문에 대한 대답으로 제시
한 '문법적 사실로서의 오류가능론'에서 찾아볼 수 있다. 하버마스는 이
개념을 이렇게 설명한다.

우리가 타당성 주장을 언술적으로 검증하는 논증게임의 규칙을 알 때 '정
당화한다'는 표현을 이해할 수 있다. 이제 우린 이 논증게임의 규칙을 논
증이론 혹은 진리이론의 대상으로 삼을 수 있다. 그러나 이 이론 자체의
정당화도—이론의 정당화 일반이 그러하듯이—다시 논증게임의 틀 속
에 들어가야 한다. 그것 역시 일상적 담론의 정당화와 다를 바 없는 것
이다. … 정당화를 위한 장소는 오직 하나만이 있을 뿐이다. 상위의 언술
이 하위의 언술에게 규칙을 부여할 수 있다는 의미에서 메타 언술이라는

것은 있을 수 없다. 논증게임은 위계질서를 형성하지 않는다. … 간단히
말해서 우리가 근거들 혹은 근거들의 종류들에 위계질서를 세워서 그 위
계질서의 정점에 '최종적' 근거를 가져다놓을 수 없다는 것, 바로 이것이
'정당화한다'는 표현의 문법적 역할에 속한다(Habermas, 1986:350~
351).

　요컨대, 정당화 문제를 다루는 논증게임은 그 문법상 자기 비판의 구
조를 내장한다는 것이다. 여기서 우리는, 비록 명시적으로 발전되지는
않았지만 함축되어 있는 변증법적 통찰을 확인할 수 있는데, 이것은 헤
겔이 의식 패러다임 위에서 제시했던 변증법의 의사소통이론적 변형이라
는 관점에서 볼 때 잘 드러나리라고 본다.[5]
　주지하다시피 헤겔은 칸트의 선험적 반성의 논리를 역사화시킬 때 등
장하는 딜레마, 다시 말해서 지식의 타당성을 검사할 때 검사규준도 함
께 검사되어야 한다는 딜레마를 의식의 변증법적 경험으로 전환시켰다.
이때 그 변증법은 우리의 지식은 의식과 대상의 차이에 기초하는 지식과
의식과 대상의 일치라는 의미에서의 진리가 공존하고 있다는 사실에 기
초한 것으로서 지식과 진리의 변증법이라는 형태를 취하고 있다. 바로
이 변증법이 언어적으로 변형되어 하버마스의 문법적 사실로서의 가류주
의에서 나타나고 있다.
　한편으로 타당성을 주장한다는 것은 그 주장에 대한 정당화를 요구하
는 비판적 화자와의 논증게임을 시작하는 것이라고 할 수 있다. 그리고
정당화를 한다는 것은 타당성 주장이 충족되었음을 입증할 수 있는 근거
를 화자가 알고 있고 또 그것을 제시할 수 있다는 것을 의미한다. 그러
므로 논증게임에서는 지식과 진리는 없어서는 안될 불가결한 요건이다.
그러나 다른 한편 지식과 진리는 서로 다르다. 왜냐하면 진리조건의 충
족을 위하여 우리가 제시하는 근거들은 상황의 구속을 받기 때문이다.

　비록 우리가 지금 여기서 특정 종류의 근거를 가장 훌륭한 것으로 간주

---

5) 좀더 상세한 논의는 박영도(1994:314~333) 참조.

한다고 하더라도 우리가 그 맥락을 고정할 수도 없거니와, 다른 맥락에 서는 다른 종류의 근거가 더 나은 것으로 간주될 수 있는 가능성을 선천 적으로 배제할 수는 없다(Habermas, 1986:351).

요컨대 지식과 진리의 변증법은 사실성과 타당성의 긴장관계에서 비롯 되는 것이다. 우리가 타당성을 주장한다는 것은 주어진 맥락을 넘어서서 가능한 청자들로부터 동의를 받을 수 있다는 약속을 의미한다. 그러나 그 약속을 충족하기 위하여 화자가 제시할 수 있는 근거들은 지금 여기 의 사실적 맥락에 의해 제한받는다. 이 긴장을 하버마스는 문법적 사실 로서의 가류주의라는 용어로 표현한 것이다.

그러나 언술변증법은 헤겔의 변증법에 비해 중요한 차이가 있다. 첫 째, 헤겔에서 지식과 진리의 변증법은 주체와 객체의 근원적 동일성이라 는 절대적 규준을 준거로 고독한 주체가 독백적이고 수직적 방식으로 펼 친다. 이에 반해 하버마스에서 그 변증법은 수평적 대화구조를 갖는다. 이것은 무엇보다 진리의 이념을 주-객 동일성이라는 틀에서 빼내어 질문 과 대답, 예/아니오의 입장표명이 오고가는 상호주관적 논증맥락 속으로 끌어들여 파악하기 때문이다. 이로써 하버마스는 아리스토텔레스 이래 계속되었던 변증법-대화-합리적 논증 사이의 내적 연관의 분리과정을 종식시킨다. 원래 변증법은 대화관계 속에서 타당성을 추구하는 논증으 로서 출발하였다. 그러나 언어적 추상 속에서 대화관계가 수사적 영역으 로 간주되면서 변증법도 합리적 논증으로부터 분리되어 수사학적 기술로 간주되었다. 아리스토텔레스가 변증법론과 분석론을 구별한 이래 분리되 었던 변증법과 합리적 논증의 연관은 헤겔에 이르러서야 복구되었다. 그 러나 헤겔의 변증법은 여전히 주-객 모델 속에서 개념화되었기 때문에 변증법과 대화구조 사이의 연관은 여전히 복구되지 못한 상태였다. 다시 말해서 변증법은 여전히 언어적 추상의 질곡을 벗어나지 못했던 것이다. 하버마스는 언어적 추상을 지양하는 형식적 화용론을 통하여 합리성과 대화관계의 내적 연관을 복구함으로써 합리적 논증으로서의 변증법과 대 화구조의 내적 연관을 복구하게 된다.

둘째, 이와 함께 변증법은 좀더 포괄적인 성격을 갖게 된다. 왜냐하면 진리주장만이 아니라 정당성 주장과 진실성 주장도 비판적으로 검증될 수 있게 되었기 때문이다. 이러한 의미에서 언술변증법은 단순히 무지와 지식의 변증법이라는 인지적 측면에만 그치는 것이 아니라 세 가지 타당성 주장을 포괄하는 상호이해의 파괴와 복구의 변증법이라는 포괄적 성격을 갖는다.6) 이 변증법의 추진력은 타당성 주장이 제기되고 수락되는 의사소통 관계와 타당성 주장의 합리적 부정력으로서의 의사소통적 생산력 사이의 모순에 있다고 할 수 있을 것이다. 그런 점에서 사회적인 측면에서도 이 변증법은 타당성 주장을 진리 타당성으로 환원시키는 경향을 보이는, 사회적 노동 개념에 기반을 둔 생산력과 생산관계 사이의 변증법에 비해 포괄적인 성격을 갖는다.

셋째, 언술변증법은 포괄적이 되는 동시에 좀더 부드러운 형태로 변화된다. 이것은 언술변증법이 차이에 개방되어 있는 유한적인 구조를 갖고 있기 때문이다. 이러한 유한적 구조가 가능한 것은 타당성 주장이 한편으로는 가능한 청자들로 구성된 논증 공동체를 준거로 한다는 점에서 주어진 맥락을 초월하지만, 다른 한편 그 타당성 주장 자체는 언제나 '지금 여기'라는 특정한 맥락 속에서 제기되고 또 수락 혹은 기각된다는 이중의 얼굴을 갖고 있기 때문이다. 타당성 주장이 이 두 얼굴을 갖고 있는 한, 이 변증법은 지식과 진리의 완전한 일치로서의 절대지의 영역을 인정하지 않고 항상 양자의 차이에 기초하는 현상지의 영역에 자리잡고 있다. 이러한 점에서 언술변증법은 현실적 차이를 인정하고 자신의 한계를 인정하는 유한적 변증법이라는 성격을 갖는다. 그러므로 언술변증법의 역사적 경로는 헤겔에서처럼 목적론적 필연성을 갖지 않는다. 담론 형식들의 역사적 이행을 합리적으로 재구성할 수 있다고 해서 그 형식들 사이의 관계의 필연성까지 입증하는 것은 아닌 것이다. 헤겔의 오류는 의식 형식들의 연관을 필연적 연관으로 만들었다는 데에 있다. 이러한 필연성

---

6) "의사소통행위이론은 지식과 무지의 변증법이 성공한 상호이해와 실패한 상호이해의 변증법 속에 자리잡고 있다고 본다."(Habermas, 1985a:377)

은 거대 주체의 목적론적 행위를 염두에 둘 때에만 가능한 일이다. 그러나 뒤에 보겠지만 이 목적론적 사유는 의사소통 패러다임에서는 부정된다.

여기서 다시 한번 탈현대론과의 관계로 돌아가 보면, 하버마스가 이 포괄적인 그러나 유한적이고 약한 언술변증법을 통해 추구하려는 것은 "소용돌이를 일으키며 방향없이 흘러가는 언어의 격류에 의해 존재의 집 자체가 산산조각 나는"(Habermas, 1988:247). 탈현대적 딜레마를 벗어나 언어적 혁신력의 합리적 운반체를 확보하기 위한 것이다. 의미의 격류 속에서 언술변증법이 깨어지고 존재의 집이 산산조각 날 때엔 주체중심적 사유에 의해, 더 멀리는 로고스중심주의에 의해 억눌렸던 개별자의 목소리와 시간적 우연성이 오랜 투쟁 끝에 장만한 거처마저 함께 떠내려가 버린다. 언술변증법은 되찾은 개별자의 목소리와 해방된 시간적 자유가 제도화될 수 있는 조건을 확보하기 위한 것이다. 이제 이것을 살펴보기로 하자.

3. 코기토와 사유할 수 없는 것 : 사회화와 개인화의 변증법

의식 패러다임 위에서 형성된 고전적 반성 개념은 밀접히 연결된 두 가지 문제점을 안고 있었다. 첫째가 주-객 모델에서 비롯되는 순환의 문제이다. 이 모델에 따르면 의식은 본질적으로 객체에 대한 관계로 이해된다. 그러므로, 반성은 객체에 대한 주체의 관계를 주체 자신에게 적용하여 주-객 동일성을 산출하는 메커니즘으로 특징지어진다. 하지만 이 반성은 순환논리에 빠진다.

한편으로 반성은 회귀행동 속에서 이미 나를 표상하고 있지만 다른 한편 '나'의 개념에 따르면 '나'는 회귀를 통해서 비로소 구성된다. … 여기서 순환이 발생한다. 반성 이론은 이미 접근가능한 주체에서 출발하며, 따라서 자기관계 속에서 이제 구성될 그 무엇을 이미 전제하고 있는 것이다(Tugendhat, 1979:62).

이 순환을 시간의 축을 따라 전개함으로써 해결하려고 할 때 의식화의 손가락 사이를 빠져나가는 사유될 수 없는 것과 그것을 끊임없이 반성화 시키려는 노력 사이의 숨바꼭질이 생겨난다.[7] 고유의 밀도와 시간을 갖는 노동, 생명, 언어에 의해 규정받는 유한적 인간이 객체에 대한 관계를 매개로 투명한 자기 동일성에 도달하려고 한다면, 이 숨바꼭질은 불가피할 것이다. 문제는 이 숨바꼭질이 영구히 계속되든 아니면 헤겔에서 처럼 근원적 동일성의 복귀로 끝나든 간에, 참되고 자유로운 자기 동일성의 유토피아에 도달하려는 그 역동적 운동이 예속의 길로 반전되는 역설이 생겨난다는 데에 있다. 이 역설은 주-객 모델과 함께 발전하여 전통적 반성 개념을 함께 구성하였던 현대의 시각 중심주의와 밀접히 연결되어 있다. 이것은 고전적 반성 개념이 객체를 향하는 주체의 객관적 시선을 주체 자신에게 선회시키는 거울 모델에 의존하고 있다는 사실에서 이미 잘 나타나 있다. 이 모델에 따르면, 일인칭 화자가 자기에 대하여 갖는 관계는 대상에게 객관적 술어를 귀속시키는 관찰자의 객관적 시선 속에서 이해된다. 다시 말해서, 먼저 우리의 내면에 있는 하나의 특수한 객체를 확인하고, 그 다음에 내적 의식상태를 표현하는 술어를 그 객체에 귀속시키는 방식으로 자기관계가 파악되는 것이다.

그러나 만약 아도르노가 《계몽의 변증법》에서 지적하듯이 대상을 객체화하는 관점 속에 대상을 통제하려는 관심이 그리고 손에 잡히지 않는

---

7) 이것을 정립하는 주체와 정립되는 주체의 순환관계로, 주격 나(I)와 목적격 나(Me)의 순환관계로 설명할 수 있다. 사물을 객체화하는 관점을 모델로 하는 의식의 반성구조에서 활동주체로서의 I 1을 파악하는 것이 과제이다. 그러나 그 활동주체는 의식의 경험 속에 주어지지 않는다. 왜냐하면 그 I가 의식의 경험에 주어지는 순간 그 I는 Me 1의 상태로 돌변하기 때문이다. 그리고 I 1을 Me 1로 전환시키는 객체화의 활동에는 그것을 수행하는 I 2가 다시 전제된다. 그리고 이 I 2를 다시 파악하려고 하는 순간 그 I 2는 다시 Me 2로 전환되고, 이 두번째 객체화를 수행하는 I 3이 전제된다. 이러한 과정이 무한히 확장된다.

것에 대한 불안을 통제하려는 관심이 내장되어 있다면, 또 푸코가 판옵티콘의 다양한 형태들에서 분석했듯이 객체화의 시선이 감시와 통제의 시선과 구조적 상동성을 갖는다면(Foucault, 1979; 1993:193~214), 사유될 수 없는 것을 사유의 품안으로 끌어들이려는 반성적 사유의 노력은 앞서 지적한 자유의 아이러니에 굴복하지 않을 수 없다. 어떤 의미에서 고전적 반성 모델에서 문제가 되는 것은 의식화될 수 없는 것을 의식화하려는 노력 자체가 아니라 그것이 시각 중심주의에 사로잡혀 있었다는 데에 있다고 할 수 있을 것이다. 그렇다면 그 시각 헤게모니에서 벗어나는 길은 어디에 있을까? 의사소통 패러다임으로의 선회는 여기서 어떤 역할을 담당할 수 있으며 그 효과는 무엇인가?

만약 객관적 시선이 이성의 본질적 구성요건이라면 이성 깊숙한 곳에 자리잡은 자유의 아이러니를 피할 수는 없을 것이다. 그렇다면, 탈현대론자들이 주장하듯이, 자유의 가능성을 위해서 미련없이 이성의 타자 쪽으로 넘어가서 진리와 해방의 큰이야기를 폐기할 수밖에 없을 것이며, 비동일자, 차연, 미학화된 권력에서 출발하여 객관적 동일시의 테러에 저항하는 길밖에 남지 않을 것이다. 그러나 이것은 자유의 아이러니를 벗어나는 길이 아니라 자유의 아이러니의 또 다른 형태가 될 것이다. 왜냐하면 그 자유가 행위자들로서는 어찌할 수 없는 차연 또는 권력과 같은 익명의 힘을 통하여 주어지는 것이라면 그것은 결코 행위자에게 자유일 수는 없을 터이기 때문이다. 8)

하지만 만약 객관화의 관점이 이성의 특권적 관점이 아니라면, 우리에게 다른 출구가 열릴 수 있다. 한때 헤겔은 계몽주의와 낭만주의의 대립

8) 탈현대론은 주-객 모델의 경험적 유형과 선험적 유형 모두를 거부하지만, 여전히 주-객 모델의 거울상으로 남아 있다. 이것은 그들이 말하는 이성의 타자가 사실은 고전적 주관성이 점하고 있는 자리를 벗어나지 못했기 때문이다. 그런 한에서 존재, 차이, 권력 등의 목소리는 세계 속에서의 자유의 목소리를 대변하는 것이 아니라 그것과는 다른 차원에 있는, 부정화되고 미학화된 선험적 장소 속의 그 무엇의 목소리를 대변할 뿐이다. 이 점에서도 현대의 에피스테메는 두 쌍둥이가 아니라 세 쌍둥이를 낳았다고 할 수 있다. 이성의 타자는 현대의 두 쌍둥이 곁에 그림자처럼 따라다니는 제3의 쌍둥이였던 것이다.

74

을 이들의 공통의 전제, 즉 이성을 분할하고 대립하는 오성으로 협소하게 파악하는 전제를 비판함으로써 극복하는 전략을 사용한 적이 있다. 하버마스도 동일한 전략을 취한다. 그러나 이 전략이 가능하려면, 헤겔을 포함하는 주체중심적 사유와 이것을 거부하는 급진적 탈현대론자들이 공유하는 전제, 즉 객체화의 관점이 이성의 특권적 관점이라는 전제를 버려야 한다.

주체중심적 사유와 탈현대론의 공통점은 자기관계의 상호주관적 구성의 가능성을 체계적으로 배제했다는 데 있다. 그러나, 만약 자기관계가 상호주관적으로 구성된다면, 따라서 모든 것을 대상의 지위로 바꾸어버리는 주-객 모델이 상호주관적 관계의 추상이 낳은 소외의 산물이라면, 자기관계에 내재하는 규범적 함축을 일체 부정하는 비합리주의적 선회와는 다른 방식으로 대상적 사유의 물신성에서 벗어나는 길을 생각할 수 있을 것이며, 자기보존의 냉정한 명령과 망아의 황홀경 사이의 탈출구 없는 순환적 왕래에서 벗어날 수 있을 것이다. 9) 하버마스는 바로 이 길을 추구한다.

그 출발점은 의사소통 패러다임으로의 선회와 함께 고독한 주체가 객체에 대하여 갖는 객관화의 관점으로부터 질문과 대답, 언표와 반박, 입론과 반론의 상호주관적 관계를 이끌어가는 청자와 화자의 수행적 관점으로 전환이 생겨난다는 데에 있다. 하버마스에 의하면, "우리가 … 의사소통지향적 행동 모델을 가정한다면, 인식 주체가 세계 속의 실체뿐만이 아니라 자기 자신에게도 던지는 '객체화의 관점'은 더 이상 특권적이지 않다. 의사소통 패러다임에서는 세계 속의 그 무엇에 관하여 서로 의사소통함으로써 자신의 행동계획을 조정하는 참여자들의 수행적 관점이 기초를 이룬다"(Habermas, 1985a:346).

이 수행적 관점에서 출발하면 자기관계를 객관적 시선의 제물로 삼아야 할 필연성은 사라진다. 왜냐하면 이제 주체의 자기관계가 다르게 나

---

9) 보드리야르가 기호의 정치경제학적 체계에 대한 대안으로서 향수 어린 상징적 교환를 설정하거나, 주체의 우위 대신 객체의 우위를 주장하고 이에 따라 숙명의 전략을 택했다는 것도 이러한 순환에 속한다.

타나기 때문이다. 물론 수행적 관점에서 본 자기관계에서도 자기는 객체로서 출현한다. 그러나, 이때 자기는 관찰의 대상이 아니라 대화의 상대로서 등장한다. 주-객 모델 속에서는 객관적 대상에 대한 관계와 사회적 대상에 대한 상호주관적 관계가 범주상 구별되지 않는다. 주-객 모델에서는 사회적 차원이 범주상 배제되어 있기 때문이다. 따라서 사회적 관계가 고려될 때에도 그것은, 헤겔에서 잘 나타나듯이, 거대주체의 지배구조로 환원되어 버린다. 탈현대론자들이 주장하는 사회적인 것의 종언도 사실은 이 주-객 모델의 거울상이라고 할 수 있을 것이다. 이에 비해 언어행동은 항상 화자가 세계 속의 '그 무엇에' 관하여 '타자'와 더불어 상호이해에 도달한다는 이중구조를 갖고 있기 때문에, "청자와 화자의 수행적 입장은 상호이해의 동반자인 '너'와 이해의 대상인 '그 무엇'을 구별한다"(Habermas, 1988:211).

이렇게 타자가 또 하나의 '나'로, 대화의 상대로 파악될 수 있기 때문에, 수행적 관점에서 구성되는 자기관계는 주-객 모델에서처럼 객체에 대한 관찰자의 객관적 시선을 자기 자신에게 선회시킴으로써 등장하는 것이 아니라 화자로서의 '나'와 청자로서 '너'의 관계에 의해 매개되어 발생한다. 헤겔에서 자기관계는 내부에서 외부로 향하는 외화와 재전유의 메커니즘을 통해서 형성되는 데 비해, 수행적 관점에서 본 자기관계는 타자의 태도취득이라는 상호주관적 메커니즘을 통하여 외부로부터 내부로 들어오는 방향을 취한다. 두 경우 모두에서 자기관계는 '타자 속에서의 자기를 인지한다'는 형태를 취한다. 그러나 헤겔의 경우 그 '타자'는 객관적 대상인 데 비해 수행적 자기관계에서 '타자'는 대화의 '상대'라는 지위를 갖는다. 따라서 그 '타자' 속에서 인지되는 자기, 즉 '목적격 나'도 헤겔에서는 객체라는 범주 속에서 이해되는 데 비해 수행적 자기관계에서는 '상대'라는 범주 속에서 이해된다. 그 결과 헤겔의 경우에는 상호주관적 관계가 자기관계의 한 계기로 포섭되는 데 비해, 수행적 자기관계에서는 상호주관적 관계를 통하여 자기관계가 구성된다. 의미의 사회적 구성의 논리는 곧 자아의 사회적 구성의 논리이기도 한 것이다.

여기서 한 가지 질문을 던져볼 수 있다. 이 사회적 구성의 논리가 개별자의 목소리를 앗아가는 것이 아닌가? 상호주관적 동일성은 과연 차이를 억누르지 않는가? 이것은 곧 의미이해에 있어서 그리고 타당성 주장의 상호주관적 승인에 있어서 차이가 인정되는가라는 질문으로 바꾸어 볼 수 있다. 이 질문에 대한 하버마스의 대답은 상호주관적 동일성이 연속적 직선의 구조라기보다는 점선의 구조를 갖는다는 사실에서 찾아볼 수 있을 것이다. 다시 말해서 그것은 차이와 동일성을 어느 한 쪽으로 환원하지 않고 소통시키는 구조를 갖는다. 이것을 의미의 측면과 타당성의 측면 모두에서 확인할 수 있다.

먼저, 탈현대론자들은 모든 이해는 오해임을 강조한다. 이것은 의미의 동일성에 도달하기 어려우며 또 의미의 동일성은 수사적 다의성을 억누른다는 뜻을 함축한다. 하버마스도 화자의 의도는 항상 사용하는 표현의 표준적 의미와 다르며, 이러한 차이의 그림자가 모든 언어적 동의에 드리워져 있다는 사실을 인정함으로써 동일성에 대한 현대적 편애를 비판한다. 그러나 동시에 그는 차이에 대한 탈현대적 편애에 대해서도 경고한다. 우리가 차이를 강조한다고 해서 언어 행위자들이 같은 표현을 같은 의미로 사용할 필요가 있다는 것을 부정할 필요는 없다. 물론 그 동일성은 반사실적 전제이지만 이 전제가 없다면 대화는 불가능해진다. 사실 의미의 동일성이 전제될 때 비로소 오해도 오해로 인지될 수 있는 것이다. 그렇지 않으면 오해라는 말 자체가 무의미하다. 바로 이런 점에서 상호주관적 동일성은 차이와 동일성의 소통을 진지하게 고려한다. 상호주관적 동일성이 허용하는 차이의 구멍을 통하여 이를테면 카스토리아디스가 말하는 상상력의 마그마가 사회적 동일성의 대지 위로 뿜어나올 수도 있을 것이다. 그러나 그렇다고 해서 동일성이 완전히 사라지는 것은 아니다. 우리가 마그마의 분출을 억제하려고만 해서도 안될 것이고 또 그럴 수도 없지만 그렇다고 마그마 속에서 살아가기란 더욱 불가능할 터이기 때문이다.

타당성 주장의 상호주관적 승인의 맥락에서도 차이는 인정된다. 이것은 그 승인관계 속에서 보장되는 대체될 수 없는 자율성에서 확인할 수 있다. "나는 생각한다" 대신에 등장한 "나는 말한다"의 '나'는 근본적으로 타자에 의한 승인을 통해 형성되고 또 확인된다. 이때 승인되고 확인되는 것은 행위자들의 자율성 주장이다. 중요한 점은 이 자율성 주장이 행위자가 언어행동에서 제기하는 타당성 주장과는 범주상 구별된다는 사실이다. 청자가 화자의 언어행동에 대해 "아니오"라는 입장을 보였을 때 청자가 부정한 것은 화자가 제기한 타당성 주장이지 화자의 자율성이 아니다. 다시 말해서 화자의 타당성 주장의 부정은 화자의 자율성 주장의 승인을 전제하는 것이다.

> 화자가 타당성을 지향하는 행동을 할 수 있는 인물이라고 청자에게 승인된다는 점이 미리 전제되지 않는다면 화자는 자신의 언어 행동에 대한 청자의 수락을 기대할 수도 없다. 청자가 화자의 언어행동에 대하여 예/아니오 태도를 취한다는 것은 이미 화자를 책임있는 행위자로 인정한다는 것을 의미한다(Habermas, 1988:230).

그러므로 일인칭 단수 대명사의 수행적 사용 속에서는 타자와 구별될 뿐만 아니라 대체될 수 없는 고유한 개별자라는 자기이해가 이미 포함되어 있다고 할 수 있다. 그러니까 언어 행위자로서 화자가 타당성 주장을 제기하면서 이와 동시에 자율적 인격체이자 타인에 의해 대변될 수 없는 고유한 개별자로서의 자신을 주장하며 또 그 주장을 승인해 줄 것을 함께 요구한다는 것이 의사소통 행동의 불가피한 일반적 전제인 것이다.

이러한 점에서 상호주관적 동일성은 개별자 속에서 오직 자신만을 재생산한다거나 개별자를 자신 속으로 포섭하지 않는다. 요컨대 그것은 개별자를 과정적 자기관계 속에 흡수하는 헤겔류의 포괄적 총체성을 형성하는 동일성이 아니며, 복수의 형태로 등장하는 다양한 구체적 삶의 형식들을 포괄하는 거대한 구체적 총체성을 형성하는 것이 아니다. 오히려 구체적 삶의 형식들과 일반성을 통합하여 하나의 거대한 구체적 총체성을 형성하려는 시도는 결국은 삶의 형식들의 차이와 다원성을 제거하는 폭력적 결과를 낳을 수밖에 없을 것이다. 훔볼트가 표명했던 폭력 없는 대화적 종합의 이념을, 그리고 아도르노가 미학적 용어로 표현하였던 미메시스적 화해의 합리적 핵심을 하버마스는 차이와 동일성의 소통에 기초하는 언술변증법을 통하여 개념화하고자 하는 것이다. 이 변증법을 우리는 사회화와 개인화의 변증법이라고 불러볼 수 있을 것이다.

4. 기원의 후퇴와 회귀 : 현대적 시간의 변증법적 구조

현대에 와서 시간경험은 크게 변했다. 시간이 가속화되어 과거와 미래의 시간적 간격이 점점 좁혀져 매순간이 변화의 시점으로 경험될 정도가 된다거나, 과거가 고정된 것이 아니라 개방되어 있으며 따라서 역사는 매번 다시 쓰어진다거나, 미래가 불안과 희망의 원천으로 이해되고 또 그 미래가 현재의 이해를 주도한다거나, 불안스러운 우연성을 통계적 방법으로 통치하고 관리하려는 의지나, 그 우연성을 매순간 열려 있는 혁명의 좁은 문으로 간주하는 희망 등은 모두 근대의 고유한 시간경험에 속한다. 모더니티라는 용어 자체 속에 투영된 이 변화를 코젤렉은 경험공간과 기대지평의 분리로 요약한 적이 있다(Koselleck, 1985). 이 변화는 유동적이 된 현재 속에 공존하는 혁신의 잠재력과 연속적 재생산의 과제를, 혹은 시간적 자유와 질서를 어떻게 매개할 것인가라는 문제를 제기하였다. 이 문제에 접근하는 방식에서도 세 가지 유형을 구별할 수 있다. 첫째는 경험주의 전통이며, 둘째는 사변적 역사철학의 전통이다. 이 두 입장은 위에서 제기된 문제들을 인간의 이중화라는 구도 속에서 해결하였다. 그러나 이 두 입장은 시간적 우연성을 억압하는 결과를 가져왔다.

경험주의적 역사 개념에서 인간의 시간은 이른바 B 계열의 시간으로 이해되는 사물의 시간 속으로 편입된다. 그러나 양적이고 추상적이며 동질적인 시간적 연속성을 전제하는 이 시간 이해 속에서는 시간의 질적 변화, 우연성, 새로움의 경험은 애초부터 추상될 수밖에 없었다. 설령 그 고유성을 고려한다고 하더라도 그것은 통치와 관리의 관심이나 역사적 사실들을 수집하는 골동품 취향 속에서나 반영될 뿐이다.

이에 비해 역사철학적 시간 개념은 B 계열의 시간이 아니라 A 계열의 시간이해에 기초하여 과거, 현재, 미래의 시간적 통합을 고려한다. 그러나 역사철학은 이 통합의 문제를 너무 훌륭하게 해결하였다. 그리하여 시간적 우연성은 필연적인 경로를 따라가는 거대주체의 생활사라는 거대한 원형수로 속의 작은 물결에 지나지 않는 것으로 전락하였다. 이것은 시간이해에 불행한 결과를 가져왔다.

우선 역사철학적 사유는 미래를 탈미래화시켰다. 미래가 다양한 가능성에 개방되어 있다고 할 때, 그 다양한 가능성을 제거하는 것은 곧 탈미래화라고 할 수 있을 것이다(Luhmann, 1982:279). 이것은 현재의 미래와 미래의 현재를 동일시하는 것인데, 이와 함께 역사도 끝난다. 둘째, 역사철학적 사유는 현재가 미래의 현재를 향해 가는 필연적 도정에 있는 것으로 간주한다. 미래의 다양한 가능성을 단일화하는 이성은 그 미래의 현재로 나아가는 경로도 단일화시킨다.

이 두 접근 방법에 내재하는 억압적 성격에 반발하여 급진적 낭만주의에서 시작하여 니체, 하이데거, 데리다, 푸코 등으로 이어지는 일련의 전통은 미학적 경험에 기초하여 돌발성, 질적 우연성과 시간의 자유도를 극대화하려는 시간관을 보여준다. 이것이 현대가 낳은 세번째 시간관의 전통이다. 그러나 이 시간관은 그것이 구제하려는 시간적 자유를 어떻게 제도화할 것인가 하는 질문에 대답하지 못한다. 예컨대 이들은 현대의 미래지향적 시간구조를 역전시켜 한 번도 공식적 반열에 올라보지 못했던 과거의 억눌린 기대들을 구제하고자 한다. 그러나 그 기대의 구제는 어떤 장소에서 가능한 것일까?

현대의 에피스테메 속에서 등장하는 이 세 유형의 시간이해는 긍정적이든 부정적이든 시간을 주-객 모델 속에서 파악할 뿐 시간의 사회적 구성을 고려하지 못했다는 점에서 공통점을 갖고 있다(박영도, 1996). 탈현대론의 시간이해도 시간의 성격에 대한 성찰에서 비롯된 것이라기보다는 이성에 대한 그들 나름의 이해에서 비롯된다. 이성을 주체중심적 이성과 동일시했기 때문에, 주체중심적 이성의 억압적 성격이 드러난 이상 미래의 기대 속에 이성의 장소를 할당하는 미래지향적 시간구조는 파괴될 수밖에 없다. 비록 억눌린 것의 저항을 위해서라는 급진성이 있긴 하지만 과거 지향적이고 우연성 지향적 시간관이 이들에게서 등장하는 것도 이 때문일 것이다. 그러나 사실성과 타당성의 두 측면의 소통을 염두에 두는 상황 속의 이성 개념이 상호주관성의 패러다임 위에서 재구성된다면 결코 탈현대의 시간이해가 필연적인 것은 아니다.

그렇다면 의사소통 패러다임으로의 선회 속에서 현대적 시간경험이 제기한 문제를 어떻게 해결할 수 있는가? 이것을 역사철학적 사유에 대한 하버마스의 비판을 중심으로 살펴보고, 이 과정에서 언술변증법의 통찰이 시간이해 속에서 어떻게 나타나는지를 확인해 보기로 하겠다.

역사철학적 사유는 주체의 이중화에 기초한다. 다시 말해서 그것은 역사의 총체성을 거대주체의 생활사로 개념화한다. 그러나 자기의 상호주관적 구성논리 속에서 주체의 이중화 구도가 무너진 이상 역사철학적 논술도 그 기반을 상실하게 된다. 이런 이유에서 하버마스는 역사적 유물론을 재구성하는 맥락에서 이렇게 말한다.

> 역사적 유물론은 진화를 수행해 갈 유적 주체를 필요로 하지 않는다. 진화의 담당자는 오히려 사회와 행동 주체들이다. 그리고 합리적으로 재구성될 수 있는 유형에 따라 점점 포괄적 구조로 대체되는 구조들 속에서 진화를 독해할 수 있다. … 이제 거대 주체가 등장할 필요가 없다. 오히려 자기규제적인 한 단계 높은 상호주관적 공동성이 등장한다 (Habermas, 1976b:154).

그러니까 자기관계 속으로 환원되었던 상호주관성의 복구가 역사철학의 지양에서도 중심 역할을 담당하는 것이다. 그럼 그것이 어떤 점에서 역사철학적 사유를 넘어서는 것일까?

방법론적 측면에서 보면, 10) 역사철학은 상이한 시간 차원에 있는 진

---

10) 역사철학에 대한 하버마스의 비판은 방법론적인 측면에서만 이루어지는 것이 아니라 역사철학적 논술의 발생맥락의 측면에서도 이루어진다. 맑스와 하버마스의 차이는 이 측면에서 잘 드러난다. 이에 대해서는 박영도(1994:287~292) 참조.

화와 역사를, 혹은 발달논리와 발달동학, 혹은 구조사와 사건사를 부당하게 하나로 혼합함으로써 진화, 발달논리, 구조사를 거대주체의 큰이야기로 전환시킴으로써 등장한다. 이야기로서의 역사는 진화나 발달논리와는 구별되는 독특한 시간구조를 갖는다(Habermas, 1976b:204~209). (1) 그것은 시작과 끝이 있는 에피소드로 이루어져 있으며, 최소한 두 개의 상이한 시간대의 사건들과 관련되어 있다. (2) 역사가와 목격자 사이에는 시간지평의 차이가 있으며, 이 차이 때문에 사건이 역사가에게 갖는 의미와 사건의 직접적 관련자에게 갖는 의미에 차이가 발생한다. 그러므로 어떤 역사가 말해지는지는 역사가의 시간지평과 해석틀에 달려 있다. 또한 역사의 연속성은 일정 정도는 이야기 자체에 의해 구성된다. 따라서 이야기의 시작과 끝도 역사가가 어떤 해석틀을 선택하는가에 달려 있다고 할 수 있는 셈이다. (3) 어떤 해석틀을 선택할 것인지는 미래에 대한 해석, 미래의 사건에 대한 기대에 달려 있기도 한다. 그러나 미래의 지평은 이야기되는 역사에 속하지 않고 오히려 해석학적 출발상황을 형성한다.

이러한 시간구조는 큰이야기로서의 역사철학의 문제점이 어디에 있는지를 보여준다. 우선 위의 특성에 따르면 현재까지 존재하는 에피소드들만이 역사에 포함될 수 있으며, 따라서 역사철학이 자신의 일부로서 포함하고 있는 '미래의 역사'라는 개념은 성립할 수 없다. 미래의 사건을 예감할 수는 있지만 그것을 역사적 사건으로서 예감할 수는 없기 때문이다. 여기서 큰이야기로서의 역사철학적 사유의 불가능성이 도출된다(Habermas, 1976b:207). 이 불가능성을 가능성으로 변형하기 위하여 역사철학은 두 개의 시간 차원을 병합한다. 다시 말해서 역사철학적 사유는 진화의 차원을 이야기 구조에 투사하고 이야기의 구조를 진화의 논리에 투사하여 진화와 역사를 하나의 총체성의 두 계기로 삼음으로써 두 시간 차원 모두에 폭력을 가한다. 만약 보편적 능력의 발달과정인 진화에 이야기 구조를 투사하면 진화는 거대주체의 자기형성 과정으로 전환된다. 다시 말해서 이야기를 조직하는 행동이론적 구조가 투사되어 보편적 능력은 거대 주체의 능력으로 전환되고, 시작과 끝을 가진 시간구조가 투사됨으로써 발달과정은 거대 주체의 생활사로 전환된다. 이때 거대 주체의 자기의식의 원초적 동일성이 출발점으로, 그것의 분리와 대립과 정이 형성과정으로, 동일성의 복구가 종착점으로 기능하게 된다. 역사가 폐쇄되고, 미래의 시간에 대해 폭력이 가해지는 것도 이 때문인 것이다.

이 폭력적 병합은 발달논리 차원의 시간구조만을 왜곡하는 것이 아니라, 이야기로서의 역사가 갖는 근본적으로 우연적 성격, 그리고 새로운 지평을 열어가는 창조적 성격까지 억압한다. 왜냐하면 구체적 행동과 역사의 차원은 거대주체의 자기실현 과정으로만 파악될 뿐이고, 역사의 우연성은 이성의 간지라는 경로를 거쳐서 거대주체의 필연적 운동 속으로 사라져 버리기 때문이다.

앞서 우리는 개별자의 목소리를 억압하지 않는, 점선의 형태를 가진 상호주관적 동일성의 이념을 지적했다. 그것은 차이를 용인하면서 동일성을 제거하지 않는 폭력 없는 대화적 종합의 이념이었다. 이 종합의 이념은 시간 차원에서도 작용한다. 즉, 과거와 미래의 차이로서의 현재의 혁신적 잠재력을 부정하지 않으면서 과거와 미래의 연속성의 장소인 현재의 의미도 살린다. 이 시간적 매개 이념의 모티브도 동일하다. 사건과 구조의 차이를 제거하지 않을 때 비로소 경험공간과 기대지평의 분리가 낳은 역동적 시간의 자유도를 제도화할 수 있는 가능성이 열리는 것이다. 이것이 바로 시간 차원에서 나타나는 변증법적 통찰이라고 할 수 있을 것이다. 이 통찰은 어떻게 구체화될 수 있을까? 필자는 자기관계의 상호주관적 구성이 경험공간과 기대지평 사이를 어떻게 매개하는지를 살펴봄으로써 이 질문에 대한 대답을 찾을 수 있으리라고 본다.

한편으로 하버마스에서 경험공간과 기대지평은 분리된다. 이것을 우리는 실천적 자기관계에 내재하는 시간구조에서 확인할 수 있다. 실천적 자기관계에서 행위자는 자신의 행동결과에, 자신의 가능성에 관계한다. 이것은 곧 '자기'가 주관성 내부에서 미래가 자리잡는 장소라는 것을 뜻한다. 그러니까 '자기' 속에 사회적 차원과 미래라는 시간 차원이 결합되어 있는 셈이다. 이런 의미에서 '자기'는 사회의 규범적 기대구조의 층위라고 할 수 있을 것이다. 사실 사회적으로 시간은 기대구조를 통해 존재하는 것이 아닌가?

  이 규범적 기대구조는 역사적으로 변화한다. 예컨대 인습적 단계에서 규범적 기대구조는 타당성과 사실성의 혼용으로 특징지어진다. 이것은 시간적 측면에서 볼 때 기대지평이 주어진 상호작용의 구조에 의하여, 다시 말하여 경험공간에 의하여 강하게 규정받는다는 것을 뜻한다. 개인이 인습에 예속되어 있는 상태는 시간적 측면에서는 기대지평이 경험공간에 의하여 지배받는다는 것을 뜻하는 것이다. 그러나 탈인습적 단계로 이행하면서 상황은 달라진다. 이제 개인이 예/아니오라고 말할 수 있는 자율성이 늘어난다. 그러나 개인의 자율성이 증대되었다고 해서 그 자율성이 사회와 무관하다는 말은 아니다. 왜냐하면 탈인습적 단계의 자율적인 자기관계 역시 상호주관적 핵심을 가지며 따라서 사회적으로 구성되기 때문이다. 그러나 이때의 상호주관적 관계의 시점은 현재가 아니라 미래에 위치한다. 이 미래의 상호주관적 관계는 인습적 단계에서처럼 기존의 상호작용 공간의 재생산이 아니다. 하버마스에 의하면, 탈인습적 단계에서의 '주격 나'는 스스로가 투사한 미래의 상호주관적 관계에 매개되어 실천적 존재로서의 자기를 확인하게 된다(Habermas, 1988:223~228). 바로 여기서 경험공간과 기대지평의 분리가 가져온 효과를 확인할 수 있다. 왜냐하면, 탈인습적 자기관계는 현재에 대한 이해에 있어서 미래가 더 중요한 작용을 한다는 점을 보여주는데, 이것은 다름아니라 경험공간과 기대지평의 분리의 효과이기 때문이다.

  지금까지 우리는 경험공간과 기대지평의 분리에 대해서 말했다. 그러나 경험공간과 기대지평은 결코 완전히 분리되지 않는다. 만약 그것이 완전히 분리된다면, 시간구조상의 변증법적 긴장이 소멸될 것이다. 하버마스는 경험 공간과 기대지평의 차이를 강조하지만 동시에 양자 사이의 연속성을 제거하지 않는다. 현대적 시간성 속에서 현재는 차이의 장소이지만 동시에 연속성의 장소이기도 한 것이다. 이런 점에서 경험 공간과 기대 지평 사이에서 약한 변증법이 작동한다고 할 수 있다.

  이 약한 변증법이 작용하는 이유는 탈인습적 단계에서 주체가 미래의 상호주관성을 선취하고, 또 그것에 비추어 현재를 바라보지만, 이때 주

84

체가 미래의 상호주관성을 임의로 예감 속에서 설립할 수는 없기 때문이
다. 현재의 실재적 상호주관적 구조에 대한 비판의 규범적 기초로 작용
하는 그 상호주관성은 현재의 의사소통적 실천의 전제로부터 합리적으로
재구성되어야 한다. 그러나 이미 지적했다시피 우리가 의사소통적 실천
의 암묵적 규칙을 완전히 이론적으로 재구성할 수는 없다. 왜냐하면 생
활세계가 우리의 의사소통적 실천 속에서 주제화되지 않는 배후 지식을
제공하는데 배후 지식은 완전히 이론적 지식으로 변형될 수 없는 성격을
갖고 있기 때문이다. 생활세계는 직접적 확실성, 총체화의 힘을 갖고 있
는데(Habermas, 1981:198~203; 1988:92~93), 바로 이 성격 때문에 우
리는 생활세계적 배후를 임의로 통제할 수 없으며, 또 이 때문에 "우리
가 모든 것을 추상적 회의에 회부할 수도 없다"(Habermas, 1988:91). 그
러므로 우리가 의사소통적 실천의 전제를 이론적으로 재구성하여 얻어내
는 미래의 기대지평은 이 배후지식의 끈이 아무리 약하다 할지라도 그
끈에 묶여 있는 것이다. 바로 이 때문에 경험공간과 기대지평은 완전히
분리되지 않는다. 11) 과거의 경험 공간은 비록 비판적으로 해체되긴 하지
만 결코 완전히 해체될 수 없는 생활세계의 배후지식이라는 형태로 우리
의 기대지평에 영향력을 발휘하는 것이다. 경험공간과 기대지평의 이 매
개 속에서 우리는 의사소통 이성을 구성하고 있는 사실성과 타당성 사이
의 변증법적 긴장의 시간화를 발견한다.

11) 쿨만은 의사소통적 실천의 전제에 대한 반성을 합리적 재구성으로 파악하지
않고, '엄격한 반성'으로 파악한다(Kuhlmann, 1985:76~82). 이것은 오류가
능론의 자기모순을 피하기 위해서이다. 그러나 엄격한 반성 개념을 택할 경우
상호주관적 반성의 개념 속에서 다시 미래의 기대지평이 폐쇄되는 결과가 발
생하게 된다. 더 이상 오류의 여지가 없이 최종적으로 정당화된 선천적 의사
소통 공동체는 비록 물상화의 강제는 벗어났다 하더라도 주체철학에서의 자기
의식의 동일성과 마찬가지로 역사의 최종적 지점을 가리키고 있기 때문이다.
이것은 경험공간의 압력을 완전히 배제한 기대지평 역시 닫힌 시간구조를 가
진다는 것을 보여주는 사례이다.

5. 맺는말

변증법적 사유에 대한 탈현대론의 비판은 변증법에 대한 새로운 사유를 자극하는 동인을 제공해 주는 것이기도 하다. 우선 근대 변증법적 사유가 경험주의와 선험주의 그리고 낭만주의라는 3자 대립을 지양하기 위해서 등장하였다고 할 수 있다. 이러한 3자 대립은 헤겔을 포함하는 주체중심적 사유의 두 형태와 탈현대 사이의 3자 대립이라는 형태로 오늘날 재현되고 있다. 이러한 상황은 변증법에 대하여 새롭게 사유할 것을 촉구하는 요인이기도 하다. 그러나 오늘의 상황이 과거와 다른 것은 헤겔이 그 대립을 극복할 때 사용했던 주-객 모델 자체의 한계가 뚜렷이 노정되었고 또 이것이 탈현대론자들의 중심적 비판대상이라는 것이다. 그러나 주-객 모델에 대한 그들의 정당한 비판은 변증법의 종언보다는 주-객 모델의 지양 위에서 변증법을 새롭게 사유할 것을 촉구한다. 이것은 이미 맑스가 설정했던 과제, 즉 헤겔 변증법의 신비적 외피를 벗기고 그 합리적 핵심을 보존해야 하는 과제가 계속 여전히 유효하다는 것을 의미한다. 이러한 관점에서 이 글은 하버마스의 이론이 이 과제를 해결하는 데 있어 어떠한 함축을 갖는지를 포착해 보고자 했다.

형식적 화용론은 언어적 추상의 전통 속에서 분리되었던 의미-사회적 행동-합리적 타당성 사이의 내적 연관을 복구하는 성과를 보여주었다. 이러한 성과는 곧 아리스토텔레스 이래 분리되었던 변증법-대화관계-논증 사이의 연관을 회복시켜 준다는 의의를 갖는다.

이와 함께 변증법은 무지와 지의 대립, 혹은 지식과 진리의 변증법에 국한되지 않고 진리, 정당성, 진실성이라는 세 가지 타당성 주장의 전체 스펙트럼에 걸친 상호이해의 파괴와 복구의 변증법적 과정이라는 포괄적 성격을 갖는다.

그러나 언술변증법은 개별자의 목소리와 시간적 우연성을 억누르지 않고 차이와 동일성을 소통시키는 부드러운 변증법의 양식을 보여준다. 이것은 주체중심적 사유의 극복이라는 경로를 통하여 헤겔 변증법을 안과 밖의 전복이라는 의미에서 전복한 결과라고 할 수 있을 것이다. 헤겔의 변증법에서 차이는 이성의 찻잔 속의 폭풍에 불과하였다. 하버마스는 그 것을 전복시켜 이성의 찻잔을 차이와 우연성의 바다 위에 띄웠다. 그러나 그 찻잔은 더 이상 강철로 된 것이 아니라 부드러운 나무로 만든 것이다. 동일성과 차이의 관계를 뒤엎어 동일성을 익사시키려고 했던 탈현대론자들의 오류는 그 전복에 있다기보다는 오히려 이성을 반드시 강철로 만들어야 할 필요는 없다는 사실을 미처 고려하지 못했다는 데에 있지 않나 싶다.

■ 참고문헌

박영도, 1994, "현대 사회이론에서의 비판 패러다임의 구조변동," 서울대학교
　　사회학과 박사학위논문.
＿＿＿, 1996, "시간의 사회적 구성과 시간의 정치," 《이다》 창간호.
장춘익 외, 1996, 《하버마스의 사상》, 나남.
Adorno, T. W. , 1995, 《계몽의 변증법》, 김유동 외 역, 문예출판사.
Apel, K.-O. , 1976, *Transformation der Philosophie*, Bd. 1, 2, Suhrkamp.
＿＿＿, 1987, "The Problem of Philosophical Foundation in Light of a
　　Transcendental Pragmatics of Language," K. Baynes et al. (ed),
　　After Philosophy, MIT.
＿＿＿, 1989, "Normative Begründung der 'Kritischen Theorie' durch
　　Rekurs auf lebensweltliche Sittlichkeit? Ein transzendentalpragmatisch
　　orientierter Versuch, mit Habermas gegen Habermas zu denken,"
　　in:Honneth et al. (Hg.), 1989.
Bubner, R. , 1990, *Dialektik als Topik*, Suhrkamp.
Derrida, J. , 1973, *Speech and Phenomena*, Northwestern Univ. Press.
＿＿＿, 1977, *Of Grammatology*, The Johns Hopkins Univ. Press.
Foucault, M. , 1979, *Discipline and Punish*, Vintage Books.
＿＿＿, 1991, 《권력과 지식》, 홍성민 역, 나남.
＿＿＿, 1993, 《임상의학의 탄생》, 홍성민 역, 인간사랑.
Gamm, G. , 1987, *Eindimensionalen Kommunikation*, Königshausen+
　　Neumann.
Habermas, J. , 1972, "Wahrheitstheorien," in ders. , 1984.
＿＿＿, 1973, "Labour and Interaction," *Theory and Practice*, Beacon.
＿＿＿, 1976a, "Was heißt Universalprgmatik?," in ders. , 1984.
＿＿＿, 1976b, *Rekonstruktion des Historischen Materialismus*, Suhrkamp.
＿＿＿, 1977a, *Kultur und Kritik*, Suhrkamp.
＿＿＿, 1977b, "Thesen zur Rekonstruktion des historisechen Materialis-
　　mus," in:D. Henrich(Hg.), 1977.
＿＿＿, 1981, *Theorie des kommunikativen Handelns*, Bd. 1. 2, Suhrkamp.
＿＿＿, 1983, *Moralbewusstsein und kommunikatives Handeln*, Suhrkamp.
＿＿＿, 1984, *Vorstudien und Ergänzungen zur Theorie des kommunikativen*

Handelns, Suhrkamp.

_____, 1985a, *Der philosophische Diskurs der Moderne*, Suhrkamp.

_____, 1985b, *Die Neue Unübersichtlichkeit*, Suhrkamp.

_____, 1986, "Entgegnung," A. Honneth/H. Joas(Hg.), 1986.

_____, 1988, *Nachmetaphysisches Denken*, Suhrkamp.

_____, 1991a, *Erläuterungen zur Diskursethik*, Suhrkamp.

_____, 1991b, *Texte und Kontexte*, Suhrkamp.

_____, 1992, *Faktizität und Geltung*, Suhrkamp.

Honneth, A., 1996, 《인정투쟁》, 문성훈·이현재 역, 동녘.

_____ and H. Joas(Hg.), 1986, *Kommunikatives Handeln*, Suhrkamp.

_____ et al. (Hg.), 1989, *Zwischenbetrachtungen*, Suhrkamp.

Jay, M., 1993, *Downcast Eyes*, Univ. of California Press.

Kuhlmann, W., 1985, *Reflexive Letztbegründung*, Verlag Karl Alber.

Luhmann, N., 1982, *The Differentiation of Society*, Columbia Univ. Press.

Lyotard, J.-F., 1989, *Der Widerstreit*, Wilhelm Fink Verlag.

Marx, K., *Grundrisse der Kritik der politischen Ökonomie*, Diez. (GR로 약 칭).

Rorty, R., 1989, *Contingency, Irony, and Solidarity*, Cambridge Univ. Press.

Schnädelbach, H., 1987, *Vernunft und Geschichte*, Suhrkamp.

Theunissen, M., 1982, "Die verdrängte Intersubjektivität in Hegels Philosophie des Rechts," D. Henrich/R.-P. Horstmann(Hg.), *Hegels Philosophie des Rechts*, 1982.

Tugendhat, E., 1979, *Selbstbewußtsein und Selbstbestimmung*, Suhrkamp.

담론이론의 사회철학

윤 평 중

1. 언어와 담론

현대철학의 다양성과, 그에 수반되는 불확실성에도 불구하고 이른바 '언어적 전회'는 20세기 후반의 철학적 사유와 실천을 가로지르는 중요한· 일반적 특징으로 간주된다. 의식에서 언어로, 또는 관념에서 담론으로 철학의 강조점이 이동한 것이다. 이러한 변화는 가치론 분야에서도 의미 심장한 반향을 불러일으켰다. 해방과 계몽을 지향하는 사회철학적 패러 다임이 본격적으로 언어, 의사소통, 담론, 상호주관성 등의 개념이 갖는 메타이론적 중요성에 주목하게 된 것이다. 이는 역사적으로 민주주의의 실현과 내실화를 위해서 공공성과 여론정치의 실천이 결정적 중요성을 갖는다는 일반적 인식을 반영한다.

우리 시대의 대표적 해방논리임을 자임했던 맑스주의 이론체계가 내적 으로 균열될 수밖에 없었던 이유 가운데 하나를 민주주의론의 부재에서 찾는다면, '역사 유물론의 재구성' 작업이 상호작용이나 의사소통의 범주 가 갖는 중요성에 주목하는 것은 자연스러운 사태 진전으로 평가된다.

---

* 이 글은 《철학》 제46집(1996년 봄)에 실렸던 논문임.

■윤 평 중
고려대학교 철학과 졸업
미국 남일리노이 주립대 철학 박사
현재 한신대 철학과 교수

저서로
《푸코와 하버마스를 넘어서》,
《포스트 모더니즘의 철학과
　포스트 맑스주의》 등

물론 사회철학적 맥락에서 언어나 담론 패러다임에 대한 강조가 맑스주의의 지평에 제한되지는 않는다. 오히려 언어/담론 패러다임을 소홀히 취급해 왔다는 데서 맑스주의 철학의 심각한 약점이 드러난다고 보는 것이 온당한 평가일 것이다.

맑스의 철학을 노동의 범주에 대한 과도한 편향으로 보고, "맑스의 사회적 노동관이 인간에게 특유한 삶의 재생산 과정인" 상호작용의 철학적 범주를 제대로 고려하고 있지 못하다고 주장하는 하버마스의 입론은 이러한 패러다임 변화를 예증하는 경우이다(Habermas, 1976 : 149).[1] 하버마스의 작업은 언어와 담론을 화두로 삼아 보편적 합리성의 이념을 정초함으로써 비판사회이론의 출구를 모색하려는 시도라고 할 수 있다. 회의주의와 지적 상대주의가 만연하고, 체계적이고 포괄적인 이론체계로서의 철학의 존재근거 자체에 대한 의문이 제기되고 있는 오늘날, 행위이론과 접합된 합리성 개념에 대한 논구를 기초로 해서 현실 진단과 미래 조망을 아울러 겨냥하는 거대이론을 건설하려는 하버마스의 시도는 대단히 흥미롭고 야심만만한 것이다.

다양한 사유와 이론의 족적을 과시해 온 하버마스의 작업 가운데서 보편화용론과 의사소통행위이론을 중심으로 담론이론의 사회철학을 구성하는 것도 가능할 것이다. 그러나 하버마스의 담론이론은 그 외양적 설득력에도 불구하고 기본적 출발점에 있어 몇 가지 심각한 난점을 안고 있으며, 이 난점들은 체계 전체의 정합성을 위협하고 있다. 그의 사회철학은 궁극적으로 보편화용론과 의사소통행위이론의 전제들에 의존하고 있기 때문에 담론이론의 이러한 기초가 흔들리게 되면 나머지 부분도 균열의 위기에 직면하게 된다.

이 글에서 우리는 보편화용론과 의사소통행위이론의 몇 가지 근본 주장들이 유지될 수 있는지 먼저 살펴볼 것이다. 이는 하버마스가 결정적으로 의존하고 있는 일상언어학파의 언어행위이론과의 대비라는 자기 제한적 방식으로 진행된다. 이 분석 방법은 그 제한성에도 불구하고 하버마스 담론 이론의 아킬레스건(腱)을 선명하게 부각시키는 장점을 가진다. 우리가 보기에 하버마스는 충분히 설명되지 않는 규범적 언어관을 과도하게 대입시킴으로써 경험이론으로서의 언어행위이론의 긍정적 성과를 오히려 축소시키고 있으며, 그 결과 그의 제안은 제대로 된 담론이론의 사회철학을 건설하는 데 크게 못 미치게 된다. 하버마스에 대한 비판 작업은 사회철학적 담론이론이 유물론적으로, 또는 질료주의적으로 전환해야 한다는 우리의 주장으로 인도된다.

담론에 대한 유물론적 이해의 단초, 또는 질료적 담론이론의 계기는 다양한 이론가들에게서 시사된다. 푸코, 알튀세, 페쇠(Pêcheux, 1975), 바흐친(Bakhtine/V. N. Voloshinov, 1973), 라클라우/무페 등의 시도들은 쉽게 균질화될 수 없지만, 담론 일반에 대한 하버마스의 보편주의적/관념적 접근방식과 형식적/추상적 이해의 한계를 날카롭게 보여준다는 그 지점에서 서로 만난다. 유물론적 담론이론은 하버마스에게서 종종 엿보

---

1) 하버마스가 맑스의 노동개념을 지나치게 편협하게 해석하고 있으며, 사실 맑스의 사회적 노동 개념은 상호작용의 측면까지를 포괄하는 범주라는 반론이 있고, 이는 상당한 전거를 갖는다. 그러나 전체적으로 맑스의 강조점이 '실증과학'으로 이동하는 과정에서 상호작용의 범주에 대한 본격적 고려는 유예될 수밖에 없었고, 이는 시민사회의 의의에 대한 그의 지나치게 인색한 평가에서 우회적으로 입증된다.

이는 매개되지 않은 절충주의의 함정에 대해 예민하게 반응한다. 유물론적 담론이론의 사회철학은 완성된 체계가 아니고 현재진행형의 과정적 시도이지만, 주체에 대한 이해, 현대 문화분석, 이데올로기 비판, 권력관계 해부, 사회철학 방법론의 구상화 등에 있어 하버마스의 관념적 담론이론에 비해 상대적으로 강력한 잠재력을 갖는다는 사실이 적시될 것이다.

2. 이성주의의 언어적 전회

헤겔에게서 가장 역동적인 형태로 정식화된 근대 주관철학(의식철학)의 현실 설명력과 비판능력이 이미 소진되었다고 보는 하버마스는 주관성의 범주를 상호주관성으로 전화시킴으로써 탈현대의 도전에 대해서도 성공적으로 대처할 수 있다고 확신한다.[2] 이른바 포스트 모던 철학 논쟁은 따로 다루어져야 할 논제이지만 하버마스가 시종일관 전가의 보도처럼 휘두르는 상호주관성의 범주는 이성주의철학의 탈현대적 전유(專有)의 소산이라고 할 수 있다. 하버마스가 이성주의의 합리적 핵심을 포기하지 않으면서 주관철학의 과부하와 실체론적 유산이 초래한 아포리아에 대해서는 강력히 고발하고 있기 때문이다.

보편화용론에서 하버마스는 해방과 계몽이라는 사회철학의 목표가 우리의 의사소통행위 안에 구조적으로 전제되어 있다고 주장한다. 이는 첫인상에서와는 달리 정교한 논증을 요하는, 매우 논쟁적인 주장이다. 해석학 논쟁에서 언어의 중요성에 대한 공감을 매개로 상당한 친화성을 과시했던 가다머와 하버마스가 서로 쉽게 동의할 수 없었던 가운데, 논쟁의 초점으로 떠오른 대목은 '정당한 전(前)판단'이라는 개념에서 압축적

---

2) 현대성과 탈현대성의 철학적 담론에 대한 총괄적 정리로는 하버마스(1985) 참조. 이는 후기 하버마스의 최대 역작이지만 동시에 이론가로서의 그의 한계를 극명하게 드러내는 작품이기도 하다. 하버마스적 이성주의의 편협함과 유럽 중심주의의 질곡이 여과되지 않은 채 드러나기 때문이다.

으로 드러난 해석학적 순환 현상을 비판할 수 있는 공간이 이념적으로나
마 상정될 수 있느냐 하는 문제였다. '지평융합'에서 보이는 해석학적 감
수성에 충실한 가다머가 유보적인 태도를 견지하는 것과는 달리 언어와
의사소통이라는 용어 자체가 이해와 합의로 요약되는 투명한 의사소통의
지평을 이미 전제하고 있음을 역설하는 하버마스는 언어에 대한 화용론
(pragmatics)적 접근에서 정당화의 실마리를 찾으려 한다.

언어연구에서 통사론(syntax)이 언어표현(기호)과 언어표현 사이의 관
계를 주로 문제삼는다면, 의미론(semantics)은 언어표현과 지시체 사이의
관계에 관심을 갖는다. 이에 비해 화용론은 언어표현, 지시체 및 언어
사용자들 사이의 관계, 그리고 사용되는 맥락을 복합적으로 탐구하지만
그 핵심은 언어 사용자들 사이의 관계를 연구하는 데 있다. 심리언어학
이나 사회언어학 등의 경험화용론이 경험적이고 제한된 의사소통의 조건
들을 따지기 때문에 담론이론의 사회철학을 정초하는 데 한계가 있을 수
밖에 없는 데 비해, 보편화용론은 가능한 모든 의사소통의 조건을 밝힘
으로써 언어가 성공적으로 유통되는 데 필연적으로 요구되는 전제 조건
들을 해명하려고 한다.

여기서 보편화용론은 오스틴과 설의 언어행위이론(speech act theory)의
성과를 빌려온다. 오스틴과 설에 의하면, 의사소통의 기본단위는 상징이
나 단어 또는 문장 자체가 아니라 "언어 행위를 하는 데 있어서의 상징,
단어, 문장의 생산 또는 발화(發話)이다"(Searle, 1969:16). 바꿔 말하면
언어행위이론은 언어를 관찰할 때 우리가 **어떤 것을 말함으로써, 무엇인
가를 하게 되는** 점에 집중적인 관심을 갖는다.[3] 이는 언어철학의 발전사
에서 획기적 중요성을 갖는 통찰이라고 할 수 있다. 왜냐하면 논리 실증
주의나 경험주의 언어철학이 말과 세계의 관계에 전념함으로써 재현과
지시 기능을 특권화한 지시론적 의미론에 고착되어 있고, 투명한 주관의
의식에 과도한 중요성을 부과하는 관념론적 의미론이 유아론의 덫에 매

---

3) 특히 Austin(1961:231~251)에서 수행적 발화(performative utterances)의 중
   요성을 상론하고 있다. 또한 Austin(1975:109) 참조.

어 있는 것과는 달리 언어행위이론은 수행적 행위로서의 말의 교환에 근거한 의미창출 현상을 역동적으로 설명하는 이론이기 때문에 화용론적 의미론이라고 평가된다. 요약하자면, 후기 비트겐슈타인으로부터 영향받은 오스틴의 선구자적 작업은 언어와 의미의 위상을 제대로 이해하기 위해서는 행위이론이 필수적이라는 사실을 밝히고 있는 것이다.

언어행위이론의 요점을 이해하는 데 있어서나 보편화용론을 논구하기 위해서 가장 기초적인 사항은 발화행위(locutionary act), 발화수반 행위(illocutionary act), 발화효과 행위(perlocutionary act)의 구분이다. 발화행위는 어떤 것을 말하는 것이 어떤 것을 행하는 게 된다고 할 때 '어떤 것을 말함'의 행위이다(Austin, 1975:94). 발화수반 행위는 말함으로써 말하는 사람과 듣는 사람 사이에 말하는 사람이 의도한 상호적인 인간관계를 성립시키는 행위이다. 말함으로써 화자와 청자가 어떤 인간관계로 진입해 들어가게 하는 힘은 발화수반력(illocutionary force)이라고 불린다. 발화효과 행위는 말하는 사람이 행한 언어 행위의 결과로 성취된 결과를 의미한다.

예를 들어보자. 친구에게 커피 한 잔을 건네주면서 "이 커피는 뜨거워요"라고 할 때, 발화행위는 이 언명을 말하는 행위다. 발화수반 행위에서는 말하는 사람이 듣는 사람에게 듣는 사람이 받아들이거나 거부할 수 있는 일종의 제안을 하는 셈이다. 뜨거운 커피에 대해 경고하거나 주의를 줄 때, 상대방이 그것을 받아들일 수도 있지만 개의치 않을 수도 있기 때문이다. 만약 상대방이 나의 경고나 주의를 받아들이면, 나와 그 사람 사이에는 어떤 인간관계가 성립하게 된다. 발화효과 행위는 그 경고나 주의를 받아들임으로써 성취된 결과로서, 듣는 사람이 혀를 데는 것을 피할 수 있게 되는 경우이다.

이 구분법이 왜 언어행위이론과 보편화용론에 다같이 중요한가? 그 이유는 오스틴과 설, 그리고 하버마스 모두 언어 행위가 성공하느냐 아니면 실패하느냐의 관건이 발화수반력에 좌우된다고 보기 때문이다. 바꿔 말하면 보편화용론의 핵심은 발화수반력의 분석에 놓여 있는 것이다. 하버마스는 "듣는 사람이 발화된 문장의 뜻을 이해할 뿐만 아니라 동시에 말하는 사람이 의도한 상호관계 속에 진입하는" 상황을 언어 행위가 성공하는 상황이라고 정의하는데, 이는 정확히 발화수반 행위의 핵심적 중요성을 강조하는 대목이다(Habermas, 1979:59).

한편으로 오스틴은 언어 행위의 핵심을 발화수반 행위에 두려고 하면서도 언어 행위가 불가피하게 발화행위, 발화수반 행위, 발화효과 행위를 뭉뚱그려 포괄하며, 많은 경우 이 행위유형들의 구분이 선명하지 않고 매우 모호한 방식으로 상호 중첩됨을 실토한다. 하버마스 자신도 이러한 어려움을 인지하고 있으면서도 매우 강력한 어조로 발화수반 행위와 발화효과 행위를, 이념형적으로 제시된 의사소통 행위와 목적합리적 행위와 일치/대응시킨다(목적합리적 행위는 베버가 서양 근대화의 도정을 합리화 확산과정으로 파악하면서 주도적 개념으로 도입했고, 프랑크푸르트 학파 1세대 이론가들은 이를 좀더 단순화시켜 도구적 행위라고 정의했다는 사실은 이미 잘 알려져 있다). 상호 이해를 지향하는 의사소통 행위에 비해 목적합리적 행위는 다른 사람들에 영향을 끼침으로써 성과를 극대화하려고 하는 등 성취지향적 행위라는 것이다. 이 구별은 그의 전 체계를 관류하는 핵심적인 구분법으로서 초기의 맑스 비판에서 드러난 상호작용과 노동의 범주 구별을 연장한 것이며, 후기에는 생활세계와 체계의 이분법적 도식으로 확장되기 때문에 매우 중요한 의미를 갖는다.

하버마스의 주장과는 달리 발화수반 행위가 왜 의사소통 행위와, 그리고 발화효과 행위가 왜 목적합리적 행위와 등치되어야 하는지는 전혀 선명하지 않는다. 여기에서 논의의 두 수준을 일단 구별해 보자. 먼저 의사소통 행위의 경우 설정된 이해도 하나의 목적이다. 따라서 이해를 달성하기 위한 여러 방안들이 전략적 특성을 지닐 수밖에 없다. 이 목표를 달성하기 위해서는 남에게 영향력을 행사하거나 내가 남에게 영향을 받는 경우도 발생할 것이다. 여기서 우리는 의사소통 행위와 목적합리적 행위가 대등한 위상과 대척적 의미를 갖는 행위유형이라기보다 의사소통 행위 자체가 목적합리적 행위(사회적 맥락에서의 전략적 행위)의 한 구성요소로 보는 것이 더 온당하다는 생각을 하게 된다. 물론 하버마스는 이러한 지적에 대해 이념의 차원에서 이러한 구분이 필요하며 또 매우 유

용하다고 대답하겠지만,[4] 위에서 제기된 우리의 의문이 어느 정도 근거
가 있는 것이라면 그의 구분법이 갖는 설득력은 크게 약화될 수밖에 없
다.

이 점을 분명히 하기 위해서 하버마스에게 커다란 영향력을 행사한 베
버의 이해사회학의 기초를 잠깐 돌이켜 보자. 합리성과 행위유형 분석을
사회학적 거대이론의 초석으로 삼은 베버의 행위유형론은 목적합리적,
가치합리적, 정의적(情意的), 전통적 행위를 행위의 네 가지 이념형으로
제시한다. 의무, 명예, 대의명분 등의 궁극적 가치가 행위를 추동하는
경우가 가치합리적 행위인 데 비해, 목적합리적 행위는 "목표, 수단과
부차적 결과 모두가 함께 고려되는" 행위로 정의된다.[5] 물론 목적합리적
행위는 경향적으로 궁극적 목표의 정당성에 대한 배려를 축소시키면서
수단에 대한 고려를 우선시하게 되지만 포괄적 행위유형으로서 원래 궁
극적 가치관을 포함하는 것이다. 하버마스의 의사소통 행위가 베버의 가
치합리적 행위를 언어행위이론적으로 변용/발전시킨 개념이라는 사실은
쉽게 간취된다. 그러나 하버마스가 목적합리성의 분석에서는 동일한 용
어를 사용하지만 내용적으로는 목표와 도구적 수단을 함께 고려하는 베
버의 포괄적 시각을 축소시키고 있음을 알 수 있다.

다음으로 발화효과 행위가 목적합리적 행위와 어떤 근거에서 조응하는
가? 적지 않은 경우 발화효과 행위는 상호 이해의 증진에 기여하지 않는
가? 또한 발화수반 행위가 왜 반드시 상호 이해와 합의를 목표로 하는
가? 이 문제는 설령 발화수반 행위를 언어 행위의 핵심으로 간주한다고
하더라도 언어 행위가 왜 반드시 상호 이해와 합의를 '텔로스'로 지녀야
하는가의 의문으로 확장되며, 또 다른 엄밀한 논증을 필요로 하는 대목
이다. 하버마스에게서 그와 같은 논증이 발견되는가? 오히려 그는 논증
이 필요한 결정적 사항을 이미 당연한 것으로 전제하고 담론이론을 전개

---

4) 하버마스는 이러한 '형식적' 구분법이 도입되지 않는다면 "관찰된 일상의 혼란
   과 복잡함 속에서 언어적 의사소통의 이성적 기초를 인식할 수 있는 개념적
   수단을 획득할 수 없게" 될 것이라고 역설한다(Habermas, 1984:331).
5) 베버(Weber, 1968)의 '사회적 행위유형론' 참조. 특히 26쪽.

하고 있는 것이다.

언어 행위가 이해와 합의를 필연적 내적 이념으로 전제하고 있으며, 이해를 지향하는 언어 행위가 언어의 본원적 모델이라는 하버마스의 주장은 발화수반 행위와 발화효과 행위의 범주적 구별에 크게 의존한다. 그에 의하면, "이해 지향적인 언어사용이야말로 원래적 언어 양태이고, … 언어 일반의 도구적 사용은 기생적인 양태이다. 내가 보기에 오스틴에 의한 발화수반과 발화효과의 구별은 이 사실을 확인하고 있다"는 것이다(Habermas, 1984:288). 그러나 어떤 의미에서 발화효과 행위가 기생적인 언어 양태이고, 왜 본래적인 언어 양태라는 발화수반 행위와 위계적으로 서열화되어야 하는가의 이유가 하버마스의 희망처럼 분명한 것은 아니다.

이 부분은 하버마스 담론이론의 근본 전제에 대한 의문으로 연결된다. 보편화용론과, 그것을 본격적으로 확장시킨 의사소통행위이론의 근본 전제는 "이해/합의(Verstandigung)가 인간 언어의 본질적 텔로스"라는 명제로 압축된다(Habermas, 1984:287). 먼저 자주 지적되어 온 것처럼 이해와 합의는 구별되어야 한다. 상대방의 입장을 선명하게 이해하면서도 전혀 동의할 수 없는 경우는 드문 경험이 아니다. 예컨대 어떤 독재자의 심리와 입장을 정확히 이해하지만, 그것에 동의한다는 것은 전연 다른 차원의 문제이기 때문이다.

언어가 단일한 내재적 텔로스를 갖는다는 자신의 직관은 선험적인 것으로 규정될 수 없다고 하버마스는 주장한다. 왜냐하면 이 직관은 언어 행위에 대한 경험적-비판적 재구성 작업의 소산이기 때문이라는 것이다. 아펠의 선험화용론을 하버마스가 불필요하게 강력한 주장을 담고 있다고 해석하는 것은 이러한 이유에서이다(Apel, 1980). 그러나 이미 지적한 것처럼 선험성의 자취를 가능한 떨쳐버리려는 보편화용론은 발화수반 행위와 발화효과 행위, 그리고 그에 대응되는 의사소통 행위와 목적합리적 행위 사이의 범주적 구별에 의존한다. 그러나 우리는 이러한 구분법이 액면 그대로 지지되기 어렵다는 사실을 밝힌 바 있다. 상호 이해와 합의에 이르는 과정은 인간관계로의 진입이라는 발화수반의 차원과 함께, 지난한 설득과 호소, 감정이입과 결부된 발화효과의 차원과도 뗄 수 없는 연관성을 지닌다. 이는 이해와 합의가 자주 발화수반력을 넘어서는 지평 위에 자리한다는 사실을 시사하는 것이다.

또한 이해와 합의가 언어 행위를 구조짓는 것과 비슷하게 오해와 차이 (이의)도 언어 행위의 성립과 유통에 있어 본질적 요건을 구성한다고 해도 전연 무리가 아니다. 빛과 그림자처럼 이해/합의와 오해/차이는 균열음을 내면서 공존하고 동행한다. 전자가 본질적이며 후자는 기생적이라는 하버마스의 주장은 또 다른 치밀한 논증을 필요로 하지만 그는 이를 건너뛰고 있다. 나중에 리오타르는 '배리'(*paralogy*)야말로 언어를 언어답게 만든다고 하버마스를 역공하는데, 이는 매우 흥미롭고 중요한 문제제기인 것이다.

하버마스의 담론이론은 제도적으로 제한되어 있지 않은 언어 행위가 실행되기 위해서 충족시켜야 되는 조건을 발화수반력이 이성적으로 근거지어질 수 있다는 기대에서 찾는다. 우리가 말의 교환을 매개로 하여 상호적 인간관계 속으로 진입하고, 연대하게 되는 이유가 발화수반 행위 안에서 제기될 수 있는 타당성 요구의 검증 가능성에 있다는 것이다. 또한 자유, 정의, 진리 등의 지표들은 타당성 요구의 무제한적 교류라는 이념적 정황에서 그 근사치를 찾을 수 있다는 것이다.

이러한 관점은 계몽과 해방을 지향하는 사회철학의 규범적 기초를 확정하는 데 도움을 주는 흥미로운 제안임에는 틀림이 없다. 특히 복지 자본제와 결합한 대의 민주주의 기제가 갈수록 형식화되는 상황에서나, 이제 막 민주주의 제도를 착근시키려 하는 사회에서도 담론이론에 기초한 비판사회이론의 규범적 정향은 매우 중요한 방향타로 간주된다. 한편으로 하버마스의 담론이론은 가치론의 토대를 메타이론적으로 정초하고자 하는 시도이며, 형식적 규범론의 차원에서 상당한 진전을 가져온 것으로 평가된다. 절차적 정의관의 현대적 대변자인 롤즈와 하버마스의 담론윤리학이 종종 비교되는 것은 이러한 정당화의 맥락에서일 것이다. 그러나 그의 언어적 전회는 이론내재적 차원에서도 무리한 일반화와 논의 수준의 혼동, 그리고 방만한 개념의 도입 등으로 얼룩져 있다. 문제는 이러한 결함이 거대이론을 정립하는 과정에서 불가피하게 발생할 수 있는 지엽적 허술함이 아니라 가장 핵심적인 부분과 직결됨으로써 이론의 정합성을 위협하고 있다는 데 있다.

또 다른 문제는 형식적 보편성의 원칙에 집착한 결과로 획득하게 된 담론 이론의 틀이 구체적 역사현실에서 어떻게 작동할 수 있는가에 대해 강령적 진술 외에는 분명한 지침을 찾기 어렵다는 것이다. 그의 최근의 노작인《사실성과 타당성》은 현실과 규범이론의 간극을 법에 대한 성찰을 통해 매개하려고 시도한 작품이다. 그러나 그는 규범이론을 보편적으로 정당화하려는 과정에서 언어행위이론을 형식주의적으로 협애화시키고 있기 때문에6) 그 형식(또는 형상)을 채울 질료적 내용에 대해서는 침묵하고 있는 셈이라는 비판 앞에 쉽게 노출된다. 바꿔 말하면, 언어행위이론의 경험적 차원이 과도하게 축소된 채 관념적 규범론이 성급하게 개입하고 있기 때문에 빚어지는 하버마스 담론이론의 폐쇄성이 심각하다는 것이다.

하버마스가 담론을 타당성 요구가 무제한적으로 검증될 수 있는 이념적 공간으로 상정하는 것은 단순한 우연의 소산이 아니라 이론 자체의 내재적 귀결이다. 여기서 담론이론의 사회철학을 건설하는 데 있어 핵심적 중요성을 갖는 담론의 개념에 대한 하버마스 특유의 추상론적/형식적 이해가 선명하게 드러난다. 왜냐하면 하버마스에 있어 담론은 일상적 의사소통(상호작용)과는 달리 하나의 '이상화'(idealization)이기 때문이다. 담론에 대한 이러한 개념 규정이 의도하는 목표는 분명하다. 이러한 선명성은 계몽과 해방이라는 사회철학의 목표를 정초하고 규범이론의 위상과

---

6) 하버마스는 오스틴과 설의 작업에 대해 여러 군데서 비판하고 있다. 둘다 타당성 요구의 차원을 말과 세계의 관계에 전념하는 명제적 진리로 국한시키고 있기 때문에 언어행위이론의 선진성이 증발하고 있다는 것이다. 하버마스의 저작 가운데서는 특히 하버마스(Habermas, 1992:64~73) 참조. 그러나 언어행위이론의 출발점 자체가 앞에서 설명한 것처럼 말과 세계의 관계로부터 인간과 인간 사이의 관계로의 패러다임 전환에 그 강조점이 놓여 있었다는 사실을 상기해 보면 하버마스의 주장은 자신의 작업의 상대적 우월성을 강변하는 데 초점이 맞추어져 있다고 생각된다.

지향성을 드러내는 데는 일정한 기여를 하였으며, 그 중요성은 과소평가 될 수 없다.

그러나 사회철학적 패러다임의 언어적 전회를 운위하면서 담론을 문제 삼을 때 우리가 기대하는 새로운 설명력은 하버마스가 보편화용론과 의사소통행위이론에서 의도적으로 빠뜨린 질료적 내용, 즉 이러한 이념적 지표를 역사 현실과 어떻게 매개시킬 것인가 하는 문제의식으로부터 주로 도출된다고 할 수 있다. 하버마스 자신이 응용적 성격이 강한 저작들, 대표적으로 《공론장의 구조변동》와 《후기 자본주의의 정당성 문제》, 그리고 《사실성과 타당성》에서 이러한 연결작업을 시도하고 있다 (Habermas, 1962; 1973). 그러나 담론 이론의 사회철학을 형상화하는 데 있어 선결과제는 하버마스에 의해 불가피하게 유실된 담론개념의 질료성과 구체성을 복원하는 데로 방향 전환이 이루어져야 할 것이다.

3. 담론이론의 유물론

담론이론의 질료화가 겨냥하는 주된 목표 가운데 하나는 구체적 역사 현실에서 교류되고 구조화되는 언어와 담론이 권력과 이데올로기의 작동과 어떻게 맞물려 있는가를 드러내는 데 있다. 유물론적 담론이론은 특히 이 부분에서 강력한 것으로 평가된다. 하버마스의 담론이론이 지향하는 논의의 추상수준은 앞에서 강조된 것처럼 일단 유물론적 담론 이론과는 성격이 상이하다는 사실은 인정될 수 있다. 그럼에도 불구하고 언어와 의사소통에 대한 그의 추상론적/형식적 전유가 매우 일면적이고 건조하며, 그 결과 담론 개념 자체의 지평이 협애화되고 있다는 평가를 피하기는 어려운 것처럼 생각된다.

또한 논의의 상이한 지평을 일단 구별하고 난 후 담론이론이 인식론적 차원에만 머무르지 않는다면, 실천적 사회철학으로 이행해 가는 과정에서 권력의 문제에 대한 고려는 필수적이며, 이를 충족시키지 못하는 이론은 공허하다는 비판에 직면하게 될 것이다. 실천 규범의 보편적/형식적 정초에 전념하는 도덕성의 이념과, 규범의 역사적 구체화작업을 앞세우는 인륜성의 목표 사이에서 불가피하게 발생하는 긴장과 갈등을 자신의 담론이론이 성공적으로 넘어서고 있다고 자임하는 하버마스의 주장은 따라서 매우 조심스럽고 섬세한 독법을 필요로 한다(윤평중, 1993:31~49).

하버마스의 추상론적/형식적 담론이론이 멈춰서 버린 바로 그 지점으로부터 출발하는 유물론적 담론이론의 구성요건은 크게 두 가지로 나뉜다. 첫째, 담론의 물질성이라는 원칙이다. 담론은 하버마스가 주장하는 것처럼 타당성 요구를 교환/검증하는 논의의 기제로 제한될 수 없으며, 표상과 언어적 상징화 자체를 특정한 방식으로 규정짓고 구조화하는 담론 형성체로 간주되어야 한다. 담론이 상부구조적 속성을 갖는다는 건축학적 비유는, 사회구성체의 전체 지형을 관류하면서 확산되는 밀도 있는 담론의 물질성에 대한 인식을 원천적으로 차단하기 때문에 담론이론의 유물론은 오히려 담론의 공간을 그러한 방식으로 협애화시키는 권력기제의 작동 방식에 주목한다.

둘째, 유물론적 담론이론은 담론을 만능의 자기충족적 지평으로 과대포장하려는 경향성을 갖는 담론환원주의에 대항해서, 담론과 담론외적인 것 사이의 긴장적 접합을 뜻하는 담론적 실천의 중요성에 착목한다. 여기서 우리는 구조주의 언어학과, 기호학으로부터 비롯된 기표우위론과, 차이의 범주를 집중적으로 강조하는 의미생산이론이 하버마스와는 상이한 이유에서 또 다른 관념적 담론이론으로 전락해 갈 수 있는 위험성을 보게 된다. 후기 보드리야르에게서 집중적으로 드러나는 담론환원주의는 하버마스와는 정반대의 방향으로 치닫는 담론의 관념화를 상징한다. 이에 비해 건전한 유물론적 담론이론은 담론구성체의 경계선을 훨씬 겸손하게 사유하며, 모든 것을 담론으로 환원시키기보다는 담론적인 것과 비담론적인 것 사이의 긴장으로 가득찬 역동적 중첩관계를 집중적으로 부각시킨다.

먼저 담론의 물질성 테제를 해명해 보자. 유물론적 담론이론과 형식주의적 담론이론과의 대비를 보다 선명하게 드러내는 데는 알튀세의 이데올로기 이론이 매우 유용하다. 하버마스와는 전혀 다른 의도를 가지고 알튀세가 맑스주의 철학자로서 나름대로 맑스주의의 재구성에 골몰했다는 점, 그리고 그 시도가 주로 독특한 이데올로기 이론으로 결실 맺으면서 결과적으로 담론 물질성 테제의 확립에 크게 기여한다는 사실이 논의 구도를 풍성하게 해주기 때문이다.

초기의 알튀세는 스피노자의 지식론에 의존하면서, 지식을 생산하는 이론적 실천의 심급을 원 자료인 '사유 속의 추상'에 생산수단을 가하여 '사유 속의 구체'에 이르는 과정으로 정식화한다(그는 이 세 단계를 각각 일반성 Ⅰ, Ⅱ, Ⅲ이라고 부른다) (Althusser, 1977:183~185). 그런데 여러 심급 가운데 하나인 이론적 실천은 이데올로기적 이론적 실천과 과학적 이론적 실천으로 나뉘어지며, 이 중 우리의 관심을 끄는 것은 이미 존재하는 이데올로기를 변용시킴으로써 또 다른 이데올로기를 생산하는 과정인 이데올로기적 이론적 실천의 과정이다(Althusser, 1977:167).

이데올로기의 기능을 역동적 방식으로 해명하고 있는 《이데올로기와 이데올로기적 국가기구》에서 알튀세는 이데올로기가 자본주의 사회 안에서의 생산조건의 재생산을 담당한다고 역설한다. 생산과 함께 생산조건을 재생산하지 않는 사회는 오래 존속할 수 없다(Althusser, 1971:127). 이렇게 중요한 기능을 담당하는 이데올로기를 허위의식과 등치시키고, 의식현상으로 번안하는 모든 입장(맑스주의의 지배적 형상을 포괄하는)은 단순 소박한 일차원적 사유에 지나지 않는다. 왜냐하면 '실제 존재조건에 대한 개인들의 상상적 관계'를 표상하는 이데올로기는 우리의 의식 자체를 구성하며, 그 안에서 우리가 생각하고 행동하는 신념, 의미, 실천의 체계로서, 알튀세의 유명한 말을 빌리자면 "개인을 주체로서 호명 (interpellation) 하기" 때문이다(Althusser, 1971:170~177).

이러한 생각을 뒷받침하는 것이 바로 이데올로기의 물질성 테제이다. 그렇다면 이데올로기가 물질적이라는 알튀세 언명의 정확한 의미는 어떻게 읽혀져야 할까? 이를 우리는 두 가지 방식으로 정리할 수 있을 것이다. 첫째, 이데올로기는 종교-교육-가족-법률-정당-노조-문화 등의 이데올로기적 국가기구라는 물질적 실체의 형태로 작동한다는 것이다.

둘째, 이데올로기는 하나의 체계 및 제도로서, 개인의 행위나 사유를 일정하게 강제하고 구조화하기 때문에, 일상적 실천을 가능하게 하는 이데올로기적 기구 속에서 우리는 우리에게 생각하도록 주어진 신념에 따라 행동하며 특정한 개인이 된다는 것이다. 많은 경우에 이데올로기가 무의식적 양태를 취하는 것은 이 때문이다(Althusser, 1977:233). 바꿔 말하면 이데올로기는 문제틀로 기능하면서 우리의 인식과 행위를 결정적으로 규정하는 것이다.

　　단순한 의식의 변화나 제도 변화로도 결코 용이하게 넘어서기 어려운 이데올로기의 지평을 강조하기 위해 알튀세는 "이데올로기가 영구적이며", "(그 자체로서는) 외부(外部)를 갖지 않는다"고까지 얘기한다(Althusser, 1971:175). 만약 그렇다면 대항 헤게모니 창출의 공간은 어디서 열릴 수 있을까? 중기 이후에 알튀세는 자신이 초기에 취했다는 이론주의를 자기비판하면서 사회구성체에서의 모순의 응축이 정치와 철학의 질적 전화를 유발하고 이것이 이데올로기에서 과학(이론)으로의 인식론적 단절을 가능하게 할 것이라고 강조한다(Althusser, 1970:53).

　　이데올로기 이론의 선진성에도 불구하고 알튀세에게서 이데올로기로부터 이론으로의 전화과정이 명징하게 서술되어 있는 것은 아니다. 무엇보다도 인식론적 단절의 준거점이 불투명하고, 진리의 기준은 진리일 뿐이라는 극단적 반경험주의는 또 다른 난점을 초래할 뿐이다. 후기 알튀세의 파탄과 자기 부정은 일단 논외로 친다하더라도 맑스주의 철학의 가능성을 극한까지 사고하려고 했던 그의 시도는 숱한 무리수를 동반하고 있다. 그럼에도 불구하고 그의 이데올로기 이론은 형식주의적 담론이론이 사상해 버린 담론의 구성과 작동방식, 즉 담론의 질료적 내용에 대해 많은 교훈을 시사한다. 후에 라클라우나 무페 같은 포스트 맑스주의자들은 알튀세의 통찰을 전용해서, 담론을 '접합적 실천의 결과로 생긴 구조화된 총체성'으로 정의하면서 그것을 하나의 사회적 공간으로 형상화시키고 있다. 바꿔 말하면 담론은 담론구성체, 즉 헤게모니 구성체로 확장되며 급진민주주의의 기획을 가능하게 하는 실천적 지평으로 승화되는 것이다. 7)

104

알튀세의 이데올로기 이론이 암시한 철학적 문제설정은《말과 사물》
과《지식의 고고학》에서 집중적으로 개진된 푸코의 담론이론에서 인식론
적으로 더욱 급진화되고 방대한 방식으로 형상화된다. 15세기 이후의
'전 서양문화의 가장 깊은 기층'을 발굴하려 하는 푸코의 고고학은 특정한
시기의 지식 형상과 학문 체계들을 생산해 내는 담론적 실천들의 총체인
에피스테메의 구조들을 천착한다. 에피스테메는 우리의 인식과 실천, 문
화를 가능하게 하는 감추어진 질서로서, 사물을 특정한 방식으로 획정하
는 근본적 코드이다. 따라서 에피스테메는 우리의 사유체계의 경계를 선
명하게 드러내는 일종의 '역사적 아프리오리' 같은 것이다(Foucault,
1973:Preface, 22).8)

매우 홍미로운 푸코의 이러한 가설은 15세기 이후의 서양 지성사를 네
가지의 단락적 흐름으로 구분하는 작업으로 구체화된다. 유사성의 에피
스테메가 규정한 르네상스시대에는 언어는 숨겨진 의미를 드러내는 암호
였다. 이에 비해 고전주의 시대로의 진입은 표상체계의 확립과 대응하
며, 이제 언어는 중층적 의미의 담지자가 아니라 일대일로 대응되는 사
물을 지시하는 데 국한된다.

근대에 들어 비로소 표상의 구조가 무너지고 주체의 개념이 등장하게
된다. 고전주의 시대에 표상의 한 부분으로서의 역할밖에 주어지지 않았
던 인간이 이제 표상을 가능하게 하는 인식의 가능근거로 출현함으로써
지식의 영역이 전반적으로 재편성된다. 바꿔 말하면, 표상을 통해 인간
이 이해되는 것이 아니라 인간을 통해 표상이 이해되는 시대가 바로 근
대라는 것이다. 구체적으로 이는 인식의 가능근거인 선험적 주체의 정립

---

7) 포스트 맑스주의 담화이론을 둘러싼 논쟁에 대해서는 윤평중(1995) 참조. 특
히 포스트 맑스주의 담화이론이 관념론이 아니며, 오히려 공허한 관념론/유물
론의 대립구도를 넘어설 수 있는 문제설정임이 강조되는 대목은 424~430쪽을
보라. 라클라우/무페(1985) 참조.

8) 이 서문은 특히 담화분석 작업으로서의 고고학의 임무를 푸코가 어떻게 이해
하고 있는가를 선명하게 보여준다. 홍미롭게도 푸코가 직접 선택한 영어판 제
목인《사물의 질서》는 불어판 원제목인《말과 사물》보다 고고학의 목표를 선
명하게 드러내 주는 것 같다.

으로 나타나며 근대를 주관철학의 전성기로 기록하게 만든다. 이어 현대
는 '인간학적 잠'에 매몰된 근대의 주체철학적 전통을 정면으로 넘어서는
시대로 정의된다.

매우 현란한 체계로서 제시된 고고학의 구체적 주장들은 논란의 소지
를 매우 많이 담고 있으나, 푸코가 의도하는 바 합리적 핵심을 추출하는
것은 그리 어렵지 않다. 이를테면 광기가 아직 미분화된 경험이었던 시
점을 추적하고 '이성과 비이성의 대분리' 현상의 출발점을 역사적으로 재
구성함으로써 서구 이성주의의 자화상을 안으로부터 전복시키는 푸코의
시도는 권력-지식 연계론으로서 조직된 담론이론의 단초를 예시한다
(Foucault, 1973:11).

비슷한 방식으로 임상의학의 변천사를 조망할 수도 있을 것이다. 18세
기 중엽에 히스테리 환자를 치료하려던 의사가 병의 원인으로 상정한 '물
기가 축축한 양피지 조직'이 19세기의 의사들에게는 '뇌를 둘러싸고 있는
황간막'이라는 용어로 바뀐다. 푸코는 19세기 이후의 의사들이 18세기의
가상적인 서술을 넘어서 사물의 실제에 부합한 객관적 서술을 발견했다
고 자임하게 만드는 담론형성체의 출현에 관심을 갖는 것이다. 여기서
우리는 "질병의 공간화와 언표화가 이루어지는 차원을 직시함으로써" 언
어와 질병의 관계를 특정한 방법으로 구조화하는 담론형성의 규칙을 밝
혀낼 수 있으리라는 기대를 갖게 된다(Foucault, 1975:11~12).

유물론적 담론이론의 생생한 예시를 위해서, 담론 형성의 규칙을 일반
이론으로 발전시킨 범례라고 할 수 있는 《지식의 고고학》에서 논의되는
규칙의 다섯 가지 차원을 간략하게 살펴보자(Foucault, 1972:31~70). 첫
째, 담론적 형성의 차원은 예컨대 윌리스(T. Willis)가 수행한 뇌질환 분
석과 샤르코(J. M. Charcot)의 임상의학이 어떻게 동일한 담론의 질서에
속하는지를 묻는 작업이라고 할 수 있다. 이 차원에서는 의학, 문법, 정
치 경제학 등의 분야에서 발견되는 언표들의 단위나 언표들 상호간에 성
립하는 연결이 다루어지기도 한다. 둘째, 대상의 형성은 담론의 대상이
출현하는 규칙과 대상들의 존재법칙 등을 묻는다. 19세기 이후의 정신병
리학에 논의를 국한시킨다면 편집증, 저능아증, 운동신경 장애, 범죄성,

중추신경 장애 등의 의학적 '대상'들은 정신병리학의 담론 속에서 정의되고 설명되며, 분류된다. 어떤 이의 증상이 이러한 분류법에 들어맞으면, 본인의 의도와 관계없이 그 사람은 환자로 간주된다.

셋째, 언표행위적 양태의 형성은 언표들 사이에 서로 어떤 얽힘과 필연성이 있는지 탐색하는 차원이다. 이 차원에서 가장 중요한 것은 말할 수 있는 권능을 갖는 주체의 형성이다. 예를 들자면, 병원에서는 의사만이 '발언할 수' 있으며, 감옥에서는 간수만이 말할 수 있는 것이다. 의사와 간수에게 그러한 지배력을 부여하는 것은 병원과 감옥이라는 제도이며, 그 결과 특정한 사람들만 담론적 상황에서 주체로 등장하는 것이다. 이 부분을 하버마스의 이상적 담론 상황의 이념과 대비해 보면, 푸코와 하버마스가 쉽게 화해할 수 없으리라는 사실이 다시 한번 극명해진다. 주관성의 철학이 봉착할 수밖에 없었던 아포리아를 상호주관성의 범주가 돌파했다고 자부하는 하버마스에 대해, 상호주관성은 주관성의 극복이 아니라 연장이며 따라서 주관성의 약점을 변형된 형태로 이어받고 있다는 의념을 우리가 지울 수 없는 것도 이러한 맥락에서이다.

넷째, 개념의 형성은 담론적 실천을 통해서 언표들이 특정한 방식으로 조직됨을 의미한다. 린네의 분류표를 생각해 보라. 언표들을 계열화하고 위계화함으로써 어떤 대상이나 현상에 대한 서술이 비로소 가능해진다. 착취와 잉여가치 등의 개념은 부르주아 정치경제학 담화 안에 부재하며, 이러한 개념 형성 없이는 맑스주의 정치경제학의 시각에서는 너무나 명명백백한 '사실'도 경제학적 담론의 지평으로 떠오르지 않는다.

다섯째는 전략의 형성이다. 경제학, 의학, 문법, 생명체의 과학 같은 담론들은 개념의 조직과 대상의 분절화, 언표 행위 형성의 일정한 유형을 만들어 낸다. 이러한 담론 공간 위에서 특정한 형태의 실천을 가능하게 하는 것이 바로 전략이다.

번쇄한 느낌을 줄 수도 있는 담론형성 규칙의 여러 차원에 대한 지금까지의 진술이 지향하는 공분모는 담론이 언어 교환에 기초한 의미 창출의 기제로 제한되지 않으며, 담론이 사회적 제도에 의해 경계지어진다는 사실이다. 이는 담론이 결코 독립적이거나 자존적이지 않으며, 담론외적

인 것과의 끊임없는 접합과 교류에 의해 작동되는 담론적 실천의 형태로
만 기능한다는 것을 뜻한다. 푸코의 이러한 혜안은 구조주의 언어학과
기호학적 패러다임의 핵심적 주장인 "시니피앙의 배타적 주권성"(the
sovereignty of the signifier)을 거부해야 한다는 입장으로 발전된다
(Foucault, 1972:229).

잘 알려진 것처럼 구조주의 언어학/기호학의 출발점은 말보다 공시적
체계로서의 언어를 주요 탐구대상으로 설정한다(Saussure, 1959). 일반
규칙체계인 언어가 기본적으로 차이의 논리에 의해 지배되기 때문에 기
표/기의/지시대상의 삼각형에서 구조 언어학의 이론내재적 지평에서는
먼저 지시대상이 탈락하게 된다. 동시에 소쉬르 자신은 실제적으로 분리
시키지 않았던 기표/기의가 선명하게 나누어지면서 기표가 기의보다 우
위에 서게 되는 것이다. 기의는 기표에 종속되며, 기표가 기의를 창출한
다는 급진적 해석학의 종착점은 데리다에 의해 "텍스트의 밖에는 아무것
도 없다"라는 명제로 표현된다. 담화의 중간 결절점인 텍스트는 대상을
지시하지 않고 다른 텍스트를 지시하기 때문에 존재는 텍스트의 무한한
상호 연쇄와 동일시된다.

상호 텍스트성에 대한 과도한 신뢰는 기호의 공간을 완전히 자기충족
적인 존재로 부풀린다. 그 결과 모든 것이 담론으로 환원되며, 자율적
의미생산 체계인 담론에서 지시대상과의 연계는 애초부터 배제되기 때문
에 실재론은 희미한 옛 그림자처럼 증발하게 된다. 상호 텍스트성 테제
의 사회철학적 함축은 무엇이겠는가? 그것은 다른 형태의 관념적 담론
이론을 예비하는 것이 아닐까? 바로 이 지점에서 푸코는 데리다 담론이
론의 실천적 함축에 대해 중대한 의구심을 표명하게 되는 것이다.[9]

---

9) 푸코와 데리다 사이의 미묘한, 그러나 심대한 대립을 섬세하게 추적하고 있는
   글로는 김현(1990)을 보라. 여기서 김현은 "푸코가 역사적 구조, 혹은 문맥을
   중요시하고, 데리다는 의미의 기원, 의미의 흔적을 중요시한다"고 정확하게
   지적하고 있다. 특히 99쪽 참조. 논쟁의 발단을 제공한 데리다의 푸코에 대한
   비판은 데리다(Derrida, 1978:31~63) 참조. 푸코에 대한 데리다의 섬세한
   독법은 논쟁의 모범적 사례라 할 만하다.

이런 맥락에서 보자면 현실 사회주의 붕괴 이후 대세가 되고 있는 보수화 풍조의 문제점을 꼬집으면서 맑스가 결코 죽은 개가 아니라고 설파하는 《맑스의 유령들》에서 이루어지고 있는 데리다의 현실 개입은 수사학(修辭學) 이상의 적극적 의미를 지니는 것 같지 않다. 예컨대 데리다는 맑스 또는 맑스주의의 유산은 하나가 아니고 여럿이라고 주장한다. 그 기초 위에서 그는 사회주의 인터내셔널이나 프롤레타리아 독재, 만국 노동자의 단결이라는 전통적 맑스주의의 교리를 더 이상 신봉하지 않으면서 맑스 또는 맑스주의의 정신을 계승한다고 충분히 자임할 수 있다고 본다. 나아가 "정당이나 노동자 인터내셔널의 형태를 취하지 않는", 그리고 "국제법과 그 개념들, 그리고 그 개입지점의 장기간에 걸친 심대한 변환을 지칭하는 새로운 인터내셔널"이라는 "조직없는 우정의 동맹"을 꿈꾼다(Derrida, 1994:52~53). 그러나 한편으로 이러한 소망이 앞서 언급한 겸손한 유물론적 담론이론과 접합되지 않는다면 공허하고 낭만주의적이라는 비판 앞에 쉽게 노출될 것이다. 나아가 인터내셔널로 대변되는 조직적/급진적 실천운동을 관념적으로 희화화시키고 있다는 비판도 가능하다.

4. 결 어

유물론적 담론이론의 성격과 지향성에 관한 지금까지의 성찰은 우리가 주(註)에서 간략하게 언급한 바 있는 포스트맑스주의 담론이론에 대한 복합적 평가를 가능하게 한다. 한마디로 그들을 새로운 관념론자라고 매도하는 일부의 시각은 지나치게 조야한 것이다. [10] 그러나 데리다와 푸코 사이의 어느 지점에서 유동하고 있는 라클라우/무페가 데리다 쪽으로 이동할수록 급진 민주주의의 실천적 호소력이 감소하리라는 것은 쉽게 예

---

10) 예컨대 이글턴(Terry Eagleton)은 라클라우/무페, 힌데스/허스트를 싸잡아서 비판한다(Eagleton, 1991:203).

상할 수 있다. 이는 알튀세/그람시로 압축되는 맑스주의의 전통과 구조주의/후기 구조주의 기호학 사이에는 중요한 차별점과 상호 긴장이 엄존한다는 사실을 의미한다.

담론이론의 사회철학을 정식화시키는 데 있어 형식주의적 추상론과 유물론이라는 대비적 표현은 각기 지나친 단순화의 부담을 안고는 있으나 논의의 구도와 대립지점을 선명하게 해주는 강점이 있기도 하다. 앞서 분명히 한 것처럼 형식주의적 담론이론으로 묘사된 하버마스 이론의 추상수준과 지향성은 유물론적 담론이론과는 그 궤를 달리한다. 그럼에도 불구하고 하버마스의 시도는 두 가지 면에서 취약하다. 첫째, 하버마스 담론이론이 위압적인 외양과는 달리 내재적으로 의외로 허술하며, 둘째, 그의 담론이론과 역사적 현실 사이의 매개 통로가 불분명하다는 것이다.

이에 비해 규범의 형식적/보편주의적 정초 작업에 회의의 눈길을 던지는 경향이 있는 유물론적 패러다임은 체계성과 선명성이 떨어지지만 특히 구체적 현실과의 매개라는 점에 있어서 상대적 강점을 갖는 걸로 평가된다. 대표적으로 푸코의 작업은 적지않은 이론적 난점에도 불구하고 적어도 담론 이론의 형상화에 있어서는 훨씬 풍부한 함축성을 갖는다. 그의 담론 분석은 권력의 작동과 지식의 형성, 주체의 출현이라는 삼각형적 구도로 구체화하면서 신비판이론적이고 후기 구조주의적인 두 가지의 관념적 담론 이론으로부터 비판적 거리를 유지하고 있는 것처럼 생각된다.

유물론적 담론이론이 일반이론의 구성에 있어 어느 정도 진전을 보인다면, 그 후에 다룰 수 있는 각론의 가능성은 상당히 풍부하고 높을 것으로 기대된다. 푸코 자신이 너무나 빨리 역사의 뒷전으로 사라질 수밖에 없었기 때문에 맹아적 상태로 남겨 두었던 윤리적 주체의 문제를 비롯해서, 대중문화 분석, 민주주의론과 접합된 새로운 정치철학적 패러다임의 정립, 동-서양 철학 사상에 대한 메타 담론적 분석 등이 성과가 기대되는 대표적인 분야라고 할 수 있다. 이러한 모든 작업에 있어 우리는 손쉬운 절충주의에의 유혹을 뿌리칠 필요가 있다. 바꿔 말하면, 서로 논의의 추상 수준이 다르고, 지향성이 상이한 이론들이 스스로 충분히 발

110

언하게 하는 작업이 선행되어야 한다는 것이다. 그러나 이러한 고려가 담론이론의 사회철학을 모색하면서 우리가 갖는 보다 포괄적인 통합이론에의 꿈을 희박하게 만드는 효과만을 생산하는 것은 아니다.

■ 참고문헌

김 현, 1990, "푸코-데리다 논쟁에 대하여,"《시칠리아의 암소》, 문학과 지성
    사.
윤평중, 1993, "형식주의적 실천철학의 의미와 한계 : 칸트와 하버마스,"《철학
    연구》 51집, 대한철학회.
_____, 1995, "포스트 맑스주의 논쟁의 구조와 함의,"《철학》 제43호, 한국철
    학회, 봄호.

Althusser, L., 1970, *Reading Capital*, London: NLB.
_____, 1971, "Ideology and Ideological State Apparatuses," *Lenin and
    Philosophy and Other Essays*, London: NLB.
_____, 1977, *For Marx*, London: NLB.
Apel, K.-O., 1980, *Towards a Transformation of Philosophy*, London: RKP.
Austin, J., 1961, *Philosophical Papers*, Oxford: Clarendon Press.
_____, 1975, *How to do things with words*, Cambridge: Harvard Univ.
    Press.
Bakhtine, M./V. N. Voloshinov, 1973, *Marxism and the Philosophy of
    Language*, N.Y. : Seminar Press.
Derrida, J., 1978, "Cogito and the History of Madness," *Writing and
    Difference*, Chicago: The Univ. of Chicago Press.
_____, 1994, "Spectres of Marx," *New Left Review*, No. 205, May/ June.
Eagleton, T., 1991, *Ideology*, London: Verso.
Foucault, M., 1972, *The Archaeology of Knowledge*, N.Y. : Pantheon.
_____, 1973, *Madness and Civilization*, N.Y. : Vintage.
_____, 1973, *The Order of Things*, N.Y. : Vintage.
_____, 1975, *The Birth of the Clinic*, N.Y. : Vintage.
_____, 1972, "The Discourse on Language," Appendix in *The Archaeology*

of Knowledge.

Habermas, J. , 1962, *Strukturwandel der Öffentlichkeit*, Berlin: Luchterhand.

_____, 1973, *Legitimationsprobleme im Spätkapitalismus*, Frankfurt : Suhrkamp.

_____, 1976, *Zur Rekonstruktion des Historischen Materialismus*, Frankfurt: Suhrkamp.

_____, 1979, "What is Universal Pragmatics?," *Communication and the Evolution of Society*, Boston: Beacon Press.

_____, 1984, *The Theory of Communicative Action*, Vol. 1, Boston : Beacon Press.

_____, 1985, *Der Philosophische Diskurs der Moderne*, Frankfurt : Suhrkamp.

_____, 1992, "Toward a Critique of the Theory of Meaning," *Postmetaphysical Thinking*, Cambridge: The MIT Press.

Laclau, E. & C. Mouffe, 1985, *Hegemony and Socialist Strategy*, London: Verso.

Pêcheux, M. , 1975, *Language, Semantics and Ideology*, N. Y. : St. Martin's Press.

Saussure, F. , 1959, *Course in General Linguistics*, N. Y. : Philosophical Library.

Searle, J. , 1969, *Speech Acts*, Cambridge: Cambridge Univ. Press.

Weber, M. , 1968, *Economy and Society*, Vol. 1, N. Y. : Bedminster Press.

4장

의사소통적 규범정초 기획의 한계

정 호 근

1. 들어가는 말

1) 의사소통적 윤리학의 자기 정위(定位)

의사소통적 윤리학은 담론의 윤리학, 합의의 윤리학 혹은 도덕의 담론이론 등 여러 가지 명칭으로 다양하게 논의되나 '담론의 윤리학'이라는 표제어가 관용이 된 듯하다. 이 글에서는 뚜렷한 의미 차이를 부각시키는 맥락이 아닌 한 이 용어들의 차이에 주의하지는 않고, 일반적으로 '의사소통적 윤리학'이라는 표현을 사용한다. 의사소통의 윤리학은 의식철학으로부터 의사소통이론적 패러다임에로의 전환을 반영하는 철학적 움직임의 일환으로 현대 철학에서 활발히 논의되고 있으며, 60년대 말과 70년대의 '독특한 독일적 현상'이라는 평가처럼 독일을 중심으로 활발히 논의되어 왔고, 급기야 '독일의 이데올로기로서의 합의이론'라는 표제까지도 나오게 되었다. [1]

의사소통적 윤리학의 자기이해를 몇 가지 간단한 특징으로 요약하면

---

1) 전자는 Tugendhat, 1993:161, 후자는 Döbert, 1992.

■정 호 근
서울대학교 철학과 및
동 대학원 졸업
독일 프라이부르크대학 철학 박사
현재 목포대 윤리교육과 교수

주요 논문으로 "언어의 존재론"
"사유형식의 보편성 문제" 등

다음과 같다(Habermas, 1991:11 ff 참조).
첫째, 의사소통적 윤리학은 윤리학에서의
인지론적 입장을 견지한다. 규범적인 '효
력주장'은 인식적 의미를 가지거니와, 그
것은 진리의 효력주장들과 마찬가지로 담
론을 통해서 해결될 수 있는 것으로 간주
된다. 정당성의 효력주장은 '진리 유추적'
이라는 것이다(Habermas, 1983a:73). 이
로써 윤리학적 회의론은 거부된다. 둘째,
의사소통의 윤리학은 의무론적 윤리설이
다. 도덕이론적으로 설명을 요하는 근본
적 현상은 명령 및 행위의 규범들로 나타
나는 당위의 타당성이다. 셋째, 의사소통
적 윤리학은 보편주의를 표명하거니와,
도덕적 판단들의 타당성이 해당 문화나
생활양식의 합리성 및 가치기준에 의해
달라질 수 있다고 보는 윤리학적 상대주
의에 '최후의 결정권'을 넘겨줄 것을 인정
치 않는다. 넷째, 의사소통적 윤리학은
형식주의적으로, 도덕의 내용을 규정하지
않고 도덕적 논증의 절차만을 규정한다.
끝으로 의사소통적 윤리학은 규범적 언명
과 평가적 언명을 구별하여 '훌륭한 삶'의
문제를 도덕적 문제의 영역에서 제외한
다. 평가적 언명은 논의의 영역에서 전적
으로 배제되는 것은 아니나, 이에 대한
논의는 '담론'과 구별하여 '비평'이라 하는
것이요, 이것은 담론을 통해서 해소될 수
없는 효력주장을 취급한다. 이러한 윤리

학의 자기 제한은 고전적 윤리학에 비교하면 언뜻 무력함의 고백같이도 보이지만 근대성의 조건 하에서의 가능한 윤리학이라는─이론이 처한 상황에 대한 인식에 입각한─자기반성적인 배경하에서의 윤리학이다.

2) 도덕과 상호주관성

도덕의 물음은 예컨대 '나는 무엇을 해야 하는가?'(칸트)라는 형식으로 정식화된다. 그러나 이 질문형식 자체만 두고 보면 도덕적 문제의 한 본질적 특성을 가릴 염려가 있다. 도덕적 문제는 상호주관적 관계에 해당되고 따라서 이 문제의 해결은 도덕적 책임능력이 있는 주관들 상호간의 담론을 어떤 식으로든 요구한다는 사실이다. 의사소통의 윤리학은 도덕적 문제를 하나의 효력주장으로 간주하고, 이 효력주장의 타당성은 담론을 통해서 해소되어야 한다는 직관적 통찰의 이론화이다. 그러나 효력주장의 해결이 담론을 요구한다고 할 때, 두 가지 경우가 구별되어야 한다. 효력주장의 해소가 담론을 요구한다는 것은, 첫째, 규범의 정초의 과정을 통제하기 위하여 제3자의 관찰은 요구한다는 의미에서 이해될 수 있는데, 이 경우는 비단 옳음의 효력주장에 국한되어 성립되는 요구조건이 아니라 일반적으로 모든 효력주장의 해결에 해당하는 사항이다. 둘째, 그것은 규범의 타당성이 관련자들이 참여한 담론을 통해서 정당화될 수 있다는 의미에서 이해될 수 있다. 앞서 말한 바와 같이 도덕적 문제 자체는 상호주관적 성격을 가진다는 데 그 특성이 있다면, 여기서는 두번째의 경우가 주로 의미되었을 것이다. 그러나 첫째의 경우도 담론의 기능으로 경시되어서는 안되며, 두번째의 경우에도 실천적 담론에서 구별되어야 하는 것은─잠정적으로 이름을 붙이자면─판단자료의 수집을 위한 담론으로서의 정보담론과 의사결정을 위한 판정담론이다. 이 경우에 도덕적 문제에 관한 담론에서의 상호주관성이 차지하는 기능과 의의는 더 준별되어 논의되어야 할 것이다.

필자는 의사소통적 윤리학의 자기정위 가운데 첫째, 인지론적 입장은 견지될 수 있다고 보며, 둘째, 보편주의는 유지될 수 있되 하버마스 자신이 시도한 것과는 다른 유형의 이해를 통해서만 현대적 조건하에서의 그 의미가 제대로 이해될 수 있다고 생각하며, 셋째, 윤리학이 선(善)의 논의를 제외하고 결국은 정의의 이론으로 가능하다는 견해는 근대 이후의 조건하에서 학(學)으로서의 윤리학의 자기 이해를 위하여서는 불가피한 견해가 되나, 그것이 인간의 현실적 존재와 관련된 문제를 미결인 채로 남겨두게 된다는 점은 문제점으로 지적하고자 한다. 그리고 마지막으로 이 같은 윤리학적 과제를 해결하는 돌파구가 패러다임 전환, 즉 상호주관적 단초로의 전환을 통해서 가능하다는 주장에 대해서는 회의적인 판단을 표명한다.

3) 관찰, 담론 그리고 합의

하버마스의 이른바 '합의의 진리론'에서 '뜻밖의 것'은 상호주관적인 합치가 한 명제가 정초되었다는 것의 결과가 아니라 다름 아닌 기준이 된다는 데 있다(Tugendhat, 1987:116). 그러나 우선 이에 관한 하버마스의 논증은 형식적으로 순환적이어서 문제가 있다. 논증에서는 그에 의하면 오직 '더 나은 논증의 강제 없는 강제'만이 유효해야 한다. 그러나 여기서 논거의 '설득력'이 어디에서 측정될 수 있는가는 미흡하게 규정되어 있다. 효력주장의 조건들을 '이상적 담화상황'과 관련하여 형식적 수준에서 규정하는 것은 그다지 설득력을 가지지 못한다. 논거의 적합성은 '이상적 담화상황'을 구성하는 대칭적 조건에 의존하고 있는 것이 아니라, 오히려 '이상적 담화상황'의 대칭적 조건과 분리되어서 생각되어야 하기 때문이다. 논증의 이론은 효력주장을 검토하기 위해서 그것의 근거들을 객관적으로 판단할 수 있게 하는 '기준'을 언급할 수 있어야 한다. 그렇지 않으면 그 이론은 순환구조에서 맴돌고 만다. 순환적 논증에서 벗어나기 위해서는 논거를 경우에 따라 '좋은 것'으로 특징 짓는 속성들이 명시적으로 언급될 수 있어야 하는 것이다.

진리의 발견이 담론을 필요로 한다는 것은 탈실증주의적으로 과학사를 이해하는 시대에서는 거의 논란의 여지가 없는 사항이다. 다만 절차만으로는 진리 획득에 대한 보장이 되지 않는다. 진리이론으로서의 '합의이론'을 칭하는 것은 오해로 이끌게 되는데, 이 같은 애매성은 진리의 척도와 진리의 결정과정의 혼동에 기인한다. '진리의 합의설'의 본래적 공헌은 이것이 진리론으로서 진리의 개념정의나 그 기준을 제시한 데 있는 것이 아니라 — 설령 어떤 진리개념에 입각한다 할지라도 — 진리의 결정과정에서 복수 주관적 관찰이 필수적으로 요구된다고 하는, 기존의 독백적 주관에 근거한 진리설에서 사실상 거의 주목되지 않은 측면에 주의를 환기시킨 점에 있다. 단수주관의 관찰은 그 자체로는 그 자신의 불확실한 '확신' 이외에는 그 관찰의 타당성을 확인할 수단이 없다. 이것은 단수주관의 관찰이 이른바 '주관적'일 수 있다고 하는 의미에서의 인식의 상대성을 염두에 둔 유보가 아니라, 관찰 자체의 결정 가능성이라고 하는 더 근원적인 의미에서이다. 개별적 주관의 개별적 관찰은 물론 가능하나, 관찰의 규칙성이 문제가 되면 적어도 다른 한 사람의 관찰을 할 수 있는 주관의 관찰이 필수적이다.

이런 관점에서 볼 때, '진리의 합의설'은 오히려 진리론에 관한 메타이론으로 간주되어야 하며, 기존의 진리론에 병치되는 다른 하나의 '새로운' 선택지로서의 진리관으로 이해될 성질의 것이 아니다. 이 점이 우선 명료하게 된 연후에 비로소 진리의 결정과정에서의 의사소통의 역할의 참된 의미가 — 하버마스에서 볼 수 있는 바와 같은 — 개념상의 혼동 없이 규정될 수 있다. 진리의 결정과정에서 의사소통이 고려된다 하여도 이제 의사소통이 더 이상 '합의'에 국한되어서가 아니요, 즉 진리가 '과학자들의 사회'에서 합의된 명제들의 집합이라는 측면에서가 아니라, 진리의 결정은 의사소통을 필요로 한다는 것, 즉 다른 관찰자들의 관찰이 요구된다는 사실의 지적이 '합의의 진리론'의 긍정적 기여인 것이다. [2]

---

2) 이와 같은 토대에서 비로소 기존의 상이한 진리론들을 생산적으로 재검토해 볼 수 있는 가능성이 열릴 수 있을 것이며, 진리에 관한 제이론, 이른바 진리의 명증설, 상응설 그리고 정합설 등이 다시 논의되어야 할 것이다.

2. 상호주관적 단초에서의 도덕 규칙의 추론

1) '수행적 모순'과 규범의 선험적 정초

하버마스는 선험적 정초의 양식을 언어의 화용론적 수단으로 개신한 아펠(K.-O. Apel)의 논의에 접목한다. 아펠은 "현실적으로 자기모순을 범하지 않고는 논쟁에 부칠 수 없고, 동시에 형식논리적 선결문제의 요구를 범하지 않고는 연역적으로 정초할 수 없는 어떤 것이, 논증의 게임이 그 의미를 유지하여야 한다면 우리가 언제나 이미 인정했어야 하는, 논증의 저 선험 화용론적 전제들에 속한다"고 본다(Apel, 1976:72). 상대방의 주장에 대해 그것의 타당성을 묻는 자는 '항상 이미' 담론의 차원에 발을 들여놓은 것이며, 이것과 관련되어 있는 전혀 자의적일 수 없는 특정한 전제들을—저 유명한 어법을 한번 더 사용하자면—'항상 이미' 인정한 것이라는 주장이다. 모든 언어·행위 능력이 있는 주체는 가설적인 효력주장을 비판적으로 검토하기 위해 어떤 논증에 들어서자마자 규범적인 내용이 충만한 전제들에 발을 들여놓지 않을 수 없다(Habermas, 1983a:95). 누군가가 논증하면서 논증의 규칙들을 용인하지 않으면, 그는 논증의 의미조건 자체를 위협하는 것이 된다는 것이다.

하버마스가 제시하는 수행적 모순은 다음과 같이 정리될 수 있을 것이다.

(1) A, B, C … 는 규범 N이 실효성을 가지게 됨으로써 영향을 받는 범위에 속한다.

(2) 그들은 논증의 참여자로서 관련된 어떤 점에서도 그 밖의 다른 참여자들로부터 구별되지 않는다. 조건 (1), (2)가 성립할 때,

(3) "우리가 A, B, C … 를 토론에서 배제하고 난 이후에(내지는 침묵하게 하거나 또는 그들에게 우리의 해석을 강요한) 이후에 마침내 N이 지당하게 성립한다고 확신할 수 있었다"고 말하는 자는 수행적

모순을 범한다(Habermas, 1983a:101 참조).

그러나 이 표현 자체만에서는 엄밀히 '수행적 모순'이라고 할 수 있는 사태가 발견되는지 그다지 명백하지 않다. 여기에서 우선 모종의 '모순'이 성립하려면, (4) '규범이 지당하게 성립하려면 모든 관련자들이 담론에 참여해야 한다'가 첨가된 다음에 (3)이 발언되어야 한다. 그러나 이 첨가된 명제는 그 자체로 하나의 규범적 언명이요, 이것은 그 자체로 정초를 필요로 하기 때문에 단순히 첨가될 수 없다고 한다면, 이 경우 주어진 (3)에서 모순은 찾아질 수 없을 것이다. 한편 이제 (4)를 인정하고 (3)에서 모순을 본다면, 이때 전체 논증은 비로소 추론되어야 할 것이 이미 전제되고 있다는 점에서 순환논증이 될 것이다.[3]

하버마스는 알렉시(R. Alexy)가 그에 의거해서 발전시켜 정형화한 논증의 규칙들을 수용하고 있다.

(1) 모든 언어·행위의 능력이 있는 주체는 담론에 참여해도 된다.

(2) a. 모든 사람은 모든 주장을 문제시해도 된다.

   b. 모든 사람은 모든 주장을 담론에 도입해도 된다.

   c. 모든 사람은 자신의 입장들, 소망들과 욕구들을 표명해도 된다.

(3) 어떤 화자도 담론의 내부나 외부에서 지배하고 있는 강요에 의해서 (1)과 (2)에 확립된 그의 권리들을 인지하는(wahrnehmen) 데 방해받아서는 안된다.[4]

---

3) Tugendhat는 이 보기에서 '모순'은 없다고 보며, 도대체 모순이 있다면 '확신하다'의 의미가 관건이 된다고 보아서, 오히려 의미론적 모순이라고 지적한다 (Tugendhat, 1993:167 ff 참조).

4) Habermas, 1986:76, 99. Alexy의 정식화는 Alexy, 1978:40 ff, 그리고 Alexy, 1991:240 참고. 알렉시는 상이한 여러 관점에서 논증의 가능성의 조건으로 파악할 수 있는 상이한 규칙들('기본규칙', '이성의 규칙' 그리고 '논증의 규칙' 등)을 상론하고 있다. 여기 인용된 규칙들은 '이성의 규칙'이며, 하버마스가 설정하는 '이상적 담화상황'의 조건에 해당된다.

이 규칙들은 그것을 인정하지 않았을 경우 담론 자체의 의미를 와해시키는, 이른바 담론의 성립을 위해서 불가피한 전제들로서 이해되고 있다. 이것들은 담론에서 불가피하게 상호적으로 취해진 가정으로서, '반사실적'(kontrafaktisch)일 수 있으나, 그럼에도 불구하고 실제적 담론에서 효력을 가지고 작용하고 있다는 것이다.

그렇지만 이 정식화는 전혀 문제가 없는 것이 아니다. 이 조건들에서는 비록 세련화되었지만 근본적으로는 '이상적 담화상황'의 구성적 조건들이 단순히 반영되어 있음을 쉽게 간파할 수 있다. '이상적 담화상황'은 하버마스에 의하면 다음과 같은 네 가지 구조적 특징들을 충족시켜야 한다. 대화 참여자들에 대해서, 첫째, 담론을 개시하고 진행시키기 위한 기회균등과, 둘째, 담론의 참여를 위한 기회균등이 성립되어야 하고, 셋째, '대표적인 언어행위'를 적용하기 위한 기회균등이 성립해야 한다. 여기서 우선 우리의 관심을 끄는 것은, '이상적 담화상황'이 표명하고 있는 상호성, 동등한 권리, 보편성과 강제 없는 상태 같은 이념들이라기보다는 '이상적 담화상황'의 개념 자체가 기술되고 있는 담론의 틀, 즉 이론적 위상이다. 담론의 윤리학자들은 이 개념을 현실의 외부로부터 끌어들여 온, 문자 그대로의 의미에서 한낱 이상(理想)으로서 이해하고 싶어하지는 않는데, 그럴 경우에는 그 이상(理想)의 임의성, 심지어는 자의성을 배제할 수 있는 근거를 제시해야 하는 부담을 안아야 하기 때문이다. 하버마스는 '이상적 담화상황'을 '경험적 현상'도 아니요 '단순한 구성물'도 아니며, '담론에서 불가피하게 상호적으로 미리부터 전제된 상정'이라고 규정한다(Habermas, 1986:180). 이같이 1차적으로 '상정'이라고 특징지어진 사태는 이중적 위상을 통해서 정치화(精緻化)되고 있다. '이상적 담화상황'이란 한편 경험적 담론을 구성하며, 또 다른 한편 그 담론에서 그것 자체로서 구현되지 않는, 그런 한에서 이상으로 머무는 것이요, 바꾸어 말하면 그것은 한편 논증 일반의 필연적인 구성적 계기의 기능을 가지며, 또 다른 한편 예기된 이상의 의미를 가진다. 그렇지만 쉽게 표상되지 않는 이 이중적 위상보다는 오히려 이상적 구성물을 도입하는 그 의도가 그 개념의 의의를 더 잘 입증해 줄 수 있을 것인데, 그 개념은

'의사소통적 합리성'으로 결정화되는 비판의 규범적 척도를 얻기 위해 사용되는 구성물인 것이요, 비판을 위해서는 타당한 규범적 척도가 제시되어야 한다는 하버마스가 그 자신에게 부과한 강요가 그 같은 구성물을 필요로 하게 만든다. 이 규범의 보편적 타당성을 보장받고자 하는 의도는 하버마스가 선험적 논증으로 귀환하는 것에서 또한 입증되고 있다.

지금까지의 논의를 정리하는 의미에서 잠정적으로 상이한 두 문제를 구별하여 두자. 첫째, 모든 의사소통은 그것이 의사소통인 한 전제하지 않을 수 없는 특정한 가정들을 가진다. 둘째, 이 미리부터 전제된 가정들의 재구성은 가설적 성격을 띤다. 하버마스식으로 보면 두번째 단계에서의 이 구성은 틀릴 수도 있으며 수정될 가능성도 열려 있다.

필자가 여기서 문제삼은 것은 앞서 주의를 환기한 바와 같이 '이상적 담화상황'의 개념에 표출된 상호성, 참여성 등의 이념이 아니다. 이들 이념들이 이미—물론 탈관습적 단계의 도덕적 판단능력을 구비한 개인들의—의식에 침전되어 도덕적 직관으로까지 구체화된 것은 부인할 수 없는 사실이다. 여기서 관심사가 되는 것은 오히려 그것의 정당화 방식의 문제이다. 필자는 여기서 하버마스의 시도 가운데 이중의 이론적 전략에 기인한다고 여겨지는 난점을 지적하는 것이거니와, 이론적 자기의식에서는 명시적이나 이것이 그의 이론적 실제작업에서는 제기능을 발휘하지 못하는 불균형에 주목하는 것이다. 의사소통적 윤리학은 재구성적 과학으로서의 성격을 보다 진지하게 감안했어야 한다. 재구성적 과학이란 인식·언어·행위 능력을 가진 주체들의 합리적 토대들을 재구성하는 것을 지향하거니와, 이는 경험적 이론이며 또한 수정가능한 가설로서 수행되어야 한다. 필자는 하버마스가 한편 이 기획을 고수하면서도 선험철학적 논증에 의거하는 이유는 규범들의 타당성을 '무제약성의 계기'와 결합하고자 하는 의도 때문이라는 추정을 한 바 있다.

2) '보편화의 원칙'과 '담론이론'의 원칙

하버마스의 의사소통적 윤리학은 '보편화의 원칙'(Universalisierungs

Grundsatz) 과 '담론이론의 원칙'(*diskurstheoretischer Grundsatz*) 을 구별하는 데, 이 원칙들은 의사소통의 윤리학에서 타당한 규범들이 충족시켜야 할 조건들을 규정한다. 보편화의 원칙(U)이란 모든 타당한 규범이 충족시켜야 할 바로서의 조건을 기술하는데, 각 개인의 이익들을 만족시키기 위하여 그 규범을 보편적으로 추종함으로써 야기되리라 예상되는 결과들과 부작용들이 모두에 의해서 강제 없이 승인될 수 있다는 것이다. 그에 대해 담론이론의 원칙(D)은 모든 타당한 규범들이란, 관계자들이 실천적 담론에 참여할 수 있기만 하면, 그들 모두의 동의를 얻을 수 있다는 도덕이론으로서의 담론윤리학의 기본적 생각을 표명한다. 이 원칙은 모름지기 실천적 담론에의 참여자로서의 모든 관계자들의 동의를 얻는(또는 얻을 수 있는) 규범들만이 타당성을 주창해도 된다는 것을 말한다 (Habermas, 1983a:103 ff, 131 ff 참조).

칸트의 정언명법을 행위방식들과 격률들의 보편화 가능성 내지는 행위의 규범들에 구현되어 있는 이익들의 보편화 가능성을 요구하는 원칙으로 이해할 수 있다면,[8] 보편화의 원칙은 칸트의 정언명법과 대체로 동일하다고 할 수 있다. 칸트에게서 행위의 격률의 정당화 원칙으로서 또 그에 대한 도덕적 기준으로서 규정된 것, 즉 격률들을 그것이 보편적 법칙으로 타당할 수 있는가 여부에 관련해서 검토해 보라는 것이 담론의 윤리학에서는 의사소통의 원칙으로 대체되었다고 할 수 있다(Schönrich, 1994:21). 정언명법으로 보편화의 원칙이 표명되고 있는 점에서는 의사소통적 개념틀로 표현된 보편화의 원칙과 유사성이 있지만, 벌써 이 자리에서—비록 기본 이념의 유사성에 관해서이기는 하지만—보편성의 원리와 정언명법의 칸트적 정식화의 근저에 있는 이념으로서 의미의 동일성을 읽으려고 하는 것은 이른 것인데, 왜냐하면 양자 사이에 존재하는 차이점이 간과되어서는 안될 것이기 때문이다. 정언명법이 독백적인 주관적 사고에 의해 모순 없이 사고될 수 있는 것이라고 한다면, 의사소

---

8) 정언명법의 한 대표적 표현법을 들면, "너(의) 의지의 준칙이 항상 동시에 보편적 법칙수립의 원리로서 타당할 수 있도록 행위하라"(Kant, 1991:33).

통의 윤리학에서의 보편화의 원칙은 모든 사람이 인정할 수 있다는 데 그 기준이 있다. 칸트의 보편성의 원칙이 말하자면 '이성의 사실'로서 더 이상 되물어갈 수 없는 것이라면, 의사소통의 윤리에서의 보편화의 원칙은 논증의 규칙들을 통해서 토대가 놓여야 하는 것이요, 칸트의 이성의 도덕을 고수하되 그것의 형이상학적 전제들은 같이하지 않으려는 시도이다. 이와 같이 의사소통의 윤리학의 의의는 일단은 패러다임 전환에 의해 부각되거니와, 독백적인 주관으로부터 벗어나 담화하는 상호주관적 단초로 전환하는 데에서 찾을 수 있다. 서두에서 지적한 바와 같이 도덕의 문제는 기본적으로 상호주관적인 문제이다. 도덕적 규범이 상호주관적 관련사임을 분명히 한 것은 제1차적으로는 의사소통의 윤리학의 기여로 우선 보인다.

　보편화의 원칙은 독단적으로도 주어져서도 안되며, 연역적으로 도출될 수 있는 것도 아니면서 구속성을 가진 것으로서 타당해야 한다면, 이것은 어떻게 이끌어낼 수 있는가? 이것은 의사소통적 윤리학에서 규범의 정초를 위한 논의의 관건이 되는 문제로서, 하버마스는 보편화의 원칙이 논증의 전제들로부터 선험 화용론적인 도출의 방도를 통해 정초될 수 있다는 것을 보일 수 있다면, 담론의 윤리학 자체는 "절약적인 원칙 'D'"로 유도될 수 있다고 본다(Habermas, 1983a:103). 만약 이 도출이 성공적이라면 도덕개념이 보다 확고한 기반을 확보한 것으로 간주될 수 있을 것인데, 왜냐하면 이것을 인정하지 않을 경우는 실용론적으로 이해된 것이기는 하나 모순율을 범하는 것이 되기 때문이다. 그러나 이 도출은 문제가 없는 것이 아니다. 왜냐하면 '이상적 담화상황'으로 정식화된 논증의 규칙들은 앞서 지적한 바와 같이 규범으로부터 자유로운 것이 아니라 오히려 도덕적 규범을 그 편에서 전제하고 있는 것으로 보이기 때문이다. 논증의 규칙들에 표명된 상호성, 동등한 권리, 보편성 및 강제 없는 상태 등에는 이미 보편화의 원칙이 전제되고 있는 것이다. 따라서 이 지적이 옳다면 보편화의 원칙을 논증의 규칙에서 선험 화용론적으로 추론하는 작업은 다시금 순환적이다.

　한편 의사소통의 윤리학이 제시하는 '도덕이론의 기본생각'인 담론이론

124

의 원칙(D)은 모든 내용적인 도덕적인 문제들은 관계자들 사이의 실제
적인 토론에서 성립하는 합의에 근거해서 규제되어야 함을 표명한다. 그
렇다면 기본적 행위규범이라 할지라도 내용적 영역에 확대되는 도덕이론
은 의사소통 공동체의 구성원들간에 이루어지는 실제적 토론을 통한 합
의에서 나와야 하는 것이요, 말하자면 도덕적 문제에서 전문가로서의 도
덕이론가의 감독 아래 행해질 수 없다. 도덕이론가가 실질적인 도덕적
문제에 대한 토론에 참여한다면, 이는 한 시민의 자격으로서인 것이요,
이론가로서는 아니다.6)

3) '보편화의 원칙'에 내포된 이념들

보편화의 원칙은 일반의지의 이념, 공평성의 이념 및 자유로운 동의의
이념 등의 세 주도적 이념들에 의해서 도출되고 있다.7) 일반의지의 이
념은 우선 양적인 관계에서 이해되고 있다. 공동성은 관계자들을 통한
일반화에 의해 산출된다. 모든 관계자들은 보편화의 원리가 제정하는 절
차에 따라야 하며, 어떤 사람도 배제되거나 탈락해서는 안된다. 그리고
이때 보편화의 원칙은 일반의지가 어떤 개인의 이익도 지나쳐 가지 않도
록 보장한다. 그러나 의지형성의 공동성만으로는 어떻게 개인적 이익이
초월되어서 보편성이 성립될 수 있는가에 대해서는 아직 규정되어 있지
않아서 도덕의 질적인 특성은 보장될 수 없다.

─────────

6) Habermas, 1983a:104. "롤즈 혹은 노직과 같은 미국의 저명한 동료들과는 달
리 나는 규범적 정치이론을 기획하려는 공명심은 결코 없었다. 그것도 물론
훌륭한 의미가 있는 것은 사실이지만, 나는 제도판에 '잘 조직된 사회'의 기본
규범들을 구성해내는 것이 아니다. 물론 사회화된 개인들은 의사소통적인 일
상의 실천에서 일상언어를 이해지향적으로 사용하지 않을 수 없다고 하는 전
제하에서이기는 하지만, 나에게는 사실적 사태의 재구성이 중요한 관심사이
다"(Habermas, 1993:133). 이와 같이 최근의 한 대담에서 하버마스는 그의
입장을 요약하고 있으나, 마지막 문장의 내용은 이 글의 논의가 옳다면 그대
로 받아들일 수 없다는 것이 분명해져야 할 것이다.
7) 다음의 논의는 Schönrich, 1994:45 ff를 참조한 것이다.

여기에는 '보편적 이익'과 '특수한 이익'을 구별할 수 있다는 것이 전제
되어 있다. 한 가지 부언할 것은 하버마스는 이 구별과 더불어 특수한
이익이 관건이 되어 야기된 갈등은 절충을 통해 조정되어야 할 것이요,
실천적 담론을 통해서는 해소될 수 없는 것으로 보고 있다. 진정한 의미
의 도덕적 문제는 오직 보편적 이익의 문제만이 된다는 것이다. 보편적
이익과 특수한 이익의 구별은 단순히 양적인 구별은 아니다. 그렇지만
보편적 이익과 특수한 이익의 개념적 구별은 이론적으로는 만족스럽지
못한데, '보편적'인 것은 모든 사람의 동의를 얻을 수 있는 것으로, 모든
사람의 동의를 얻는 것은 보편적인 것으로 규정되고 있기 때문이요, 이
것은 다름 아닌 순환논법이다.

이미 이 자리에서, 예컨대 담론 윤리의 형식성을 비판하고 도덕 논의
에서의 실질적 도덕원칙의 필요성을 부각시켜야 한다고 보는 비판적 입
장(Steinvorth, 1990:112 ff)에 대해서, 보편화의 원칙에서 동의에 관한 질
적인 조건이 제시되고 있음을 지적함으로써 철저히 절차적 개념에 머물
수 있다고 보는 관점도 있다. 그와 같은 미비점을 보완해 주는 것이 바
로 공평성의 이념이라는 것이다. 공평성의 이념은 같은 경우는 똑같이
취급될 것을 요구하거니와, 이를 통해 전자, 즉 일반의지의 이념이 보완
된다. 그리고 이 이념도 형식적 개념으로서 절차적으로 규정되거니와,
각각의 관련자들은 "이익의 고려에서 다른 모든 사람들의 관점들을 취해
야만 한다"는 것이다.8) 이와 같은 관점의 교환은 단지 모든 입장들이 고
려된다는 것뿐만 아니라 같은 정도로 고려된다는 것을 보장한다. 그러나
이 두 이념들만으로는 아직도 엄격한 의미의 보편성이 충분히 확보되지
않거니와, 그렇기에 자유로운 동의의 이념이 도덕성에 대한 최후의 결정
적인 기준으로 제시되어야 한다. 효력주장에 무제한적인 개인적 자유 없
이는 사실적으로 도달된 동의는 참되게 보편적일 수 없다는 것이다.

이와 관련해서 마지막으로 물어야 할 것은 이 세 가지 이념들이 모두
취해지면 진정 보편적인 규범들을 준별해 낼 수 있는 기준으로 충분한가

---

8) Schönrich, 1994:46 ff. 인용은 Habermas, 1983a:75.

의 여부이다. 이 물음을 특수한 — 물론 극단적일 수도 있는 — 경우들을 예로 들어 숙고해 보자. 하버마스는 실천적인 문제의 해결을 위해서는 당사자들간의 실제적인 토론을 필수적으로 본다. 따라서 개인의 차원에서 행해지는 반성적 사고도 자기 자신과의 대화라고 보아서 실제적 토론의 필요성을 강조하지 않는 입장에 대해 이의를 제기한다.[9] 실제적 토론이 요구되면, 자신의 관심사 내지는 이익을 해당 의사소통의 공동체내에서 요구되는 수준으로 개진할 수 없는 개인 및 집단의 경우가 특히 문제가 된다(예컨대 어린이들, 교육수준이 낮은 계층 등). 이 경우 일차적으로는 이들의 관심사가 이들의 이익을 이해하거나 그것에 동조하는 대리인들에 의해서 대변될 수 있을 것이다. 그러나 실제적 토론의 요구가 야기하는 문제점은 실제적 토론이 규범의 타당성을 검토할 법정이 된다고 하면 이데올로기나 지배적 규범을 비판할 수 있는 가능성이 현격하게 제한될 수 있다는 점이다. 왜냐하면 설령 근사치적으로 '이상적 담화상황'이 실현되었다 하더라도 담론 참여자들의 자율적 판단능력이 전제되어 있지 않는 한, 실제로 개최된 토론은 반드시 보편화 가능한 관심을 대변하지 못하고, 최악의 경우는 오히려 토론이 실제적으로 수행되었음을 빌미로 특수이익을 위한 정당화의 기제로 원용될 수도 있는 위험이 있기 때문이다. 이데올로기가 그것이 통용되는 집단내의 동의하에 재생산되는 것은 — 유감스럽게도 — 특별히 예외적인 경우가 아니다. 그렇지 않을 때 오히려 그 지배는 '원시적'이라고 할 수 있을 정도이다. 이데올로기는 상이한 심급에서 여러 가지 경로 — 개인의 사회화과정, 교육, 대중매체 등 — 를 통해 '자연스럽게' 재생산되는 것이요, 이런 한에서 말하자면 스스로 재생산한다는 의미에서 '자기산출적'이기 때문이다.

이를 감안해 볼 때 사회 여러 영역에 '주둔'한 기득계층이 헤게모니를 장악하고 있는 한, 그리고 그에 따라 사회의 여러 재생산기제 — 예컨대 물질생활 영역에서의 재생산과 상징적 영역에서의 재생산 — 가 조직화되는 한, 담화상황에 비가시적으로 작용하고 있는 여러 상이한 종류의 지

---

9) 하버마스는 이 맥락에서 Tugendhat (1987) 을 비판한다.

배와 강제의 완전한 배제를 상정한다는 것이 얼마나 현실성이 있는가 하는 의혹과 더불어, 윤리학의 이론적 정초라는 목적 자체를 위해서도 과연 그와 같은 고도의 이상화가 필요한가 하는 의문이 다시 제기된다. 나아가 '이상적 담화상황'을 구성하는 형식적 요건들(상호성, 기회균등)이 설사 근사치적으로 보장되었다고 전제하면 특수이익이 보편적 이익인양 자기를 정당화하거나, 나아가 특수이익이 관철될 경우 이를 제재할 합리적 근거에 대한 요건이 담론적 윤리학의 틀에서는 고려될 수 없는 것으로 보인다. 결국 하버마스의 담론이론에는 인간성에 대한 무한한 신뢰가 그 근저에 놓여 있는데, 문제는 이 신뢰가 이론적이나 경험적으로 입증되고 있다기보다는 그의 믿음에 근거하고 있을 뿐이 아닌가 하는 점이다.

자신의 비판적 척도를 이론적·개념적으로 제시하고자 하는 비판이론에 윤리학과 사회이론은 상보적으로 귀속된다. 물론 윤리학은 그것이 인지적 윤리학인 한, 제1차적으로는 규범적 원칙의 정당화를 주요 과제로 삼는다. 규범의 현실적 적용의 문제나 사회 안에서 실제적인 관철의 가능성 등의 문제는 윤리학보다는 사회이론의 과제가 된다고 생각할 수도 있다. 하버마스도 이 지점에서 윤리학과 사회이론의 주안점의 차이를 강조하고 있다. 그러나 어떻게 이 양자의 권리가 조화를 이룰지는 논란의 여지가 많으며, 물론 이 자리에서 다 구명될 수는 없는 과제다. 그럼에도 불구하고 여전히 남는 주변적이지 않은 물음은 사회이론적으로 규정된 근대성의 조건하에서는 윤리의 이상화(理想化) 자체가 거꾸로 불필요한 것으로 판명되고, 그 대신 오히려 인간 상호작용의 상황 및 사회의 제한된 조건과, 세계내적 존재로서의 인간의 유한성의 조건을 진지하게 감안한 더욱 '현실적'인 윤리가 요청되는 것이 아닌가 하는 의문이다.

4) '결단론적 잔여' 문제

하버마스는 담론의 시작의 문제와 관련하여 아펠에게서 이른바 '결단론적 잔여'의 문제점을 지적한다. 아펠의 이론에 의하면, 토론에의 참여

를 결단한 자만이 선험적 의사소통 사회의 규범적 규정들에 하속(下屬)
되어 있는 것이 될 것이다. 이 입장으로부터는 가령 토론에 참여하지 않
기로 결단한 자들에 대해서는 담론의 원칙을 유효하게 주장하지 못할 것
이다. 만약 담론에 참여하는 자발성이 선택적이라면, 담론의 규칙과 연
관해서 보편화 원칙의 보편성과 필연성 요청은 제한될 수밖에 없을 것이
다.

하버마스는 논증참여 여부의 결단에 앞선 하나의 이탈 불가능한 차원
을 적시함으로써 이 문제를 피해 간다.

> 논의에 참여하지 않거나 참여하지 않고자 하는 사람이라 할지라도 '항상
> 이미' 의사소통행위의 연관 안에 있다. 그렇게 함으로써 그는 벌써, 언
> 어 행위에 포함되어 있고, 토의에 의해서만 이행될 수 있는 — 그리고 항
> 상 그렇듯이 반사실적으로 제기된 — 타당성 요청을 순수하게 인정해 온
> 것이다. 그렇지 않았더라면 그는 일상적 실천의, 의사소통적인 말놀이로
> 부터 축출되어야만 했을 것이다(Habermas, 1983b:130, 주 160).

이 의사소통행위 연관의, 말하자면 '선험성'을 고수함으로써 결단론적
잔여의 문제에 대한 하버마스의 대답은 의외로 간단·소박하게 제시된
다. 그에 의하면 의사소통적 연관으로부터 이탈하는 자는 자살을 범하거
나 심각한 정신병의 상태에 빠지고 말 것이며, 우리가 이해지향적 행위
를 하지 않고 지속적으로 전략적으로 행위한다면 진실/속임의 구별조차
도 의미를 상실하게 된다는 것이다(Habermas, 1983a:110). 의사소통적
으로 행위한다는 것은 이해지향적 행위를 한다는 것이며, 예컨대 지속적
으로 전략적으로 행위한다는 것은 인간간의 상호관계 자체를 파괴하는
결과를 초래한다는 것이다. 이 주장은 이해지향적 행위가 언어행위의 근
원적 양태라는 생각에 토대를 두고 있는 것으로서, 다른 종류의 언어사
용도 기본적으로는 이해지향적 언어사용에 바탕을 두고 있다는 것이다.
이를 통해 '결단론적 잔여'의 문제도 피할 수 있는 것으로 보이는데, 보
편적 화용론은 일반적 의사소통의 전제들의 함축적인 규범적 내용을 비
로소 담론의 수준에서가 아니라 이미 의사소통적 행위의 수준에서 포착

할 수 있기 때문이다. 이런 식으로 보면 담론의 규칙의 타당성은 우리가 논증에 들어서기를 결단하느냐의 여부에서가 결정되는 것이 아니라, 한 차원 앞서서 의사소통적 행위의 차원에서 결정되거니와, 여기에는 자의성이 있을 수 없다. 왜냐하면 우리는 이미 의사소통적 생활양식 안에서 태어났고, 생활해 오기 때문이다.

하버마스의 논증 전략의 의도로 볼 때, 그는 이 관건이 되는 의사소통의 전제들은 일상적 의사소통이 '항상 이미' 기반하고 있고, 우리가 자의적으로 선택할 수 있는 것들이 아니라고 주장함으로써 자연주의적 오류의 비판으로부터 벗어날 수 있다고 보는 듯하다. 결국 하버마스는 담론의 규범성의 정초를 의사소통행위에서 구하는 것이요, 이때 규범성의 기원의 문제를, 담론에 부과되었던 규범적 의미를 의사소통행위에 재투영함으로써 해결하는 결과가 되며, 이로써 본래의 담론/의사소통행위의 구별은 다시 평준화되고 만다. 이것은 규범정초 문제의 진정한 해결이 아니라 설명되어야 할 차원을 전치(轉置)하는 것에 불과한 것으로, 의사소통행위 자체의 규범성이 다시 설명되어야 한다. 이 역할을 하버마스의 이론 안에서는 '보편적 화용론'이 제공하고 있으나, 이 이론은 언어 및 의사소통에 대한 그의 특정한, 규범적 이해에 기반하고 있기 때문에 그 타당성이 약화되고 있어서 진정한 의미에서 규범성의 정초는 이루어지지 못하고 있다(정호근, 1995a:IV 참조). 이 상황에서 제공되는 양자택일은 모두 행복한 선택이 아니다. 필자의 견해로는, 규범정초의 무한퇴행에 빠지지 않으려면 우선 자연주의적 오류의 비판을 감수하고 현실적 의사소통의 현실성을 규범적 예단(豫斷) 없이 기술적(記述的)으로 파악하는 것이 불가피한 것으로 생각된다. 이 이론적 단초는 규범적 선(先)이해로부터 자유로운 의사소통 개념의 구명에서 발단을 찾을 것이며, 의사소통을 통한 규범정초의 기획 자체의 유효성을 의심하는 데로 이끄는 결과를 낳게 될 것이다.

3. 규범적 의사소통을 넘어서

1) 도덕으로서의 의사소통?

이와 같이 의사소통의 윤리학은 종국에는 의사소통행위의 이론에 의존하고 있음을 확인할 수 있다. 의사소통행위 이론에는 의사소통과 언어에 대한 특정한 이해가 그 근저에 놓여 있다. 여기에는 일상언어 자체가 주제화되고 있는 것이 아니라, 특정한 언어 및 의사소통 개념이 그 근저에 놓여 있는 것이다. 보편적 화용론은 이중적 추상 위에 열려진 탐구의 차원으로서, 첫째, 발화행위가 일어나는 구체적인 다양한 맥락으로부터 추상되어 있으며, 둘째, 일상언어 자체가 아니라 특정한 유형의 언어행위, 즉 명제적으로 분절되고 제도적으로 고정되지 않은 언어행위가 분석의 단위가 된다.

하버마스의 의사소통 이론에는 필자가 동일성 이론이라고 부르고자 하는 개념이 그 근저에 있다. 이에 의하면 의사소통은 합의에 도달함을 목적으로 한다는 것이요, 이해와 합의는 공속적이며, 이해의 목적은 합의에 도달함이라는 것이다. 그러나 이것은 잘못된 동일시인데, 왜냐하면 합의는 이해를 전제로 하지만 그 역은 아니기 때문이다. 보편적 화용론의 이론적 전략은 언어행위에서 대화 당사자간의 합의를 이끌어 내는 '힘'이 보편적 언어구조 자체에 내재해 있음을 증명하려는 것이다. 그러나 합의는 의사소통의 한 측면일 뿐이요, 합의가 불일치 내지는 오해에 대해 요구할 우선권의 근거는 없다. 이에 대해 실제적으로 기능하는 의사소통은 정보, 전달, 이해의 통일이다(Luhmann, 1984:203 ff 참조). 이 구별에 유념하면, 첫째, 의사전달에 대해 긍정이나 부정으로 답하는 행위는 한 언어행위에 접속적인 행위요, 해당 언어행위 자체의 구성요소가 아니다. 둘째, 의사소통행위의 제안에 대한 양 접속 가능성 가운데 합의에 어떤 우선권을 인정해야 할 근거는 발견되지 않는다. 언어행위와 합의의 관계에서 언어의 목적을 합의에 있다고 보아야 할 어떠한 필연적

연관도 없는 것이다. 의사소통의 구조를 고려하면 오히려 성공적인 의사
소통은 매우 개연적인 사건이라고 보아야 한다(정호근, 1995b:115 ff 참
조).

2) 담론의 현실성

하버마스의 의사소통의 윤리는 현대 서구의 민주주의 사회(특히 전후
독일)에서 제도화된 의회주의의 의사결정과정에 대한 철학적 정당화 아
니면 적어도 그것에 대한 직관적 확신에 의해 큰 영향을 받고 있다. 그
러나 그의 윤리는 역설적으로 민주주의적 정치과정의 설명으로 적절하지
않다. 정치적 담론에서는 논란이 되는 규범에 대해서 합의에 의한 갈등
의 해소가 그 기본적 기제가 아니라, 오히려 다양한 관심과 이해관계를
지탱하는 범위를 제한하는 것이다. 다원주의 사회를 특징짓는 차이를 인
정하고 또 그에 입각하여 갈등을 — 정확히는 해소하기보다는 — 사회적으
로 지탱할 수 있는 범위내에서 유지하는, 그런 의미에서 잠재화하는 것
이다.

사회적·정치적 담론에서는 합의의 윤리설이 주장하는 이상화된 정초
는 가능하지도 않을 뿐 아니라 도움이 되지도 않는다. 도덕적 문제들에
대한 결정은 관계자들과의 실제적 담론에서 내려져야 한다는 하버마스의
주장은 그것이 가지는 참여민주주의적 함축에도 불구하고 유보 없이 일
반화될 수는 없다. 왜냐하면 도덕적 문제들은 그것들이 진정한 도덕적
문제라면, 즉 하버마스 자신이 이해하듯이 보편화 가능한 것이려면, 경
우에 따라서는 오히려 관련자들의 관여를 배제하는 것이 바람직한 결과
를 가져오는 수도 있기 때문이다. 여기서도 하나의 딜레마가 생겨나는
데, 도덕적 문제의 결정에서 참여의 원칙은 현실적으로는 불가피하게 합
의의 원리가 아니라 다수결의 원리를 요구할 수밖에 없다. 그리고 다수
결의 원리에 의한 결정내용 자체는, 다수결에 의한 결정의 형식은 모두
에게서 인정받을 수 있다 할지라도 합리적인 것으로 인정되지 않는 경우
가 오히려 적지 않다는 것이다. 다수에 의한 결정과 개인적 의사 사이의

차이는 현실적으로 완전히 제거할 수 없을 것이다. 그런 한에서는 민주주의 사회에서도 적지 않은, 만족하지 않는 인구는 이미 예고되어 있다 (정호근, 1996:73 ff). 민주주의 사회에서의 사회적 의사소통에서 의사결정은 효력주장에 대한 비판과, 비판에 대한 비판을 통한 합의가 아니라 오히려 철저한 이익 계산에 의한 절충이다.

실천적 담론이, 하버마스가 주장하듯이 모든 담론이 그런 것과 마찬가지로, 행동과 경험의 압력으로부터 벗어나서 문제가 되는 효력주장 자체만을 문제삼아야 한다는 것을 문자 그대로 인정하지는 않는다고 하더라도, 담론은 도덕적 추론 자체를 위해서는 실제적 이해관심으로부터 '거리둠'이 요구된다. 그렇기 때문에 도덕적으로 상관된 문제의 '합리적' 해결을 위해서는 오히려 실제적 담론을 필요로 하지 않는 것이 바람직할 경우가 있는데, 이해 당사자들은 자신의 이해관계로부터의 거리둠이 어렵기 때문에 관점의 교환에 입각한 상호성이 확보될 가능성이 희박하기 때문이다. 그러나 필자는 이로써 담론의 필요성을 전적으로 부인하려는 것은 아니며, 오히려 그럼으로써 담론이 진정 요구되는 장소를 더 정확히 규정할 수 있으리라는 생각이다. 실제적 담론은 문제가 제기된 상황에서 도덕적 상관성을 가진 문제를 논의하는데, 실제적 논의가 필요한 경우는 다음과 같다. 첫째, 도덕적 논의는 우선 해당 문제에 관련된 사실적 자료들에 관한 광범위한 지식이 전제되어야 하고 — 그 지식의 토대 위에서 비로소 진정한 도덕에 상관된 문제가 제기된다 — 다음은 관련자들의 욕구와 관심, 이해관계들에 대한 고려가 요구된다. 특히 후자의 고려를 위해서는 담론의 실제적 개최는 사실상 필수적인 것으로 생각된다. 둘째, 도덕적 문제의 고려에서 담론의 필요성은, 조금 더 일반적인 맥락에서 도덕적 추론의 과정이 도덕적 추론의 규칙을 쫓고 있는가의 여부를 관찰하기 위해서 요구된다. 일반적으로 규칙의 준수 여부가 자신의 관찰만으로는 결정할 수 없고, 적어도 또 한 사람 이상의 관찰을 요구하는 것10)과 마찬가지로, 도덕적 추론의 규칙들의 준수도 다른 도덕적 판단능

---

10) "오직 어떤 한 사람이 오직 한 번 어떤 하나의 규칙을 따랐다는 것은 불가능하

력을 가진 주체의 관찰을 필요로 한다.

실천적 담론의 의의가 이같이 제한된다 하여도 그것을 통해 도덕적 논증 자체의 적합성이 약화되는 것은 아닐 수 있는 것은, 도덕적 문제에 대한 숙고가 일어나는 원 장소는 개체적 주관일 수밖에 없고, 궁극적으로는 도덕적 추론은 도덕적 판단능력을 가진 자 자신의 숙고에 의해서 승인되어야 하는 것이기 때문이다. 도덕을 담론으로 정초하는 것에는 문제가 있거니와, "독백적으로 성립된 의지형성이 비도덕적이어야만 하는 것이 아닌 것과 마찬가지로, 대화적으로 형성된 의지형성도 도덕적인 것은 아니다"(Schönrich, 1994:46).

4. 의사소통적 윤리학의 구조논리적 제한

1) 근대성과 도덕

서두에서 의사소통적 윤리학의 일반적 성격을 약술한 바 있다. 여기서 의사소통의 윤리학에 대한 지금까지의 비판적 논의를 토대로 그것과 근대적 윤리학의 특성을 재평가해 보고자 하는데, 이제 우리의 논의 결과에 비추어 하버마스의 의사소통 이론과는 다른 개념틀로 이 각각의 요구를 재규정할 수 있다. 이것은 특히 보편주의와 옳음의 문제에 국한해서 논의되는데, 그 평가에는 근대성의 조건이 중요한 관련점이 된다는 것이 다시 한번 상기되어야 한다.

근대 혹은 근대 이후적 조건하에서도 보편주의는 기본적으로 유지될 수 있되, 그것은 두 가지 제한의 대가를 치르고 성립한다. 첫째, 의사소통의 윤리학에서도 보듯이 윤리학의 과제는 규범의 합리적 정초의 가능성 문제에 국한된다. 둘째, 이 규정을 밑받침하는 것으로—여기에 또 첨가되어야 할 것으로—의사소통의 윤리는 좁은 의미의 도덕의 문제만

다"(비트겐슈타인, 1994: §199).

134

을 문제 삼는다. 옳음의 효력주장은 담론적으로 해소될 수 있으나 기호
(嗜好)의 문제는 '진리 유추적' 효력 주장이 아닌 관계로 담론적으로가
아니라 '비평'적으로 취급된다. 따라서 정의의 문제가 선의 문제에 우선
권을 가지며, 예컨대 '훌륭한 삶이 무엇인가?'라는 문제는 가치의 문제로
서 평가의 대상이다. 가치들이란 공동체적 삶의 양식에 관련된 것으로,
개인의 사회화 과정을 통해 사회적 규범이 내재화되는 것이다. 이것은
일종의 의미의 문제이기도 하거니와, 저 물음은 삶의 의미에 대한 물음
이기도 하다. 무릇 '의미'란 주관적으로 부여된 의미이다. 그렇지만 삶이
란 삶의 주체 자신에 의해 창출되었다기보다는 그 발단에서는 오히려 그
는 그 안으로 던져진 것이요, 삶의 최초의 발단은 그 자신에 의해 의미
가 부여되어서 기투된 데에 있지 않다. 따라서 삶의 의미에 대한 직접적
인 물음과 답의 이면에는 주체의 논리가 들어 있다. 근대성의 조건하에
서는 삶의 의미의 문제, '좋은 삶이란 무엇인가?'라는 물음은 개인들이
결정해야 할 가치로 변화되었다. 이 같은 문제상황의 변화는 근대성의
조건하에서는 불가피한 것이나, 삶의 물음이 담론을 통해 해소되지 못한
다는 것이 그 물음 자체의 무의미함을 의미하지 않는 한, 이에 대한 개
인의 기대는 지속될 것이며, 그 스스로 의미를 구해야 하므로 개인의 부
담은 오히려 커질 것이다. 여기서 밝혀진 것은 가치의 문제가 '진리 유추
적' 효력주장이 아니라는 것과, 따라서 이에 대해서는 담론을 통한 해소
가 가능하지 않다는 것뿐이지 그것에 대해서 사유해서는 안된다는 것이
의미된 것은 아니기 때문이다.

2) 규범 정당화의 방향

지금까지의 논의가 유도한 귀착점은, 의사소통적 규범의 정초 자체는
무역사적인 개념으로서, 도덕적 판단 및 행위의 발달논리적 재구성의 기
획을 주창하는 윤리학의 반성적 이론을 위해서는 필요하지 않다는 생각
이다. 이 같은 귀결은 도덕의 이론에 대해서 다양한 함축을 가질 것이
나, 여기서 시론적으로 지적하고자 하는 것은 세 가지 문제이다. 첫째,

발달논리의 재구성이 갖는 의의를 엄격하게 고려해 보아야 하며, 이 발달논리의 틀 안에서 의사소통적 윤리학의 위상이 규정될 수 있는 것이요, 그 역은 아니라는 점, 둘째, 발달논리를 진지하게 받아들일 경우 그것이 상이한 단계간의(도덕적) 의사소통에 대해서 갖는 의미, 셋째, 도덕적 문제에 대한 실제적 토론의 필요성에 관한 요청문제 등이다.

(1) 의사소통의 윤리학이 암시하는 도덕적 규범은 탈관습적 단계의 주체들 사이에서 수행가능한 담론의 산물이며, 의사소통의 윤리학 자체도 근대적 조건하에서 가능한 도덕이론이다. 이것을 인정하면, 선험 화용론적으로 도출된 '의사소통의 불가피한 상정들'도 여기에서와는 다른 위상을 부여받아야 하는데, 그것은 이제 언어능력이 있는 주관이 발화(發話)를 함과 동시에 지게 되는 필수불가결한 전제로 이해될 수 없고 이해될 필요도 없다. 이 주장이 옳다면 의사소통의 윤리학의 도덕적 규범은 선험적 논증을 통한 정당화를 필요로 하지 않으며, 오히려 발달논리적인 정당화로 충분할 것이다. 물론 이 경우 발달 단계의 논리는 보편적이되, 동일한 논리내의 내용적 점유는 얼마든지 상이할 수 있다. 도덕에 관한 보편주의 요청은 이제 논리의 단계 측면에 관련해서 성립하는 것이요, 규범의 내용적 측면을 포괄하지는 못한다. 그렇다면 의사소통의 도덕은 단순히 역사적 근대화의 소산이라는 의미에서 시대적 산물인 것만이 아니라, 발달논리 전개의 결과이기도 하다. 그리고 그것은 시대적으로 제한된 것이기도 하지만, 발달논리적으로 제한된 것이기도 하다. 이 사실은 다음의 고찰에도 함축하는 바가 있다.

(2) 상이한 도덕추론의 단계에 속하는 주체들간에는 어느 한 쪽의 기준에 전적으로 부합하는 '합리적' 담론이 성립할 수 없다. 왜냐하면 여기서 양 단계의 도덕적 관찰능력은 그 역량에서 불균형적이고, 각각의 논리를 비교가능하게 하는 심급이 될 수 있는 제3의 메타 담론은 성립하지 않기 때문이다. 그렇지만 이 관계에서부터 곧바로 상대주의적인 귀결이 나오는 것은 아니다. 상대적으로 높은 단계의 주체는 그 단계에서,

이전 단계에 비해 고양된 반성력에 의하여 낮은 단계의 관점을 고려의 범위에 감안할 수 있다. 한편 낮은 단계의 관점에서는 이 차이가 상이한 관찰력을 규정하는 구조적 논리의 차이로 보이는 것이 아니라, 한낱 입장차라는 내용적 차이로 나타난다. 낮은 단계의 관찰자가 높은 단계의 관찰자와의 차이를 관찰할 때, 그것은 다만 내용적 차이로 보이며, 그것도 이 사유구조가 제공하는 틀 안에서의 내용적 차이로 나타난다. 이것은 앞서 지적한 상이한 사유구조간의 반성력의 비대칭적 구조의 표출이다.11)

이와 같은 사태를 감안하면 실제적으로는 상위의 도덕단계는 상대적으로 낮은 도덕단계의 요구에 상대적으로 더 높은 가중치를 부여하여야 할 것이다. 왜냐하면 두 단계의 판단력은 비대칭적이거니와, 낮은 단계의 판단력은 자신의 관심을 높은 단계의 판단력이 고려할 수 있는 만큼 고려하지 못하기 때문이다. 이 경우 물론 왜 높은 단계는 낮은 단계를 더 고려해야 하는가라는 물음을 던질 수 있을 것이다. 계통발생이나 개체발생의 영역에서 재구성가능한 사유구조의 발달논리에 의하면 높은 단계의 사유구조는 낮은 단계의 사유구조의 추후적 산물이고 이보다 더 포괄적이며, 그 역은 성립하지 않는다. 어쩌면 여기서 진정한 의미의 도덕적 물음이 제기될 수도 있을 것이다. 상대적으로 우월한 (인지적) 사고력을 가진 자는 그렇지 못한 자를 자신의 의도에 따라 지배해도 된다는 주장을 근본적으로 금하는 논거는 도대체 있는가, 있다면 무엇일 수 있는가?

서로 다른 수준의 논리를 구사하는 관찰력이 차이가 나는 단계들간의 담론에서는, 즉 높은 단계의 주체와 낮은 단계의 주체들 간의 담론에서는 높은 단계가 담지한 제2의 반성이 담론의 생산성을 보장하는 선도적 역할을 맡아야 한다. 높은 단계의 구조는 낮은 단계의 구조가 가능케 하

11) 예컨대 어린이와 성인이 —물론 상이한 도덕적 판단력을 소유한다는 가정하에서— 어떤 문제를 놓고 논의를 할 경우 같은 성인들간의 경우와 같은 담론을 끌어나갈 수는 당연히 없다. 전자의 경우의 공평성은 후자의 경우와는 전혀 다른 형태를 띨 수밖에 없을 것이거니와, 이것은 바로 담론 상대방과의 비대칭성에 기인하는 것이다.

는 사유의 관점을 관찰에 대한 관찰을 통해서 재구성적으로 이해할 수 있기 때문이다. 이때 2차적 관찰을 통한 관찰의 내용은 우선적으로 제1차적 관찰의 내용이라기보다는 관찰의 형식이 될 수 있다. 따라서 낮은 단계의 관찰이 그것의 구조적 제약성 때문에 특정한 관찰밖에 할 수 없다는 것을 자신이 관찰할 수 있는 것이다(관찰의 관찰). 이 요구에 응하지 못하거나 응할 수 없는 자는 사유구조가 제공하는 구조적 가능성을 일관되게 사용하지 못하고 있는 결과가 된다. 이것은 경우에 따라 의미론적 모순 또는 수행적 모순의 형태를 띨 수 있는 것으로, 이 지적은 어느 경우나 이미 구조적으로 가능한, 그러나 현실적으로 실제적이지 못한 도덕적 판단의 능력을 현실화하도록 돕는 것이다. '윤리학적 계몽'이란 것이 가능하다면, 그것은 이미 생활세계적으로 뿌리박고 있어서 우리의 도덕적 직관을 이루는 것을 단지 이론적으로 정당화하는 데 그치는 것이 아니라, 도덕적 판단·행위 능력의 구조적 가능성을 열어 보이는 데 있다고 하겠다.

(3) 하버마스는 실천적인 문제의 해결을 위해서는 당사자들간의 실제적인 토론을 필수적으로 보고, 개인적 차원에서 행해지는 반성적 사고도 이것이 자기 자신과의 대화라는 의미에서 대화의 성격을 가진다고 보아 실제적 토론의 필요성을 강조하지 않는 입장에 대해 이의를 제기했다. 그렇지만 설령 근사치적으로 이상적 담화상황이 실현되었다 하더라도 담론참여자들의 자율적 판단능력이 전제되어 있지 않는 한, 실제로 개최된 토론이 보편화 가능한 관심을 대변하지도 못하고, 최악의 경우 토론이 실제적으로 수행되었음을 빌미로 특수이익을 위한 정당화의 기제로 원용될 수도 있는 위험이 있음을 앞서 지적한 바 있다. 이데올로기는 그것이 통용되는 집단의 (암묵적) 동의하에 재생산되는 것이 드물지 않으며, 여러 가지 경로를 통해 '자연스럽게' 재생산되어 말하자면 '제2의 자연'이 되었기 때문이다. 12) 이러한 사실은 다시 담론의 윤리학은 도덕적 판단·

---

12) 예컨대 가부장적 사회내에서 남성들의 권익과 동등한 여성들의 권익을 요구하

138

행위 능력을 소유한 사람들을 전제한다고 하는 것, 그리고 그 역은 아니
라는 것을 입증한다. 그렇다면 앞서 지적한 정보수집 담론과 판정 담론
의 구분이 다시 고려되어야 하며, 이 경우 양 담론에 있어 담론에서의
상호성이 갖는 기능과 범위는 차이가 있다는 점에 주목해야 할 것이다.
적어도 자료수집에 대한 판정담론에서는 상황을 고려하는 도덕적 판단
능력을 갖춘 주체의 사유가 중심이 된다.

　도덕적 문제가 제기되는 좀더 현실적 상황이 고려되면, 즉 실제적·도
덕적 갈등상황을 고려하려면 의사소통의 윤리학에서 두 가지 수정이 필
요하다. 첫째, 협상의 영역으로, 그런 한에서는 비본래적인 도덕의 영역
으로 축출된 절충의 문제가 조금 더 진지하게 고려되어야 한다. 절충을
통해 타협을 이끌어내어야 하는 주체들은 하버마스의 행위이론의 유형론
에 따르면 전략적으로 행위하는 주체들일 수 있다. 그러나 사회적 행위
의 근간이 의사소통적 행위라는 단정이 이미 지적된 바와 같이 그의 선
취된 직관에 기인할 뿐이라면, 전략적 행위를 포함한 목적지향적인 행위
가 갖는 사회적 상관성이 더 진지하게 고려되어야 한다. 둘째, 의사소통
의 공동체에서 자신의 이익과 관심을 이 사회의 의사소통 공동체의 수준
에서 요구되는 수준으로 개진하지 못하는 계층이 있을 수밖에 없다면,
그리고 이 경우 불가피하게 이들의 관심과 이익은 다른 사람들에 의해서
대변될 수밖에 없다고 한다면, 또 문제되는 규범에 대한 동의가 결국은
대행자의 자기숙고에 의해서 가능하다고 한다면, 그리고 일반적으로 해
당 문제에 관계된 자들은 논의되는 사태로부터 거리둠에서 한계가 있다
면, 진정 실제적 토의가 원칙적으로 여기서 언제나 요구되어야 하는가에
대해 의심이 생겨난다. 당사자들의 관심과 이익이 알려지고 난 이후에는
그 규범의 보편성에 대한 논의는 반드시 상호주관적 대화가 관건이 되지

────────

　는 주장에 대해서 드물지 않게 여성들 자신이 오히려 반대하는 경우를 생각해
　보라. 이는 물론 — 많은 경우 의식되지 않은 채로 작동하는 — 복합적인 기제
　의 결과이다. 그러나 그 결과는 진정한 의미의 생물학적 성차(性差)에 기인하
　지 않는 것도 '자연'의 표제 아래로 귀속시킨다. 따라서 그것은 바꿀 수 없고
　또 그런다고 한들 — 당연히 '반자연적'이므로 — 바람직하지 못한 것이 된다.

않을 수도 있는 것은 아닌가? 각 개인들 및 집단들의 구체적 욕구와 관심, 이익 등은 분명히 실제적 담론을 통하지 않고는 정확히 알려질 수 없겠으나, 이것들이 알려진 이후에는 도덕적으로 사유하는 주관의 사고 가운데서도 보편성을 지향한 도덕적 판단이 내려질 수 있지 않을까? 이 추정이 옳다면 상호주관적 단초 자체의 필요성에 대해 적어도 의혹의 시선은 보내진 것이거니와, 의사소통을 통한 규범정초는 성공할 수도 없을 뿐 아니라, 필요하지도 않을 수 있다.

140

■ 참고문헌

정호근, 1995a, "근대성의 변증법과 비판적 이성의 기능 및 가능성,"《철학》,
　　　제43집, 봄.
＿＿＿, 1995b, "의사소통과 매체,"《언론과 사회》, 제9호, 가을.
＿＿＿, 1996, "의사소통과 합리성,"《철학과 현실》, 봄.
Alexy, R. , 1978, "Eine Theorie des praktischen Diskurses," W. Oemüller
　　　(ed.), Normenbegründung-Normendurchsetzung, Paderborn.
＿＿＿, 1991, Theorie der juristischen Argumentation, Frankfurt/M.
Apel, K. -O. , 1976, "Das Problem der philosophischen Letztbegründung im
　　　Lichte einer transzendentalen Sprachpragmatik," B. Kanitschneider
　　　(ed.), Sprache und Erkenntnis, Innsbruck.
Döbert, R. , 1992, "Konsenstheorie als deutsche Ideologie," Giegel, H. -J.
　　　(ed.), Kommunikation und Konsens in modernen Gesellschaften,
　　　Frankfurt/M.
Habermas, J. , 1983a, Moralbewußtsein und kommunikatives Handeln,
　　　Frankfurt/M.
＿＿＿, 1983b,《후기 자본주의의 정당성 문제》, 임재진 역, 종로서적.
＿＿＿, 1985, Theorie des kommunikativen Handelns, 2권, Frankfurt/M.
＿＿＿, 1986, Vorstudien und Ergänzungen zur Theorie des kommunikativen
　　　Handelns, Frankfurt/M.
＿＿＿, 1991, Erläuterungen zur Diskursethik, Frankfurt/M.
＿＿＿, 1993, Vergangenheit als Zukunft, München.
Kant, I. , 1991,《실천이성비판》, 최재희 역, 박영사.
Luhmann, N. , 1984, Soziale Systeme, Frankfurt/M.
Schönrich, G. , 1994, Bei Gelegenheit Diskurs, Frankfurt/M.
Steinvorth, U. , 1990, Klassische und moderne Ethik, Reinbek bei
　　　Hamburg.
Tugendhadt, E. , 1987, Probleme der Ethik, Stuttgart.
＿＿＿, 1993, Vorlesungen über Ethik, Frankfurt/M.
Wittgenschtein, L. , 1994,《철학적 탐구》, 이영철 역, 서광사.

5장

하버마스의 이론적 전략

의사소통이론으로의 패러다임 전환에 대하여

이 홍 균

1. 의사소통 이론으로의 패러다임 전환의 의미와
그에 대한 비판적 논의의 의의

하버마스의 방대한 저작은 모두 '의사소통이론으로의 패러다임 전환'이라는 그의 주장으로 모아지고, 그의 모든 저작은 그 타당성을 증명하기 위한 것으로 볼 수 있을 것이다. 그의 연구는 사회학, 경제학, 법학, 정치학, 철학, 인류학, 심리학, 역사학 등의 인문 사회과학 분야를 거의 망라하고 있지만, 이 방대한 연구의 목적도 '의사소통이론으로의 패러다임 전환'이라는 자신의 '이론적 전략'을 뒷받침하기 위한 데 있는 것으로 보인다. 그리고 그의 의사소통이론에 대한 관심과 '의사소통이론으로의 패러다임 전환'이라는 그의 요청은 그의 초기 저작인 《공론장의 구조변동》(1962)에서부터 최근 저작인 《사실성과 타당성》(1992)에까지 관통하고 있다. 그러나 무엇보다도 의사소통이론에 대한 그의 관심은 그의 사회학적 연구의 백미인 《의사소통행위이론》(1981)에 가장 잘 나타나 있다. 이 책에는 한 걸음 더 나아가 '의사소통이론으로의 패러다임 전환'이라는 전략을 근거 짓고, 방법론을 제시하고 그리고 그 이론의 실천적 함의와 앞으로의 적용 가능성에 대해서까지 언급함으로써, 어떤 저작보

142

■이 홍 균
연세대학교 사회학과 및
동 대학원 졸업
독일 마르부르크대학 사회학 박사
현재 연세대 사회학과 강사

주요 논문으로
"자본주의와 소외론",
"체계의 확장과 근대·탈근대" 등

다도 이 저작에 대한 그의 관심을 알아볼 수 있다.

《의사소통행위이론》 이전의 작업은 의사소통이론을 발전시키는 과정이고, 그 이후의 작업은 그의 의사소통이론에 대한 철학적인 근거를 제시하거나 정교화하려는 목적에 따른 것으로 보인다. 특히 《후기 자본주의의 정당성 문제》(1972)에서는 체계의 확장과 의사소통행위이론에 대한 그의 관심이 보다 구체적으로 나타나기 시작한다. 이 글에서는 《의사소통행위이론》의 준비과정처럼 보이는 《후기 자본주의의 정당성 문제》와 그의 《의사소통행위이론》 두 권을 중심으로 그의 의사소통행위이론으로의 이론적 전략을 분석하려 한다.

'의사소통이론으로의 패러다임 전환'의 필연성은, 하버마스의 이론에 따르면, 산업 자본주의 사회에서 나타나는 '체계의 확장' 때문이다. 이 체계의 확장은 그것이 확장된 만큼 '생활세계의 축소' 내지는 '생활세계의 식민화'를 초래하게 되는데, 이는 하버마스에게 사회병리적인 현상이다. 사회구성원들이 사회에서 자신들의 자유로운 행동 공간(*Handlungsspielraum*)을 확보한 하버마스의 이론은 크게 '체계'와 '생활세계'로 구성되어 있고, 이 '생활세계'를 부활, 재구축하는 것이 그의 이론에 따르면 '의사소통행위'이다. 체계는 사회구성

원들의 의사소통행위에 의해 구성되지 않은 또는 왜곡된 의사소통에 의
해 구성된 사회의 부분이다. 다시 말하면, 사회구성원이 '그렇다'와 '아니
다'로 '타당성'을 따지게 허락하지 않는 사회적 억압의 부분이다. 1)

　이 글은 하버마스 이론의 중심을 차지하는 '의사소통이론으로의 패러
다임 전환'이라는 그의 이론적 전략을 그 '논리적합성'과 '현실적합성'의
문제를 제기함으로써 비판적으로 검토해 보고자 한다. 이 현실적합성에
대한 검토에는, 의사소통이론의 힘을 빌려 '생활세계'를 구축, 부활시키
려는 하버마스의 이론적 전략이 사실은 '체계의 확장'을 지양할 만한 이
론적·현실적인 힘과 설득력을 갖지 못하고 있지 않은가라는 의문이 기
반이 되고 있다. 또 하나의 기반으로는, 산업 사회로 들어서면서 인간의
의지나 목적하고는 별개로 움직이려는 사회와 그 사회 속에 속해 있는
개인의 관계를 비판적으로 규명하고 있는 '소외론'의 주장과 비슷한 하버
마스의 '체계의 확장' 이론을 비교해 본다면, 체계의 확장은 소외론과는
달리 '체계 확장'의 원인과 추동력, 그리고 그 순환구조를 제대로 밝히지
못하고 있지 않은가 하는 점이다. 또한 논리적합성에 대한 검토에는 '체
계의 확장'에서 발생하는 문제점들에 대한 하버마스의 지적에는 동의하
면서도, 그 문제의 해결을 체계의 확장을 일으키는 원인에 대한 분석에
서 찾는 것이 아니라, 체계와는 엄격하게 분리된, 전혀 다른 영역인 의
사소통합리성에서 찾으려는 하버마스의 이론에 대해 비판적 시각으로 고
찰하려 한다.

　이 두 가지 비판적 검토의 초점은 하버마스가 체계의 확장이 인간에
의해 일어나는 것으로 파악하지 않고 있다는 데 있다. 곧 그는 체계 확
장의 논리에 사회구성원들이 어떻게 포섭되어 있는지를 문제화하지 않고
있는 것이다. 그럼으로써 그는 의사소통이론으로의 패러다임 전환을 추
론하기는 수월했을 것이다. 그러나 그는 다음과 같은 소외론의 시각에서

---

1) 《후기 자본주의의 정당성 문제》에서 하버마스는 사회를 크게 사회, 문화, 정
　치, 경제 네개의 하위 시스템으로 나누고 있다. 그러던 것이 《의사소통행위이
　론》에 와서는 사회, 문화 두 하위 시스템은 '생활세계'를 구성하는 것으로 나
　타나고, 정치, 경제의 두 하위 시스템은 '체계'를 구성하는 것으로 나타난다.

본 문제, 즉 체계 확장의 논리에 포섭되어 있는 사회구성원들이 어떻게 의사소통행위를 가능하게 할 수 있는 자유로운 행위공간으로 전환할 수 있느냐의 문제에 답할 수 없을 것이다. 다시 말하면 어떻게 체계의 확장 논리에 포섭되어 있던 사회구성원들이 생활 세계의 부활을 가능하게 하는 의사소통행위로 옮겨갈 수 있느냐의 문제가 하버마스에게 남아 있다는 점이다.

위의 목적을 위해서 우선 간략하게나마 하버마스의 이론 구성이 설명되어야 하는데 무엇보다도 하버마스 이론의 중심을 이루는 '체계'와 '생활세계' 두 개념에 대한 설명이 필요하다. 이 두 개념으로 그는 인류역사의 진화과정을 '체계의 생활세계로부터의 분리', '체계에 의한 생활세계의 식민화'와 '생활세계의 부활'의 과정으로 기술하고 있다. 이 글에서는 그 과정을 짧게 정리하고, 그 기초 위에서 앞에서 말한 하버마스 이론에 대한 비판을 하려 한다.

2. 생활세계로부터 체계의 분리

체계와 생활세계는 하버마스 이론에서 잉여생산물의 물물교환이 일어나기 전에는 분리되지 않았던 것으로 기술된다. 이것은 체계가 생활세계로부터 떨어져 나오지 않은 상태를 가리키고, 그때까지는 생활세계만으로 사회가 구성되어 있었던 것이다. 그러나 사회 진화의 과정이 진행되면서 생활세계로부터 체계는 분리된다.

사회 통합을 내적 자연의 사회화로, 체계 통합을 외적 자연의 사회화로 정의하고 있는 하버마스에게 외적 자연의 사회화 과정이 내적 자연의 사회화 과정에 비해 급속한 속도로 진행되고 있는 것이다. 그것은 외적 자연의 사회화(Vergesellschaftung der äußeren Natur)의 중요한 기제인 생산력의 발달을 의미하는 것이다. 이 생산력의 발달, 인간의 물질적 욕구를 충족시키는 생산방식의 발달은 잉여생산을 낳게 되고, 이 잉여생산은 '교환'을 위해 시간과 공간의 이동을 하게 된다는 것이다. 이 교환과정은 이제 사회체계에 새로운 변화를 가져오기 시작한다.

하버마스에 따르면 이전에는 외적 자연의 사회화 과정도 이 내적 자연의 사회화에 의해 통제되고, 조절되었다. 그러던 것이 점차 생산력이 발전함에 따라 외적 자연의 사회화 과정이 자율성을 획득하게 된다. 사회구성원들이 사회체계를 구성하는 주된 자원이고, 그 체계를 주로 움직이고 있었던 것이 규범구조였던 사회로부터 사회구성원들의 '정당화를 요하는' 규범에 의해서만 움직여지지 않는 사회로 바뀌어 나가게 되는 것이다. 사회체계 외부에 존재하는 외적 자연으로부터의 습득이 외적 요구로 내적 자연의 요구로부터 자립하게 되는 것이다. 이것을 하버마스는 '생활세계로부터 체계의 분리'로 부르고 있다. 2)

하버마스는 생활세계와 체계의 개념을, 크게 나누어 체계의 생활세계로부터의 분리, 체계에 의한 생활세계의 잠식, 생활세계의 부활이라는 과정으로 파악하고 있다. 전 문화(前文化, *vorkulturelle*) 시대에서부터 시작해서 몇 천 년에 걸치는 인류의 역사과정을 '체계'와 '생활세계' 두 개념을 중심으로 한 사회진화의 과정으로 파악하고 있는 것이다.

다시 말하면, 그의 이론에서 사회체계는 두 가지의 환경으로 이루어져 있는 것으로 기술된다. '사회구성원'과 '자연자원'이 그것이다. 사회체계는 사회구성원이 이루는 환경과의 교류에서 사회구성원을 사회화한다. 앞서 말한 내적 자연의 사회화가 이것이다. 또한 사회체계는 그 사회체

---

2) 하버마스는 1972년의 《후기 자본주의의 정당성 문제》에서는 사회통합과 체계통합이라고 부르지만 1981년의 《의사소통행위이론》에서는 '생활세계'와 '체계'로 나누어서 부르고 있다. 물론 그에게 사회통합과 생활세계의 개념은 동일한 것이 아니다. 사회통합은 기존의 규범을 강조한다는 점에서, 앞으로 둘 이상의 사회구성원이 만들어 나가는 규범을 강조하는 '생활세계'의 개념과 큰 차이를 가진다. 그러나 사회통합과 생활세계 두 개념 모두 '타당성 청구'(Geltungsanspruch)를 중심적 하위개념으로 해서 구성된다. 또한 체계통합과 체계개념 사이에도 변화가 있다. 1972년의 '체계통합' 개념으로 외적 자연의 사회화−사회구성원의 물질적 욕구의 충족을 가리키고 있지만, '체계'는 더욱 추상적으로 사회구성원의 타당성 청구를 허용하지 않는 두 매체, 곧 돈과 권력을 문제화하는 개념이다. 또한 '체계'는 확장됨으로써 생활세계를 잠식하게 되는 개념으로 쓰인다.

146

계를 둘러싸고 있는 자연이라는 환경과도 교류를 펴 가는 과정에서 외적
자연으로부터 사회체계가 필요로 하는 물적 자원을 공급받는다. 이것을
외적 자원의 사회화로 부르는 것이다. 이때 그 사회체계를 운영하는 방
식을 그는 '조직원리'라고 부른다(Habermas, 1972:18). 그 조직원리는 한
사회가 그 사회의 동질성을 잃지 않으면서 학습할 수 있는 능력의 범위
를 제한한다. 그 조직원리는 사회적인 삶을 규정하는 문화적인 것과 생
존욕구를 충족시키는 물질적인 것, 두 부분을 사회체계로 받아들이는 데
한계치를 설정해 놓고 있는 것이다. 곧 내적 자원과 외적 자연의 사회화
의 범위를 정해 놓고 있는 것이다.

그러나 사회체계는 그 사회체계를 운영하는 조직원리를 변화시킨다.
사회체계가 동질성을 잃어버릴 수 있는 것이다. 어느 한 사회체계의 조
직원리가 변화하고 그 체계의 동질성을 잃어버리고 다른 조직원리에 의
해 움직이게 되는 과정을 하버마스는 사회진화라고 보고 있다. 그 사회
진화의 주된 추진력을 생산력의 발달(생산-경제)과 체계 자율성의 증대
(권력-정치)에서 찾고 있는 것이다. 이 생산력의 발달과 체계 자율성의
증대는 어느 한 사회의 규범구조 안에서만 일어나지 않고 그를 벗어나기
도 한다고 보는 것이다. 사회통합을 이끌어 왔던 규범이 파괴되는 것이
다.3)

새로운 조직원리는 그러나 생산력 확장을 위해서나 규범구조의 발전을
위해서 더 넓은 행동공간을 열어 놓는다.

> 경제발전의 자연발생적인 운동방식 내에서 조직원리는 생산력 확장을 제
> 한하지 않는다. 또한 규범구조들도 더 확장된 발전공간을 확보하게 된
> 다. 왜냐하면 그 조직원리가 처음으로 보편주의적 가치체계를 허락하기
> 때문이다(Habermas, 1972:39).

---

3) 이때 하버마스는 어느 사회의 발전수준, 진화의 정도를 결정하는 것은 '제도적
   으로 허용된 학습능력'이라고 본다. 곧 생산력의 발달과 체계 자율성의 증대는
   어느 한 사회의 제도에 따라 제한될 수 있다는 점도 암시하고 있다.

그러나 이 사회진화의 과정은 경제적 제어 문제를 낳고, 그로 말미암아 사회통합의 위기도 가져오게 된다. "한 사회체계의 구조가 체계 유지를 위해서 요구되는 것보다 더 적은 문제해결 능력밖에 갖고 있지 않을 때 위기가 발생한다."(Habermas, 1972:11) 체계의 확장은 우발성(*Kontingenz*)을 낳을 수 있다는 점이다. 이 우발성은 체계의 복잡성(*Komplexität*)과 이어서 생겨나는데, 체계를 둘러싸고 있는 환경이 통제되기 어려운 상태를 일컫는다. 체계의 확장은 체계의 분화와 체계의 복잡성을 낳고, 체계의 복잡성은 사회체계에 의해 통제되지 못하는 요소들을 낳는다.

3. 체계에 의한 생활세계의 침식

이 체계는 문화적 가치나 규범에 의해 통제되기 어려운 영역으로까지 확장된다. 그뿐 아니라 하버마스의 이론에 따르면 체계는 사회·문화적으로 사회구성원들이 그 사회를 구성하는 데 기반이 되는 '타당성 청구'를 허용하지 않기 때문에, 체계의 확장은 생활세계를 축소·왜소화시키는 결과를 가져온다. 사회구성원은 체계의 확장을 강제적이고 억압적으로 받아들이며, 그 체계의 확장을 통제하거나 제어할 수 없게 된다. 사회구성원은 '체계의 자립화' 과정에 의해 점차 타당성 청구를 할 수 없는 위치에 처하게 된 것이다. 이것이 체계에 의한 생활 세계의 식민화이다.

이 '체계에 의한 생활세계의 식민화'는 하버마스가 보기에, '자유자본주의'에서 가장 극대화된다. 체계가 생활세계로부터 분리, 자립화되기 전 사회로 하버마스가 그리고 있는 '전 문화(前文化) 사회'에서, 그리고 체계가 생활세계로부터 분리는 되었지만, 아직 체계의 확장이 생활세계에 의해 통제되고 있는 시기인 '전통적 사회'에서는 '사회의 위기' — 체계에 의한 생활세계의 식민화 — 는 일어나지 않았던 것이다.

자유자본주의에서는 '스스로 조절하는'(*selbstregulativ*) 시장 메커니즘에 의해 생산력 발달이 보장되고, 자본의 자기증식이라는 체계의 명령에 의해 생활세계가 축소되는 것이다. 자유자본주의에서의 문제는 경제를 통제할 수 없다는 문제이고, 그 문제는 사회통합의 위기로 전환되어 나타난다. 이 사회통합의 위기는 하버마스의 이론에 따르면 사회적 행위의 근간이 되어야 하는 '사회구성원 사이의 이해'에 사회적 행위가 기초하지 않음으로 해서 일어난다(Habermas, 1981:455). 하버마스는 '체계의 확장'을, 행위조정이 사회구성원 사이의 합의에 의해서가 아니라 강압에 의해 일어나는 사회병리적인 현상으로 규정한다. 그것은 하버마스에게 생활세계의 변형을 뜻하는 것이다. 그에게 이 체계의 확장은 상호주관적인 언어가 아니라 탈언어화된 매체인 '돈과 권력'에 의해서 진행된다.[4]

이에 대항해서 그는 생활세계의 부활을 이론적으로 증명해 내려 한다. 언어학자 오스틴(Austin)의 언어이론에 근거해서 명령적 언어와 규범창출적, 사실기술적 언어를 구분하고, 규범창출적 언어로부터 '의사소통합리성'을 찾아내려 하는 것이다. 상호주관적인 언어라는 매체를 통해서 억압으로부터 벗어난, 사회구성원들의 자율성에 입각한 사회를 구성해보려 하는 것이다. 사회구성원들이 서로 '타당성 청구'(Geltungsanspruch)에 입각하여 합의에 이르고, 그 합의는 사회구성원을 묶어 주는 규범으로서의 역할을 하게 된 것이다. 이제 의사소통합리성에 의해 생활세계가 부활하고, 체계에 의해 잠식되지 않는다. 파슨스의 AGIL의 부활이다. 곧 A에 의해 L이 조건지어지지만은 않고, 이제 L에 의해서 A가 통제되기 시작하는 것이다.[5]

체계의 확장을 '탈언어화된 매체'에 의한 것으로 보는가 또는 체계의 확장을 사회구성원들의 행위의 결과에 의한 것으로 보는가의 문제는 하버마스 스스로 명확히 밝히지는 않지만, 하버마스에게 매우 중요한 의미를 가진 질문일 수 있다. 왜냐하면, 만약 체계의 확장에 사회구성원이 동원되고, 참여하고 있다고 하버마스가 가정하고 있다면, 그는 생활세계의 부활이라는 자신의 이론적 전략을 논증하기 어렵게 되기 때문이다.

---

4) 크라이브(1994:203~213)는 하버마스가 노동보다 언어를 더 중요하게 보고 있다고 분석한다.
5) 하버마스와 파슨스의 관계에 대해서는 박영신(1992:357~363) 참조.

그는 '체계의 확장'에 종사하던 사회구성원이 '생활세계의 부활'이라는 새로운 패러다임으로 이동함을 증명해야 하는 부담을 안게 된다. 곧, 하버마스 스스로 억압적이고, 명령적이고, 강제적이고, 타당성 청구를 허용하지 않는다고 기술하고 있는 '체계'에서, 자유롭고, 상호주관적이고, 왜곡되지 않고, 타당성 청구에 의해 합의에 이르게 된다고 기술하고 있는 생활세계로 어떻게 이동할 수 있는지를 설명해야 하기 때문이다.

소외론의 시각에서 보면, 체계의 확장도 사회구성원에 의해 이루어지는 것이다. 이 체계의 확장이 지속되는 한, 생활세계의 부활은 기대하기 어렵지 않을까라는 질문을 하버마스에게 던져볼 수 있다. 소외론에서는 '체계 확장의 논리로의 사회구성원의 종속'을 문제삼고 있는 것이다.

그러나 하버마스는 한편에서는 체계의 확장을 사회구성원이 빠진, 탈언어화된 매체—돈과 권력—에 의해 이루어지는 것으로 설명하고 있다. 이와의 연관성 속에서 그는 체계의 확장을 '관찰자의 관점'으로 분류하여 사회구성원의 참여를 배제하고 있는 것이다. 그러나 다른 한편에서는, 특히 그가 물상화에 대해서 언급하고 있는 부분을 보면 그는 물상화를 '생활세계의 변형'(Deformation)으로 묘사하고 있는 것을 볼 수 있다. 물상화를 노동자를 노동력으로 만드는 상품화로 본다면, 그도 체계의 확장에 사회구성원이 종사하고 있음을 간접적으로 시사하고 있는 것이다.

하버마스는 결국 체계의 확장에 사회구성원들이 참여하고 있는지 아닌지의 질문에 명쾌하게 답하고 있지 못하다. 그는 그 질문에 대한 분명한 분석을 피하려고 하는 것처럼 보인다. 체계의 확장이 사회구성원들에 의하지 않고서는 불가능하고, 그 사실을 인정한다면 체계의 확장으로부터 생활세계의 부활로의 사회구성원들의 이동을, 곧 억압과 강제에서 자유와 평등으로의 이동을, 맑스의 언어로는 필연의 왕국으로의 이동을 증명해야 하기 때문이다.

4. 생활세계의 부활?

이 글에서는 무엇보다도 '의사소통이론으로의 패러다임 전환'이라는 하버마스의 이론적 전략이자 요청이 그의 이론내에서 얼마나 설득력·설명력을 갖고 있느냐를 문제로 삼고 있다. 이것은 '체계'와 '생활세계'의 두 범주로의 이론 구성에서 그가 기술하고 있는 '체계의 확장'과 그로 인해 발생하는 인류의 위기가 '생활세계의 부활'이라는 그의 이론적 전략에 의해 해결될 수 있는 것인지에 대한 질문이다.

이 질문은 '이론의 현실적합성'에 대한 질문이며, 또 한편에서는 '이론의 논리적합성'의 질문이다. 전자의 질문은 하버마스가 실제로 '생활세계의 부활'이 일어나고 있다는 것을 입증하려고 제시하는 새로운 사회운동과 시민사회의 등장의 사례들에 대한 질문이다. 이 글에서는 이 질문을 그 '생활세계의 부활'이 '체계의 확장'을 제한, 제어할 수 있느냐의 질문으로 연결시켜 따져 보기로 하겠다. 후자의 '이론의 논리적합성'의 질문은 하버마스 이론의 논리 자체가 모순이 없이 구성되었는가의 질문이다. 다시 말해서 '논리적'으로 생활세계의 부활이 체계의 확장에도 불구하고 일어날 수 있느냐의 질문이다. 체계의 확장에 의해 개인의 행동범위 (*Handlungsspielraum*)가 축소되었음에도 개인이 이해지향적인, 타당성 청구에 입각한 행위를 할 수 있는 의사소통적 합리성의 공간을 확보하고 있느냐의 문제이다.

두 질문은 하버마스가 생활세계의 부활이 현실적으로 일어나고 있다고 제시하는 이론적·경험적 증거들이 설득력을 갖고 있느냐의 질문이다. 체계의 확장이 사회구성원에 의해 일어나고 있다고 하면, 앞서 언급한 체계의 확장에서 생활세계로의 사회구성원의 문제가 해명되어야 할 것이다. 또한 체계의 확장이 사회구성원이 아닌, 매체—돈과 권력—에 의해 일어나고 있다면, 사회구성원에 의한 생활세계의 부활이 어떻게 '매체의 활동을 제한할 것인가'의 문제가 해명되어야 할 것이다.

앞의 질문은 체계 확장의 논리에 포섭된 사회구성원들은 그들이 쉽게 통과할 수 없는 구조의 그물에 들어 있다고 볼 수 있는데, 그렇다면 그들이 어떻게 그 그물코를 통과할 수 있느냐의 질문으로 볼 수 있다. 그들이 생활세계의 부활이라는 다른 합리성의 장으로 이동하려면, 이 그물코를 통과해야 할 것으로 보이기 때문이다. 뒤의 질문은 '사회구성원의 이동'의 질문이 아니고, 서로 다른 합리성 — 목적 합리성과 의사소통합리성 — 사이의 교환관계의 문제이다. 또한 체계의 확장이 한편에서는 진행되고 있음에도 불구하고, 그 개개인들의 정당성 청구가 자본주의 기제전체의 진행방향을 바꾸어 나갈 만한 힘을 가질 수 있느냐의 문제이다.

이론의 '논리적합성', '현실적합성'의 질문은 하버마스의 이론이 헤겔의 역사철학의 영향을 받지 않았는가의 질문을 가능하게 하고, 다른 한편으로는 그의 책《이론과 실천》에서 그가 추구한 바 이론의 생성연관과 발생연관의 통일성이 그의 의사소통행위이론의 전략에 결여되지 않았는가의 질문이다. 헤겔의 역사철학의 '마지막' 신봉자로 하버마스를 평가할 수 있는 근거는 하버마스는 자본주의의 체제모순을 넘어서, 인류가 바라는 바람직한 다음 세상이 열릴 것이라는 희망을 피력하고 있다는 점에서 찾을 수 있다. '체계의 확장'이라는 자본주의의 모순, 문제점을 넘어서서 다음 세계, 생활세계의 부활로 넘어갈 수 있다는 역사적 진보의 가설을 내놓고 있는 것이다. 맑스가 필연의 왕국으로부터 자유의 왕국으로의 길을 이론적으로 논증하려 했듯이, 하버마스도 타당성을 허용하지 않은 자본주의의 체계의 확장으로부터, 인간의 의사소통적 합리성에 기반한 생활세계의 부활의 길을 이론적으로 논증하려는 것이다. 이 논증의 형식에서 역사발전의 변증법에 대한 하버마스의 이론적 바탕을 알아볼 수 있다. 정(자본주의의 체계의 성립) → 반(자본주의의 모순 — 체계의 확장) → 합(모순의 지양 — 생활세계의 부활)이 바로 그것이다.

하버마스는 '생활세계의 부활'을 논증하는 과정에서 헤겔과 비슷하게 '의식'에 대해 강조하고 있고, 또한 합리성 — 의사소통합리성 — 의 증대를 강조하고 있다. 한편으로 사회구성원들이 사회체계의 확장으로 말미암은 여러 사회문제들 — 환경, 핵, 빈곤 등 — 을 의식하게 되고, 예컨대 독일이나 서구의 사회구성원들이 국가개입 형식을 통해서 드러난 국가의 정당성에 문제를 제기하게 됨으로써, 다시 말해서 국가의 성격을 의식하게 됨으로써 사회구성원들은 생활세계의 부활의 필요성을 느끼게 된다는 것이다. 또한 다른 한편으로는 체계의 확장을 가져오는 합리성의 증대만큼이나 생활세계의 확장을 가져오는 의사소통적 합리성의 증대가 일어날 것이라는, 또는 일어나고 있다는 것이 그의 주장이다.[6]

의식에 대한 강조나 의사소통적 합리성에 대한 강조 그리고 변증법적 역사발전 법칙을 따르고 있는 그의 의사소통행위이론의 이론적 전략 등은 하버마스가 헤겔 철학으로부터 받은 영향을 알 수 있게 해준다. 그러나 헤겔의 역사철학이 여전히 현실적합성을 확보하고 있느냐는 질문에 하버마스가 어떻게 대답을 할 수 있을까?

'의사소통행위이론의 패러다임 전환'이라는 하버마스의 이론적 전략은, 위에 지적한 헤겔 철학의 영향 이외에도, 이론의 '발생연관과 적용연관 사이의 괴리, 불일치'의 문제를 갖고 있다. 문제의 발생, 그가 '위기'라고 부른 현대사회의 문제점들은 하버마스에게는 '체계의 확장'이다. 그가 내리는 이 '체계의 확장'을 야기하는 힘은 '의사소통합리성'을 가능하게 하는 힘과 출처가 다르다는 데 있다. 이 체계의 확장은 사회체계를 이루는 네 하부체계들 가운데 두 체계, 정치와 경제에서 여전히 일어나고 있고, 이 두 체계를 지배하는 합리성은 '목적합리성'이다. 그에 따르면 목적합리성이 '자유자본주의' 단계에서 생활세계를 침식해 왔었는데, '후기자본주의' 단계에 오면, '의사소통합리성'이 증대할 수 있는 계기가 마련된다고 주장하고 있다. 곧 체계의 확장, 목적합리성의 증대는 현대사회의 위기를 가져오는데, 하버마스는 의사소통 합리성의 부활에서 그 위기극복의 가능성을 제시하고 있는 것이다. 체계의 확장, 목적합리성의 증대가 위기의 발생연관임에도 위기의 처방인 적용연관은 전혀 다른 공간에서

---

6) 이에 대해서는 나중에 더 자세히 언급하려 한다. 이 글에서는 하버마스와 의사소통 합리성의 증대 가능성을 세 가지로 나누어서 제시하는 것으로 보려 한다. 그 하나가 후기자본주의에서 국가 개입으로 말미암은 정당성의 위기이고, 두번째로 인류의 위기 증대와 그로 말미암은 두려움의 증대, 세번째로 의사소통 합리성의 증대이다.

이루어지고 있는 것이다.

　따라서 우리는 하버마스의 의사소통행위이론이라는 그의 이론적 전략이 자신의 개념에 잘 맞지 않는 점이 있음을 두 가지로 지적해 볼 수 있다. 첫째로 목적합리성의 증대에 의한 체계의 확장이 현대사회의 문제의 '발생연관'이다. 이 문제의 발생연관이 적용연관의 출현을 방해할 수 있다. 곧 발생연관의 합리성, 목적합리성이 적용연관의 합리성, 의사소통합리성의 출현을 불가능하게 할 수 있는 것이다. 목적합리성의 증대과정은 사회구성원의 그 사회 속에서의 행위영역을 축소시켜 왔고, 지금도 여전히 축소시켜 오고 있다. 사회구성원에게는 그로 말미암아 이해지향적인 행위의 폭도 점점 좁아지고 있다고 볼 수 있다(이홍균, 1995:79~80). 둘째로 하버마스의 의사소통행위이론은 문제의 진단과 처방이 불일치한 이론이다. 그의 이론은 자본주의 사회에서 '체계의 확장'을 문제삼고 있다. 그러나 그는 체계의 확장을 끊임없이 일으키고 있는 그 체계의 순환고리를 찾아서 그 순환고리들을 제거함으로써 문제를 해결하려 하지 않고, 그 체계의 확장을 일으키는 요소와 전혀 상관없는 요소에서 그 문제를 해결하고자 하는 것이다. 그의 이론 구성에서도 그는 체계에 대한 분석보다는 의사소통행위이론의 영역을 넓히려는 부분에 더 많은 지면을 할애하고 있다. 그러나 그에 비해서 그의 글에서 그가 직접 체계의 확장을 무엇으로 보고 있는지에 대해서 언급한 부분을 찾는 것은 쉽지 않다.

　그는 자신의 이론으로 체계의 확장을 설명하기보다는 지금까지 고전사회학자들의 작업을 빌려서 체계의 확장을 설명하고 있는 셈이다. 곧 맑스의 가치이론, 베버의 합리화이론, 뒤르켐의 분화론 등의 힘을 빌어서 고전사회학자들의 중요한 연구대상이었고 관심사였던 체계의 확장을 설명한다. 그러나 그는 오히려 고전사회학자들의 관심이 지나치게 체계의 확장으로만 치우치고 있다고 비판하고 있는 것이다. 고전사회학자들은 목적합리성의 증대만 보았을 뿐, 의사소통합리성의 증대를 보지 못했다고 비판하고 있는 것이다(이홍균, 1995:80).

5. 체계의 확장과 소외론

소외론의 시각에서 보면 하버마스의 체계 확장 이론은 소외론과 거의 같은 구도와 내용을 갖고 있다. 다만 하버마스는 체계의 확장을 소외론으로 파악하지 않고, 더욱 추상적인 조작적 개념으로 파악하고 있다는 차이가 있을 뿐, '통제 불가능한 확대재생산의 과정'은 '체계의 확장'을, '체계의 확장'은 강제적이고 피할 수 없는 논리를 갖고 사회구성원을 그 논리에 복종시킴으로써 '이해지향적인' 생활세계를 축소·파괴시켜 나간다는 것이다. 사회구성원이 '통제 불가능한 확대재생산의 논리'에 포섭되었다는 사실 자체가 이미 하버마스가 구상하는 생활세계의 존립기반 자체를 부정하는 것이다. 사회구성원은, 사실 그 자본주의 사회를 움직이는 가장 중요한 조직원리는 '확대재생산'이라는 명령적 요구를 따라야만 하는 것이다.

그럼에도 하버마스는 '체계의 확장'에 대한 인과분석이나, 더욱 자세한 기술은 하지 않고 있다.[7] 그는 다만 '서로 의견이 일치할 수 없는 요청들'(*miteinander unvereinbare Ausprüche*)이라는 추상적 개념으로만 체계의 확장을 서술하고 있는 것이다. 그는 언어화되지 않은 돈과 권력이라는 매체들에 의해 체계가 확장된다고 보고, 그것을 비판하고는 있지만 좀더 분석적으로 어떻게 체계가 확장되어 가는가를 밝혀내고 있지는 않다. 특히 사회구성원들이 이 체계의 확장에 강제적으로 포섭되어 있고, 그에 종사하도록 짜여져 있다는 점을 다루지 않고 있는 것이다. 그럼으로 그에게는 체계의 확장에서 발생하는 문제로서 사회구성원들의 합의에 기초하지 않은 사회의 재생산이 문제가 될 수 있겠지만, 체계의 확장에서 발

---

7) 박영도는 "하버마스의 기본범주와 분석틀은 가해자의 논리, 즉 생활세계의 식민화를 가져오는 메커니즘을 설명하지 못한다는 문제를 안고 있다. 하버마스에게 경제적 위기는 설명요인으로서 제기되기만 할 뿐 설명되지 않고 있다. 이것이 하버마스의 현실 분석의 공백지대이고, 또 이곳이 맑스 분석틀의 유효성이 남아 있는 지대이다"라고 적고 있다(박영도, 1994:52).

생할 수 있는 보다 더 큰 문제, 산업 사회에서 확대재생산의 통제불가능
성은 문제화되지 못한다. 그는 오히려 성급하게 후기자본주의에서는 체
계의 확장이 더 이상 진행되지 않는다는 주장을 펴고 있는 것이다. 그는
'체계의 확장'은 후기·전기 자본주의의 차이를 뛰어넘는, '자본주의'에
내재적인 조직원리라는 것을 망각하고 있다. 그는 '자본주의'라는 체제에
체제 안에서의 모순을 극복할 가능성, 능력을 부여하고 있는 것이다.

6. 후기자본주의에서의 생활세계의 부활?

하버마스는 '생활세계의 부활'이 바로 '후기자본주의'에서 일어난다고
하는 것을 논증하려고 한다. 그는 후기자본주의의 성격을 '국가 개입'이
라고 규정하고, 그 국가 개입은 시장경제의 결함(Lücke)을 메우기 위한
것이라고 본다. 그는 경제적인 성장이 객관적인 법칙에 의해 지배되고,
자생적이고(naturwüchsig), 그러므로 이 과정을 스스로 의식적으로 통제
할 가능성은 없는 것으로 기술한다. "물론 자본의 축적으로 경제적 성장
은 이 과정을 자기 의식적으로 조절하기 위한 선택권이 존재하기 힘들
만큼 자생적으로 제도화되었다."(Habermas, 1972:61) 이 과정은 하버마
스에게는 '보편화될 수 있는 이익'(verallgemeinerungsfähige Interesse)에 의
해 움직여지기보다는 '권력'에 의해 움직여지는 것이었다. 보편화될 수
있는 '이해'를 억압하는 '권력'에 의해 움직여지는 것이었다.

산업 자본주의에서 발생하는 문제들을 해결하기 위해 국가는 시장경제
에 개입을 한다. 그러나 이 개입과정에서 국가의 성격이 드러나게 됨으
로써 국가는 정당성의 위기에 직면하게 된다. 곧 국가가 '보편화될 수 있
는 이해'의 편에 서지 않고, 시장경제의 몇 가지 문제점들만 보완함으로
써 지속적으로 전체 경제순환을, 자본축적을 위한 조건들을 만들어내고
있다는 사실을 사회구성원들이 인식하게 된다는 것이다. 보편화될 수 있
는 이해가 국가에 의해서 거부되고 있다는 사실이 인식된다는 것이다.

그 사실은 후기 자본주의 국가의 정당성의 위기로 이어진다. 사회구성

원들에 의한 국가지지도에 문제가 생기기 시작한다. 이 정당성의 위기는 그러나 과거의 계급모순에 의한 것과는 다른 것으로 구분한다. 곧 하버마스는 후기자본주의에서는 국가가 '복지'라는 처방을 내놓음으로써 더 이상 계급 모순이 문제시되지 않는다는 것이다. 계급갈등은 '평온화' (Pazifizierung) 되고, 산업자본주의에서 발생한 여러 결과들이 ― 환경오염, 군비확대, 유전공학의 발달 등 ― 인류의 생존기반을 위협함으로써 생기는 두려움들이 '새로운 사회운동'을 일으킬 것이라고 주장하고 있는 것이다.

> 과다한 복잡성의 문제, 군사무기의 파괴 잠재력에 대한, 핵발전소에 대한, 핵폐기물에 대한, 유전 조작에 대한, 개인 자료의 입력과 중앙에 의한 이용에 대한 공포에는 확실히 그럴 만한 이유들이 있다. 이러한 진정한 두려움들은, 말 그대로 보이지 않는, 오직 체계의 강요로 파악할 수 있는 위기의 새로운 범주들과 이어져 있다. 이 체계의 강요로 파악할 수 있는 위기는 생활세계를 침략하기도 했지만, 동시에 생활세계의 차원을 열어 놓기도 했다. 이 공포들은, 우리들에 의해서 기술적으로 정치적으로 실행된 과정들이 야기할 수 있는 결과들을 생각하면, 과부하의 감정을 가라앉히기도 한다. 그 과정들에 도덕적으로 책임을 져야 하지만, 그 과정들은 통제 불가능한 거대한 조직에 감추어져 더 이상 책임 지울 수 없기도 하다(Habermas, 1981:580).

하버마스의 이론은 체계의 확장이 무엇으로부터 발생하는가를 분석하기보다는 체계의 확장으로 말미암은 인류 생존기반의 위협에 대항하여 새로운 사회운동이 일어나고 있다는 점을 지적한다. 그는 이 새로운 사회운동이 자본주의의 조직원리인 확대재생산의 기제를 역전시킬 수 있다고 보는 듯하다. 그래서 그는 체계의 강요를 파악할 수 있는 위기의 범주가 생활세계를 침략하기도 했지만, 동시에 생활세계의 차원을 열어 놓기도 했다고 주장하고 있는 것이다.

그러나 유감스럽게도 새로운 사회운동에 의해 자본주의의 조직원리 자체가 변혁될 전망이 보이지 않는다. 새로운 사회운동은 자본주의 조직원리 자체의 문제점을 건드리지 않는다. 생산수단의 사적 소유와 노동자와 자본가 사이의 임금관계, 그리고 하버마스가 지적하듯이 사용가치가 아니라 교환가치의 생산 등을 건드리지 않는다. 그럼에도 계속해서 하버마스가 새로운 사회운동에 의해서 자본주의 조직원리가 바뀌어 갈 것이라고, 내지는 더 이상 체계의 확장이 일어나지 않을 것이라고 주장하고 있다면, 그는 그것을 입증하기 위해서 '의사소통합리성'의 출현에 대한, 그리고 의사소통행위에 대한 설명을 하기보다, 먼저 체계의 확장과정에 대해서 설명했어야 했다. 그래서 그것을 바탕으로 생활세계의 부활이 어떻게 체계의 확장을 억제, 저지할 수 있는지를 설득해 냈어야 했다.

또한 하버마스는 체계의 확장에 지배계급이라는 요소가 어떻게 작용하고 있는지를 보고 있지 못하다. 그는 앞에서도 언급했듯이, 국가 개입에 의해 계급 대립이 평온화되었다는 사실을 지적하고, 그에 터하여 계급이 사회변화 세력으로 등장하지 못할 것이라고 추론한다. 그는 상품 형태로의 노동력의 포섭을 '소외'로 파악하면서, 이 소외 개념은 생활세계의 구조적 분화를 분리해 내지 못한다고 비판한다. 곧 그에게 계급, 노동자의 물상화, 소외 등의 개념은 '생활세계의 부활'을 도출해 내기 어려운 개념이라는 이유를 들어 비판한다.

그러나 하버마스가 반복적으로 저지르고 있는 실수로 볼 수 있는 것은, 그때 그는 위의 개념들이 생활세계의 부활을 도출하기 어려운 개념들이라는 것을 지적할 것이 아니라, 그 개념들이 어떻게 체계의 확장을 설명해 주고 있는가를 보여주었어야 했다는 것이다. 계급 지배의 형태가 어떻게 체계의 확장을 낳는가에 대한 분석이 하버마스의 이론에는 야박하다.

이로부터 우리가 알 수 있는 것은, 그는 체계가 어떻게 확장되는가를 설명하려 하기보다는, 생활세계의 부활이 어떻게 가능할까를 논증하려는 것이었다는 사실이다. 이로부터, 앞에서 언급한 바와 같은 질문이 하버마스에게 던져질 수 있다. 곧 생활세계의 부활이 진정한 의미로 가능하기 위해서는 의사소통합리성을 논증하기보다 임금관계로 표현되는 계급 지배의 극복이 전제되어야 하지 않을까 하는 질문이 그것이다.

158

하버마스는 생활세계가 부활하고 있다고 하는 또 하나의 근거를 의사
소통합리성의 부활에서 찾고 있다. 그에게 체계의 통제 불가능한 확장에
대한 두려움, 공포의 증가는 새로운 사회운동으로 이어지고, 곧 그것은
생활세계의 부활을 의미한다는 점을 언급했었다. 또한 바로 위에서 언급
했듯이, 국가의 개입으로 후기자본주의 국가는 정당성의 위기를 맞는다.
국가의 성격을 사회구성원에게 드러내게 되면서, 사회구성원은 의식화되
고, 그것은 생활세계의 부활로 이어진다. 이 두 가지 생활세계 부활의
길을 이제 하버마스는 '의사소통합리성의 증대'라는 이론으로 구축하여,
'생활세계의 부활'을 이론적으로 입증하려는 것이다.

그는 사회진화를 두 질서로의 분화과정으로 이해하고 있다고 스스로
밝히고 있다.

> 체계와 생활세계는 분화된다. 하나는 복잡성이, 다른 하나는 합리성이
> 증대한다. 그 둘은 각각 체계로서 그리고 생활세계로서 증대할 뿐만 아
> 니라 동시에, 그리고 서로로부터 분화된다(Habermas, 1981:230).

그는 이 자신의 고유한 이 주장으로 스스로를 고전사회학자들과 구분
하려 한다. 고전사회학자들, 맑스, 베버, 뒤르켐 그리고 미드는, 이해지
향적이고, 규범생성적인 의사소통합리성의 증대를 사회진화로 분류하지
않은 것이 사실이다. 그들에게는, 특히 맑스, 베버, 뒤르켐에게는, 인류
의 진화과정은 체계의 확장과정이었을 뿐이다. 그것은 맑스에게는 자본
의 자기증식 과정으로, 베버에게는 합리화 과정으로, 뒤르켐에게는 사회
의 분화과정으로 나타난다(Habermas, 1981). 그러나 하버마스의 이론에
서, 오히려 체계의 메커니즘은 생활세계에 그 뿌리를 두고 있어야 하는
것으로 나타난다. 체계의 메커니즘은 제도화되고, 그 제도화에는 생활세
계가 관여하게 된다고 보기 때문이다.

하버마스에게 체계가 합리화되는 만큼 의사소통합리성도 합리화된다.
인간관계가 규범적으로 정해진 동의에 의해서가 아니라, 의사소통적으로
도달하려는 이해에 의해서 조절되는 만큼 생활세계는 합리화된 것으로

본다.

> 상호작용 참여자의 관계들은, 합의를 이루게 되는, 동의와 반대의 결정
> 이 그 참여자의 해석에서 나오게 된다면 그만큼 그 관계들은 합리화된
> 것이다(Habermas, 1981:455).

그러나 그의 체계의 행위조정양식과 생활세계의 행위조정양식의 분류
에 따르면, 전자는 기능적 행위연관을, 후자는 참여자의 합의를 거쳐 행
위를 조정하게 된다. 그러나 체계에 의한 생활세계의 식민화의 상태는
체계의 강압이, 의사소통이 될 수 있도록 구조화된 생활세계를 도구화한
상태이다. 체계가 생활세계의 변화를 가져다준 것이다(Habermas, 1981:
278). 이해지향적인 행위조정이 아니라 성공지향적인 행위조정이 보편적
인 행위조정으로 자리잡게 된 것이다. 구조적인 권력이 이해지향적인 의
사소통을 제한하는 것이다.

소외론적 함의가 들어 있는 이 '체계에 의한 생활세계의 식민화'에 우
리가 초점을 맞추어서 보면, 이 소외된 상태를 넘어서서 생활세계의 부
활을 말하는 것은 여전히 설득력을 갖지 못하는 것으로 보인다. '체계에
의한 생활세계의 식민화'의 문제는 기능적이고, 목적지향적이고, 성공지
향적인 행위조정과, 합의지향적이고 이해지향적인 행위조정 사이의 문제
만이 아니다. '체계에 의한 생활세계의 식민화'는 사회구성원들의 사회
속에서의 행동공간이 축소되었음을, 그리고 그가 루카치의 물상화론 비
판에서 표현하고 있듯이, 체계의 강요에 사회구성원들이 포섭(Subsump-
tion)되었음을 의미하는 것이다. 사회구성원들이 어떻게 사회체계의 강
요로부터 벗어날 수 있는가가 설득력 있게 제시되지 않는 한, 그리고 그
들의 행동공간이 어떻게 넓혀질 수 있을까가 설득력 있게 제시되지 않는
한, 하버마스의 생활세계의 부활론은 근거를 갖지 못하게 될 것이다.

그는 그럼에도 정치적 권력의 예를 들어, 정치적 권력이 제재수단의
처분력을 갖고 있지만, 그 처분력이 감춰지지 않은 폭력에 기인하는 것
이 아니라, 관청의 권위에 의거한다고 본다. 그는 그로부터 법은 시민들
의 상호주관적인 승인을 요할 것이라는 추론을 끌어내고 있다

(Habermas, 1981:279). 그는 시민들에게 사회에 대한 총체적인 지식을 요구하고 있다.[8] 그것도 빠른 속도로 변화하고, 날이 갈수록 복잡해지는 사회에 대한 지식을 요구하고 있다. 그리고 한 사회구성원이 그 자신이 속해 있는 조직 전체의, 그리고 그가 속해 있는 사회 전체의 총결과에 긍정이나 부정으로 답할 수 없는 상황이라는 사실이다. 그 사회구성원이 맺은 임금 계약을 우리가 문제화하지 않더라도 말이다.

7. 맺음말 : 소외인가 생활세계의 부활인가

하버마스는 사회체계를 '사회통합'과 '체계통합' 또는 '생활세계'와 '체계'의 두 부분으로 나누어 이분법적으로 구성하고 있다. 이 이분법적 구성은 그러나 많은 이들의 비판의 표적이 되기도 한다. 그들의 견해에 따르면 노동은 상호교섭과 분리되어서 생각할 수 없고, 따라서 상호교섭 — 사회 통합적 요소와 노동체계 통합적 요소를 분리해서 사회이론을 구성하는 것은 무리라는 견해이다. 그럼에도 하버마스는 이 이분법적 이론 구성으로 사회의 합리화의 패러독스를 해독할 수 있다는 주장이다.

앞서도 지적했듯이, 고전사회학자들이 주로 체계의 확장만을, 그리고 호르크하이머나 아도르노가 주로 도구적 이성의 확장만을 문제삼은 데 비해서, 하버마스는 사회의 이분법적 구성에 의해 사회합리화의 수수께끼를 풀 수 있었다는 주장을 하고 있는 것이다.

그 수수께끼 해결의 열쇠는 그가 발견한 '의사소통합리성'이다. 그는 지금까지의 사회학자들과 달리 계몽주의, 모더니즘, 역사철학의 마지막 주자로서 '의사소통합리성'의 가능성의 지평을 열어 보려 한 것이다. 그의 이론에서는 가능성의 지평이 아니라 의사소통합리성이 실제로 실천에 옮겨져서 생활세계가 부활하고 있는 것으로 표현되고 있기는 하지만, 이

---

8) 이런 점에서 루카치와 흡사하고, 따라서 헤겔 철학의 영향권 안에 있는 것으로 보인다.

를 그대로 받아들이기에는 경험적인 뒷받침과 그의 이론적인 설명력이 부족하다는 생각이다. 앞서 '의사소통이론으로의 패러다임 전환'이라는 그의 이론적 전략에 이론적합성과 현실적합성의 문제를 제기했던 것처럼, 우리는 앞으로 통제 불가능한 체계의 확장이 없는 사회에서 살게 될 것인가. 그것도 하버마스의 이론이 구성하고 있는 것과 같은 그러한 사회에서 살게 될 것인가.

하버마스는 헤겔의 역사철학의 영향을 받은 이론가들이 대부분 그렇듯이 합의 세상에서 정과 반의 세상을 평가한 것이 아닌가 생각한다. 곧 정과 반의 극복의 세상을 먼저 그리는 것이다. 그래서 그로부터 합의 세상을 재구성해 보는 것이다. 그럼으로써 정과 반이 극복되지 않고, 지속되고 있는 사회로부터 더욱 쉽게 떠나 버릴 수 있는 것이다. 그는 합의 세상에서 정과 반의 세상을 바라볼 수 있게 된 것이다.

예를 들어, 맑스는 '자유로운 인간들의 결사체'에 의한 자유의 왕국을 합의 세상으로 표현했었다. 맑스는 생산수단의 사적 소유가 지양되어 임금관계가 더 이상 없는, 그래서 더 이상 교환가치가 생산되지 않는 그러한 세상을 바랐다.[9] 맑스가 바랐던 세상은 정과 반의 문제가 일제히 사라진 세상이었다. 루카치는, 하버마스가 지적하듯이, 그리고 그 자신도 1967년《역사와 계급의식》재판 서문에서 밝히고 있듯이, 더욱 강하게 헤겔의 영향권에 있었다. 그는 모든 것을 상품화해 나가는 자본주의의 총체성이 노동자도 노동력을 가진 상품으로 만들지만, 역사와 사회가 노동자 자신의 산물이라는 것을 깨닫는 순간 자본주의의 총체성은 변혁된다고 본다(이홍균, 1996). 하버마스는 인간의 행위가 가치나 규범에 의해 조정되기를 바랐고, 인간의 행위 조정이 이해에 의해 이루어지기를 바랐다. 그러나 체계라는 존재는 그에게는 이 생활세계를 파괴하고, 변형시키는 자본주의의 산물이었다. 그는 '의사소통합리성'으로의 전환을 주장할 수 있는 계기가 있으면 그 계기를 놓치지 않고 이용하고 있다.

---

9) 이 영역은 더 이상 억압적이고 강제적인 노동이 존재하지 않는 영역이다. 그 영역이 계속해서 어떻게 운영될 수 있을지는 맑스가 언급하지 않고 있다. 박영도(1994:48)의 글과 비교해 볼 것.

162

소외론은 그러나 정·반·합의 변증법적 역사 발전을 따르지 않는다. 소외론은 합의 세상을 설정하고 이론을 전개하지 않는다. 소외론은 그보다는 정과 반에 의해 세상이 끊임없이 바뀌어 가기를 바란다. 비록 소외론에서는 '정'의 세계의 문제―자본주의 기제의 자립화와 그 기제로의 인간의 종속―만을 다루지만, 그 '정'이 만드는 소외 안에서 그 소외를 극복하기 위한 대안을 찾을 수 있기를 바라는 것이다.

하버마스의 이론에서 '체계의 확장'은 소외론의 이론과 흡사하다. 다만 그가 체계 확장의 메커니즘을 지나치게 추상적으로만 제시하고 있다는 점을 제외하고, 소외론에서는 모든 사회구성원이 이 체계 확장의 논리에 포섭되어 있다고 보는 점을 제외하고는 거의 비슷하다. 소외론에서는 하버마스의 의사소통이론 전략의 '현실적합성'에 대해 무엇보다도 다음의 질문을 던질 수 있을 것이다. '체계의 확장'에 종사했던 사회구성원이 자유로이 '생활세계의 부활'로 이동할 수 있을 것인가. 또한 '논리적합성'에 대해서는 다음의 질문이 가능할 것이다. 생활세계의 부활이 체계의 확장을 가로막을 수 있을 것인가.

그는 체계의 확장을 외부의 관찰자의 관점에 의한 것으로, 생활세계의 부활은 내부의 참여자의 관점으로 나눈다.10) 그러나 체계의 확장은 강제적이기는 하지만, 이 확장에 사회구성원들이 참여하고 있다는 사실을 하버마스는 간과하고 있다. 사회구성원들이 체계의 확장을 관찰만 하지는 않는다는 사실이고, 그것이 그들에게 관찰의 대상만이 아니라는 사실이다. 그들에게 체계의 확장의 논리로의 종속은 피할 수 없는 삶의 조건이고, 그들의 행위의 합은 그들에게는 통제불가능한 어떠한 것으로 나타나는 것이다. 인류가 긴박하게 당면하고 있는 대부분의 문제들은 이 체계의 무한대적인 확장 속성에 있음에도, 하버마스는 체계의 확장에 내재하는 논리를 분석하지는 않고, 마치 이 체계의 확장이 의사소통행위이론에 의해서 통제될 수 있는 것으로 그리고 있는 것이다.

10) 《사실성과 타당성》(*Faktigitat und Geltung*)에서 하버마스는 참여자의 관점을 강조하기 위해 '정치적 의지 형성'을 논증하고 있다(Habermas, 1992:187~237).

■ 참 고 문 헌

박영도, 1994, "맑스주의의 약한 부활과 의사소통 합리성,"《경제와 사회》겨울호.

박영신, 1992, "의사소통행위론 : 하버마스의 사회학적 이론의 종합,"《사회학이론과 현실인식》, 민영사.

이홍균, 1995, "체계의 확장과 근대·탈근대 : 하버마스, 루만, 벡의 이론에서,"《현상과 인식》겨울호.

_____, 1996, "물상화론의 생성과 몰락(I) : 루카치와 하버마스,"《현상과 인식》봄호.

Craib, I., 1994, "Jürgen Habermas : Back to the Filing Cabinet," *Modern Social Theory, From Parsons to Habermas*, Sussex.

Habermas, J., 1972, *Legitimationsprobleme im Spätkapitalismus*, Frankfurt a. M. : Suhrkamp.

_____, 1981, *Theorie des kommunikativen Handelns* II, Frankfurt a. M. : Suhrkamp.

_____, 1992, *Faktizität und Geltung*, Frankfurt: Suhrkamp.

6장

하버마스와 프랑스 후기구조주의

이 기 현

1. 들어가는 글

인간이 자신의 유한성을 깨닫는다는 것은 말처럼 그리 쉬운 일이 아니다. 서구철학의 역사를 보더라도 인간능력의 한계와 존재론적 규정성을 그 실천적 함의 속에서 성찰하기까지에는 무척 오랜 시간이 걸렸다. 계몽철학과 더불어 시작된 근대 인간학의 역사 역시 동일한 궤적을 남기고 있다. 한편으로 인간의 한계를, 관념과 개념과 언어의 수준에서 통합하고 넘어서려는 노력이 있어 왔고, 또는 그와 반대로 그 유한성을 이루는 그물의 한 코를 확보함으로써 자족적인 분과학문을 확립하려는 작업도 꾸준히 진행되어 왔다. 그러나 우리는 때때로 이 유한성을 인정하면서도 동시에 무한히 벅찬 힘을 요구하는 과업을 떠맡기도 한다. 주체철학의 확립에서부터 인간해방을 거쳐 보편적 규범의 발견에 이르는 이러한 일련의 과업들은 인간학을 관통하는 주요 간선도로의 역할을 하였다. 그러나 이 시원하게 뚫린 대로의 한가운데에서 우리는 종종 공허와 허망을 느끼기도 하며, 그 공간의 광활함은—역설적이게도—우리를 억누르거나 숨막히게 하는 경우가 있다. 하지만 보다 더 큰 문제는 항상 이러한 과업의 대부분이 역사와 사회성을 배제한 형이상학의 폐허 위에서 이루

■이 기 현
서울대학교 철학과 졸업
프랑스 파리 제7대학
사회학 석·박사
현재 방송개발원 선임연구원

주요 논문으로 "사회적 상상의
복원 혹은 상징의 사회학"
"매체의 신화, 문화적 야만" 등

어진다는 점에 있다.

이 글에서 우리는 푸코와 부르디외에 초점을 맞춰 프랑스 현대사상과 하버마스 사이에서 드러나는 인식의 틈을 확인하고자 한다. 이러한 틈의 확인은 이들이 가지고 있는 기본적인 문제의식의 차이에 기인하는 흥미로운 논쟁거리들을 찾는 데 그 목적이 있지 않다. 다만 현대 서구철학을 이른바 대표한다고 하는 이들의 사유 속에서, 서구철학이 배태해 온 이질성의 역사가 어떻게 구체화되고 있는가에 관심을 기울일 것이다. 결과적으로 이는 우리가 현대성이라고 부르는 역사성 자체의 모호성과, 현재라고 하는 시간적 범주의 비균질성(非均質性)을 확인하는 일이 될 것이다. 우리가 흔히 논쟁의 단상 위에 올려놓는 서구사상가들의 작업을 단일한 잣대와 기준으로 편가름하고 대립시키는 일은 때때로 매우 무모한 일이다. 그들 사이에는 인식론적인 문제틀의 수준에서 심각한 단층이 존재할 수도 있으며, 때로는 '매우 놀랍게도' 의사소통 자체가 원활하지 않은 경우도 없지 않다. 우리가 여기서 다루려는 학자들의 경우도 그 예외가 아니다.

우선, 용어상의 오해를 피하기 위해서, 이 글의 제목에서 사용한 후기구조주의라는 용어는 단순히 관례적인—특히 한국의 독자들을 의식한 —사용임을 밝힌다.

하버마스와 이 일군의 프랑스 학자들을 양분할 수 없다는 지극히 당연한 이유에서, 그리고 이 글에서 언급될 푸코와 부르디외 등을 후기구조주의라는 용어로 총칭할 수 없다는 이유에서, 이는 분명히 지적해 둘 필요가 있다. 또한 이 글에서는 '포스트모더니즘'이라는 용어도 가급적 사용하지 않을 것이다. 현대 프랑스사상의 지배적 패러다임을 포스트모더니즘으로 간단히 지칭하는 조급한 풍토에 대해서는 더 이상의 지면을 할애하여 논평할 가치가 없다. 푸코 스스로가 "도대체 탈현대성(*post-modernité*)이 무엇을 의미하는가? 나는 그것에 대해 아는 바가 없다"(Foucault, 1983:204; 1994 Ⅳ:446에 재수록)고 밝히듯, 포스트모더니즘이라는 용어는, 아주 예외적인 경우를 제외하고, 프랑스에서 통용되는 용어가 아니다. 이에 대한 푸코의 언급을 조금 상세하게 옮기기로 한다.

> 미국학자들이 하버마스와 내가 참가하는 세미나를 기획한 적이 있다. 나는 하버마스가 세미나 주제로 '현대성'을 제안했다는 것을 알고 무척 당황했다. 왜냐하면, 나는 그 용어가 무엇을 의미하는지 (…) 그리고 그 용어를 사용함으로써 의도하는 문제들이 어떤 것인지, 포스트모던이라 불리는 사람들의 공통점이 무엇인지 잘 이해할 수 없었기 때문이다. 구조주의라고 지칭되는 것의 이면에는 주체와 주체의 재구성과 같은 특정한 문제가 있었음을 잘 알지만, 포스트모던이나 포스트구조주의자라고 불리는 사람들에게 어떤 공통된 문제가 있는지 알 수 없다(Foucault, 1994 Ⅳ:447; Eribon, 1994:304).

사실 푸코를 비롯한 많은 프랑스 학자들을 하버마스와 동시대인으로 규정하는 것에도 문제가 없지 않다. 우리가 동시대인이라고 규정할 때에는 그들 상호간에 지적인 영향력을 서로 주고받았다는 구체적인 흔적을 발견할 수 있을 경우이다. 하버마스와 푸코 사이에는 몇 번의 의례적인 만남 외에는 어떠한 토론이나 논쟁 또는 진지한 철학적 대화가 이루어진 적이 없다(하버마스가 콜레주 드 프랑스 초청강연을 위해 파리를 방문했던 때를 제외하고). 앞의 인용문에서 언급된 미국에서의 공동세미나도 푸코의 사망으로 이루어지지 못하였다. 푸코가 하버마스에 대해 언급한 경우

는 대부분 대담을 하는 동안 대담자의 질문에 응답하는 수준에서 이루어
졌을 뿐이며, 1983년 가을 버클리대학에서 행한 칸트의 '계몽이란 무엇
인가?'의 해석에 관한 강연에서도 하버마스는 그 이름만 잠깐 언급되고
있을 뿐이다.

반면, 하버마스의 경우 푸코의 저작에 대해 비교적 상세한 독해를 하
고 있었으며, 예민한 반응을 보이고 있었다. 이는 1984년 푸코의 사망에
즈음하여 헌정의 의미를 담은 논문 "현대의 중심에 꽂힌 화살"("Une
flèche dans le coeur du temps moderne," *Critique*, 8~9월호, 1986; 독일에
서는 1984 7월에 발표)과 1985년에 출간된 《현대성의 철학적 담론》에 실
린 두 편의 논문이 이를 잘 반영하고 있다. 하버마스가 푸코에 대해 민
감하고 때론 도전적인 태도를 취하는 반면, 푸코는 하버마스에 대해 무
관심하거나 냉담한 반응을 보였다. 좋은 예로 폴 벤(Paul Veyne)이 제안
하여 콜레주 드 프랑스에서 열리게 된 하버마스의 초청강연에도 푸코는
'시간을 뺏기고 싶지 않다'는 이유로 참석하지 않았으며, 자신의 연구실
에서 잡무를 보고 있었다. 1)

그러나 우리의 입장에서도 하버마스와 푸코 사이의 '실제 일어나지 않
은 논쟁'을 인위적으로 재구성하는 것은 아무런 의미가 없다. 또한 그로
부터 구체적으로 얻을 수 있는 것도 없을 것이다. 분명한 점은 하버마스
와 푸코는 서로 다른 인식의 지평 위에서, 상대를 잘 이해하지 못하였거
나(하버마스의 경우), 상대를 인식조차 하지 못하였다는 점(푸코의 경우)
이다. 합리적인 의사소통을 화두로 삼고 있는 철학자와, 서구의 지성사
를 섭렵하고 있던 사상사가 사이에 이렇다할 논쟁이나 대화가 이루어지
지 못한 것은 아이러니가 아닐 수 없다. 그러나 이를 단지 우연으로 치
부할 수 있을까?

이 점에 대해서 부르디외는 독일 철학의 전통과 프랑스 철학 사이의
맥락적 괴리에서 오는 곡해의 가능성을 지적하고 있다. 특히 그는 프랑

---

1) 당시 하버마스를 초청하는 과정에 있었던 에피소드와, 첫 강연 후에 있었던
   푸코와의 저녁식사에서 오고 갔던 대화분위기에 대한 상세한 기술은 Eribon,
   1994:289~292를 볼 것.

스 학자들, 특히 푸코나 들뢰즈가 니체를 해석하는 방식에 대해 독일 철학자들이 분개하는 것을 염려하면서 다음과 같이 언급하고 있다.

주관적-정신론적인 실존주의가 지배하고 있는 (프랑스) 대학에서 니체가 차지하고 있는 역할을 잘 이해할 필요가 있다. … 푸코가 ('계보학'이나 '에피스테메'라는 개념으로) 비역사적인 합리주의에 저항하여, 역사적 이성의 역사학을 구성하려는 노력을 통해 기여한 것이, 니체가 완전히 다른 의미를 지니는 독일에서, 특히 하버마스가 자신의 철학적 작업의 대립물로 여겼던 비합리주의의 복구작업으로 보일 수도 있었을 것이다 (Bourdieu, 1990:1~10).

이처럼 이론과 지적 담론의 사회·역사적 구속성을 강조하는 부르디외의 견해는, 그의 이론적 배경을 이해한다면, 오히려 사회학자로서 취할 수 있는 자연스러운 태도로 보인다. 그러나 독일의 사회철학의 흐름에 대해 언급을 하면서 푸코가 다음과 같은 사실을 토로하는 것을 볼 때, 문제의 심각성은 보다 커진다.

놀라운 사실은, 베버적 사유의 흐름이 전혀 또는 간접적인 경로로 극히 조금밖에 프랑스에 알려지지 않았다는 점이다. 또한 (프랑스 철학자들은) 비판이론도 잘 알지 못하였고, 프랑크푸르트 학파에 대해서도 실제적으로 거의 아는 바가 없었다. … 과학사를 통하여, 그리고 합리성의 역사에 대한 문제제기를 통하여 프랑스 철학과 프랑크푸르트학파 사이에 합의가 이루어질 수도 있었겠지만, 현실적으로 그렇게 되지 못하였다. 내가 철학수업을 받던 시절에, 나는 어떤 교수의 입을 통해서도 프랑크푸르트학파라는 이름을 들어본 적이 없었다(Foucault, 1994:439).

비록 푸코 자신도 프랑크푸르트학파와의 지적인 교류가 이루어지지 않은 점에 대해 애석해 하고, 자신의 불필요한 시행착오를 줄이는 데 도움을 받을 수도 있었다는 점을 인정한다. 그러나 그 스스로는 적어도 자신과 프랑크푸르트학파의 관심대상 사이에 본질적인 커다란 차이점은 느끼지 않고 있다. 다만 그 방법론을 구성하는 방식과 인식론적 입지의 차이에서 오는 괴리, 그리고 이들이 위치해 있던 자국의 지적 유산의 토양이 현저하게 달랐다는 점을 이해한다면, 이들간에 실제적인 논쟁이 이루어질 수 없었던 연유를 짐작할 수 있다.

이 글의 목적은 하버마스와 이들 프랑스학자들과의 조우를 둘러싼 이면사를 들추어내는 데 있지 않다. 다만 위의 언급들은 이들 사이에 이론적으로 가능한 접점과 동시에 단절의 틈을 파악하는 데 작은 시사점을 제공하고 있을 뿐이다. 또한 우리는 이 상반된 입장들을 부각시킴으로써 서구 사회이론이 그 내부에 배태하고 있는 긴장과 함께 그 다양한 가능성 또한 탐색해 보는 기회를 가질 것이다. 사회행위와 권력, 언어와 합리성, 그리고 현대성과 역사의 문제는 이들에게 공통된 주제로 등장하지만, 그 드러나는 구체적인 논의의 내용은 매우 상이한 이론적 지평을 제공하고 있다. 이를 통해, 우리는 서구대륙을 종단하는 철학적 단층 속에서 그 분기점과 이질성을 확인하는 기회도 가질 것이다.

2. 의사소통행위와 권력

주지하듯이, 푸코의 지식과 권력이론은 이른바 철학을 비롯한 인간학 전체에 대한 메타이론의 성격을 띠고 있다. 그에게 인문과학은 그 형식상 권력과 지식의 합성물이며, 역사적으로도 권력형성과 지식형성은 불가분의 통일을 이루고 있는 것으로 이해된다. 푸코에게는 생활세계와 체계 사이의 분화에 대한 개념도 필요하지가 않다. 따라서 푸코의 관점에서 '합리화'는 매우 위험한 용어로 이해된다. 그가 중요시하는 것은 특정한 유형의 합리성에 대한 분석이지, 일반화된 합리화의 진화과정이 아니기 때문이다. '계몽'이 인간의 역사와 정치기술의 발전에 매우 중요한 시기를 제공했다 할지라도, 그의 분석은 이 거시적인 역사과정과는 무관하게 이루어진 것으로 보이지만, 사실은 인간이 스스로의 역사에 구속되어 가는 미세한 과정들에 대해 초점을 맞추고 있다(Dreyfus & Rabinow, 1984:300).

푸코의 권력이론에 대한 하버마스의 비판은 인문과학의 계보학이 내포하고 있는 이중적 과업에 모아진다. 즉, 그것은 인간학의 사회적 기능을 설명함으로써 권력기술을 분석하는 경험적인 역할을 수행해야 하며, 이 경우 권력관계는 과학적 지식의 생성조건과 사회적 효과의 측면에서 주목되는 부분이다. 또 한편, 인간학적 담론이 어떻게 가능한지를 설명해야 하는 권력기술에 대한 분석의 초월적 역할이 필요하다. 하버마스의 관점에서는 이러한 이중적인 작업의 한계, 즉 권력의 근본개념 속에 초월적 종합명제라는 관념론적 요소를 경험주의적 존재론의 전제들과 함께 뒤섞어 버리는 것은 중대한 오류를 범하는 것이 된다(Habermas, 1994: 326). 즉, 권력현상에 대한 '어떻게'의 역사기술은 '왜'라는 선험적 질문과 동일한 수준에서 다루어질 수 없으며, 이들을 구분하지 않을 경우 권력과 이성비판은 여전히 주체철학의 한계 내에 머물게 된다는 것이다.

그러나 푸코는 주체철학과 역사학, 합리성과 비합리성 사이에 선명한 이분법적 구분을 하지 않는다. 그는 이성을 배제해야 할 대상으로 보지 않는다. 또한 그렇다고 이러한 이성에 대한 비판이 곧 비합리주의로 빠진다고 보는 태도도 매우 위험하다고 강조하고 있다(Foucault, 1994: 279). 그는 여기서 그 가장 대표적인 역사적 사례로 나치즘을 언급한다. 나치즘은 사회적 다윈이즘(*darwinisme social*)이라는 놀랄 만한 합리성을 기초로 하여 구성된 인종주의이면서, 또한 가장 비합리적인 형식의 정치 이데올로기로서 이해된다. 이처럼 역사적으로 구체화된 사건과 사실로서의 합리성은 초월적 정의에 의해 규정된 합리성과는 거리가 멀다. 그의 관점에 선다면 적어도 그러한 초월적 이성은 현실적으로— 즉, 경험적으로 또는 역사적으로 — 우리에게 존재하지 않는다. 푸코가 사용하는 '역사적 선험성'(*a priori historique*)도 엄밀히 말해 역사적인 결과물에 지나지 않는 것이다.

이에 반해, 하버마스의 행위이론은 인식론적 토대의 수준에서 푸코와는 전혀 다른 궤적을 그리고 있다. 그의 행위이론에 출발점을 제공하는 이론적 배경은 기본적으로 미드(Mead)나 가핑클(Garfinkel)의 의사소통의 개념과 오스틴(Austin)과 설(Searle)의 언어행위론에 있다. 그리고 그

172

의 독특한 분석적 논술방식에는 언어분석철학의 영향도 무시할 수 없다. 일반적으로, 상호작용이란 적어도 둘 이상의 실체를 상정한다. 개인과 개인, 개인과 제도(혹은 제도적 장치), 집단과 집단 등 상호작용이 개입하는 수준은 우리의 사회적 삶의 도처에서 발견된다. 상호작용은 이처럼 우리의 사회생활과 일상세계를 구성하는 단위로서 이해할 수 있으며, 유형적으로 그 분류가 가능하다.2) 하버마스가 발전시킨 의사소통행위와 언어행위에 대한 논의는 사회적 행위의 새로운 유형화라는 이론적 작업의 의미를 넘어서서, 구체적으로 지식의 형태와 행위적인 관심을 서로 연결하는 그의 기본적인 관심의 연장선상에서 이해하여야 한다. 이는 특히 《인식과 관심》(Habermas, 1976)에서 비판적 지식의 토대로 설정하고자 했던 해방적 관심의 관념론적인 근본주의의 한계를 벗어나는 데 유효한 논거를 제시한다.

의사소통행위의 개념도 바로 여기서 중요한 이론적 단초를 발견한다. 그에게 의사소통행위란 행위당사자간의 관계를 설정하며 그들 사이에 말과 행동을 할 수 있는 적어도 둘 이상의 주체를 전제한다. 이 개념 속에는 행위자가 동의를 통해 자신들의 행위를 조화시키기 위해 행위가 벌어지는 상황과 자신들의 행동계획들에 대한 상호이해에 의한 합의를 모색한다는 전제를 깔고 있다. 따라서 이러한 합의가 가능하도록 상황을 개념규정하는 협상의 과정이 매우 중요하며, 이 과정에서 언어가 차지하는 위상은 절대적이다(Habermas, 1995:111~112). 결과적으로 의사소통행위의 개념은 언어라는 매체를 전제로 하여, 이 언어적인 상호양해가 행위조정이라는 구속성을 지니게 된다는 점을 강조한다.3) 다시 말해, 그의 의사소통행위론의 핵심은 우선 발화자들이 객관적·사회적·주관적 세계에 대하여 결코 일방적인 관련을 맺지 않는다는 점, 그리고 자신의

2) 가령 하버마스는 목적론적 행위, 규범적 행위, 드라마적 행위, 의사소통적 행위 등으로 구분하여 논의를 전개하고 있다(1995:109 ff 참조).
3) 부연하면, 의사소통행위는 당사자간의 '상호이해'와 '균등한 논증부담'을 요구하며, 이렇게 도달한 합의는 행위에 '구속력'을 지님과 동시에 '합리적인 동기'를 부여한다. 이에 대한 약술은 장춘익(1994:289~292)을 볼 것.

진술을 다른 행위자들에 의해서 그 타당성이 논박될 가능성을 의식하며 객관화시킨다는 점이다. 또한 상호이해를 통한 합의는 상호작용 참여자들이 자신의 진술에 요청된 타당성 요구들에 대해 상호주관적으로 승인하는 방식으로 행위를 조정하는 메커니즘으로 작용한다(Habermas, 1995:129).

그러나 이는 담론 혹은 대화의 매체가 되는 언어에 내재한 자기초월적 구조를 인정하지 않는 한 현실적으로 가능한 언어상황이라 할 수 없다. 또한 엄밀히 말해 그가 구분하는 전략적 행위가 의사소통적 행위와 실질적으로 구분되어 일어나는 경우는 적어도 '일상세계' 속에서는 가능하지 않다. 바로 이 지점에서 하버마스와는 매우 대비되며, 푸코와는 매우 근접해 있는 부르디외의 논의가 한층 설득력을 지니게 된다. 부르디외는 언어교환의 '사실주의적 분석'을 위해서는 반합리주의적인 허무주의도 경계해야 하지만, 합리적 대화상황을 전제하는 도덕주의도 배격해야 함을 강조한다. 그렇지 못한 경우 그가 주창하는 이른바 '이성의 사실정치'(Realpolitik de la raison)는 가능하지 못하다. 인간정신의 진보에 대한 어떠한 기획도, 이성의 역사적 착근성을 망각하고 이성과 합리적 언술의 힘에만 의존하는 한 여전히 '학자적인 환상'에서 벗어나지 못하게 된다(Bourdieu, 1994:235~236).

결국, 하버마스의 의사소통이론에서 문제가 되는 부분은 바로 경험적 논증으로 치장된 형이상학적 전제들이다. 부르디외가 강조하듯이, 이성의 토대는 역사 밖에 존재하는 것이 아니라, 역사 그 자체 내부에 존재한다. 이러한 관점에서 부르디외는 하버마스가 사회과학의 역사주의로부터 벗어나려는 노력을 완결하지 않고 중도에 포기한 것밖에 되지 않는다고 지적한다. 이성을 모든 인간활동의 초월적 원리로 파악하기 위하여 (가령 '포괄적 이성'이라는 개념 설정) 탈역사적 실체를 찾거나 플라톤적 환상에 빠질 필요는 없다. 왜냐하면 이러한 초월성도 우리의 행위를 제약하는 구속과 검열과 제약의 작용을 통해서만 '실제적으로' 경험되는 것이기 때문이다.

부르디외에 의하면, 우리는 보다 더 역사주의적 환원을 진행할 필요가 있다. 그렇게 함으로써 이성의 기원을 인간의 능력(*faculté*), 즉 본질에서 찾을 것이 아니라, 미시적 사회공간의 특수한 조건들로 구성된 역사 속에서 찾아야 한다. 그리고 그 안에서 일어나는 사회행위자들 사이의 투쟁, 즉 보편성의 이름으로 보편성의 정당화된 독점을 확보하기 위한 투쟁의 과정에 주목해야 한다(Bourdieu, 1994:234~235). 부르디외의 기존 이론에 대한 비판은 이른바 '철학적 논쟁의 사회학'이라는 관점에서도 이해될 수 있다. 《호모 아카데미쿠스》(*Homo Academicus*, 1984)에서 이루어진 그의 분석에서 보여주듯, 학문의 장이나 학자들의 장에서도 그가 구성한 사회학적 원칙이 잘 적용되고, 그 또한 이를 잘 인식하고 있기 때문이다.

부르디외가 주장하는 '역사주의적 합리주의'는 이성을 해체하지 않고 이성을 역사화하며, 해체와 보편성, 이성과 상대성을 융합하고, 이들을 객관적인 구조 속에 위치시킨다. 부르디외는 하버마스와 마찬가지로 과학적 진리의 가능성과 필요성을 믿는다. 다만 그는 의식과 언어라는 역사초월적 구조 속에서 이성을 확립하려는 기획이 함축하는 초월주의적 환상은 과학과 철학이 제거해야 할 요소라는 점을 지적한다. 이 점에서도 부르디외는 오히려 푸코나 데리다에 보다 근접한다. 그 역시 지식이 해체의 대상이 되어야 한다는 점과, 지식의 범주들이 사회의 우연적 파생물이며 권력의 도구들이라는 사실에 동의한다. 사회세계에 대한 담론들은 거의 대부분 매우 정치적인 함의를 지니는, 사회적으로 이미 구성된 결과물들이기 때문이다. 그러나 부르디외는 해체가 스스로 해체된다 하더라도, 그것은 '역사의 가능한 조건들'을 발견해야 하고, 또한 해체의 작업 역시 진리에 대한 기준과 사회구조에 착근된 합리적 대화의 기준들을 전제해야 한다는 점을 강조한다(Bourdieu & Wacquant, 1992:38).

하버마스의 행위론적 권력개념과 부르디외와 푸코의 발생론적 권력개념은 서로 수렴하기 힘든 평행선을 이루고 있다. 하버마스에게 권력은 매우 분명한 의미를 지니는 용어이다. 즉, 권력은 주체가 성공적인 행위를 통해 객체에 영향을 미칠 수 있는 수단으로 이해된다. 주체와 대상 사이에 맺어 질 수 있는 관계를 두 가지의 범주로 압축할 때, 즉 진리를 통한 인지적 관계와 행위를 통해 실현되는 실천적 관계로 분류할 때, 그의 권력의 개념은 진리에의 종속개념이 되어버린다. 왜냐하면, 행위의 성공여부는 행위계획에 들어 있는 판단의 진실성에 있기 때문이다. 그러나 푸코는 진리의존성을 권력의존성으로 전환하며, 따라서 주체의 능력에 의존할 필요가 없는 권력은 주체 없는 권력이 된다(Habermas, 1994: 326).

하버마스의 지적에 의하면, 권력이론에 의해 정초된 계보학적 역사서술은 세 가지의 치환을 우회할 수가 없다. 우선, 의미연관성을 해석학적으로 해명하는 대신에 무의미한 구조의 분석이 등장하며, 둘째, 타당성에 대한 요구는 권력복합체의 기능으로만 관심을 끈다. 마지막으로 가치판단 혹은 정당화의 문제는 가치중립적인 역사적 설명을 위해 배제된다(Habermas, 1994: 327). 이러한 의미론적 요구와, 타당성과 규범성에 대한 요청이 푸코에게 부재하다는 평가 아래, 하버마스는 계보학적 역사서술에 대해 다음과 같이 단죄한다.

> 계보학적 역사서술은 현재주의적, 상대주의적, 정체불명의 규범주의적 (cryptonormativisme) 사이비 과학, 그 자신이 원치 않았던 바로 그 허구 과학으로 자신의 정체를 드러낸다. 푸코에 따르면, 인문과학은 과학적 자기지배라는 역설적 운동을 포기하고 절망적인 객관주의로 끝나는, 더 정확히 표현하자면 비참한 종말을 맞이하지만, 계보학적 역사서술의 운명도 그보다 덜 역설적이지 않다. 계보학적 역사서술은 주체를 말살시키는 철저하게 역사주의적인 운동을 좇아가지만, 결국 절망적인 주관주의로 끝난다(Habermas, 1994: 327~328).

그러나 푸코의 계보학은 결코 절망적이지 않으며, 철학이 전제하는 합리성을 완전히 처분해 버리지도 않는다. 또한 그의 작업은 결코 역사학적인 회귀를 의도하지도 않을 뿐더러, 그 어떤 완결된 체계를 구상하지도 않는다. 즉, 계보학은 완결성을 전제로 하지 않는다. 이 점은 푸코가 강변하듯이, 철학이 비판적 사유 속에서 행할 수 있는 기능이 있다면, 그것은 바로 합리성의 역사적 필연성과 불가피성뿐만 아니라, 동시에 그

것이 안고 있는 위험에 대해 사고하는 일종의 합리성의 '나선형적 운동'
을 받아들이는 것이기 때문이다. 이성주의자에게 자유를 향한 조급함이
나타난다면, 계보학자에게는 역사가의 인내가 드러난다. 푸코는 분명 명
증성과 보편성의 파괴자를 자처한다. 그리고 그는 현재에 각인된 모든
구속과 역사적 관성 속에서 그 허점과 틈새와 추세를 발견하고자 한다.
그는 '끊임없이 공간을 이동하기 때문에, 미래에 자신이 어느 지점에 놓
여 있을지 알지 못한다'. 왜냐하면 그는 '너무나 현재에 집중하고 있기
때문이다'(car il est trop attentif au présent, Eribon, 1994:306).

3. 보편적 화용론과 담론이론

칸트에 대한 하버마스의 비판은 바로 순수이성의 초월성과 그 후 헤
겔로 이어지는 관념론의 초월적 담론의 과정에 모아진다. 그가 강조하는
'이성의 상황화'(Situierung der Vernunft)도 바로 생활세계와 분리된 순수
이성의 개념을 수정하기 위함이다. 그의 과제는 바로 이 생활세계에 대
해 초월적이지도 않으며, 동시에 주체중심적 이성을 비판하기 위한 것으
로서 의식철학을 재구성하는 일이다. 이 새로운 의식철학의 패러다임은
언어능력과 행위능력을 가지고 있는 주체들의 상호이해를 추구하는 의사
소통의 패러다임으로 귀결된다. 헤겔과 니체 사이를 비켜가면서, 하버마
스는 이성의 개념을 완화시킨다. 즉, 그에게 이성은 절대적인 것이 아니
라 의사소통이 구성하는 생활세계 속에 내재하는 것으로서, 강요되지 않
은 합리적인 합의를 의미한다(이진우, 1994:459~460). 궁극적으로 하버
마스의 의도는 이성에 초월적 의미를 부여하지 않고 분화된 인류의 총체
성을 회복할 수 있는 규범적 척도를 마련하는 것이라 할 수 있다.

이 목표를 위해 하버마스가 취하는 전략은 다름아닌 생활세계의 복원
이다. 사회적 합리화과정을 통해, 생활세계는 도구적 이성에 의해 식민
지화되어, 의사소통의 잠재력이 왜곡된 장소이지만, 또한 합리적 합의의
가능성이 배태되어 있는 곳이기 때문이다. 이 사회적 합리화과정이 처음

부터 모순된 것으로 파악되는 것은 바로 그의 의사소통적 행위의 개념에
서 비롯된다. 이 모순은 "생활세계의 상호주관성 구조와 연관된 일상적
의사소통의 합리화와, 다른 한편으로 돈과 권력과 같은 조절매체에 의해
행위가 조정되는 목적합리적인 행위를 지닌 부분체계들의 확장된 복합체
간에 나타나는 모순"(Habermas, 1995:382) 이다. 실질적으로 그가 추구하
는 이론적인 작업의 목표는 현대사회이론에서 매우 중요한 것으로 인식
되는 체계이론과 행위이론의 통합에 있다고 할 수 있다. 적어도 행위이
론을 체계이론적으로 흡수해 버리는 파슨스류의 오류를 범하지 않기 위
해서라도, 생활세계의 합리화와 사회적 하부체계의 합리화를 선명하게
구분해 내는 일이 그에게는 매우 중요한 것으로 인식된다(Habermas,
1995:382~384).

그러나 하버마스 스스로가 인식하고 있듯이, 생활세계에 대한 총체적
인 인식은 가능하지 않다. 만약 그렇다면 그것은 그가 배격하려는 의식
철학을 답습하는 일이 되기 때문이다. 여기서 그는 의사소통행위이론과
담론이론을 통해 생활세계 속에서의 언어규칙의 재구성에 초점을 맞춘
다. 이 작업이 가능할 수 있는 것은, 생활세계에서 사용되는 언어에는
이미 체계적으로 왜곡된 의사소통을 극복할 수 있는 가능성이 전제되어
있다고 판단하기 때문이다. '언어행위의 성공적인 수행에 요구되는 일반
적인 언어능력을 탐구하고, 언어행위의 보편적인 타당성의 근거를 구축
하기 위한' 작업으로서 '보편적 화용론'(Universalpragmatik)은 이러한 이
론적 · 실천적 관심을 바탕으로 구상된 것이다.

'보편적 화용론'은, 주지하다시피, 오스틴(Austin)과 설(Searle)의 언어
행위이론을 확장하고 있다. 여기서 그가 가장 중시하는 언어행위는 이른
바 '비언표적 행위'(illocution)[4]이며, 그의 담론이론은 이 비언표적 행위
의 합리적 근거를 확보하는 작업으로 요약될 수 있다. 언어행위의 유형

---

4) 《소통행위이론》 I (1995)에는 '비어구적'(illocution)과 '초어구적'(perlocution)
으로 번역하고 있으나, locution이 명제적 의미내용의 언어적 표현이라는 점
에서 '언표'가 보다 적합하며, 따라서 각각 비언표적, 초언표적이라는 번역어
를 사용하기로 한다.

론에서 출발하여, 인지가능성과 진리성, 진실성과 정당성이라는 요소들로 구성되는 타당성의 요청은 정상적인 대화의 상황 혹은 일반화할 수 있는 화용론적 모델을 구축하는 네 가지의 필수불가결한 기준으로 파악된다. 그러나 대화당사자간의 상호주관성과 이해를 통한 합의 가능성을 조건으로 하는 이 이상형적 언어게임의 모델은 분명 절차상의 합리화를 의미하는 담론이론의 하나의 모델이다.

이 담론이론에는, 권력의 작용에 의해 체계적으로 왜곡된 의사소통의 한 유형으로서 이데올로기 비판을 정당화할 수 있는 합리적인 근거의 확보가 가능하고, 결과적으로 의사소통이 원활하게 이루어지는 생활세계의 자율성이 회복될 수 있다는 실천적인 목적이 내포되어 있다. 그러나 항상 비판의 표적이 되는 타당성 요청의 테제와 언어행위의 유형론은 매우 논리적으로 정치하면서도, 지나치게 분석적이고 따라서 의사소통행위를 형식화하는 경향을 띠게 된다. 즉, 그가 강조하는 '이성의 상황화'가 의사소통의 형식화된 분석을 통하여 '탈상황화'하는 결과를 가져오는 셈이다.

또한 하버마스가 정의하는 생활세계의 개념이 언어적 의사소통을 재생산의 논리로 갖는 영역 전체를 총칭하고, 체계가 화폐와 권력과 같은 매체를 통해 행위가 연결되는 영역으로 정의된다면, 사회적 합리화로 표현되는 분화과정의 구도는 그 상세한 논의의 규모에 비해 지나치게 단순화되는 경향이 있다. 즉, 베버가 행위이론의 차원에서 공동체적 행위가 사회행위로 대체되는 경향을 포괄적 합리화 과정이라고 파악했다면, 하버마스는 여기서 한 걸음 더 나아가, 사회행위를 상호양해에 정향된 행위와 성공에 정향된 행위로 구분하고, 이 둘 사이의 서로 상보적인 관계와 동시에 상반성을 강조한다(Habermas, 1995:381). 그러나 우리는 '경험적으로' 생활세계가 체계로부터 분리되는 것을 체험하지 못하며, 현대사회의 경우 그러한 경향은 더욱 더 농후하다. 또한 우리의 일상적 행위를 면밀히 관찰한다면, 의사소통적 행위와 전략적 행위 사이의 구분이 얼마나 공허한 노력인가를 이해하는 것은 그리 어려운 일이 아니다. 가령, 그가 구분하는 '은폐된 전략적 행위' 중 무의식적 기만(혹은 체계적으로 왜곡된 소통)은 네 가지의 타당성 기준을 충족하는 의사소통적 행위를 통해서도 현실적으로 얼마든지 가능하다(Habermas, 1995:374 〈그림 3-1〉 참조).

하버마스가 구상하는 보편적 화용론이나 언어소통의 일반모델은 분명 이상형적인 분석모델이다. 이는 언어적으로 매개된 순수유형론으로서, 사회행위가 상이한 종류의 지식을 구체화하는 양태를 정확히 조명한다는 장점을 가지고 있지만, 이 다양한 종류의 지식을 우리는 어떤 대화의 상황에서도 순수하게 구분하여 인식하지 않는다는 점에 문제가 있다. 이는 그가 의도한 바대로, 경험적 화용론의 한계를 극복하는 형식적 화용론을 구성하는 과정에서 나타나는 불가피한 결과의 하나로 볼 수 있다.

하버마스의 언어행위론이 기초하고 있는 오스틴이나 설의 논의가 다른 사회언어학자와 담론이론가들에 의해서 많은 비판의 대상이 되어왔다는 점은 오히려 당연스럽다. 부르디외의 경우도 이 점에 관한 한 분명한 입장을 취하고 있다. 그에 의하면 오스틴의 언어행위론에서 중요한 결함은 의사소통의 사회적 조건에 관심을 기울였음에도 불구하고, 그 사회적 성격 자체를 제대로 인식하지 못했다는 점에 있다. 즉, 모든 언어행위적 맥락 속에서 특정한 언표가 그 의미적 수행을 하기 위해서는 '관습절차'에 의거해야 한다는 점을 강조하지만, 이 관습절차와 관습적 수단들에 대해서 구체적인 분석을 하지 않는다. 오스틴을 비롯한 언어행위론가들이 언어행위가 지니는 권력 혹은 힘이 언어 자체에서 비롯되는 것이라는 가정을 하고 있는 데 대해, 부르디외는 권력이 관습과 제도 등의 언어외적(extra-linguistique)인 요인에 기인한다는 사실을 강조하고 있다 (Bourdieu, 1992:122~123; 1995:54~55; Thompson, 1984:47~48).

오스틴이 분석하고 있는 수행적 언표(performative)의 효과성을 정확히 이해하고자 한다면, 언어체계 내에 함축된 기준들(즉, 하버마스의 타당성의 기준들)에 대한 고려만으로는 매우 불충분하다. 부르디외가 상징적 권력이론을 전개하면서 지적하듯, 말이 지니는 힘과 효과(비언표적 행위)는 말하는 주체의 위상과 구체적인 담론상황(혹은 언어시장의 구조)을 고려하지 않고서는 설명될 수 없다. 다시 말해 담론이론이란 언어작용의

'언어학적 생산조건'을 탐구하는 것이 아니라 '사회적 생산조건'을 찾아내
는 것이다(Bourdieu, 1982:165). 이러한 관점은 그가 사회학과 민속학,
정치학과 언어학의 구분을 허용하지 않는 태도에서 발전된, 모든 가능한
행위들의 세계 속에 언어행위를 위치시키는 통합적인 실천이론
(*praxéologie*) (Bourdieu, 1992:113)으로 귀결된다. 언어시장의 구조적 검
열과 제도, 그리고 언어행위자들 사이의 위상적 불평등 관계는, 하버마
스가 제시하는 타당성 요구의 기준들을 무화시키거나 적어도 희석시키는
요인들이다. 가령 하버마스의 분류대로, 이 사회적으로 착근된 상징적
권력현상을 모두 체계적으로 왜곡된 의사소통으로 파악한다면, 언어주체
와 시간과 공간을 괄호치기한 언어이론이 획득할 수 있는 지식이 과연
무엇인지 물어야 할 것이다.

　언어적 의사소통의 문제는 인문과학적 연구들의 이미 오래된 주제이
다. 언어는 사회적 삶을 구성하는 가장 중요한 토대가 되는 수준이며,
모든 사회적 관계의 성립이 인지가능하고 이해가능한 언어활동을 전제로
한다는 점에는 이의가 있을 수 없다. 비록 그 분석수준의 편차가 크다는
점을 감안하더라도, 푸코와 부르디외가 담론과 담론적 실천을 바라보는
관점은 매우 근접해 있다. 이들은 모두 담론의 형성과정과 사회적인 효
과에 관심을 지니지만, 담론 자체에 내재한 규칙성을 발견하는 것에 관
심을 집중하지 않는다. 푸코는 특정한 담론적 실천이 인지가능하도록 하
는 것은 바로 담론생산의 '이면'(*L'arrière plan*)에 위치하는 비담론적 실천
들이라는 점을 강조한다. 이 비담론적 요소들이란 바로 사건과 실천, 정
치적 결정, 경제적 과정 등을 포괄하는 제도적인 장을 포괄하는 개념이
다(Foucault, 1969:205). 또한 그것은 담론적 요소들을 이해하도록 도와
주며, 담론구성의 규칙들을 완성시키는 것으로 이해된다. 푸코가 담론형
성의 상대적 자율성을 강조하는 것도, 담론적 실천과 비담론적 실천 간
의 인과적 의존관계를 부정하는 것이지, 이들간의 상관성을 부인하는 것
이 결코 아니다(Dreyfus & Rabinow, 1984:116 ff 참조). 비담론적 실천은
담론적 실천에 의해 항상 변형되고 포획되어야 할 요소이자 자원에 해당
하기 때문이다.

화폐와 권력이 매개하는 체계의 논리는 언어적 의사소통이 재생산하는 생활세계의 영역과 필연적으로 결합한다. 하버마스가 주장하는 상호이해를 바탕으로 한 합의는 우리의 행위에 구속력을 행사할 수 있는 하나의 가능한 조건이긴 하지만, 그것은 결코 체계적으로 왜곡되는 의사소통으로부터 자유롭지 못하다. 담론이론이 하나의 방법론적 패러다임으로 유의미하기 위해서는, 언어행위의 사회적 효과성, 인간과 제도화된 장치 간 역학관계와 함께, 왜곡된 의사소통과정에 복선처럼 깔려 있는 권력관계를 드러내는 작업이 오히려 필요한 것이다.

4. 맺는글

하버마스와 푸코, 그리고 부르디외는 인간학이라는 같은 울타리 안에서 배회하는 서로 다른 과(科)의 지식인들이다. 하버마스의 생활세계의 개념이나 푸코의 계보학, 부르디외의 장(場)의 개념은, 그 울타리를 바라보는 그들 시선의 높이와 시각을 반영하는 개념들이다. 하버마스와 대조되어, 푸코와 부르디외에게 실천에 대한 구체적인 입장의 제시가 매우 불투명해 보이지만, 하버마스의 실천개념도 그리 분명한 것이 못된다. 가령 체계와 생활세계 사이의 경계를 구획하는 것(Grenzproblem)이 비록 가능한 기획이라 할지라도, 그 경계의 선을 어디서 찾을 것인가 하는 문제는 쉽게 해결될 수 없다(장춘익, 1994:301~302 참조). 경제와 행정과 일상세계 사이에, 게다가 정치와 문화의 영역까지 고려한다면, 그 경계의 선은 여전히 불투명한 것으로 남기 때문이다.

하버마스와 푸코에게 화두로서 동일하게 등장하는 의식철학의 아포리아나 권력이론의 아포리아는 궁극적으로―또 다시―주체의 문제로 귀착된다. 하버마스의 의사소통의 개념이 절차적 합리성으로 수렴되는 논의라면, 이는 결국 형식적 보편주의를 넘어서지 못하며, 그를 여전히 의식철학 안에서 머물게 한다. 이는 그가 칸트 비판의 테제로 사용하는 이성의 상황화가 무위로 끝나는 결과를 가져오는 것이다. 또 한편 푸코와 부르디외의 경우도, 주체의 문제를 결코 우회하지 못한다. 부르디외가 최종적으로 의존하는, 주체 스스로를 객체화해야 하는 '성찰성'이나, 푸코의 이성의 역사성에 대한 합리적인 담론은, 표현 그대로 현란한 수사학적 은폐나 비약의 위험을 안고 있다. 이러한 수사학적인 은폐와 비약은 하버마스가 생활세계의 존재 자체에 대한 '전반성적'(pre-reflexive) 인식을 언급할 때나, 부르디외가 '역사적 합리주의'(rationalisme historique), 푸코가 '역사적 선험성'(a priori historique)을 주장할 때에 동일하게 나타나는 것이다. 주체의 문제는 우리가 우회할 수도, 그렇다고 주체와 객체의 정면대결을 통해서 해결할 수도 없는, 그 자체가 인간의 존재론적 아포리아를 의미한다. 우리에게 남는 것은 바로 역사 속에 착근된 '현재진행형'의 주체가 지니는 제한된 성찰성일 수밖에 없다.

이 글의 서두에서 지적했듯이, 하버마스와 푸코 사이의 지적인 단절의 늪은 무척이나 깊어 보인다. 이들이 동시대인이면서도 동시대인이 될 수 없었던 이유에 대해선, 다음과 같은 몇 가지의 가설이 가능하다. 첫째, 하버마스의 비판에 대하여 정면으로 대응할 수 없는 지적인 무력감을 푸코가 느꼈을 것이라는 가설, 둘째, 프랑스학자들에게 잘 나타나는 일종의 철학적 귀족주의가 푸코로 하여금 자신의 이론에 대해 쏟아지는 비판들에 대하여 초연하도록 했다는 가설, 마지막으로, 하버마스의 저작과 작업들 그리고 그의 비판들이 푸코에게는 논쟁을 할 만큼 그다지 매력적인 관심의 대상이 아니었다는 가설이 있을 수 있다(Eribon, 1994:309~310). 많은 평자들이 두번째와 세번째 가설을 받아들이는 데 동의하고 있음을 볼 때, 합리적인 대화가 가능해야 할 이 탁월한 두 지식인 사이의 의사불통을 하버마스 자신은 어떻게 이해할지 의문이다.

마지막으로, 서구이론의 전개를 관망할 수 있는 동양인의 제3자적 관점은 항상 우리에게 소중한 특권으로 남는다. 이들 세 학자가 쏟고 있는 공통된 관심과 무게를 볼 때, 언어와 담론이라는 주제는 현대 서구이론에서 중심적인 위치를 점한다는 사실을 재확인할 수 있다. 하버마스는 의사소통행위를 통해 실천적이며 동시에 규범론적인 출구를 찾으려 노력하고, 푸코와 부르디외는 언어를 통해 재생산되고 유지되는 굴절된 합리성의 병리현상을 고발한다. 이들에게는 언어를 중심으로 주체와 객체가 반비례적으로 동요하고 있다. 이들에게 인간은 무엇보다도 언어의 세례를 받고 언어에 포섭된 존재로 인식되기 때문이다. 그러나 인간이 보유하고 있는 상징의 능력이 언어능력으로만 축소될 수 없다면, 이른바 비언어적 의사소통의 가능성은 이들에게 어떤 의미를 지닐 것인가? 침묵과 비의사소통(non-communication)이 서구의 철학적 사유에서 단지 '무의미'로 치부될 때, 동양의 한 시인은 다음과 같은 배구(俳句)를 읊고 있었다. 서구철학은 이 투명하고 쾌적한 대화의 상황을 어떤 언어로 포착할 것인가?

한마디 말도 없이 손님과 主人과 하얀 菊花와
(ものいはず 客と 亭主と 白菊と)

—료오타 蓼太, 1718~1787

■ 참고문헌

이기현, 1994, "사회과학 방법론으로서 담론이론과 담론분석,"《현대비평과 이론》, no. 7, 서울: 한신문화사.

_____, 1995, "부르디외 : 비판사회과학의 성찰성,"《탈현대 사회사상의 궤적》, 서울: 새길.

이진우, 1994, "계몽의 변증법과 생활세계의 병리학,"《현대성의 철학적 담론》, 서울: 문예출판사.

장춘익, 1994, "하버마스 : 비판적 사회이론의 정립과 정치적 실천의 회복을 위한 노력,"《사회비평》11호, 서울: 나남출판.

Austin, J. L., 1970, *Quand dire, c'est faire*, Paris: Seuil.

Bourdieu, P., 1982, *Ce que parler veut dire*, Paris: Fayard.

_____, 1990, "Les conditions sociales de la circulation internationale des idées," *Cahiers d'histoire des littératures romanes*, nos. 1-2, Fribourg.

_____(& L. J. D. Wacquant), 1992, *Réponses*, Paris: Seuil.

184

_____, 1994, *Raisons pratiques : Sur la théorie de l'action*, Paris: Seuil.

_____, 1995, 《상징폭력과 문화재생산》, 정일준 역, 서울: 새물결.

Dreyfus, H. & P. Rabinow, 1984, *Michel Foucault, un parcours philosophique*, Paris: Gallimard.

Eribon, D., 1994, *Michel Foucault et ses contemporains*, Paris: Fayard.

Foucault, M., 1969, *L'Archéologie du savoir*, Paris: Gallimard.

_____, 1971, *L'Ordre du discours*, Paris: Gallimard.

_____, 1983, "Structuralisme et Post-structuralisme," G. Raulet와의 대담, *Telos*, vol. XVI, n0. 55 (1994에 재수록).

_____, 1994, *Dits et Ecrit*, vol. IV, Paris: Gallimard.

Habermas, J., 1976, *Connaissance et Intérêt*, Paris: Gallimard.

_____, 1986, "Les sciences humaines démasquées par la critique de la raison : Foucault," *Le Débat*, no. 41, Paris: Gallimard.

_____, 1994, 《현대성의 철학적 담론》, 서울: 문예출판사.

_____, 1995, *Theorié de l'agir communicationnel* (1987), Paris: Fayard, 《소통행위이론》 I (한국어판), 서울: 의암출판.

Searle, J. R., 1972, *Les Actes de langage*, Paris: Hermann.

Thompson, J. B., 1994, *Studies in the theory of ideology*, Cambridge: Polity Press.

Magazine littéraire, no. 207, 1984, 〈Foucault〉, Paris.

Magazine littéraire, no. 325, 1994, 〈Foucault, aujourd'hui〉, Paris.

Le Débat, no. 41, 1986, Paris: Gallimard.

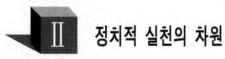

Ⅱ 정치적 실천의 차원

7장

하버마스의 소통적 주권론과 雙線的 토론정치 이념

황 태 연

1. 서

하버마스의 새로운 시민사회론과 본격적인 현대 정치이론의 구상은 이미 도덕, 법치국가, 사회복지국가, 근대사 등의 논의와 관련된 1980년대의 여러 논문들[1]을 통해 산발적으로 시사되었다. 그러나 그 전모는 새로운 법철학 및 정치이론의 구성을 시도한 그의 최신 저작 《사실성과 타당성》이 출간된 1992년에 들어서야 비로소 독자적인 정치이론으로 선보였다.

이 저작은 1990년 하버마스가 《공론장의 구조변동》의 1990년 복간판에 부친 서문에서, 그람시 전통에서 발전되어 온 진보적 시민사회론을

---

1) 어느 정도 이론성과 새로운 관점을 담고 있는 대표적인 논문으로는 가령 "Ziviler Ungehorsam : Testfall für den demokratischen Rechtsstaat"(1983), "Die Krise des Wohlfahrtstaats und die Erschopfung utopischer Energien" (1985), "Recht und Moral"(Tanner Lectures, 1986), "Volkssouveränität als Verfahren"(1989), "Vorwort zur Neuauflage(Strukturwandel der Öffentlichkeit)"(1990), "Staatsbürgerschaft und nationale Identität"(1990) 등을 들 수 있다.

188

■황 태 연
서울대학교 외교학과 및
동대학원 졸업
독일 프랑크푸르트대학
정치학 박사
현재 동국대 정치외교학과 교수

저서로 《지배와 이성》,
《환경정치학과 현대정치사상》,
《도덕의식과 소통적 행위》(역) 등

수용하여 자신의 공론장(*Öffentlichkeit*) 이론과 접맥시키려는 의도를 내비친 이후 (1990a:45 ff) 최초로 공론장 이론에 기초한 새로운 시민사회론의 본격적인 논의를 담고 있을 뿐만 아니라, 법 개념, 법치국가, 정치운동, 민주주의와 공론정치 및 주권 등에 관한 근대 법철학 및 정치이론을 논의(*Diskurs*)[2] 및 공론장이론의 기초 위에서 재구성하고 있다. 현재 이 최신 저작에 관한 국내외 법학계 및 정치학계의 반응은 아직 충분한 소화기간이 경과하지 않아 미미한 편이다. 하지만 이 저작은 하버마스의 정치이론에서 완결적인 의미를 지니는 만큼 본 논문에서는 주로 이 저작을 중심으로 하버마스의 이전 이론과의 연관성 및 주변 논의들과의 비판적 관계를 복원하면서 이 저작의 핵심적인 논지에 관한 논의와 비평을 전개하고자 한다.

하버마스 정치이론은 이론적으로 소통적 행위와 체계 및 생활세계에 관한 철학적, 사회학적 논의를 전제함과 동시에, 이 이론보다 더 멀리 거슬러 올라가는 근대 공론장에 관한 정치사상적, 역사사회학적 논의를 전제하고 있다. 또한 하버마스가 자신의 정치이론을 형성, 발전시키는 데 직접적인 배경으로 기능하거나 비판의 직접적인 목표가 되었던 주변 이론들로는 맑스의 사회이론, 호르크하이머와 아도르노의 사회비판이론, 푸코의 논의 및 권력이론 등을 꼽을 수 있다. 그러나 여기에서는 이 모든 이론 연관들을 다 다룰 수 없고, 다만 그의 현대 정치이론에 부동의 토대가 되고 있는 공론장 이론과 관련된 이전 논의와 주변논의들만을 간략히 취급하고자 한다.

공론장 이론의 전후 및 좌우 연관성을 중심으로 하버마스 정치이론의 중핵에 접근하는 이러한 논의방법은 그의 주장을 둘러싼 딜레탕티즘적 비방과 불신을 경감시켜 설득력을 제고하는 장점이 있는 한편, 동시에 그의 이론의 한계를 선명히 하고 그의 이론을 비판적 대안으로 보강하는 것을 용이하게 해준다. 따라서 이 글의 말미에서는 하버마스적 변형과 해석 속에서 소홀히 되고 망각된 다른 주요 이론들을 상기시키면서 비판과 대안을 모색해 보고자 한다.

2. 근대 공론장의 구조와 성격 : 하버마스의 양가치성 테제

하버마스의 공론장이론은 이론사적으로 프랑크푸르트학파의 호르크하이머와 아도르노의 비관주의적 공론관에 대한 '구제적 비판'(rettende Kritik)을 수행하면서 형성되었고, 이들의 이론체계에서 완전 결여된 '소통적 행위' 개념의 토대 위에서 이론화되었다.

호르크하이머와 아도르노는 일찍이 《계몽의 변증법》(1944)에서 계몽주의 시대 교양부르주아가 주도하던 근대의 자율적 공론이 대자본을 요구하는 음파와 영상매체의 등장과 함께 해체되었음을 지적하고, 현대문

---

2) Diskurs 또는 discourse는 한국에서 담화, 담론, 언술, 논술 등 여러 가지로 번역되고 있다. 그러나 이 말들은 모두 원어가 지니고 있는 사회적 행위의 일상어적 의미와 두 명의 이상의 화자가 나누는 대화의 의미를 약하고 '논술'을 제외한 나머지 말은 너무 고답적이어서 생경하기까지 하다. 이런 이유에서 여기에서는 '논의'로 역한다. 논의는 대화적 의미를 내포할 뿐만 아니라 원어만큼이나 학술적으로 그리고 동시에 '여권의 대북 정책 논의구조', '운동권내 논의구조' 운운하는 용례에서 보듯이 일상어적으로도 사용되는 말이다. 번역에서도 길을 두고 메로 갈 수는 없는 법이다.

화와 여론이 대형 매체자본가들의 '문화산업'에 의해 제조된 상품으로 전락하였다고 탄핵하고 있다. '문화산업'의 등장과 함께 문화생산자와 문화향유자가 일치하던 사회상태는 해체되고, 공중은 '문화산업' 자본가들이 생산하는 문화상품의 단순한 소비자로 전락한 것이다. 이제 문화생산이 문화기업들에 의해 산업화, 자본주의화되고 문화 일반이 상품화됨으로써 대중의 여론(*öffentliche Meinung*)은 이제 순수성과 공정성을 상실, 대중을 통제하는 '발간된 의견'(*veröffentlichte Meinung*)으로 전도되었다. 그리하여 계몽은 자신의 정반대인 '대중기만', 혹세무민의 기능으로 전도되었다. 또한 문자매체 시대와는 달리 이제 이성적으로 따지고 논증하는 것 (*reasoning*)이 중요한 것이 아니라 음파와 영상매체의 특질상 두뇌기능을 중지시키고 교란시키는 이미지와 감각의 형성과 조작이 결정적인 기능을 담당하게 되었다는 것이다(Horkheimer/Adorno, 1979:108~150).

문자에서 영상과 음향으로 전환된 전기매체들은 소통적 일상언어를 완전히 삼투하고 지배하는 기제로 정착한다. 이 기제는 근대문화의 적실한 내용을, 현상을 단순히 복제하는 살균된, 이데올로기적으로 효과적인 스테레오타입의 대중문화로 변질시킨다. 다른 한편 이 매체기제는 일체의 변혁적, 초월적 계기들로부터 순화된 이 대중문화를 포괄적 사회통제 체계를 위해 활용한다. 이 문화적 통제체계는 약화된 내면적, 심리적 행태 통제를 강화, 대체하고, 개개인을 심리적으로 삼투하는 기제가 되었기 때문이다. 문화산업의 기능양식은 개인들의 심리에 내면화된 가부장적 권위가 아직 작동하는 한 충동을 초자아에 굴복시키는 심리적 기제를 그대로 본뜨고 있다는 것이다.

현대공론에 대한 호르크하이머와 아도르노의 이러한 비판일변도적인 비관주의적 관점은 청년 하버마스의 유명한 교수직 취득논문《공론장의 구조변동》(1962)에도 강력한 영향력을 행사한다. 이 저작에서 하버마스는 대중매체 자체에 의한 여론 왜곡뿐만 아니라 여기서 한 걸음 더 나아가 대중매체의 광고면을 이용한 (매체자본 이외의) 모든 자본가들에 의한 정치성 또는 공익성 광고의 이데올로기적 공론기능도 비판하고 있다 (1990a:275~292).

하버마스는 당시 이러한 자유공론의 붕괴를 국가와 사회의 기능적 결합이라는 급진민주주의적 기획을 통해 대응하고 있다. 이런 의도에서 그는 대중매체의 의해 지배되는 공론장 안에서 대항경향들이 등장하는 모델을 임시적으로 기안한다. 매체의 권력화의 정도는 비공식적, 비공론적 의견, 즉 생활세계적 맥락과 공적 의사소통의 기층을 형성하는 저문화적 자명성이 대중매체를 매개로 제조되는 사이비공론에 맞서 경제와 국가에 얼마나 영향력을 미치려고 시도하는지에 따라 측정되어야 한다는 것이다. 그는 내부적으로 민주화된 공익결사체와 정당을 이 비판적 자명성 또는 비판적 의견의 담당자로서 관념한다. 정당 내부 또는 단체 내부의 공론장을 그래도 아직 재생가능한 공론장으로 파악한 것이다. 그러나 최근 소련과 동구에서 실패한 것으로 입증된 거대주체 유형의 관료기구적 '조직사회'(*Organisationsgesellschaft*) 모델에서 유래하는 이 대항기획으로부터 하버마스는 생산패러다임의 비판과 소통행위 개념에 대한 강조와 함께 1960년대 말 곧 거리를 취하게 된다.

하버마스는 《공론장의 구조변동》에서 기술된 '조직사회'적 대항기획을 1969년 《이데올로기로서의 과학과 기술》(1969)에서 이제 관료화된 정당과 노동조합이 아니라 학생운동의 비판적 여론에 기초한 소통패러다임적 대항기획으로 대체한다. 그러나 이 새로운 대항기획이 상대하는 공론장의 성격묘사도 여전히 호르크하이머와 아도르노의 '문화산업' 테제에 기초해 있었다. 이로 인해 그는 '문화산업'에 의해 바위처럼 굳어진 공론장에 대항하여 '공개적이고 무제한적인, 지배 없는 토론'만이 이 공론장의 재류동화와 소통적 합리화를 가능케 하는 유일한 수단이라는 당착적 선언을 하게 된다(1969:98). 따라서 이 새로운 소통패러다임적 대항기획은 '계란으로 바위 치는' 어설픈 기획, 즉 '비판 아닌 비판'(*unkritische Kritik*)으로 비치게 된다.

《계몽의 변증법》에서 호르크하이머와 아도르노는 초기 부르주아의 적실성 있는 문화와 '진담'의 공론이 현대에 전화된 음향 및 영상매체 위주의 사회통제적 대중문화와 스테레오타입적 잡담의 대중여론으로 타락하는 것으로 기술하고 있다. 초기근대 공론장의 천사성과 현대 공론장의

192

악마성을 극적으로 대비시키는 이런 복고주의적 설명구도는 초기 부르주아 시대의 계급독재적 문화와 공론을 부당하게 이상화하는 반면, 현대 대중매체적 공론을 과도히 격하한다. 이 잘못된 설명구도는 하버마스의 초기 공론장 이론에도 결정적인 각인을 남겨 놓고 있다(1990a:148~160). 아도르노의 영향하에서 하버마스가 묘사한 근세 초 부르주아 공론장의 동일한 이상화는 후에 다른 이론가들의 정당한 비판을 초래하게 된다. 근대 공론장과 관련하여 서적과 신문의 공개적 의사소통의 동질성과 합리적 측면을 과장하는 것, 공중을 무계급적 단수로 언급하는 것 등은 근거 없는 것이다. 부르주아 공중의 내적 분화를 도외시하더라도 근대 공론장은 애당초 경쟁하는 복수적 공론장들로 구성되고, 따라서 부르주아의 지배적 공론으로부터 배제된 계급저항적 의사소통 과정들을 고려하지 않을 수 없는 것이다.

하버마스는 20년 뒤 《공론장의 구조변동》의 독일어본 재판을 간행하면서 부친 서문에서 바로 이러한 이론을 수용하고 명시적으로 자기비판을 행한다. 근대 공론장 안에서는 여러 개의 정당들이 상호 경쟁하고 있었을 뿐만 아니라 지배적인 부르주아 공중이 애당초 평민적 공중과 맞서 있었다. 그렇다면 부르주아 공론장 안에서 발발하는 갈등과 내적 긴장은 이 공론장의 자기변혁의 내재적 잠재력보다 더 분명하게 강조되었어야 했다는 것이다. 따라서 초기 정치적 공론장과 현대 대중매체의 권력화된 공론장 간의 비교는 이상주의적으로 미화된 과거와 문화비판적으로 왜곡된 현재라는 잘못된 대비적 설명구도를 버려야 하는 것이다(1990a:21).

그러나 이 잘못된 설명구도보다 하버마스의 새로운 이론체계를 더 위태롭게 하는 것은 현대의 대중매체적 공론장의 문화산업적 타락 테제이다. 호르크하이머와 아도르노의 '바위'처럼 단단한 비관주의적 대중매체관과 고답적 대중문화론은 하버마스의 소통패러다임적 대항기획을 '계란으로 바위 치기'처럼 어설픈 것으로 전락시키기 때문이다. 이 너무 단순화된 '문화산업' 테제에 대한 하버마스의 비판적 회의는 10여 년 뒤 《의사소통행위이론》(1981)에서 가장 뚜렷한 형식으로 정식화된다.

'문화산업' 테제에 대한 하버마스의 중대한 '원칙적인' 비판은 사회적 상호작용의 매체들에 대한 차별에 근거한다. 그는 언어에 대한 기능적 관계를 기준으로 인간들 간의 상호작용을 매개하는 매체를 둘로 나누는 '매체 이원론'(Mediendualismus)을 내세우고 있다.

　화폐와 권력은 인간간의 상호작용에서 의사소통의 모든 조절메커니즘이 지닌 불안정성과 소통적 조절에 의해 초래되는 비용을 경감할 수 있게 해 주는 매체들이다. 이것들은 언어적 소통을 '대체'함으로써 체계(경제체계와 정치체계)를 생활세계로부터 분리시키는 조절매체이다. 이에 반해 언어적 소통을 대체하는 것이 아니라 응집하고, 이런 까닭에 생활세계적 의미맥락과 분리될 수 없는 '일반화된' 소통형태들이 있다. 소통형태의 '일반화'란 다름 아니라 생활세계적 배경에서 오는 소재에 의존한 언어적 합의형성 과정의 응집과 전문화를 뜻한다. 대중매체는 바로 이 일반화되고 전문화된 소통형태의 하나이다. 대중매체는 소통과정을 시공적으로 제한된 지방적 맥락으로부터 탈피시켜 시공적으로 멀리 떨어진 소통되는 사실내용들 간의 잠재적인 네트워크의 추상적 동시성을 산출하고, 보도내용을 다면화된 의미맥락에서 활용할 수 있게끔 유지함으로써 공론장들을 생성시킨다는 것이다. 이 대중매체적 공론장은 의사소통의 지평을 위계화하고 동시에 확장한다. 이 두 측면은 서로 분리될 수 없다. 바로 여기에 매체적 공론의 양가치적 잠재력이 들어 있다(1985c, Bd. 2:573).

　화자의 말을 받아들일 청자의 '일반화된 수용 용의'는 도구적 강권에 경험적으로 동기지어진 강제적 영향력과, 근거 있는 동조에 의해 '합리적으로 동기지어진 신뢰'로 소통적 이성의 관점에서 '이원화'할 수 있다(1985c, Bd. 1:270). 여기서 동조에 의한 신뢰만이 소통적 행위에 의해 산출되고 또 이 행위를 용이하게 한다. 소통적 행위는 희미하고 깨지기 쉽고 지속적으로 수정되고 '오직 순간적으로만' 성공한다. 이런 소통상황에서 참여자들은 미해명된 선입견에 의존하여 한 경우의 공동확신에서 다음 공동확신으로 더듬어 나간다(1985c, Bd. 2:151). 이러한 이견과 불화의 경험적 위험부담과 소통 자체의 부담 문제는 화자에 대한 신뢰와 신망이 '일반화됨'으로써만 해결될 수 있다. 이에 따라 명성 및 신망과 같은 '일반화된 소통형태'가 생겨난다(1985c, Bd. 1:272). 화폐와 권력이 '경험적 동기의 구속성'에 근거하는 데 반해, 이 인간적 신망, 전문적 명성, 도덕적·실천적 지도력 등의 '일반화된 소통형태'는 일정한 종류의 '합리적 동기의 신뢰'에 기초한다.

그러나 수천만, 아니 수억의 인구를 헤아리는 근대사회의 소통적 조정을 위해서는 이것으로서도 부족하다. 명성과 도덕적 지도력이라는 이 '일반화된 소통형태들'이 근대의 광역국가에서 효력을 발휘하기 위해서는 이 일반화된 소통형태를 광역으로 확산시키는 '공론장'과, 이를 위한 언론매체적 소통기술의 발전을 필요로 한다(1985c, Bd. 1:274). 글자, 인쇄물, 전기 매체 등은 이 소통기술 영역에서의 중요한 혁신을 뜻하는 바, 이 기술의 도움으로 언어행위는 시공적 맥락의 제약으로부터 탈피하여 다면화된 맥락을 위해 사용할 수 있게 되었다. 언론은 근대사회에서야 비로소 그 문화적, 정치적 의미를 발휘한다.

명성과 도덕적 지도력같이 소통과정을 단계화하고 농축하는 대중적 소통매체들은 비판가능한 타당성 요구에 대한 그렇다/아니다 입장표명의 부담을 '단지 일시적으로만' 덜어준다. 소통기술이 '공론장'의 형성을 가능케 하여 농축된 소통네트워크를 문화적 전통에 참여하도록, 그리고 최종적으로 책임능력 있는 행위자들의 행위에 의존해 있도록 배려하는 한에서 소통과정은 이 소통기술에 의존하기 때문이다.

그러나 이 대중매체는 양가치적이다. 대중매체는 한편으로 의사소통의 흐름을 중앙집중적 네트워크로써 일방적으로 중심에서 주변으로, 위에서 아래로 '회로화'하는 한에서 사회적 통제의 효율성을 현저히 강화할 수 있다. 그러나 다른 한편으로 생활세계에 뿌리박은 자연발생적 소통구조 자체에는 해방적 잠재력의 대항추가 내장되어 있기 때문에 이 권위적 통제력의 완전 활용은 늘 위태롭다. 대중매체는 소통적 합의과정을 단계화하고 묶고 응집할 수 있지만, 동시에 생활세계적 의사소통으로부터 올라오는 그렇다/아니다의 입장표명과 논증과정으로부터 완전히 분리시켜 놓을 수 없다. 제아무리 조작적인 대중매체적 의사소통도 대중매체와 무관한 현장적 논장(論場) 도처에서 불평, 항의, 언쟁하고 채널을 자주 바꾸는 현장 시청자들의 반박 가능성에 대해 궁극적으로 확실하게 방어될 수 있는 방도는 없기 때문이다(1985c, Bd. 2:573).

요약하면 정치적으로 능동적인 공중에서 사사로운 이기주의적 공중으로, '문화를 논하는 공중에서 문화를 소비하는 공중'으로의 일직선적인 타락이라는 과거 자신의 '문화산업적' 진단은 과도한 속단이었다는 것이다. 그리하여 하버마스는 문화적 습성에서 계급적 테두리로부터 벗어나 내적으로 폭넓게 분화된 다원주의적인 대중의 저항능력과 비판적 잠재력을 당시 '너무 비관주의적으로' 파악했다고 자기비판을 수행하면서 일면적 '문화산업' 테제를 양가치성 테제로 수정한 것이다(1990a:30).

경험적인 소통연구도 대중매체의 바로 이 '양가치성'을 증거한다. 시청 상황과 방송프로그램의 경험적 분석은 특히 아도르노의 저 문화비판적 테제에 대한 증빙사례를 거듭 제공하고(1990a:27~28), 따라서 이 대중 매체적 공론장의 무비판적 긍정을 금하지만, 공론장 안에 그리고 공론장을 둘러싸고 결코 평면화될 수 없는 갈등이 상존한다. 공론장에 대한 권력집단의 외적 개입은 생활세계적 원천에서 자생적으로 진행되는 의사소통의 저항에 봉착하여 늘 갈등을 초래하기 때문이다.

그런데 이 공론장의 양가치성 테제가 맑스와 맑스주의자들의 '이데올로기론'에 대해서도 견지될 수 있는가? 하버마스는 이데올로기 개념을 소통적 행위이론에 따라 '체계에 의해 찌그러진 의사소통' 또는 체계의 '구조적 강권'(strukturelle Gewalt)에 의해 병리화된 의사소통으로 재정의하고 있다.

하버마스는 이것을 설명하기 위해 '소통형태'(Verständigungsform)의 개념을 도입한다. 주어진 시대의 소통형태는 일반적 소통구조와 계급사회의 억압적 재생산을 위한 체계 강제 간의 타협을 의미한다(1985c, Bd. 1: 279). 종교적 세계상이 지배하던 전근대와 이것의 영향력이 잔존하던 초기근대에는 '감히' 언어로 주제화할 수 없는 체계 강제들이 금기(Tabu)의 형태로 강력히 작동하였다. 자유로운 소통을 가로막는 이런 타부들은 이데올로기적 기능을 떠맡았다. 계급사회에서 문화적 전통이 갈등적 현실 체험에 대해 방어되며 유지되는 것은 곧 이러한 '소통의 구조적 제한'에 의해 가능한 것이다(1985c, Bd. 1:282).

전근대적 계급사회의 종교적, 형이상적 기본개념들은 말의 합리성을 일상적 실천 안에서보다 더 강하게 구속하는 미분화된 타당성 요구(진선미의 제가치)의 차원에 위치한다. 이 기본개념들은 '타당성 요구의 미분화', 즉 진선미의 융합에 힘입어 일상적 소통의 인식적 영역에서 일어나는 항의와 갈등에 대해 방역되어 있다(1985c, Bd. 1:282). 성례적 행위영역과 세속적 행위영역의 제도적 분리가 세속적 영역에서 문화전통의 기초를 '무엄하게도' 언어로 주제화되지 않도록 터부화하는 한편, 진선미의 가치영역들의 전근대적 미분화는 성례적 영역에서의 의사소통을 제한하여 계급적, 신분적 갈등 체험이 세속적 영역에서 성례적 영역으로 침투하여 논란되는 것을 미연에 방지한다.

그러나 탈관습적 근대사회에서는 진선미가 '논의들'(Diskurse)의 차원에서 극명하게 분화되고, 분화된 논의형태(학계, 종교계, 예술계)로 제도화되어 있다. 그리하여 각각의 가치에 대한 논의는 다른 가치들의 간섭을 받지 않고 끝장을 볼 때까지 진행될 수 있다. 또한 근대사회의 발전과 함께 성례적 영역은 도처에서 해체되어 구조형성적 지위를 상실했다. 이와 함께 문화는 전근대에 이데올로기적 기능을 떠맡던 그 형식적 속성을 상실한다.

그리하여 근대사회에도 체제이데올로기가 존재하지만 모든 통용되는 이데올로기는 이론적으로뿐만 아니라 일상적 체험 속에서도 폭로할 수 있다. 이데올로기의 폭로는 진리에 관한 독립된 과학적 논의 속에서 가능할 뿐 아니라 이러한 이론적 폭로 자체가 이러한 체험의 관점에서 일상인들에 의해서도 공감될 수 있는 것이다. 근대에는 소통의 전면적 이데올로기화는 불가능한 것이다. 근대의 소통형태는 '너무 투명하여' 눈에 띄지 않는 소통제한을 통해 '구조적 강권'에게 안전한 '보금자리'를 보장해 줄 수 없기 때문이다(1985c, Bd. 2:292). 현실적 소통과 공론은 이데올로기로 일색화되는 것이 아니라 참된 지식과 이데올로기의 편린이 뒤섞인 양가치적 양상을 띤다. 따라서 대중매체적 공론장의 '양가성' 테제는 교조적 맑스주의 쪽의 이데올로기론적 비판에 대해서도 견지될 수 있는 것이다.

이와 같이 이데올로기론에 대해서도 공론장의 ‘양가치성’ 테제가 견지될 수 있다면, 시민사회의 민중조직과 저항적 정치조직들도 이미 어느 정도 발전된 기존의 공론장으로 정치투쟁의 중심을 이동하는 전략적 방향전환을 수행하여 대중운동에 기초한 공론투쟁을 통해 대중매체에 내장된 소통적 이성의 전개를 촉진해야 할 것이다. 그렇다면 또한 공론장 이론이 결여된 그람시 이래의 좌파적 급진민주주의 기획 속에서 전개돼 온 시민사회론과 민주주의론도 근본적 교정을 겪어야 할 것이다.

하버마스의 이 공론장 이론은 문화산업 테제와 맑스주의의 이데올로기론에 대해서뿐만이 아니라 푸코의 논의론에 대해서도 방어될 수 있는 근거점을 제공한다. 푸코 유형의 ‘배제’메커니즘이 작동하기 위한 전제는 지배 공론장의 단일한 존재이다. 그러나 동일한 소통구조 속에서 패권적 공론장과 나란히 다른 하위문화적 공론장 또는 계급특유한 공론장들이 고유한 전제 하에서 등장하는 복수적인 논장(論場)들이 동시에 형성되는 경우 ‘배제’는 푸코적 ‘배제’와 ‘다른 의미’를 띠게 된다(1990a:15~16). 이런 까닭에 이른바 근대적 논의구성체에서 ‘배제된’ 거덜난 체험들을 언어화하려는 푸코의 ‘지식의 고고학’조차도 근대적 논의구성체에 의해 배제되지 않고 거꾸로 ‘포함’되었다. 부르주아 공론장의 보편주의적 논의형태들은 애당초 반푸코적인 자기산출적 전제에 서 있기 때문이다. 공론장의 이 논의들은 내부로부터의 비판에 대해 방역된 것이 아니며 자기변혁의 비판적 잠재력(소통적 이성)을 내장한 점에서 푸코 유형의 논의와 구별된다(1990a:20). 요는 공론장은 다른 항의적 논의를 배제하면 자유공론적 자동성을 상실할 수밖에 없기 때문에 일반적 공론장의 대내외적 경계들은 원칙적 ‘투과성’(1992:452)을 지닐 수밖에 없기 때문이다.

3. 시민사회와 공론장의 정치적 기능

하버마스에 의하면 사회복지국가적 대중민주주의에서 계급갈등이 제도화되고 정지되었다는 사실은 저항 잠재력 일반의 정지를 뜻하는 것이 아니다. 그러나 저항은 이제 다른 갈등선에서, 즉 '생활세계의 식민화 테제'가 옳다면 '생활형태의 문법의 문제'에서 타오른다. 이 '새로운' 정치는 '신중산층'에서 지지세력을 얻는다. 사회 전체의 사회갈등상은 '새로운 갈등에 의한 옛 갈등의 중첩'이 예상된다는 것이다. 그리하여 자본주의적 성장을 사회복지국가적 타협의 기초로서 방어하는, 생산에 직접 참여한 계층의 '중심'과 잡다하게 구성된 성장비판적 '주변' 간의 갈등선이 생겨난다(1992:576~577).

자본주의 체계에 대한 저항의 집단적 주체를 노동자에서 신중산층으로 치환하는 이러한 '새로운 사회운동'의 저항 목표는 자본주의 그 자체의 극복도 아니고, 새로운 영역의 정복도 아니며, 다만 공론장의 역동화를 통해 형성되는 소통적 권력으로, 생활세계를 위하여 이상비대한 체계의 식민주의적 침범의 '차단'(*Eindämmung*, 1985c, Bd. 1:578; 1990a:36) 또는 국가기구와 경제의 강제논리의 '견제'(*in Schach halten*)이다(1986:393). 즉, 이것은 저항운동에 의해 활성화된 공론장의 압력으로 국가체계를 '포위'(*Belagerung*)하여 '영향력'을 행사하는(1990a:44; 1988b:208) '방어적' 과업(1986:393)이다. 전통적 비판이론의 갈등전선을 바꾸고 갈등주체와 저항목표를 치환하는 이 하버마스의 소통이론적 비판이론은 사회복지국가의 기능적 효율성을 과도히 신뢰하고 있을 뿐만 아니라, 이론 성립 당시의 서구자본주의의 상대적인 순항을 불변적 조건으로 전제하고 있다.

아무튼 하버마스에 의하면 정치적 공론장의 사회적 밑받침은 각종 사회결사와 조직체들이다. 따라서 공론장의 담당자들과 조직형태에 대한 구체적인 정치사회학적 범주들이 필요하다. 하버마스는 이 대목에서 지난 20년간 그람시 전통의 맑스주의 논의 속에서 회자한, 그러나 그간 그가 철저히 홀대한 '시민사회' 개념을 도입한다. '시민사회' 개념이 그람시

전통의 맑스주의적 논의구조를 넘어 하버마스도 더 이상 모른 체 할 수
없는 이론적 붐을 일으켰기 때문이다(1986:47). 이 '시민사회'는 경제토
대('노동과 욕망의 체계')와 국가기구의 일부('경찰행정'과 '사법제도')까지
도 포괄하는 헤겔의 'bürgerliche Gesellschaft'(Hegel:1980) 또는 영미
자유주의 정치철학 계통의 'civil society'를 뜻하는 것이 아니다. 맑스의
범주로 포착하면 여기서 '시민사회'는 상부구조에서 국가영역을 제외한
나머지 전영역, 즉 상부구조의 사회적·문화적·정신적 생활영역을 가리
킨다. 이런 까닭에 그람시 전통에 선 독일 좌익학계의 시민사회 논의에
서는 어느 때부턴가 오해를 불러일으키는 'bürgerliche Gesellschaft'라는
범주를 버리고 그람시의 'societa civile'를 'Zivilgesellschaft' 또는 'zivile
Gesellschaft'라는 신조어로 번역하여 사용해 왔다.

그러나 이 새로운 '시민사회' 개념은 이미 맑스에 의해 예비된 것이었
다. 맑스는 불어로 쓴 안넨코프에게 보내는 한 서한(1846.12.28)에서 '시
민사회'(société civile) 개념을 경제적 토대와 국가 양자에 대해 구별되는
'사회적' 상부구조의 의미에서 사용하고, 이 시민사회의 '공식적 표현'을
정치적 국가(état politique)로 규정하고 있다(MEW 4:548). 맑스는 같은
서한에서 사회 전체를 '경제적 관계', '사회적 관계', '정치적 관계'의 세
영역으로 나누어 도식화하고 있다. 이러한 세 영역으로 구성된 사회관은
나중에 사적유물론을 간략한 언어로 재확인하는 《정치경제학 비판을 위
하여》의 '서문'에서도 그대로 골격을 유지한다. 여기에서 그는 경제토대,
즉 '물질적 생활의 생산양식'이 '사회적 생활과정', '정치적 생활과정', '정
신적 생활과정' 일반을 규정한다고 말하고 있기 때문이다(MEW 13:9).
이렇게 볼 때 '안넨코프에게 보낸 서한'에서의 세 영역으로 분할된 사회
관과 '시민사회' 개념은 여기에서도 유지되고 있는 셈이다. 이런 이유에
서 그람시는 이 유물론적 도식만으로도 충분히 'societa civile' 개념을 전
개할 수 있었던 것이다.

맑스에서의 상부구조의 이 이중구조(시민사회와 국가)는 지금까지 거
의 주목받지 못했다. 이것은 맑스의 저작에서 'bürgerliche Gesellschaft'
라는 용어가 헤겔적 의미로 쓰이는 경우, '부르주아사회'라는 의미로 쓰

이는 경우, 위에서 정의된 '시민사회'로 쓰이는 경우 등 다의적으로 사용
되고 있음에 기인할 것이다. 맑스주의자로서는 그람시만이 국가와 경제
양자에 대해 구별되는 사회적 상부구조로서의 시민사회를 처음 발견하였
다(Gramsci, 1980:228). 맑스의 위 'société civile'의 제도적 테두리는 그
람시의 'societa civile'와 완전히 합치된다.

하버마스는 그람시 전통의 이 시민사회 개념을 처음 도입하는 맥락에
서 최근의 '시민사회' 개념이 헤겔과 맑스의 '시민사회'와 달리 경제영역
을 더 이상 포함하지 않는다고 말하고, 각종 사회단체와 조직들을 나열
하고 있다(1990a:46; 1992:443). 그러나 여기서 그는 헤겔의 '시민사회'와
맑스의 '시민사회'를 등치시키고 또 시민사회적 단체와 조직들을 나열하
면서 가족을 누락하는 오류를 범하고 있다.

하버마스의 이 잘못된 맑스 독해와 시민사회적 개념 틀의 이러한 오해
의 비판적 교정을 전제로 그의 시민사회 개념을 알아보자. 그람시 전통
의 많은 시민사회 이론들이 시민사회를 문화와 가치도덕의 관점에서만
고찰하여 시민사회를 '문화주의적'으로 축소시킴으로써 불가피하게 실천
적으로 문화투쟁의 '김빠진' 이론으로 귀착되곤 하는 데 반하여, 하버마
스의 시민사회 개념은 소통과 공론장의 관점에서 고찰함으로써 현대적
정치실천에 유의미한 이론구성을 가능케 하는 탁월성을 갖는다.

그는 일단 시민사회를 분명히 정의하려는 시도는 '헛된 일'로 간주한
다. 다만 시민사회와 관련해서는 일반적 관심거리가 되는 제문제에 관한
문제해결적 '논의'를 공론장의 틀 안에서 제도화하는 시민사회의 '제도적
핵심'을 형성하는 결사관계에만 주목하면 된다는 것이다(1990a:46;
1992:444). 이 '논의적 기안'은 이 결사체들의 평등하고 개방적인 조직형
태에서 소통유형의 본질적 특징을 반영하고 있는데, 이 소통을 중심으로
결사체들이 결정화되고, 역으로 이 소통에 연속성과 지속성을 부여한다.
즉, 시민사회의 '제도적 핵심'은 공론장의 소통구조를 생활세계의 사회요
소 안에 뿌리박게 만드는 자발성에 기초한 '비경제적'이면서 동시에 '비국
가적인' 결사, 조직, 운동이다. 시민사회는 사회적 문제상황을 사적 생
활영역에서 발견하고 수용하고 농축하여 확성적으로 정치적 공론장으로

전달하는 자발적 조직과 결사체들로 구성된다.

시민사회 영역의 '기본권적' 보장을 분석해 보면 시민사회의 사회적 구조에 관한 1차적 정보를 얻을 수 있다(1992:445). 의사표현의 자유와 더불어 집회의 자유와 결사의 자유는 여론형성 과정에 개입하여 일반이익의 주제들을 취급하고 이익대변의 힘이 없고 조직하기 어려운 집단들의 희망을 변호적으로 대변하거나 문화적, 종교적, 인본적 목표를 추구하고 신념공동체를 조직하는 자발적 결사체들의 활동공간을 정의해 준다.

자율적 시민결사와 기본권으로 보장되는 온전한 프라이버시 영역 간의 긴밀한 관계는 옛 소련과 동구의 전체주의적 국가사회주의 사회를 보면 보다 분명해진다. 이 사회에서는 푸코가 정의한 '판옵티콘적 국가'가 관료체제에 의해 무미건조화된 공론장을 직접 통제할 뿐만 아니라, 이 공론장의 사적 토대도 해체한다(1992:446; 1990a:47). 물론 기본권적 보장만으로는 공론장과 시민사회의 왜곡이 방지될 수 없다. 이러한 보장에 더하여 시민사회의 자생적 역동성이 공론장의 소통구조를 안전하게 지탱해 주어야 한다.

시민사회적 토대를 지닌 공론장과 법치국가적으로 제도화된 의회적 의견 및 의사형성의 공동작용은 '토론정치'(deliberative Politik)의 개념을 정치사회학적으로 번역하기 위한 좋은 출발점을 제공한다(1990a:448~449). 물론 시민사회는 사회 전체의 자기조직화의 광선이 집중되는 초점으로 간주되어서는 안된다. 시민사회와 공론장은 비제도화된 운동형태와 표현형태에 '한정된' 행위공간만을 제공할 뿐이다.

여기로부터 급진민주주의적 실천의 구조적으로 필수적인 자기제한이 발생한다. 활력 있는 시민사회는 자유로운 정치문화와 상응하는 사회화 유형의 맥락에서만, 그리고 손상되지 않은 사적 영역의 토대 위에서만 형성될 수 있다. 즉, 활력 있는 시민사회는 '이미 합리화된 생활세계'에서만 발전한다(1990a:449 각주).

자유로운 공론장 안에서 행위자들은 정치적 '권력'이 아니라 오직 '영향력'만을 획득할 수 있다. 어느 정도 논의적인 공개논쟁에 의해 산출되는 공론의 영향력은 분명 뭔가를 움직일 수 있는 경험적 크기를 갖는다.

그러나 이 정치적 영향력은 민주적 의사형성의 제도화된 '절차'의 필터를 통과하여 '소통적 권력'(*kommunikative Macht*)으로 바뀌고 정통적 법제화를 겪는 경우에야 비로소 사실상 일반화된 공론에서 이익일반화의 관점에 의해 '검토된', 정치적 결정을 정통화하는 공적 확신이 생겨난다.

정치행위가 활용할 수 있는 법과 행정적 권력은 기능적으로 분화된 사회 안에서 한정된 효과를 지닐 뿐이다. 정치적 조절은 간접적으로만 수행될 수 있을 뿐이고 기능체계들의 고유한 작용방식을 건드려서는 안된다. 이런 이유에서 시민사회로부터 자라난 민주운동은 맑스주의적 사회혁명관의 기저를 이루는 '전체적으로 자기 조직하는 사회'의 이념을 포기해야 한다. 시민사회는 사회 전체를 통제하고, 전체의 명의로 행위하는 역사철학적 '거대주체'를 대신하는 것이 아니다. 게다가 사회경제의 계획화를 목적으로 투입되는 행정적 권력은 해방된 생활형태의 촉진에 적합하지 않다. 이 해방적 생활형태는 민주화과정의 결과 '저절로 형성될 수 있는 것'이지, 행정적 개입에 의해 '야기될 수 있는 것'이 아니기(1990a: 450) 때문이다.

4. 근대 민주주의론의 재건 : 소통적 주권개념과 雙線的 토론정치

이러한 공론장과 새로운 시민사회론의 토대 위에서 하버마스는 민주적 선거절차란 정치적 강자들이 자신의 의지를 관철하는 의식이고, 대중을 향한 정치엘리트들의 공약과 홍보는 인식적 가치가 없는 일종의 수사에 지나지 않는다고 보는 정치적 보수주의와 교조적 맑스주의의 경험주의적, 냉소주의적 민주주의론을 극복하고, 근대 자유주의와 공화주의의 민주주의론을 논의이론의 토대 위에서 비판적으로 재건하려고 시도한다.

민주적 과정에 자유주의 모델보다 더 강한, 그러나 공화주의적 모델보다 더 약한 규범적 함의를 연결시키는 논의이론은 이 양편으로부터 일부 요소들을 받아들여 새로운 방식으로 종합한다. '논의적 민주주의론'은 공화주의와 일치하여 정치적 의견 및 의사형성을 중심에 놓되, 법치국가적

헌법을 부차적인 것으로 간주하지 않는다(1992:361). 논의이론은 토론정
치의 번창을 집단적으로 행위가능한 시민에 종속시키는 것이 아니라 상
응하는 절차와 소통기제의 제도화 및 제도화된 토론과 비공식적 공론의
공동에 종속시킨다. 인민주권의 소통적 과정화와 정치적 공론장의 주변
적 네트워크에의 정치적 체계의 재구속은 '탈중앙집권화된' 사회상과 결
합되어 있다. 그리하여 이 민주주의 개념은 이제 목표지향적으로 행위하
는 '거대주체'로서 관념되는 '국가 중심적 사회전체' 개념으로 작업할 필
요가 없다. 동시에 이 민주주의 개념은 권력균형과 이익균형을 시장교환
의 모델에 따라 무의식적으로 규제하는 헌법규범 체계로서의 전체를 대
변하지 않는다. 논의이론은 시민의 자결행위를 전사회적 거대주체에 귀
속시키거나 또는 법률의 익명적 지배를 경쟁적 개별주체들과 관련시키는
것을 강요하는 '의식철학적' 사유도식과 결별하는 것이다(1992:362). 왜
냐하면 개인적 선택행위 외에는 의식적인 집단적 결정이 존재할 수 없기
때문이다.

논의이론은 민주적 절차를 매개로 또는 정치적 공론장의 소통 네트워
크 안에서 진행되는 이해과정의 '고단계적 간주체성'을 고려한다. 이 '주
체 없는' 소통은 의회기구 안팎에서 전체사회적으로 중요한 소재들에 관
한 의견 및 의사형성이 벌어질 수 있는 논장(論場)을 형성한다. 소통의
흐름은 공론장적 영향력과 소통적 권력이 입법을 매개로 행정적 권력으
로 전환되도록 보장해야 한다. 자유주의적 모델에서처럼 국가와 '사회'의
경계는 존중되지만, 여기서 '사회'는 자유주의 모델에서와 달리 다시 자
율적 공론장의 사회적 기초로서의 '시민사회'와 '경제적 행위체계'로 구분
된다. 이러한 민주주의론으로부터 근대 사회의 통합 및 조절 필요성을
충족시키는 세 자원인 화폐, (행정적) 권력, 연대의 관계내에서 비중변
위에 대한 요구가 도출된다. 규범적 함의는 여기서 명백하다. 이제 연대
의 사회통합적 힘은 폭넓게 분화된 자율적 공론장과 법치국가적으로 제
도화된 민주적 의견 및 의사형성 절차를 매개로 발전되어야 하고, 법매
체를 매개로 화폐와 행정적 권력에 대해서도 관철될 수 있어야 한다.

논의론적 민주주의관은 정통성과 인민주권의 관계에도 영향을 미친다.

자유주의적 모델에 따르면 민주적 의사형성은 오직 정치적 권력의 행사를 정통화하는 기능만을 갖는다. 선거결과는 정부권력의 장악에 대한 면허인 데 반해, 정부는 공론장과 의회 앞에서 이 권력의 사용을 정당화해야 한다. 공화주의적 모델에 따르면, 민주적 의사형성 과정은 사회를 정치적 공동체로 구성하고 이 건국행위에 대한 회상을 매번의 선거로써 생동하게 유지하는 훨씬 강한 기능을 한다. 정부는 위원회로서 분리된 국가권력의 정상이 아니라 자주관리하는 정치공동체의 일부이다. 그러나 논의이론은 이 공화주의적 모델들과 다른 관념을 도입한다. 민주적 의견과 의사형성의 절차와 소통적 전제는 법과 법률에 구속된 정부와 행정이 내리는 정치적 결정의 논의적 합리화를 위한 가장 중요한 수문이다. 합리화는 여기서 단순한 정당화(베버)보다 더 많은 것을 뜻하지만, 동시에 권력의 '구성'(루소)보다 더 적은 것을 뜻한다. 행정적 권력은 권력행사를 사후적으로 통제할 뿐만 아니라 사전에 프로그래밍하는 민주적 의사형성 과정과 결부되는 한 무질서한 '뭉치상태'를 변화시킨다. 그럼에도 불구하고 정치적 체계만 '행위한다'. 이 체계는 집단적 구속력 있는 결정을 전문으로 하는 부분체계인 데 반해, 공론장의 소통구조들은 전체사회적 문제상황의 압박에 반응하고 영향력 있는 의견들을 증폭하는 광범하게 펼쳐진 센서망을 형성한다. 민주적 절차에 따라 소통적 권력으로 가공되는 공론은 스스로 지배할 수 없고 행정적 권력의 사용을 일정한 방향으로 조종할 뿐이다.

　인민주권의 개념은 절대주의적 지배자와 결부된 주권관의 공화주의적 계승과 변형에서 유래한다. 정통적 강권행사의 수단을 독점하는 국가는 이 세계의 여타 모든 강권을 압도하는 권력집중체로 관념된다. 루소는 보댕으로 거슬러 올라가는 이 사유도식을 통합된 인민의 의지로 이동시켜 자유평등한 사람들의 자치라는 고전적 이념과 융해, 근대적 자율성 개념 속으로 고양시켰다. 그러나 주권개념은 이러한 규범적 승화와 맑스주의적 심화에도 불구하고 '(물리적으로 현존하는) 인민 속에서의 체현'(*Verkörperung*)이라는 거대주체적 관념을 떨치지 못하였다(1992:364; 1988b:197~198). 공화주의적 모델에 따르면 적어도 잠재적으로 현존하

는 인민이 원칙적으로 양도할 수 없는 주권의 담당자이다. 인민은 주권
자로서의 자신의 속성에서 어떤 타자에 의해서도 대변될 수 없다. 그러
나 인민은 실제적 경험에 따르면 의지와 의식을 가진 주체가 아니다. 인
민은 항상 복수로 등장할 뿐, 인민 전체로서는 결의도 행위도 할 수
없는 것이다(1988b:187). 이에 대해 자유주의는 보다 현실주의적인 입장
을 대립시킨다. 민주적 법치국가에서 인민으로부터 나오는 국가권력은
선거와 투표 안에서 그리고 입법, 행정, 사법의 특수한 기관을 통해 행
사된다는 것이다.

이 두 주권개념은 전체로부터 출발하느냐 아니면 부분으로부터 출발하
느냐의 양자택일적 출발조건에 갇힌 국가 및 사회관의 의심스런 전제하
에서만 완벽한 택일적 대안 노릇을 할 뿐이다. 이에 반해 '논의적 민주주
의 개념'에는 정치적 공론장과 함께 전체사회적 문제들의 지각, 확인, 취
급을 위한 장을 분화시키는 '탈중심화된 사회'가 조응한다. '주체철학적'
개념구성을 내던지면, 주권은 구체주의적으로 인민 속에 집중된 실체로
관념될 필요도 없고 헌법적 권한 속으로 추방될 필요도 없다. 자기조직
화하는 권리공동체의 '자기'는 논의적 의견 및 의사형성의 흐름을, 이것
의 오류가능한 결과가 이성적이라는 추정을 얻는 방식으로 규제하는 주
체 없는 소통형태들 속에서 소멸하게 된다. 이로써 인민주권의 이념과
결부된 직관은 부정되는 것이 아니라 간주체적으로 변형된다. 소통적으
로 익명화된, 간주체화된 주권은 이제 소통적으로 산출된 권력으로서 자
신을 관철하기 위해서만 민주적 절차와 까다로운 소통적 전제의 법적 제
도화 속으로 귀환한다. 정확히 하자면 주권은 이제 법치국가적으로 제도
화된 의사형성과 문화적으로 동원된 시민사회적 공론장 간의 상호작용에
서 생겨난다(1992:365).

따라서 이 '소통적으로 유동화된 주권'은 자율적 공론장에서 생겨나 민
주적으로 제도화된 논의적 의결 속에서 형태화되는 '논의들의 권력'으로
구현되는 것이다. 이 소통적 주권의 권력은 정복의도 없이 '포위의 양식'
으로 정치적 체계의 판단 및 결정과정의 전제에 영향을 가하여 자신의
명령을 '포위된 요새가 이해하는 유일한 언어'로 관철시킨다(1988b:208).

이와 같이 주권이 소통적 절차로 해체되었다면, 1789년 이래 빈자리로 남아 있는 주권자의 '상징적 거소'는 '국민'이니 '인민'이니 하는 새로운 실체적 상징으로 채우려 하지 말고 빈자리로 남겨 두어야 한다(1990a:44). 따라서 하버마스의 이 '소통적으로 유동화된 주권개념'은 근세초의 실체적 주권개념의 단호한 거부이면서 동시에 바로 이 개념이 지닌 규범적 '직관'의 소통이론적 계승인 셈이다.

하버마스의 이 새로운 주권이념은 권리공동체의 자기조직화를 가능케 하는 새로운 사회적 틀을 제공한다. 이 이론 틀은 좌우 공화주의자들과 무정부주의자들보다 덜 야심적이면서 비판적으로 낙관적이다. 물론 이 소통적 주권도 시민들의 의지에 따라 임의로 좌지우지할 수 있는 것이 아니다. '토론정치'의 규범적 자명성은 공동체를 위해 논의적 사회화 양식을 요구하긴 하지만, 이 양식이 법치국가적으로 제도화된 정치적 체계도 포괄하고 있는 사회 전체로 확장될 수 있는 것이 아니다. '토론정치'는 생활세계의 일부로서 분화된 전체 현대사회의 한 부분에 지나지 않기 때문이다. 논의론적 민주주이론은 이 각도에서 사회과학적 고찰과 결합할 수 있게 된다.

논의적 민주주의 개념은 '정치적으로 구성되는 사회'의 공화주의적 관념으로부터 탈피함으로써 애당초 기능적으로 분화된 현대사회의 형태 및 작동양식과 양립가능해진다. 그러나 자유평등한 권리주체들의 연합을 위해 전제된 '논의적 사회화'의 양식이 복잡한 현대사회의 재생산조건 하에서 과연 가능한가에 대한 물음과 회의는 여전히 남아 있다. 이 물음에 대한 정치사회학적 답변을 위해서는 민주주의의 절차적 핵심을 올바른 차원에서 조작가능한 범주들로 옮겨 놓는 것이 중요하다. 절차적 민주주의 개념의 사회학적 연구는 민주적 법치국가의 이 규범적 내용과 관련하여 목표를 너무 높이 잡아서도 안되지만 너무 낮게 잡아서도 안된다(1992:369).

코헨은 토론정치의 요건을 다음과 같이 제시한다. ① 협의의 논증 형태성, ② 협의의 공개성과 개방성, ③ 협의의 외적 무강제성, ④ 협의의 내적 무강제성, ⑤ 협의의 합리적 합의지향성과 무제한적 지속성, 다수결에 의한 협의종결시에 다수의견의 오류가능성, 따라서 이성의 잠정성, ⑥ 정치적 협의의(프라이버시를 제외한) 모든 자료와 정보에의 확장가능성, ⑦ 정치적 협의의 욕구해석과 전정치적 입장과 선호의 변화에의 확장가능성 등이 그것이다(1992:370~371). 자신들의 공동생활의 조건을 민주적으로 규제하기 위해 이러한 절차를 제도화한 공동체는 시민들로 구성된다. 이 공동체는 특유한 생활형태와 전통을 가진, 시공적으로 제한된 지방적 권리공동체이다. 권리주체들을 공동체로 결합시키는 것은 최종적으로 어떤 소통공동체든 결속시키는 '언어적' 유대이다.

그러나 하버마스에 의하면 코헨의 이 토론정치 이론에는 중요한 내적 분화가 결여되었을 뿐만 아니라, 민주적 절차에 의해 규제되는 결정지향적 협의와 이를 둘러싼 공론장 간의 관계에 관한 언표도 결여되어 있다. 이 절차는 비공식적 의견형성에 뒤따르는 투표조직에 국한되지 않는 한에서, 적어도 회의에서 의제를 협상하고 의결을 하기 위해 모인 대표들의 구성과 작업방식을 규제한다. 의회를 설치할 때 결정능력과 정치적 책임은, 사회적으로 경계지어지고 시간적으로 제한된 의회내적 공론장이 구성되고, 협상이 논증적으로 벌어지고 문제별로 전문화되는 연관점을 형성한다. 이렇게 설치된 내부 공론장 안에서의 민주적 절차는 공정한 타협을 포함한 실천적 문제의 협업적 해결의 관점에서 의견과 의사형성의 과정을 구조화한다. 이러한 절차규제의 조작적 의미는 문제의 발견과 확인이라기보다 문제의 처리이고, 새로운 문제설정에 대한 민감화라기보다 문제선택과 다양한 해결책들 사이에서의 결정의 정당화이다. 의회적 기구의 내부공론장은 무엇보다도 '정당화 연관'으로 구조화되어 있다. 그러나 이 내부 공론장은 행정적 추가작업과 후속처리에만 의존하는 것이 아니라 일반적 시민공중의 — 절차에 의해 규제되지 않는 — 외부 공론장의 '폭로연관'에도 의존하는 것이다(1992:373).

하버마스는 안팎의 두 공론장의 논의에 의존한 토론정치를 '쌍선적(雙線的) 토론정치'로 명명한다(1992:369). 의결능력 없고 행위능력 없는 '취약한 공중'은 공론의 담당자이다. 의결과 문제해결의 책임이 없는 공론형성은 중첩되는 하부문화적 공론장들의 공개적·개방적 네트워크 안

에서 벌어진다. 이러한 다원주의적 공론장의 구조들은 기본권적으로 보
장되는 틀 내에서 어느 정도 자발적으로 형성된다. 원칙적으로 무제한적
인 소통흐름은 일반적 공론장의 비공식적 요소들을 구성하는 시민결사체
내부에서 벌어지는 작은 공론장들도 관통하여 유동한다. 전체적으로 이
흐름은 몽땅 조직화될 수 없는 '야생적' 복합체를 이룬다. 일반적 공론장
은 무정부적 구조로 인하여 불평등하게 분배된 사회적 권력, 구조적 강
권, '체계에 의해 찌그러진 소통' 등의 억압과 배제효과에 의회의 조직된
공론장보다 더 보호막 없이 노출되어 있지만, 그럼에도 불구하고 새로운
문제들이 이 조직된 공론장에서보다 더 민감하게 지각되고 자기이해의
논의들이 더 폭넓게, 그리고 더 명시적으로 수행되고, 집단적 자동성과
욕구해석이 더 무강제적으로 선명화될 수 있는 '무제한적' 소통의 매체라
는 장점을 갖는다.

　민주적으로 제도화된 의견 및 의사형성은 이상적인 차원에서 권력화되
지 않은 정치적 공론장의 구조 속에서 형성되는 비공식적 공론의 공급에
의존해 있다. 공론장은 역으로 동등한 시민권이 효력을 얻은 사회적 토
대에 의해 지탱되어야 한다. 계급제약으로부터 탈피하고 사회적 계층화
와 착취의 수천년 된 구속으로부터 벗어난 토대 위에서만 해방된 문화적
다원주의의 잠재력, 즉 의미산출적 생활형태들이 풍부하고, 따라서 갈등
도 많은 잠재력이 전면적으로 발전할 수 있다. 그러나 이 갈등의 소통적
해결은 의식적인 방식으로 복잡성을 잘 다룰 줄 아는 탈주술화된, '세속
화된' 현대사회에서 '남들간의 연대'의 '유일한' 원천, 강권을 포기하고 공
동생활의 협업적 규제시에 서로서로에 대해 '남남으로 남아 있을 권리'도
인정하는 남들간의 연대의 유일한 원천이다(1992:374). 맑스를 거쳐 벤
담으로 거슬러 올라갈 수 있는 이 '쌍선적 토론정치' 개념은 현대의 '세속
화된' 사회조건과 '양가치적' 공론장에서 실천적으로 추구할 수 있는 정치
이면서도 변화될 미래의 정치를 꿈꿀 수 있게 만든다.

5. 하버마스 정치이론의 비판적 보완: 결론을 대신하여

하버마스는 쌍선적 토론정치에 의해 동원되는 시민사회적 영향력과, 의회민주주의적 절차에 따라 이 영향력으로부터 전환된 의회의 소통적 권력이 정치적 체계의 생활세계 침범('생활세계의 식민화')을 '차단'함으로써 정치적 체계로 하여금 과거의 어떤 적절한 수준을 회복하도록 하여 사회 전체의 정상적 균형을 되찾는다는 '방어적' 논리를 펴고 있다. 이러한 수세적, 방어적 균형논리는 공화주의적 이념의 '맑스주의적', '레닌주의적', '무정부주의적' 변형태들이 야기하는 정치적 위험에 대한 우려 때문이었다. 특히 교조적 맑스주의와 레닌주의의 공화주의 이념들은 화폐를 폐지한다거나 경제와 국가체계를 권력에 대해 적대적인 도덕만능주의에 따라 철저히 재조직화함으로써 화폐와 권력을 매개로 자립화된 체계의 목적합리적 효율논리를 실제로 파괴한 바 있다.

그러나 도덕과잉의 이 관념론적 공화주의 이념이 중국 공산당에 의해서도 실천적으로 거부된 오늘날 하버마스의 비판전략은 이 공화주의적 이념이라는 '죽은 호랑이' 때문에 불필요하게 너무 '오갈든' 묘한 형상을 하고 있다. 이 '반편화된' 비판이론은 결국 경제체계와 국가체계의 내부 개혁을 포기하고 오직 이것이 너무 효율화되어 생활세계로 침투하는 점만을 비판해야 한다고 주장하는 셈이기 때문이다. 이로 인해 하버마스의 소통적 사회비판이론은 은연중에 계급적대적 자본주의 경제와 계급국가 그 자체를 비판의 사정거리 밖에 방치하고 보수하는 비판적 보수주의 쪽으로 일탈하고 있다. 그리하여 체계에 대한 비판이 수술 메스를 소유관계와 관료체제에만 국한시키는 혁명적 자기제한을 발휘함으로써 그 매체 효율성의 고유논리를 건드리지 않고도 수행될 수 있다는 관점에 대한 고찰이 방기된다.

하버마스의 논의를 나름의 맥락에서 수용해 온 코헨과 아라토(J. Cohen/A. Arato)는 바로 그의 비판이론이 지닌 이런 취약점을 지적하고 있다. 자기절제적인 급진적 운동에 의한 생활세계의 보호라는 수세적 모델은 정치적 영향력을 획득하려는 '공세적' 전략과 결부되어야 한다는 것이다. 조절매체들의 위력은 이것들에 대한 사회적 통제의 몇몇 중요한 조치가 병행되지 않는다면 '탈식민화' 운동에 의해 꿈쩍도 하지 않을 것이기 때문이다(Cohen/Arato, 1989:500~501).

말하자면 체계 외곽에서 체계의 과잉확장을 제한하는 것과 더불어 이러한 과잉확장을 추동하는 체계 내인을 없애기 위해서는 체계의 내부개편이 필요한 것이다. 하지만 하버마스는 줄곧 체계의 '차단', '견제', '포위' 등에 관해서만 거론하고 있다. 차단이든 포위든 여전히 체계의 내부개편을 방기하는 것을 뜻하기 때문에 본질적으로 보수적인 것이다. 하버마스 정치이론의 이러한 보수주의적 성격은 공화주의 이념에 대한 과도한 공포에서만 기인하는 것이 아니라 고전적 근대이론의 근본테제를 망각하는 데서도 기인하는 것이다.

논의를 정치분야에만 한정하면, 하버마스에게서 국가의 관료권위주의적 '자립화'란 권력이 국가체제의 행위조절 매체라는 사실로 인해 단순히 야기되는 데 반해, 베버에 의하면 '폭력수단의 독점체'로서의 근대국가의 자립화는 모든 봉건영주들로부터 전쟁수단과 군수물자를 비롯한 모든 정치수단을 수탈하고 이 수단들을 '소유권적'으로 중앙에 집중시킴으로써 야기된다. 폭력적 억압기제로서의 국가의 관료체제적 자립화는 이러한 독점적 소유관계를 조직적 전제로 깔고 있는 것이다. 정치영역에서 억압수단의 이러한 소유권적 집중과정은 경제영역에서 자본가들의 손아귀에 생산수단 소유권을 집중시키는 자본의 원시적 축적과정(맑스)을 그대로 반영한 것이다(Weber, 1985:824). 정치와 경제 양편에서의 이러한 소유권적 집중은 물자와 노동력투입을 대규모화하는 '규모의 경제'를 가져와 얼마동안 생산력(목적합리성 또는 도구적 이성)의 발전을 촉진함으로써 역사적으로 긍정적인 역할을 수행하였다. 그러나 독점자본주의로의 이행과 더불어 지속된 경제적 소유권과 국가 강권수단의 과잉집중, 과잉비대화는 생산력 발전을 질곡하거나, 생산력 발전이 자본간, 국가간 경쟁으로 가속화되어 이 질곡을 뚫는 곳에서는 경제적 소유권이 다시 (국민주 형태로) 분산되고, 억압적 강권수단과 물적 행정수단의 중앙집중상태는 (지방자치제적으로) 분권화되고 있다. 이러한 현상들은 유산과 무산의 계급 격차를 해소하는 방향을 취하고 있지 않기 때문에 그 자체로서 보면 해방적 경향이 아닐지라도 적어도 해방의 공세적, 적극적 프로그램을 '체계' 내에서 추진할 수 있는 지렛점이 되어 줄 수 있다. 그러나 하버마스의 균형이론적 체계포위론은 이러한 적극적 해방가능성을 원천적으로 봉쇄하고 있는 것이다.

하버마스 말대로 "계급제약으로부터 탈피하고 사회적 계층화와 착취의 수천년 된 구속으로부터 벗어난 토대" 위에서만 해방된 문화적 다원주의의 잠재력이 전면적으로 발전될 수 있고, 또 공론장은 '동등한 시민권'이 효력을 얻은 사회적 토대 위에서만 지탱될 수 있다면, 공론장 논의는 시민권 행사의 계급적 차등과 착취를 조건짓는 소유권 문제를 우회할 수 없는 것이다. 경제체계와 국가체계의 내부개편으로서의 경제적, 정치적 소유관계의 변혁 없이는 유산과 무산의 시민사회적 계급분할과 정치의 국가 집중으로 인한 공론적 '시민정치'의 허약성을 타파할 수 없기 때문이다. 시민적 의사소통을 질곡하고 공론장에 정치적 편향을 주입하는 것은 과잉비대한 체계의 '구조적 강권'의 병리적 침투라기보다는 무엇보다 먼저 생활세계의 사적 영역과 공적 영역(혼인, 친교, 사회조직 등)을 분단시키는 계급차별을 구조화하는 경제적 소유관계와, 지배계급의 이익과 생활 분위기만을 주도적으로 반영하는 권력화된 공론장을 주무르는 국영 및 민간 매체자본의 독점적 소유관계이다.

또한 체계의 과잉비대조차도 자본의 이윤추구와 지배 효율화에 의해 야기되는 것이지 결코 단순한 체계 '효율성'의 '과잉증대'로 인해 야기되는 것이 아니다. 애매모호하게 지배효율과 노동효율의 증대를 아울러 포괄하는 하버마스의 '체계합리화'는 노동시간을 단축시킴으로써 자유시간, 따라서 생활세계와 자생적 의사소통을 확장시키는 측면도 포함하기 때문에 '체계의 과잉합리화'란 생활세계의 소통적 이성을 침식하기만 하는 것이 아니라 촉진시키기도 하는 애매모호한 양가치성을 갖는다. 공론장의 양가치성을 강조하는 하버마스는 바로 이 체계 효율화의 본질적인 양가치성을 시야에서 놓치고 있다. 체계효율화의 이 양가치성을 고려하면,

체계의 '침범'(식민화)이나 이에 대한 대항전략으로서의 '차단'이니 '포위'니 하는 하버마스의 소통이성적 비판이론도 얼마간 근본적으로 빗나간 것이다.

하버마스의 이 비판이론은 '체계 합리화'를 최소의 지배비용으로 최대로 포괄적이고 철저한 지배를 달성하려는 지배효율의 증대라는 부정적 관점에서 비판적으로 문제화하는 경우에만 구조될 수 있다. 이 경우 비판이론은 체계의 기저에 놓인 소유관계의 개편을 겨냥할 수밖에 없다. 이럴 경우 국가체계와 관련된 비판목표는 국가체계의 '차단'이나 '포위' 정도에 맞춰질 수 없을 것이다. 이 '차단'이든 '포위'든 시민사회와 국가 간의 관계를 수평적 평면관계로 보고 이 양자간의 단순한 세력균형만을 추구하는 것이기 때문이다.

따라서 문제를 근본적으로 다시 고찰할 필요가 있다. 국가 밖의 공론적 시민정치는 국가의 행정적 정치와 제도적으로 '분리'된 것이다. 이 '분리'는 그 자체로서 보면 근대사회의 효율적 분화수준을 시사하는 것으로서 긍정적인 것이다. 그러나 이 분리된 국가가 시민사회에 대해 독자적인 지배위력으로 '자립화'하여 시민을 소외시키며 자기편의대로 운동하는 것으로부터 정치적 소외문제가 발생한다. 요는 단순한 '분리'가 아니라 '자립화된' 분리가 문제인 것이다. 국가와 시민사회의 상호작용 속에서 국가의 자립화란 국가의 시민사회에 대한 '지배'를 뜻하는 것이기 때문이다. 그런데 지배는 수평적 관계가 아니라 수직적 상하관계이다.

근대 부르주아사회는 한편으로 정치적 주체개념으로서 '시민'개념을 선포하고 이 시민들의 다원적인 자율활동과 시민적 권력들의 투쟁장으로서의 소통적 공론을 자기의 조직원리로 하고 있다. 부르주아적 의회정체는 부르주아의 이념적 대변인들의 표현에 의할 것 같으면 쟁론 속에서, 그리고 쟁론을 통해서만 유지되는 정체이다. 맑스도 이 점을 잘 알고 있었다.

다른 한편 부르주아사회는 이 사회가 올라서 있는 물적 생산체제의 계급규정성을 탈피할 수 없는 계급사회의 강권장치와 감시체제를 자신의 또 다른 본질로 관철시키는 사회로서 야누스적 모순관계 속에서 요동한다. 맑스에 의하면 부르주아 계급은 민중이 시민적 자율조직과 공론기제를 활용하여 자신들의 지배체제를 위협하는 사태를 막기 위해 자신들이 내세우던 공론의 원리를 배신하고, 역으로 공론을 질식시키는 국가적 감시통제체제를 더욱 완벽화하고 공론장을 매체권력으로 조작하려는 계급 속성을 지니고 있는 것이다(Marx, 1982a : 150 ff). 시민사회의 사소한 움직임, 분진, 개인들의 사생활에 이르기까지 샅샅이 밝히고 조사하고 감시하는 감시통제의 원리와, 의회제도의 전제조건인 여론정치의 원리는 근대적 정치기획의 자기모순성을 극적으로 표현하는 양극단인 것이다.

이 근대정치의 자기모순성은 가령 근대의 기획자인 벤담이 *Panopticon* (1962a)의 저자이면서 동시에 모순되게도 근대 여론정치의 원리를 갈파한 *An Essay on the Political Tactics* (1962b)의 저자라는 사실에서 잘 드러난다. 푸코는 일방적으로 벤담의 이 판옵티콘 장치만을 근대의 근본원리로 격상시켜(Foucault, 1976), 이 판옵티콘 안에서의 투쟁에만 시야를 고정시켜 근대 정치의 본질을 '다른 수단에 의한 전쟁의 연속'으로 일면화하였다. 반대로 하버마스는 벤담에 의해 기획되어 모든 건축물과 제도에 관철된 판옵티콘 원리를 소홀히 하고 벤담의 공론원리만을 부각시켜(Habermas, 1990a : 174 ff), 일면적으로 토론정치만을 정치개념으로 파악하는 경향을 보이고 있다. 그러나 근대 정치는 '투쟁으로서의 정치'와 '토론으로서의 정치' 중, 어느 한 쪽으로 일면화될 수 없는 모순의 기획인 것이다.

국가와 시민사회의 관계는 수평적으로 갈등하는 평면관계가 아니라 수직적으로 상호갈등하는 상하지배 관계이다. 서구 자본주의 사회에서도 국가가 시민사회에 대해 우위에 있는 것은 여전하다. 그럼에도 불구하고 하버마스는 국가와 시민사회의 관계를 수평적으로 '밀고 밀리는' 관계로 이해하고 비판적 과업을 균형회복을 위한 '땅뺏기 싸움'으로 한정시키고 있다.

이에 반해 맑스는 국가와 시민사회의 관계를 보다 현실적으로 파악하고 목표를 보다 근본적인 곳에 두고 있다. 맑스에 의하면 자본주의 기업가의 기능과 마찬가지로 부르주아 국가의 기능도 계급지배기능으로 일색

214

화되어 있는 것이 아니다. 부르주아 국가도 억압적 지배기능과 '공동업무'의 처리기능을 모순적으로 종합한 '이중성'을 지닌다(Marx, 1979: 397). 따라서 근대 강권국가의 '사멸'이란 맑스에게서 국가가 수행하는 '공동업무' 처리기능까지 없어지는 것을 뜻하는 것이 아니라 지배기능만 사멸하는 것을 뜻한다.[3]

맑스는 《고타강령비판》에서 '국가'를 '사회의 상위를 차지하던 기관'으로 규정하고 국가의 '사멸'을 국가가 '사회에 하복하는 기관으로 전환하는 것', 말하자면 국가와 사회의 세력관계의 역전으로 이해하고 있다(Marx, 1982b:27). 여기서 '사회'는 맑스와 하버마스의 '시민사회'로 해석해야 할 것이다. 이렇게 볼 때 '국가사멸'은 하버마스가 염려하듯이 국가와 시민사회의 분리를 폐지하는 국가의 행정체계 자체의 공화주의적 해체를 뜻하는 것이 아니다. 이 경우 국가는 기존의 소유관계와 이에 근거한 계급대립이 완화됨에 따라 억압적 강권지배의 기능을 점차 상실하고 시민사회를 지배하는 방대한 국가기제가 공동체의 '공동업무'를 처리하는 적절한 기구로 개편, 순화되어 완전히 시민적 정치권력과 시민적 공론장의 통제하에 들어가는 것이다. 이것이 바로 국가와 시민사회 간의 상하관계의 역전인 것이다. 즉, 국가가 시민사회와의 '분립'을 유지하면서도 시민억압적 '자립성'을 상실하고 시민사회의 공론장과 소통적 권력의 단순한 집행기구, 즉 시민사회의 '뻗은 팔'이 되는 것이다.

시민사회의 발전적 강화와 '국가의 사멸'은 따라서 자본주의적 소유관계를 해소하고 새로운 해방적 소유관계를 구축하는 것을 전제한다. 그러나 종래의 사회주의 프로젝트인 '국유화'는 매스컴, 출판기제 등의 모든 대중매체와 사회단체의 소유를 국가에 집중시킴으로써 (국가가 아니라)

---

3) 따라서 맑스가 초기저작에서 기안한 국가의 — 사회 속으로의 — '회수'(Rück-nahme)란 규범과잉의 공화주의적 이념과, 헤겔의 국가개념에 사로잡힌 당시의 미분화된 국가개념에 입각한 것으로서, 맑스는 《고타강령비판》에서 이 관점을 교정하고 있다. 후기의 국가사멸론을 이 '회수'의 이념에 따라 해석할 때 그것은 — 하버마스가 올바로 지적하고 있듯이 — '국가와 사회의 분리'라는 근대의 한 역사적 진보 성과를 무화시키는 것이기 때문이다.

시민사회를 사멸시켰다. 따라서 이 점에서도 소유권적 변혁의 올바른 방향은 맑스의 원래 명제대로 공동 '점유'에 기초한 '개인적 소유'이어야 한다.[4] 새로운 소유제도의 토대 위에서 국가 행정기관은 인민을 소외시키는 자립성을 상실하고 사회의 공론정치를 대변하는 시민사회의 공론장과 '시민적 공권력'에 굴복한다. 그리하여 정치의 개념이 전면적으로 변혁되어 계급국가에 의한 정치와 공공성의 ― 수천년에 걸친 ― 찬탈이 역사적 종말을 고하는 것이다.

맑스도 일찍이 국가관청으로 특수화되지 않고 상명하복 관계로 위계화되지 않은 정치, 즉 '시민적 공론의 정치'를 꿈꾸었다. 자유로운 대중매체를 매개로 한 사회적 공동업무의 '화통한 공개적 공론화'에 의해 전개되는 '진정한 공론'(Marx, 1981:192)은 국가관료의 정치가 아니라 새로운 시민적 정치이다. 맑스에 의하면 근대사회는 난관을 해결하기 위해 '관청적이지 않으면서도 정치적인' 민간적 '제3의 요소'를 필요로 한다. '시민적 두뇌'이고 '민간적인 심장'인 이 3의 요소는 바로 '자유언론'이다. 자유언론의 이 권력 앞에서는 통치관청과 피통치자의 차이가 사라지고 오직 동등한 '시민'만이 존재하는 것이다(Marx, 1981:189).

그러나 현대적 대중매체는 세계적 공론장을 가능케 하지만, 동시에 대부분 자본과 국가의 배타적 소유권에 포섭되어 있다. 이런 까닭에 현대적 대중매체는 시민사회의 차원에서 진정한 공론과 시민적 자율권력의 새로운 치세의 '예고자'이면서 '사기꾼'이라는 '양가성'을 탈피할 수 없는 것이다. 공론기제들이 이러한 양가치적 상태를 탈피하지 못하도록 강제하는 여론매체의 자본주의적 소유구조는 국가와 시민사회 간의 상명하복

---

4) 맑스가 기안한 소유독점의 변혁방향은 흔히 오해되듯이 경제적 소유독점과 정치적 소유독점의 두 측면을 국가로 단일화하는 국유화, 즉 공동 '소유'(Geineigentum)가 아니라, 경제영역에서는 맑스의 공동 '점유'(Gemeinbesitz)의 생산수단에 기초한 노동자들의 '개인적 소유'(induviduelles Eigentum) 테제(Marx, 1984:791)이고(이에 관한 자세한 논의는 황태연, 1992:117~176; 황태연·엄명숙, 1992:121~173), 정치영역에서의 소유독점의 변혁방향은 억압 및 정보감시 기구의 제거와 군비축소, 그리고 중앙정부의 정치수단의 지방자치제적 분산, 민간매체 및 국영매체의 국민주화(國民株化)일 것이다.

관계의 유지를 시민사회 쪽에서 지탱해 주는 근본요소이다. 이런 한에서 하버마스가 그리는 진정한 '쌍선적 토론정치'와 소통적 주권 이념은 소유관계의 변혁 없이 불가능하고 또 시민사회의 상위에 있는 국가의 불가능한 '포위'가 아니라 국가와 시민사회의 상하관계를 역전시키는 새로운 국가 '사멸'의 기획 속에서만 전면적으로 발전할 수 있을 것이다.

■ 참고문헌

황태연, 1994, 《환경정치학과 현대정치사상》, 서울: 나남.

_____, 1996, 《지배와 이성》, 서울: 창작과 비평사.

_____ · 엄명숙, 1994, 《포스트사회론과 비판이론》, 서울: 푸른산.

Arendt, Hannah, 1989(6판), *Vita Activa oder Vom tätigen Leben*(영문판: *The Human Condition*, 1958), München/Zürich.

_____, 1990(7판), *Macht und Gewalt*, München/Zürich(영문판: *On Violence*, NY, 1970).

Bentham, Jeremy, 1962a, *Panopticon*, in 〈The Works of Jeremy Bentham〉, NY.

_____, 1962b, *An Essay on Political Tactics*, in 〈The Works of Jeremy Bentham〉, NY.

Cohen, Jean & Andrew Arato, 1989, "Politics and the Reconstruction of the Concept of Civil Society," Axel Honneth, Thomas McCarthy, Claus Offe & Albrecht Wellmer, *Zwischenbetrchtung : Im Prozeß der Aufklärung*, Frankfurt/M.

Foucault, Michel, 1974(불어원판, 1966), *Die Ordnung der Dinge*(원제, *Les mots et choses*), Frankfurt/M.

_____, 1977, *Überwachen und Strafen*, Frankfurt/M.

_____, 1978, *Dispositiv der Macht*, Berlin.

_____, 1983a, "Um welchen Preis sagt die Vernunft die Wahrheit?," *Spuren*, 1/1983.

_____, 1983b, *Der Wille zum Wissen. Sexualität und Wahrheit*, 1, Frankfurt/M.

_____, 1986, *Vom Licht des Krieges zur Geburt der Gexschichte*, Berlin.

_____, 1991, *Die Ornung des Diskurses*, Frankfurt/M.

_____, 1992, *Was ist Kritik*, Berlin.

Gramsci, A., 1980, *Zu Politik, Geschichte und Kultur*, Frankfurt/M..

Habermas, Jürgen, 1969, *Technik und Wissenschaft als 'Ideologie'*, Frankfurt/M.

_____, 1976, "Hannah Arendts Machttheorie," Habermas, 1987, *Philosophisch-politische Profile*, Frankfurt/M.

_____, 1980, "Replik auf Einwände," in Habermas, 1984, *Vorstudien und Ergänzungen zur Theorie des kommunikativen Handelns*, Frankfurt/M.

_____, 1982, "Erläuterungen zum Begriff des kommunikativen Handelns," Habermas, 1984, *Vorstudien und Ergänzungen zur Theorie des kommunikativen Handelns*, Frankfurt/M.

_____, 1985a, "Mit dem Pfeil ins Herz der Gegenwart : Zu Foucaults Vorlesung über Kants Was ist Aufklärung," Habermas, 1985, *Die Neue Unübersichtlichkeit*, Frankfurt/M.

_____, 1985b, "Die Krise des Wohlfahrtstaats und die Erschöpfung utopischer Energie," Habermas, 1985, *Die Neue Unübersichtlichkeit*, Frankfurt/M.

_____, 1985c, *Theorie des kommunikativen Handelns*, Bd. 1, 2, Frankfurt/M.

_____, 1985d, "Dialektik der Rationalisierung," Habermas, 1985, *Die Neue Unübersichtlichkeit*, Frankfurt/M.

_____, 1985e, "Ein Interview mit der New Left Review," Habermas, 1985, *Die Neue Unübersichtlichkeit*, Frankfurt/M.

_____, 1986, "Entgegenung", Axel Honneth & Hans Joas(Hg.), 1986, *Kommunikatives Handeln*, Frankfurt/M.

_____, 1988a, *Der philosophische Diskurs der Moderne*, Frankfurt/M.

_____, 1988b, "Volkssouveränität als Verfahren," Habermas, 1990, *Die Moderne : ein unvollendetes Projekt*, Leipzig; Habermas, 1992, *Faktizität und Geltung : Beiträge zur Diskurstheorie des Rechts und des demokratischen Rechtsstaats*, Frankfurt/M.

_____, 1990a, *Strukturwandel der Öffentlichkeit*, Frankfurt/M.

218

_____, 1990b, "Staatsbürgerschaft und nationale Identität," Habermas, 1992, *Faktizität und Geltung. Beiträge zur Diskurstheorie des Rechts und des demokratischen Rechtsstaats*, Frankfurt/M.

_____, 1992, *Faktizität und Geltung. Beiträge zur Diskurstheorie des Rechts und des demokratischen Rechtsstaats*, Frankfurt/M.

Hegel, G. W. F., 1980, *Grundlinien der Philosophie des Rechts*, Frankfurt/M.

Horkheimer, Max & Theodor W. Adorno, 1979 (55쇄), *Dialektik der Aufklärung*, Frankfurt/M.

Marx, Karl, 1977, *Manifesto der Kommunistischen Partei*, Marx Engels Werke (MEW) Bd. 4.

_____, 1979, *Das Kapital* II, MEW 25, Berlin.

_____, 1981, "Rechtfertigung des Korrespondenten von der Mosel," MEW 1, Berlin.

_____, 1982a, "Der 18. Brumaire des Louis Napoleon," MEW 8, Berlin.

_____, 1982b, "Kritik des Gothaer Programms," MEW 19, Berlin.

_____, 1984, *Das Kapital* I, MEW 23, Berlin.

Taylor, Charles, 1986, "Sprache und Gesellschaft", Axel Honneth & Hans Joas (Hg.), *Kommunikatives Handeln*, Frankfurt/M.

Weber, Max, 1985, *Wirtschaft und Gesellschaft*, Tübingen.

법과 실천적 합리성*
하버마스의 법 대화이론

장 춘 익

1. 들어가는 말 : 법의 사실성과 규범성

법이 통치의 주요 수단이었던 것은 이미 고대부터의 일이지만, 법이 사회구성원의 권익을 보호하는 한에서만 정당성을 가질 수 있다는 생각은 근대에 이르러 비로소 어느 정도 보편화되었다. 근대의 여러 자연법 사상은 이렇게 달라진 법이해를 체계화하려는 초기의 시도들이었다. 그러나 자연법 사상은 법현실에 대한 기술(記述)로서는 아주 취약한 이론이었다. 비현실적인 자연상태를 가정한다는 점 외에도, 자연법 사상은 법의 제정 및 적용을 둘러싼 현실적 이해관계와 법의 실제적인 기능연관을 거의 도외시하였다. 그래서 자연법 사상은 곧 사회적 사실로서의 법에 주목하는 입장들에 의해 법의 계급적 성격을 은폐하는 이데올로기로서 비판되든지, 혹은 사상가가 원하는 대로 지어낸 허구로서 조롱 받게 된다. 그렇지만 법을 '사실'로서만 보고 법의 규범적 측면을 도외시하는 입장도 법현실을 충분히 설득력 있게 설명해 낸 것은 아니었다. 실제로 법의 제정 및 적용과정에서 사회의 권력관계나 입법자 및 재판관의 이

---

* 이 글은 《철학》 제51집(1997년 여름)에 실렸던 논문을 일부 수정한 것임.

220

■장 춘 익

서울대학교 철학과 및
동 대학원 졸업
독일 프라이부르크 대학 철학 박사
현재 한림대 철학과 교수

저서로 《하버마스의 사상》(공저),
주요 논문으로
"하버마스 : 비판적 사회이론의
정립과 정치적 실천의 회복을
위한 노력" 등

해관계와 이데올로기가 강하게 작용하는 것은 사실이더라도, 또한 법의 규범적 정당성이 진지하게 문제된다는 것도 부정될 수 없기 때문이다. 이렇게 규범주의나 반규범주의적 시각 어느 하나로 법현실을 충분히 설명할 수 없었지만, 근대 이래의 여러 법이론은 두 입장을 결합할 수 있는 포괄적인 이론틀을 찾아내지 못한 채 두 입장 사이에서 동요하였던 것으로 보인다. 법실증주의와 관련된 거센 논쟁이 지나간 후 오늘날 더 이상 조악한 반규범주의나 상상적인 자연법 이론이 주장되지 않는 것은 사실이다. 그러나 현대 법철학의 흐름을 개관해 보면[1] 법에 대한 규범주의와 반규범주의는 해석학 대 기능주의 또는 철학적 정의론 대 사회학적 사실주의 사이의 대립 등의 형태로 계속되고 있음을 쉽게 알 수 있다.

하버마스의 대화이론적 법이론은 법의 규범적 성격과 법의 기능적 성격 모두를 법의 본질적 측면들로 설명해 내는 포괄적인 이론이고자 한다. 좁은 의미에서 법의 대화이론은 법의 제정 및 적용과정에서 사용되는 논증의 구조에 대한 이론이다. 그러나 넓은 의미에서의 법의 대화이론은 민주적 법치국가와 심의적 정치(deliberative Politik)를 지지하는 이론이다. 하버마스의 법이론의 핵심적인 주장은 다음의 몇 가지로 요약될 수 있다. 첫째,

법의 정당성의 원천은 법의 제정 및 적용 과정에서 작용하는 실천적 합리성에 있다. 둘째, 법은 현대사회의 조건에서 가장 중요한 사회통합의 역할을 담당하며 그 역할이 다른 것에 의해 대치될 수 없다. 셋째, 통치가 정당성을 갖기 위해서는 제도화된 공정한 절차에 따라 법의 제정 및 적용이 이루어지고, 시민사회에서 자유로운 논의를 통하여 형성된 공론이 법에 반영되며, 행정적 권력이 법에 의해 구속될 수 있어야 한다. 만일 하버마스의 이런 주장이 맞다면 그것은 한편에서 법치국가의 의미를 과소평가해 온 맑스주의에 대해, 그리고 다른 한편에서 법을 사회의 한 기능체계로만 보려는 체계이론이나 새로운 지배의 방식으로만 보려는 일부 후기구조주의의 입장에 대해 아주 중요한 교정이 될 것이다.

이 글은 하버마스의 위와 같은 주장을 뒷받침하는 논지들의 얼개를 분명하게 드러내는 것을 주된 목표로 하고 있다. 이 글에서 하버마스의 법이론은 보완의 필요성에도 불구하고 전체적으로 상당히 설득력 있는 것으로 서술될 것이다.

2. 합법성과 정당성

하버마스의 법이론은 베버의 정치사회학과 법사회학으로부터 다음의 세 가지 주장을 받아들인다. 첫째, 정치적 지배는 피지배자가 ― 어떤 질서가 자신에게 가져 올 이익과 손실에 대해 고려하거나 그 질서에 부합하는 행위양식을 단순히 습관적으로 반복하는 것, 또는 그 질서에 정서적으로 동조하는 것을 넘어서 ― 지배질서의 정당성에 대해 내적 믿음을 가질 때 안정적일 수 있다. 둘째, 근대사회의 한 중요한 특징은 정치적 지배형태가 전통적 지배로부터 법적 지배로 전환된 데에 있다. 셋째, 법적 지배의 정당성은 법의 합리성으로부터 나온다(Weber, 1988:475 ff; 1980:특히 496 ff). 이 세 가지 주장은 ― 뒤에 언급될 파슨스의 주장과

---

1) 최근 국내에서 출간된 법철학의 개관서로는 한국법철학회(1996) 참고.

함께 — 하버마스의 법이론의 기본구조를 형성하는데, 하버마스는 베버의 앞의 두 주장에 대해서는 유보없이 동의하지만 세번째 주장은 비판적으로 수용한다. 하버마스는 법의 정당성이 법의 합리성에 기초하고 있다는 데에는 동의하지만, 법의 합리성을 베버와 크게 다르게 파악한다.

서구의 사회 및 문화의 변천과정을 합리화의 과정으로 보는 베버는 법의 변천과정도 일종의 합리화 과정으로 본다. 그가 생각하기에 법의 합리화는 두 가지 방향을 가질 수 있는데, 그 하나는 질료적 합리화(materiale Rationalisierung)이며, 다른 하나는 형식적 합리화(formale Rationalisierung)이다. 질료적 합리화는 법규범들이 공동체의 공유된 가치를 가장 잘 구현할 수 있도록 편성하는 것이다. 이에 반해 형식적 합리화는 법규범들이 일관성과 체계성을 갖도록 조직하는 것이다(Weber, 1980:468 ff 참고). 자연법 이론처럼 질료적 합리성과 수준 높은 형식적 합리성이 공존하는 경우도 있었지만, 베버는 질료적 합리화는 근대사회의 조건과 점차 양립하기 어렵다고 생각한다. 질료적 합리화는 어떤 가치를 의문의 여지없이 공유할 때만 가능한데, 그의 세속화 명제에 따르면 근대인들에게 이것은 더 이상 가능하지 않게 되었기 때문이다. 그래서 베버는 근대적 법이 발전하면서 법의 합리성은 법 전문가에 의해 관리되는 법의 형식적 일관성에 의해 구현된다고 생각한다. 법은 사회의 다른 영역으로부터 거의 독립된 독자적인 체계가 된다.

물론 베버도 법의 형식적 일관성이 그 자체로 법의 합리성의 모든 것이라고 생각한 것은 아니다. 베버가 법의 형식적 일관성을 법의 합리성의 가장 중요한 측면으로 본 것은 그가 근대사회를 진단할 때 사용하는 합리성 개념, 즉 목적합리성과 긴밀하게 연관되어 있다. 근대적인 법은 일관되게 조직된 규칙체계이기 때문에, 또 내용적 규정보다는 형식적 규정이기 때문에 개인들에게 행위의 규칙부합성을 쉽게 판단할 수 있게 하며 목적합리성에 따라 자유롭게 행위할 수 있는 영역을 최대한 허용하게 된다. 그래서 형식적 법은 목적합리적 행위영역을 확대시키고 베버적 의미의 근대화 과정을 촉진한다.

이런 베버의 법이론은 합법성과 정당성에 관련하여 심각한 이론적 부정합성을 보인다. 형식적 법이 내적으로 일관성을 가지며 목적합리적 행위를 촉진한다는 점에서 합리적이라고 하지만, 그것은 법의 기능적 장점을 설명할 수 있을 뿐 법적 지배의 정당성을 설명할 수 없다. 법의 정당성이란 당위적 성격을 갖는 것인데, 목적합리성으로부터 당위를 추론한다는 것은 사실과 당위를 엄격히 구별하는 베버 자신의 학문이론과 부합할 수 없는 것이다. 베버의 법이론의 부정합성을 벗어나는 길은 두 가지로 생각될 수 있다. 하나는 법의 합리성과 법의 정당성 사이의 내적인 연관을 부정하는 것이다. 가령 법실증주의나 기능주의적 법이론에서처럼 법을 정당성의 물음으로부터 완전히 분리하고 법에서 찾아질 수 있는 합리성을 법규들의 논리적 일관성이나 기능적 작용에 제한하는 것이다. 다른 하나의 길은 형식적 합리성 개념으로 포착되지 않는 법의 합리성을 밝혀 내고 이것을 법의 정당성의 근거로 설명해 내는 것이다. 하버마스가 베버의 법이론의 부정합성으로부터 벗어나기 위해 택하는 것은 이 두 번째 길이다.

법의 합리성이 법의 정당성의 근원일 수 있으려면, 그런 합리성은 목적합리성과 달리 그 자체로 규범적 성격을 갖는 것이어야 한다. 목적합리성은 어떤 목적을 달성하는 데에 유용한 수단을 제시하거나 혹은 목적들을 일관성 있게 배열할 수 있지만, 그런 방식으로 행동해야 하는 당위를 제시할 수는 없기 때문이다. 그러나 규범적 성격을 갖는 합리성에 대해 말하는 것은 곧 가치 객관주의라는 비판을 받기 쉽다. 가치 선택의 문제를 전적으로 개인의 결단에 달린 것으로 보는 베버 식의 가치 주관주의가 우리를 실천적 곤경에 처하게 한다면, 어떤 가치의 정당성을 객관적으로 입증할 수 있다고 생각하는 가치 객관주의의 입장도 극복하기 어려운 이론적인 난점을 갖는다. 종교와 전통의 신성한 권위가 사라진 오늘날 사실과 가치, 존재와 당위의 구별을 흐리게 한다는 비판을 받지 않으면서 객관적 가치를 주장하는 것은 별로 가능해 보이지 않기 때문이다. 그러므로 합리성과 규범성의 내적 연관성을 주장하려면 가치 주관주의와 함께 가치 객관주의의 난점도 피할 수 있어야 한다.

하버마스가 규범성을 갖는 합리성 개념에 대해 말하면서도 가치 객관주의의 난점에 빠지지 않을 수 있다고 생각하는 것은 그가 생각하는 합리성 개념이 규범의 내용과 관련된 것이 아니라 규범의 정당화 절차에 관련된 일종의 절차적 합리성이기 때문이다. 하버마스는 그의 의사소통행위이론에서 이론적 대화뿐 아니라 실천적 대화에서도 어떤 절차적 합리성이 작용하고 있음을 밝힌 바 있다. 진지하게 대화에 참여하는 사람들은 서로에게 그들의 주장을 정당화하도록 요구할 수 있으며, 각자는 자신의 주장을 논지로써만 정당화해야 한다는 요청에 선다는 것이다. 여기서 강조되어야 할 점은 하버마스가 의사소통적 합리성이라고 명명하는 이 절차적 합리성이 합리성과 동시에 규범적 성격을 갖는다는 점이다. 즉, 그것은 대화 참여자가 자신의 주장을 정당화할 때 논지를 사용해야 한다는 측면에서 합리적이고, 다른 방식이 아닌 논지로써만 정당화해야 한다는 측면에서는 규범적이다. 이 절차적 합리성은 이론적 진리에 관련하여는 많은 것을 말해 주지 못한다. 어떤 이론적 문제에 관하여 완전한 합의가 이루어지더라도 그것에 의해 어떤 이론의 진리성이 보증되지는 않는 것이다. 가령 대화 참여자들이 모두 틀린 지식을 공유한다면, 그들은 틀린 결론에 합의할 수 있을 것이기 때문이다.

그러나 의사소통적 합리성은 도덕적 정당성의 문제와 관련하여서는 새로운 전기를 마련해 준다. 사람들의 의지와 무관하게 있는 어떤 자연적 도덕 질서를 생각하지 않는다면, 도덕적 물음에서는 합의가 곧 정당성을 보증한다. 물론 이것은 합의만 하면 타인에게 위해를 끼치는 일마저 모두 정당화된다는 것은 아니다. 어떤 규범은 그에 의해 직·간접적으로 영향을 받을 수 있는 모든 사람들이 합의하는 경우에만 정당하기 때문이다. 그러므로 "틀린 지식을 가진 사람끼리의 합의가 진리일 수 없다"는 것은 이른바 진리 합의설에 대한 반박이 될 수 있지만, "도덕적으로 악한 사람끼리 합의한 것이 도덕적으로 선할 수는 없다"는 주장은 도덕을 대화이론적으로 정당화하는 것에 대한 진지한 반박이 되지 못한다.

규범성을 갖는 절차적 합리성 개념을 바탕으로 하버마스는 합리성과 정당성에 관련된 베버의 법이론의 딜레마를 해결할 수 있다고 믿는다. 하버마스의 구상은 다음과 같은 것이다. 그는 법제정과 적용과정이 일종

의 실천적 대화의 성격을 가진다고 전제하고 출발한다. 이 전제는 법제
정이나 적용과정에서 협상과 전략의 측면을 더 강조하고자 하는 이에게
는 의심스러운 것이지만, 일단 여기서는 문제삼지 않기로 한다. 그는 실
천적 대화에서 절차적 합리성이 합의된 결과에 정당성을 부여하듯이, 법
제정과정 및 적용과정에서 구현된 절차적 합리성이 법적 지배의 정당성
의 원천이라고 주장하려 한다. 이런 식으로 하버마스는 베버의 딜레마를
그의 식으로 변형한 물음, 즉 '어떻게 정당성이 합법성을 통하여 가능한
가'의 물음에 답을 제시할 수 있을 것이라고 기대한다. 그가 자신의 법이
론의 가설로 내세웠으며 그의 법이론의 핵심적인 주장이 되는 명제는 다
음과 같다.

> 정당성이 합법성에 의해 가능한 것은 규범의 산출을 위한 절차가 도덕적
> -실천적인 절차적 합리성의 의미에서 이성적이며, 이성적인 방식으로 실
> 행되는 한에서이다. 정당성이 합법성으로부터 나올 수 있는 것은 법적
> 절차가 독자적인 절차적 합리성에 따르는 도덕적 논증과 결부되어 있기
> 때문이다(FG 552).[2]

하버마스의 법 대화이론은 주로 이 주장을 정당화하기 위한 것이다.

3. 법과 도덕

1) 법적 대화와 도덕적 대화

법의 대화이론은 포괄적인 법이론으로서 법적 대화에 대한 분석에 한
정되지 않는다. 그러나 법의 대화이론은 법의 제정 및 적용에 관련된 대
화의 성격으로부터 출발하여 법체계의 기본적인 특성을 설명하고자 하기
때문에, 법적 대화의 분석이 법의 대화이론의 가장 중요한 이론적 토대

---

2) 앞으로 'FG'를 Habermas, 1992a의 약칭으로 쓴다.

226

이다.

법적 대화 분석의 중요한 전제는 법적 대화를 일종의 실천적 대화로 본다는 점이다. 하버마스에게 실천적 대화는 의사소통행위의 반성적 형태로서, 행위 조정을 위한 동의가 즉각적으로 이루어지지 않을 때 행위를 유보하고 합의를 찾기 위해 논의하는 것을 말한다.[3] 실천적 대화에서 논의의 대상이 되는 것은 각 대화자가 문제 상황에 대해 내린 판단의 정확성, 행위 조정을 위해 제시한 규범의 정당성, 그리고 규범을 적용한 방식의 적절성 등이 된다. 대화과정에서 각 대화자는 논의의 대상에 대한 자신의 주장을 논지로써 정당화해야 하며 상대의 주장에 대해 정당화를 요구할 수 있다. 그래서 실천적 대화는 일종의 논증(argumentation)의 구조를 갖는다. 실천적 대화로서의 법적 대화가 논증의 구조를 갖기 때문에, 법적 대화의 분석은 주로 법적 논증의 구조에 대한 분석이 된다.[4]

법의 대화이론이 법적 논증의 구조를 밝힐 때 하버마스가 가장 중요한 비교의 대상으로 삼는 것은 도덕적 논증이다. 도덕적 논증과의 공통점과 차이점을 밝힘으로써 법적 논증의 성격을 드러내는 것이다. 법적 논증과 도덕적 논증은 모두 규범의 타당성과 관련되어 있으므로 실천적 대화이다. 그렇다면 우선 해결되어야 하는 과제는 두 대화를 서로 다른 실천적 대화로 구별해 내는 것이다.[5] 하버마스는 비교의 관점을 정확히 하기 위하여 실천적 대화를 두 차원으로 나누어, 규범의 정당화와 관련된 근거설정 대화(Begründungsdiskurs)와 규범적용의 적합성과 관련된 적용대

---

3) 의사소통행위와 실천적 대화의 구별에 관해서는 홍윤기(1996:93) 참고.
4) 하버마스는 막상 법적 논증의 구조를 자세히 분석하지는 않는다. 법적 논증의 자세한 분석은 Alexy(1991)에서 볼 수 있다. 또 김영환(1996) 참고.
5) 법적 대화와 도덕적 대화가 실천적 대화의 서로 다른 형태이며 법적 대화가 단순히 도덕적 대화의 특수한 경우가 아니라는 주장은 하버마스에 의해 처음 대변된 것은 아니다. 가령 Alexy(1991)나 크릴레(1992:42 ff) 참고. 하버마스가 실천적 대화를 도덕적 대화의 특수한 경우로 규정했다고 비판하는 알렉시의 이른바 특수 경우 명제(Sonderfall-These)도 하버마스가 생각하는 것과 달리 법적 대화를 도덕적 대화의 특수한 경우로서가 아니라 실천적 대화의 특수한 경우로 규정하고 있다. FG 283; Alexy(1991:426 ff) 참고.

화(*Anwendungsdiskurs*)를 구별한다. 6) 법적 대화나 도덕적 대화 모두 이두 가지 차원을 갖는데, 하버마스는 두 대화를 주로 근거설정 대화로서비교한다.

하버마스는 우선 실천적 대화를 도덕적 대화와 동일시하지 않도록 주의한다. 만일 실천적 대화가 곧 도덕적 대화라면 법적 대화는 도덕적 대화의 한 형태에 불과할 것이기 때문이다. 그래서 하버마스는 실천적 대화의 원칙을 도덕적 대화의 원칙보다 더 추상적인 차원에 설정하고 도덕적 대화와 법적 대화는 실천적 대화의 원리가 각각 다르게 구체화된 것으로, 즉 실천적 대화의 하위대화로서 서로 구별되며 동등한 지위를 갖는 것으로 설명하고자 한다. 하버마스는 실천적 대화의 원칙(D)을 다음과 같이 정식화하며, 이것은 도덕과 법에 대해 중립적이라고 생각한다.

> (D) 어떤 행위규범은 그것에 의해 직·간접적으로 영향을 받을 사람들이 모두 합리적 대화에 참여하여 동의할 수 있을 경우에 타당하다(FG 138).

---

6) 근거설정 대화와 적용 대화를 구별할 때 하버마스는 주로 귄터(K. Günther)에 의존하고 있다. 귄터의 주요 관심 대상은 규범 자체의 정당성에 관련된 근거설정 대화보다는 규범 적용의 적합성에 관련된 적용대화이다. 그에 따르면 적용대화에서는 상황의 중요한 성격이 모두 서술되었는지, 상황에 관련된 규범들이 모두 고려되었는지, 그리고 그 상황에서 고려의 대상이 되는 규범들 사이에 적절한 우선 순위가 설정되었는지가 논의된다(Günther, 1988:257 ff 참고). 그가 말하는 적용담화는 철학사에서 판단력이나 지혜의 문제로 다루어져 온 것인데, 철학자에 따라 그것에 부여한 비중이 달랐다. 가령 아리스토텔레스는 상황에 따른 지혜로운 판단력에 큰 비중을 둔 반면, 칸트는 도덕원칙만 분명히 알면 적용의 문제는 아주 수월한 것이라고 생각하였다. 불투명하게 남겨진 판단력의 문제를 체계적으로 해명하려 한 귄터의 시도는 매우 흥미로우나 그 성과에 대해서는 논란의 여지가 많다. 대표적 비판으로 Alexy(1993) 참고. 필자는 귄터의 예에서 판단력에 대한 연구의 현단계를 볼 수 있다고 생각한다. 귄터는 판단력에서 무엇이 문제되는지를 해명했다고 하더라도, 문제 상황의 서술이 완전한지를 어떻게 확인하며, 문제되는 규범들이 모두 고려되었는지를 어떻게 알 수 있는지, 그리고 규범들 사이의 우선 순위를 어떻게 설정하는지에 대해서는 아무런 답을 제시하지 못하고 있다. 판단력의 문제는 철학자나 법학자 모두에게 여전히 해명되지 않는 채 있는 것이다.

이 원칙은 두 가지 점에서 극히 추상적이다. 우선 참여자의 자격이 구체화되어 있지 않고 규범의 정당화 과정에서 고려되는 사항이 무엇인지도 정해져 있지 않다. 하버마스는 도덕적 대화와 법적 대화가 따르고 있는 원칙들의 차이를 바로 이 두 가지 점의 차이에서 찾는다.

도덕적 대화가 따르는 원칙은 칸트의 정언명령과 유사한 것으로서, 모든 사람들의 이해가 균등하게 고려되는 한에서만 어떤 규범이 정당화될 수 있음을 천명한다. 이 원칙은 모든 사람들의 이해를 고려한다는 점에서 보편주의적이다. 그래서 하버마스에서 도덕원칙은 칸트에서처럼 **보편화 원칙**(U)으로서 정식화된다.

> (U) 어떤 규범이 타당한 것은 사람들이 일반적으로 그것에 따라 행동할 경우 각 개개인의 이익의 충족과 관련하여 발생할 결과와 부작용이 모두에 의해 비강제적으로 받아들여질 수 있을 경우이다(Habermas, 1992:12).7)

보편주의적 성격 외에 도덕원칙의 또 하나의 중요한 특징은 그것의 일면성이다. 도덕원칙은 규범의 타당성을 오직 도덕적 측면에서만, 즉 사람들의 이해가 균등하게 고려되었는가의 측면에서만 검사한다. 실용적인 목적을 위한 혹은 특정 공동체가 지향하는 가치의 실현을 위한 규칙은 도덕적 숙고의 대상이 아니다.

근거설정 대화로서의 법적 대화는 대화 참여자들이 자신들에게 구속력을 갖는 법을 제정할 때의 대화이다. 이때 대화 참여자들은 도덕적 대화에서처럼 모든 사람이 아니라 법적으로 동등한 참여권을 갖는 사람들, 즉 "자유의사에 따라 참여한 결사체의 자유롭고 평등한 구성원으로 서로를 인정하는 법동료들"(FG 141)이다. 근거설정 대화로서의 법적 대화는 동등한 참여권을 갖는 법동료들이 스스로에게 부과하기로 동의하는 규정들을 찾거나 혹은 어떤 규정이 그럴 자격이 있는지를 검토하는 토의의 과정이다. 그래서 법적 대화가 따르는 원칙은 모든 사람의 이해를 고려

---

7) 《철학》 제51집 256쪽에서 필자는 부끄럽게도 이(U)를 잘못 번역하였다.

하라는 보편화 원칙이 아니라 모든 법동료들의 동의를 얻어야 한다는 민주주의의 원칙이다. 민주주의적 원칙은 일상적인 실천적 토의에서 볼 수 있는 불편부당성의 요구, 즉 상호 인정과 상호 비판의 구조가 법 제정과정에 적용된 경우이다. 그런데 법의 정당성이 법 제정절차의 공정성에 의존한다면, 법의 정당성을 위해서는 법 제정절차의 공정성이 확인될 수 있어야 하고 또 공정한 절차가 실제로 구속력 있게 지켜져야 한다. 그래서 법 제정절차는 구체화된 절차이어야 하고, 그 자체가 법적으로 구속력 있게 규정되어 있어야 한다. 결국 하버마스식의 대화이론으로부터 볼 때 정당성을 갖는 법을 제정하는 절차는 일상적인 실천적 토의의 구조가 법제정에 적용되어 구체화된 것으로서 법적으로 규정된 절차이다. 법의 정당성의 형성과정에 대한 이런 견해를 담아 하버마스는 민주주의 원칙 (Dm)[7]을 다음과 같이 정식화한다.

> (Dm) 어떤 법률이 정당성을 갖는 것은 그것이 법적으로 규정된 토의적 법 제정과정에서 모든 법동료들의 동의를 얻을 수 있는 경우이다(FG 141).

법적 대화가 법동료 사이에 법적으로 규정된 절차에 따라 법을 제정하는 토의적 과정이라는 점 이외에도 도덕적 대화와 크게 구별되는 점이 있다. 그것은 법적 대화를 통하여 확정되는 규범의 당위적 성격이 도덕적 대화에서 문제되는 당위에 한정되지 않는다는 점이다. 법이 " ~ 해야 한다"라고 규정할 때 그것은 언제나 도덕적인 당위만이 아니라 실용적, 윤리-정치적 당위에 관계되기도 한다. 법은 도덕적인 이유에서 살인을 금지하지만 실용적인 이유에서 교통규칙을 규정하기도 하며, 공동체의

---

7) 필자는 하버마스가 민주주의 원칙을 실천적 대화의 원칙(D)이나 보편화 원칙 (U)처럼 명확히 정식화한 경우를 찾지 못하였다. 필자가 민주주의 원칙으로 인용하는 문장은 하버마스가 민주주의에 대해 언급하는 여러 문장들 가운데 하나일 뿐이며, 그것을 'D'와 구별하기 위하여 'Dm'이라고 명명한 것도 필자가 임의로 한 것이다.

공통가치를 보전하기 위하여 문화재 관리나 교육에 관한 규정을 할 수 있다. 그래서 하버마스는 법을 도덕의 제한된 형태로 보거나 또는 도덕을 사적인 사안에, 그리고 법을 공적인 사안에 관련시키는 것에 모두 반대한다. 법은 도덕보다 복합적인 차원의 것이다.

도덕적 대화와 법적 대화의 구별되는 점에 대하여 위에서 언급된 사항을 다음과 같이 간략히 표로 나타낼 수 있다.

	도덕적 대화	법적 대화
대화의 원칙	보편화 원칙(U)	민주주의 원칙(Dm)
논의의 대상	도덕적 정당성	도덕적 정당성, 실용성, 윤리-정치적 적합성

2) 법과 도덕의 상보적 관계

근대적 법의 가장 중요한 특징은 종교적 기원을 갖는 전통법이나 관례에 따르는 관습법과 달리 제정을 통하여 유효해지는 실정법이라는 점이다. 제정과 변경이 용이하다는 점에서 실정법은 사회적 변화에 적절히 대응할 수 있다는 커다란 장점을 갖는다. 그러나 실정법의 이러한 장점은 그것의 도구적 장점일 뿐, 그것이 곧 법에 정당성을 부여하는 것은 아니다. 사람들이 법의 정당성에 대해 믿음을 가질 수 있기 위해서는 전통법에 정당성을 부여하였던 신성한 가치에 상응하는 것이 있어야 한다. 그러나 어떤 특정한 신앙이나 형이상학을 의문없이 공유할 수 없는 근대인들이 어떤 내용적 가치를 공유한다는 것은 기대하기 어렵다. 하버마스는 법 대화이론을 통해 밝힐 수 있는 실천적 합리성이 바로 실정법으로서의 법에 정당성을 부여하는 근거라고 생각한다. 전통법이 ―법에 의해 만들어진 것이 아니라 법에 선행하여 타당한 것으로 여겨지는― 신성한 가치에 의존하여 정당성을 획득하였다면, 법적 대화에서 작용하는 실천적 합리성도 법에게 처분불가능한 정당성의 근원이다. 여기서 처분불가능성(*unverfügbarkeit*) 이란 실천적 합리성이 법에 의해 가능해진 것이 아니며 오히려 실천적 합리성에 의해 법의 정당성이 가능하다는 의미이다. 만일 실천적 합리성이 법의 처분불가능한 정당성 원천이라면 법실증주의나 법기능주의의 주장은 일면적인 것으로 반박된다. 법과 도덕의 상보관계에서 법이 도덕에 의해 보완되는 측면은 바로 이 정당성의 측면이다.

> 탈형이상학적 법의 실정성은 또한 (…) 법질서가 오직 합리적으로 정당화된, 따라서 보편주의적인 기본원칙에 비추어 구성되고 개선될 수 있다는 것을 의미한다(FG 97).

법이 정당성의 측면에서 도덕에 의해 보완된다면, 도덕은 기능성의 측면에서 법에 의해 보완된다. 법이 도덕에 비해 가질 수 있는 기능적 장점은 무엇보다도 안정적인 행위조정을 가능하게 한다는 점이다. 도덕이 안정적인 행위조정 기능을 제대로 수행할 수 없게 된 것은 도덕의식 수준의 변화와 밀접한 연관이 있다. 만일 사람들이 의문의 여지없이 타당한 배후지식과 신념으로 작용하는 특정한 전통이나 세계관을 공유한다면, 그래서 이것이 어떤 도덕적 문제에 대해 쉽게 일치된 판단을 내리게 해준다면, 도덕도 충분히 안정적인 행위조정 기능을 수행할 수 있을 것이다. 그러나 탈관습 단계의 도덕의식에게 그런 배후지식과 신념은 기대될 수 없다. 탈관습 단계의 도덕의식에게는 원칙적으로 반성의 범위에 제한이 없다. 그런 점에서 판단의 합리성은 극대화된다. 그러나 확고하게 공유된 지식과 신념에 의존할 수 없을수록 합의는 어렵고, 또 달성된 합의도 지극히 잠정적인 성격만을 갖는다. 탈관습 단계로 이행하면서 도덕의 안정적인 행위조정 기능은 감소하는 데 반하여, 개인의 자유의사에 따른 행위영역이 확대됨으로써 행위조정의 필요는 증대한다. 하버마스가 보기에 근현대 사회로의 전환은 바로 증가된 행위조정의 필요를 충족시킬 수 있는 새로운 제도에 의해 가능하였는데, 그것이 바로 근대적인 실정법이다.

하버마스는 법이 도덕의 행위조정 기능을 세 가지 측면에서 보완한다고 생각한다. 첫째는 인지적 측면이다. 규범들을 정당화하고 어떤 행위와 연관된 모든 사항들을 고려하여 규범을 적절히 적용한다는 것은 종종 개인들의 인지적 능력을 벗어난다. 이런 개인들이 규범의 정당성과 규범 적용의 적절성에 대해 서로 합의하기는 아주 어려운 일이다. 법은 개인 들로부터 이런 인지적 부담을 어느 정도 덜어준다. 의회의 입법과정과 법원의 판결, 그리고 전문적 법해석 작업을 통한 법의 체계화 등은 개인 이 스스로 판단해야 하는 부담을 경감시켜 준다.

둘째, 법은 동기적 측면에서 도덕을 보완한다. 도덕이 행위조정 기능 을 안정적으로 수행할 수 있으려면 개인들은 타인들과 합의한 규범에 따 라 문제를 해결할 의향을 가져야 하고, 합의된 바를 경우에 따라 자신의 이익에 반하여서라도 이행할 수 있는 의지력을 가져야 한다. 그러나 이 것은 개인들에게 언제나 기대될 수 있는 것은 아니다. 그런데 이렇게 규 범에 대한 합의에 이르기도 어렵거니와 합의에 따라 행위하는 것도 불확 실하다면, 각 개인에게 규범을 준수할 것을 요구하기도 어렵게 된다. 어 떤 사람에게 합의된 규범을 준수하도록 정당하게 요구할 수 있는 것은 그 규범이 실제로 일반적으로 준수될 것이 예상되는 한에서만 가능하기 때문이다. 법은 강제력을 바탕으로 어떤 규범이 일반적으로 준수되게 할 수 있기 때문에 도덕의 이런 동기상의 약점을 보완한다. 물론 법적 규범 을 준수하게 하는 것이 법의 강제력만은 아니다. 개인은 법적 규범을 그 것의 타당성에 동의하기 때문에 준수할 수 있다. 다만 강제력은 그런 자 발적인 동기를 갖지 않을 경우 제재에 대한 두려움 때문에라도 어떤 규 범을 준수하게 하는 것이다.

법이 도덕을 보완하는 세번째 측면은 책임의 적절한 할당과 관련된다. 전통적인 도덕이 도덕적 고려의 대상을 한정된 범위에 제한하였다면, 보 편주의적 도덕은 그런 경계를 허물어뜨렸다. 이와 함께 개인들은 가족과 이웃뿐 아니라 민족, 인류, 심지어 생태계에 대해서까지 많은 도덕적 책 임에 직면하게 되는데, 그 책무를 수행할 수 있는 개인의 능력은 지극히 제한되어 있다. 법은 공익단체나 복지단체처럼 개인이 해낼 수 없는 책 무를 담당할 기관이나 조직에 법적 지위를 부여하고 활동을 가능하게 함 으로써, 개인에게는 적절한 정도의 도덕적 책무가 배분될 수 있게 한다

(FG 146 ff).

4. 법과 사회통합

앞에서 간략히 살펴보았듯이, 하버마스는 법적 대화의 논증구조에 주목하여 법제정 및 적용과정이 절차적 합리성의 요구하에 있음을 밝혔다. 이로써 하버마스는 법의 형식적 합리성으로부터 법적 지배의 정당성을 설명하려 하였던 베버의 법이론의 부정합성을 교정하고, 합법성으로부터 정당성이 가능할 수 있는 근거를 제시하였다. 이렇게 베버의 비판적 수용을 통하여 법의 정당성 차원을 입증한 후, 현대사회에서 법의 기능적 역할을 규정할 때 하버마스는 파슨스에 의존한다.

파슨스는 사회가 안정적으로 존속하기 위해서 네 가지 주요 기능을 성공적으로 충족시켜야 한다고 보고, 사회가 각각의 기능을 실현하는 부분체계로 구성되어 있다고 보았다. 네 가지 기능이란 물질적 생존을 위해 외부환경에 적응(adaptation) 할 수 있어야 하고, 집단적 목표의 달성(goal attainment)이 가능해야 하며, 사회구성원이 될 사람들이 사회의 가치, 규범, 의사소통 양식 등을 익히게 함으로써 사회구성원의 유형을 유지(pattern maintenance) 할 수 있어야 하고, 사회 구성원들을 공통의 사회로 통합(integration) 시키는 것이다(Parsons, 1971:10 ff). 이 각각의 기능에 해당되는 부분체계는 경제, 정치, 유형 유지, 사회공동체(societal community)이다. 경제체계에서는 개인들의 경제행위가 조정되고 정치체계에서는 권력의 배분이 이루어진다면, 사회공동체는 개인들을 공통의 가치에 따라 통합시킨다. 이 가운데 파슨스가 가장 주목하는 것은 통합의 기능을 하는 사회공동체이다. [8]

---

[8] 이것은 파슨스가 통합의 기능을 그 자체로 다른 기능보다 더 중요시해서 그런 것은 아니다. 가령 경제가 기능하지 않는다면 사회가 유지될 수 없을 것임은 명백하다. 파슨스가 사회통합의 기능에 주목하는 것은 다만 그것이 경제학이나 정치학과 다른 학문으로서의 사회학적 이론의 관심사이기 때문이다. 파슨

234

파슨스는 특히 근현대 사회에서의 사회통합 방식에 관심을 기울인다. 사회통합을 위하여서는 일반적으로 공유된 가치가 있어야 하는데, 현대 사회처럼 고도로 분화된 사회에서 일반적으로 공유될 수 있는 가치는 매우 추상적인 것이 될 수밖에 없다. 또 현대사회처럼 대규모의 복합적인 사회에서는 사람들이 공통의 규범을 자발적으로 준수한다는 보장이 없기 때문에, 사회통합을 위하여 꼭 필요한 규범은 강제적인 구속력을 가져야 한다. 파슨스는 바로 법을 사회구성원들의 행위에 대해 구속력을 갖는 일반적 규범체계로 여긴다. 이런 파슨스의 견해에 따르면 도덕만이 법의 본질도 아니며 강제력도 법의 본질의 전부가 아니다. 법은 두 가지 요소가 하나의 체계로 통합된 것이다(Parsons, 1971:18). 이러한 특징 때문에 파슨스는 법이 고도로 분화된 현대사회에서 사회통합을 위하여 필수불가결한 것이라고 여긴다.

하버마스는 파슨스의 이런 견해를 거의 전적으로 수용한다. 하버마스의 법이론의 사회이론적 차원을 이해하기 위해서는 파슨스의 법이론에 하버마스의 이원적 사회이론을 결합하면 된다. 하버마스의 이원적 사회이론을 아주 간략히 정리하면 다음과 같다. 근대 이전의 미분화된 사회에서는 개인의 사회화나 문화의 재생산, 그리고 사회적 행위의 조정이 모두 '언어적 이해'9)에 의해 이루어졌다. 언어적 의사소통에 의해 재생산되는 사회영역을 하버마스는 '생활세계'라고 부르는데, 이런 용어법에 따르면 미분화된 사회는 그 전체가 인격, 문화, 사회(Gesellschaft)의 세 요소를 갖는 일종의 생활세계였다. 근대사회에서 나타난 사회적 분화란 좁은 의미의 사회, 즉 상호작용의 영역(Gesellschaft)으로부터 경제적 재생산과 권력 배분의 기능을 담당하는 영역이 분리되는 것을 말한다. 정치와 경제의 영역은 언어적 이해가 아니라 권력과 화폐를 매개로 재생산되

스의 사회학을 "공통의 가치에 따라 통합된 행위체계들에 관하여 분석적 이론을 전개하려는 학문"으로 정의한다. Parsons(1968:768) 참고.

9) 여기서 언어적 이해는 말이나 문장의 뜻을 안다는 의미의 이해가 아니라 서로의 행위를 조정하기 위한 합의의 의미에 가깝다. 이때 이해는 견해가 같은 것에 대한 합의뿐 아니라 견해가 다른 것에 대한 합의도 포함한다.

는 영역으로서 '체계'라고 불린다. 사회에서 정치와 경제가 분리되고 남
은 부분을 하버마스는 시민사회 (Zivilgesellschaft) 라고 부른다. 하버마스가
생각하는 사회분화를 다음과 같이 그림으로 나타낼 수 있다. 10)

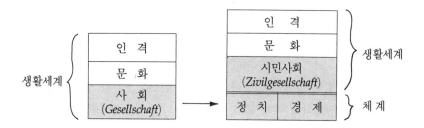

　사회를 이원적으로 파악하는 하버마스의 가장 큰 관심사는 어떻게 사
회의 분화를 해치지 않으면서도, 더 이상 언어적 이해에 의존하지 않는
체계의 영역을 규범적으로 구속하느냐 하는 문제이다. 하버마스는 바로
법이 생활세계에서 형성된 규범적 요구를 체계에로 구속력 있게 전달하
는 역할을 담당한다고 생각한다. 하버마스가 법을 정의할 때 자주 사용
하는 용어 — '전달띠'(Transmissionsriemen) (FG 102), '경첩'(Scharnier) (FG
77), '변환기'(Transformator) (FG 78), '매개체'(Medium) (FG 386) — 에서
명백히 알 수 있듯이, 사회이론적 차원에서 법을 고찰할 때 하버마스는
거의 전적으로 법의 이 전달 기능에 주목하고 있다.

　하버마스가 보기에 법은 언어적 의사소통에 내재하는 상호인정의 요구
가 구속력 있는 규범으로서 제도화된 것이다. 법은 도덕과 함께 언어적
의사소통에 의해 정당화되지만, 도덕과 달리 구속력을 갖기 때문에 화폐
나 권력의 작용에 대하여 적절히 제한을 가할 수 있다. 그래서 분화된
사회의 조건에서, 즉 체계가 생활세계로부터 상당한 정도로 자립화된 조
건에서 규범적 사회통합의 역할을 할 수 있는 것은 도덕이 아니라 법이
다. 하버마스가 파슨스의 견해를 자기 식으로 정리한 다음의 구절은 그
의 법이론의 가장 적절한 요약이기도 하다.

---

10) 사회분화에 관해서는 FG:77; Habermas(1981:229 ff) 참고.

법은 연대성이, 즉 우리가 구체적인 삶의 관계들로부터 알고 있는 상호
인정의 수준 높은 구조가 익명화되고 체계논리에 따라 매개된 복합적인
사회관계들에 추상적인, 그러나 구속력 있는 형태로 전이되게 하는 전달
띠(*Transmissionsriemen*)이다(FG 102 f).

　분화된 사회의 조건에서 법이 생활세계에서 연원하는 상호인정의 요구
를 구속력 있는 규범으로 구체화하는 방식은 크게 세 가지이다. 첫째,
시장과 관료적 조직을 법에 의해 제도화하는 것이다. 이로써 시장과 관
료적 조직은 법의 규제하에 놓이게 되고, 법으로 전환된 생활세계의 규
범적 요구의 규제하에 있게 된다. 둘째, 사회적 상호행위에 법적 성격을
부여함으로써 갈등상황시에 법에 호소할 수 있도록 하는 것이다. 이것은
관습이나 신뢰 등이 더 이상 갈등해결의 기반이 되지 못할 때, 갈등을
공정한 절차에 의해 해결할 수 있게 한다. 마지막으로 국민(*Staatsbürger*)
의 지위를 법적으로 제도화하고 보편화하는 것이다. 여기서 국민의 지위
란 정치적 참여권의 소유를 의미한다. 정치적 참여권이란 선거권에 한정
되는 것이 아니라 시민사회에서 여론을 형성하고 자유롭게 결사체를 만
들 권리를 말한다(FG 101). 법에 의해 국민의 동등한 정치적 참여권이
보장되고, 또 법규범이 그런 국민에 의해 정당화됨으로써, 그리고 행정
과 경제가 법을 통해 제도화됨으로써 상호인정의 규범에 기초한 사회통
합이 가능한 것이다.

5. 법과 민주주의 : 심의적 정치

　앞에서 살펴보았듯이 하버마스는 법이 사회통합의 역할을 담당할 수
있기 위해서는 형식적 일관성이나 목적합리성만이 아니라 규범적 정당성
을 가져야 한다고 생각한다. 그런데 탈형이상학의 시대에는 다른 모든
규범과 마찬가지로 법의 정당성도 실천적 토론을 통하여서만 정당화될
수 있다. 그러므로 법이 사회통합의 역할을 제대로 해내기 위해서는 실
천적 토론을 통해 형성된 공통의 견해에 의해 법의 정당성이 확보되어야

한다. 자유로운 토론에 의해 공통의 견해가 형성되고, 공통의 견해가 법의 제정 및 적용과정에 반영되며, 행정이 법규범에 의해 구속되는 정치를 하버마스는 심의적 정치(*deliberative Politik*)라고 한다.

하버마스가 생각하는 심의적 정치는 이원적이다. 심의적 정치의 한 차원은 의회와 같은 기구가 법적으로 제도화된 절차에 따라 의견을 형성하고 결정을 내리는 것이며, 다른 한 차원은 정치적 공론의 장에서 다양한 방식으로 형성되는 여론이다. 하버마스가 심의적 정치를 이렇게 이원적으로 생각하는 것은 두 가지 차원이 각각 다른 역할과 장점을 가지기 때문이다. 의회와 같은 기구에서 법적으로 규정된 절차에 따라 의사형성 및 결정이 이루어지는 것은 비정형적인 여론형성과정에 대해 두 가지 장점을 갖는다. 하나는 공정한 절차를 강제적으로 따르게 함으로써 일상생활에서처럼 권력이나 금전과 같은 사적인 힘들에 의해 공정한 의사형성 과정이 왜곡되는 것을 최대한 방지한다는 점이다. 의회의 결정이 정당성을 갖는 것은 바로 그 결정에 이르는 과정에서 공정한 절차가 지켜졌음이 보장되기 때문이다. 다른 하나의 장점은 비정형적 여론형성과정에서와 달리 의회는 제한된 시간 안에 결정을 내릴 수 있다는 점이다. 비정형적 여론형성과정에서는 사람들이 일정한 시간이 지난 후에 하나의 견해에 합의한다는 보장이 전혀 없다. 그러나 의회에서의 절차는 심의의 과정 후에 결정에 이를 수 있게 구성되어 있다. 의회가 갖는 이 장점 역시 매우 중요하다. 왜냐하면 적절한 시점에 구속력 있는 결정이 내려지지 못하면 결국 실천적 합리성에 따른 방식이 아닌 다른 방식에 따라 행위가 조정될 것이기 때문이다.

그러나 의회와 같은 기구가 비정형적인 여론형성과정에 비해 중요한 장점을 갖는다고 해서 비정형적인 여론형성과정이 부차적인 의미만을 갖는 것은 아니다. 제도화된 정치적 기구들이 이미 정치적 해결을 필요로 하는 것으로 공인된 문제들을 다룬다면, 새로운 문제가 감지되고 주제화되며 경우에 따라 정치적 해결을 필요로 하는 문제로 격상되는 것은 바로 비정형적 의사형성 과정을 통해서이다(FG 435). 비정형적 의사형성 과정에서 사람들은 다양한 필요와 문제에 관해 의견을 주고받는데, 그

가운데 자연스럽게 혹은 적극적인 사람들의 의식적인 노력에 의해 어떤 문제가 공동의 관심사로 떠오른다. 의회와 같은 정치적 기구는 여론에 의해 공통의 문제로 부각된 것을 정치적 문제로 수용하여 해결책을 제시한다. 그렇다고 의회와 같은 기구가 언제나 여론에 순응하기만 하는 수행 도구에 불과하다는 것은 아니다. 여론은 어디까지나 정치적 체계에 대해 영향력을 행사하는 것이지 그 자체로 정치적 구속력을 갖는 것은 아니다. 그래서 하버마스는 여론이 스스로 '통치'할 수 없고 정치적 체계만이 '행위'할 수 있다고 한다(FG 364). 하버마스가 생각하는 심의적 정치는 다음과 같은 과정을 포괄하는 정치 양식이다. 그것은 자유로운 의사형성과정을 통하여 여론이 형성되고, 여론이 공정한 절차를 통하여 정당한 법의 형태를 갖추며, 행정적 권력이 정당한 법에 의해 구속되는 것이다(FG 432).

6. 절차주의적 법 이해

이제까지 살펴본 하버마스 법이론의 가장 핵심적 주장은 법적 지배의 정당성이 법의 제정 및 적용 과정에서 작용하는 실천적 합리성으로부터 유래한다는 것이었다. 이런 절차주의적 법이해를 근거로 하버마스는 자유주의와 공동체주의 혹은 자유주의와 복지국가주의 사이의 법이론 논쟁에서 벗어날 수 있다고 생각한다.

자유주의자들의 법이해의 중요한 특징은 다음의 세 가지로 요약될 수 있다. 첫째, 법적 규제의 가장 중요한 역할은 개인의 불가침의 권리를 보호하는 데에 있다. 둘째, 사적 영역과 공적 영역은 엄격히 구분되며, 공적인 것만이 법적 규제의 대상이 될 수 있다. 셋째, 명확한 권력의 분립은 민주적 법치의 가장 중요한 제도적 요건이다. 이런 자유주의의 입장은 다음의 난점을 갖는다. 첫째, 자유주의자들은 개인의 권리의 평등성만을 말할 뿐, 권리행사에 필요한 사회적 조건의 불평등성은 간과한다. 둘째, 자유주의자들은 종래에 사적인 문제로 여겨져 오던 것이 법적 규제의 대상으로 전환되는 것을 적절히 파악할 수 없다. 가령 가정이 사적인 영역이라는 이유로 가정폭력과 같은 문제를 법적 규제의 대상으로 여기는 것을 어려워하는 것이 그런 예이다. 셋째, 자유주의자들은 권력분립이 불명확해짐에도 불구하고 민주적 법치가 가능할 수 있다는 사실을 파악하지 못한다. 하버마스는 절차주의적 법이해가 이런 자유주의적 입장의 약점을 교정할 수 있다고 생각한다. 절차주의적 입장에서 일차적으로 중요한 것은 법제정 및 적용의 과정에서의 실천적 합리성이지 권리영역의 구별이나 구체적인 권력분립 방식이 아니다. 개인의 권리를 무엇으로 규정할 것인지, 어떤 문제가 공동의 해결을 필요로 하는 문제인지, 그리고 구체적으로 어떤 정치제도를 선택할지는 의사소통의 과정을 통하여 결정될 사항이다. 그래서 만일 시민사회에서 자유로운 논의 과정을 거쳐 공동의 해결 노력을 필요로 하는 문제로 인식된다면, 가정폭력은 얼마든지 정치적 문제가 되며 법적 규제의 대상이 될 수 있다. 또 행정, 입법, 사법 사이의 제도적 경계가 불분명해지는 것도 그 자체로 법치국가의 정당성을 위협한다고 할 수는 없다. 의회의 법규범 제정 기능이나 사법부의 판결 기능이 부분적으로 행정기관이나 자치단체에 이양되더라도, 중요한 것은 법규범의 제정이나 적용 과정에서 얼마나 실천적 합리성이 지켜지는가 하는 것이다.

하버마스는 다른 한편 법을 공동체의 가치 실현을 위한 수단으로 여기는 공동체주의자나 복지국가주의자들의 법이해에 대해서도 유보적인 태도를 보인다. 국민의 복지를 구성하는 요소는 무척 다양하다. 그런데 어떤 것들이 복지의 구성 요소인지, 그리고 어느 요소가 다른 요소들에 대해 얼마나 우선성을 갖는지는 제3자의 눈으로 관찰될 수 있는 것이 아니다. 그것은 시민사회에서 자유로운 논의를 통하여 공동으로 해석되어야 하는 것이다. 만일 복지의 구성 요소와 복지 요소들 간의 우선성을 정하는 데에 국민들이 참여하지 않는다면 국민은 단순히 관료주의적 국가가 제공하는 서비스를 소비하는 수동적인 고객으로 전락할 수 있다. 하버마스는 복지국가의 이런 후견주의적 경향이 심의적 정치의 활성화를 통하여 방지될 수 있다고 생각한다. 심의적 정치가 활성화될 때 복지는 개인의 자율성을 대가로 치르고 얻어지는 것이 아니라 개인의 자율성을 회복시키는 것이 된다. 심의적 정치를 법이론적으로 파악한 것이 절차주의적 법이해이다. 그래서 하버마스는 과거에 자유주의적 법이해의 문제점을 교정하기 위하여 사회국가적 법이해가 등장하였듯이, 사회국가적 법이해를 교정하기 위하여 절차주의적 법이해로 전환할 것을 제안한다.[11]

7. 맺는말 : 맑스인가 하버마스인가

맑스의 정치경제학 비판을 이끌었던 기본 이념이 '생산자들의 자유로운 연합'이었다면, 하버마스의 법이론은 '동등한 권리를 갖는 법동료들의 자기 규정'을 지향하고 있다. 이 기본적인 지향점의 차이에서 맑스와 하버마스를 비교하는 것은 흥미롭기도 하고 오해의 여지가 많은데, 여기서는 한 가지 주의해야 될 점만을 지적하는 데에 그치고자 한다. '생산자들의 자유로운 연합'과 '법동료들의 자기규정'은 구체성의 수준이 다른 이념이다. 전자는 정치뿐 아니라 경제조직 방식을 포함하는 하나의 구체적인 사회이념이지만, 후자는 법치국가의 절차적 측면에 초점을 맞춘 지극히 추상적인 이념이다. 그래서 사회주의와 법치국가의 이념을 수평적으로 비교하는 것은 곤란하다. 굳이 비교하자면 다음과 같이 말할 수 있을 것 같다. 맑스의 사회이념이 사회통합을 위한 충분조건으로서 제시되었다면, 하버마스의 법치국가는 현대사회의 조건에서 사회통합을 위한 필요조건으로 제시된 것이다.

맑스의 이론과의 여러 가지 차이점에도 불구하고 하버마스가 맑스 및 그에 앞선 계몽주의 전통에서 받아들이는 가장 중요한 이념은 역시 '자율'이다. 이때 문제되는 자율은 사적(私的)인 차원에서 자율보다는 공적(公的)인 차원에서의 자율이다. 사적인 자율이란 타인에게 피해를 주지 않는 한 본인이 원하는 것을 스스로 결정하여 행할 수 있는 자유를 말하

---

11) 절차주의적 법이해로의 전환에 관해서는 FG : 468 ff 참고.

지만 공적인 자율은 자신들이 따르게 될 규칙을 정하는 과정에 참여할 수 있는 권리와 능력을 말한다. 이 공적 자율의 이념과 관련하여 다시 맑스와 하버마스를 비교할 수 있는데, 맑스는 주체가 자율적일 수 없게 만드는 물질적 조건을 변혁시키려 하였다면, 하버마스는 자율을 가능하게 하는 정치적, 문화적 조건을 강조한다. 그래서 하버마스에게는 심의적 정치와 함께, 개인들이 토론을 통해 문제를 해결할 수 있는 능력을 갖도록 교육하는 사회화 과정, 그리고 활발한 의견교환이 이루어지는 자유로운 정치문화가 중요하다.

　필자에게는 자율의 이념에 바탕한 사회상을 제시하려는 맑스의 노력과 하버마스의 노력이 양자택일을 요구하는 대립된 견해인 것으로 보이지 않는다. 자본주의와 사회주의 체제에 대한 역사적 경험은 오히려 우리에게 두 가지를 생산적으로 결합해야 한다는 교훈을 주는 것으로 보인다. 자율이 허상이 되지 않게 하기 위해서는 여전히 물질적 조건의 변화가 필요하며, 정치적 후견주의를 방지하기 위해서는 하버마스가 강조하는 심의적 정치가 필요한 것이다.

▪ 참고문헌

김영환, 1996, "법적 논증이론의 전개과정과 그 실천적 의의," 한국법철학회 편, 《현대 법철학의 흐름》, 법문사.

이상돈, 1996, "하버마스의 법이론 : *Faktizität und Geltung* (1992) 에서 바라본 합리적 법적 결정의 이론으로서의 대화이론," 장춘익 외, 《하버마스의 사상》, 나남.

M. 크릴레, 1992, 《법과 실천 이성》, 홍성방 역, 한림대학교 출판부.

한국법철학회 편, 1996, 《현대법철학의 흐름》, 법문사.

홍윤기, "하버마스의 법철학," 《철학과 현실》, 1996년 봄호.

Alexy, R., 1991, *Theorie der juristischen Argumentation*, 2판, Frankfurt/M (stw 436).

_____, 1993, "Normenbegründung und Normenanwendung," A. Aarnio 외 (Hg.), *Rechtsnorm und Rechtswirklichkeit*, Berlin.

_____, 1995, *Recht, Vernunft, Diskurs*, Frankfurt/M.

Günther, K., 1988, *Der Sinn für Angemessenheit. Anwendungsdiskurse in Moral und Recht*, Frankfurt/M.

Habermas, J., 1991, *Theorie des kommunikativen Handelns* II, Frankfurt/M.

_____, 1992a, *Faktizität und Geltung*, Frankfurt/M (FG로 약칭).

_____, 1992b, *Erläuterungen zur Diskursethik*, 2판, Frankfurt/M.

Parsons, T., 1988, *The Structure of Social Action*, 2권, New York.

_____, 1971, *The System of Modern Societies*, Englewood Cliffs.

Weber, M., 1968, *Wirtschaft und Gesellschaft*, 7판, München.

_____, 1980, *Wirtschaft und Gesellschaft*, 5판, München.

_____, 1988, *Gesammelte Aufsätze zur Wissenschaftslehre*, 7판, Tübingen (UTB 1492).

하버마스의 맑스비판과 후기 자본주의론

김 재 현

1. 들어가는 말

하버마스의 사회이론은 "모든 형태의 불필요한 지배의 억압으로부터 인간의 자기해방"(Habermas, 1975:Translator's Introduction, XⅧ)이라는 실천적 의도를 갖는 비판이론이다. 그런데 해방의 문제는 지배와 억압의 형태와 종류에 따라 달리 나타나므로 해방의 문제를 다루기 위해서는 구체적인 역사발전 단계에서 국가 또는 집단, 계급의 문제를 다루어야 한다(Kahn, 1988:363). 하버마스에서 후기 자본주의 분석은 시대진단으로서, 해방의 가능성에 대한 구체적인 역사·사회적 분석으로서 권력과 지배문제에 대한 견해를 보여준다. 《후기 자본주의의 정당성 문제》(Habermas, 1973)1)는 《학생과 정치》, 《공론장의 구조변동》에서의 경험적·역사적 현실분석을 보다 이론적이고 가설적인 차원에서 체계적으로 수행하므로 그의 이론적 모색, 발전과정에서 중요한 위치를 갖는다.

하버마스는 우선 '자본주의는 변한 것인가?'라는 문제를 다음과 같이 바꿔 묻는다. "자본주의 사회구성체의 근본 모순이 조직화된 자본주의의

---

1) 이하 책 인용은 《정당화 문제》로 한다.

■김 재 현
서울대학교 철학과 및
동 대학원 석·박사
현재 경남대 철학과 교수

주요 논문으로
"하버마스의 해방론 연구" 등

현상형태 속에서도 동일하게 작용하고 있는가, 혹은 위기의 논리가 변하였는가? 자본주의는 경제성장의 위기적 형태를 극복한 탈자본주의적 사회구성체로 완전히 이행한 것인가?"(Habermas, 1973:49).

이 글에서는 위의 물음과 관련해서 하버마스의 맑스 비판과 《정당성 문제》에서 후기 자본주의의 구조적 특징과 위기경향에 대한 논의를 살펴보고, 《의사소통행위이론》에서 위기논의가 사회병리현상으로 구체화되는 과정을 고찰한 후, 이 논의의 특징과 문제점, 의의를 간략히 고찰하겠다.

2. 위기개념과 조직원리

하버마스는 현대 서구사회의 정당성 위기를 분석하기 위해 '후기 자본주의'라는 개념을 사용하는데, 이때 후기 자본주의는 자유경쟁적 초기 자본주의와 구별되는 역사적 발전단계를 지칭하는 개념으로서 '발전된 자본주의', '조직화된 자본주의', '국가통제적 자본주의' 등의 개념과 같이 쓰이며, 따라서 자본주의라는 개념을 쓰는 한 사회적 발전은 모순이나 위기를 안고 있다는 전제를 내포한다.

하버마스는 먼저 '위기'의 개념부터 밝힌다. 우선 위기는 객관적 상태와 주관적 의식의 양 측면에서 파악 가능하다. 객관적 상태에서 위기문제는 '체계 통합'의 문제로 나타나며, 주관적 의식상의 위기는 '사회통합'의 문제와 사회구성원의 비판적 의식과 관계된다. 우선 사회과학적인 위기 개념을 살펴보자.

> 오늘날 사회과학에서는 체계이론의 입장에서 파악된 위기 개념이 자주 사용된다. 사회체계의 구조에서 볼 때, 문제 해결의 가능성이 체계의 존속에 필요한 가능성보다 더 작을 때 위기가 발생한다. 이러한 의미에서 위기는 체계의 통합을 지속적으로 방해하는 요인이 된다(Habermas, 1973:11).

그러므로 체계통합을 저해하는 요인을 '체계위기'라 할 수 있지만 그러나 체계위기가 온전한 의미에서 위기는 아니다. 다른 한편 위기는 사회의 구성원들이 체계구조의 변화에서 체계존속의 위협을 체험하게 되고 그들의 사회적 동일성이 위협받을 때를 말하며 이 경우 우리는 이를 주체의 동일성 위기라고 한다. 그러나 한 사회에 대하여 그 구성원들이 위기라고 말한다고 해서 사회 자체가 위기에 처해 있는 것은 아니다. 사회적 위기들이 의식 현상에만 근거해서 규정된다면 위기 이데올로기와 올바른 위기체험이 구별되기 어렵기 때문이다(Habermas, 1973:7).

그런데 동일성 위기는 체계의 위기인 조정문제와 연관된다. 객관적인 체계통합의 동요는 사회적 통합, 즉 규범 구조의 합의 기반이 흔들려서 사회가 무규범적 상태에 이르게 되는 경우와 같이 체계존속에 위협을 준다. 위기는 해결되지 못한 조정 문제들로부터 야기된다는 사실에서 그 객관성을 갖게 된다. 그러므로 사회과학적으로 적절한 위기의 개념은 체계통합과 사회통합 간의 연관성을 파악하는 개념이어야 하며, 이 문제를 파악하는 데 "생활세계와 체계라는 두 표현은 중요한 개념들이다. 문제는 이들 두 개념의 상호관계를 제시하는 것이다"(Habermas, 1973:14).

그런데 사회체계가 생활세계로서만 파악되면 조정의 양상은 은폐되어 버리고 또 사회체계가 단지 체계로서 파악된다면 사회의 규범구조와 관련된 타당성 요구의 사실성은 고려되지 않게 된다. 그러므로 하버마스는 전체 사회의 존립 위기를 체계통합의 위기로만 파악하는 체계론적 시각을 부분적으로 수용하는 동시에 사회구성원의 의식의 반영인 행위, 행위체계, 규범구조 등이 전체 사회존립에 미치는 관계를 생활세계적 이론적 준거틀에 포함시키려 한다.

《이데올로기로서의 기술과 과학》, 《정당성 문제》에서 이미 체계와 생활세계, 사회통합과 체계통합의 개념이 중요하게 제시되지만 아직 종합적인 이론틀로 재구성되지 않았고, 이들이 사회이론의 2원적 개념으로서 체계화되는 것은 《의사소통행위이론》에서이다.

하버마스는 《정당성 문제》에서 맑스주의적 준거틀을 바탕으로 하여 체계이론적인 용어와 행위이론적인 용어를 상호보충적으로 사용한다. 그에 의하면 체계이론의 대상은 물질적 재생산 및 조정이다. 그러므로 '체계이론'으로서의 맑스주의는 기본적으로 후기 자본주의에서 위기의 성격을 해명하는 데 한계를 지닌다. 왜냐하면 현대 위기의 근본적 원인은 재생산 및 조정이라는 객관적 과정과 주관적 정체성 간의 불균등 발전의 경향 내에 존재하므로, 체계이론은 현재의 위기 형태를 적절하게 설명할 수가 없기 때문이다. 따라서 '말하고 행동하는 주체'로 구성되는 사회의 규범적 구조를 다루는 '행위이론'이 체계이론적 관점에 대한 '보충'으로서 제시되고 있다. 행위이론 또는 해석학적 사회과학을 통한 맑스이론의 보완 시도는 맑스에 대한 해석에서 이미 잘 나타난다. 하버마스는 맑스의 생산양식의 개념을 대체하는 '노동'과 '상호작용'의 총합으로서 '근본적 조직원리'라고 하는 개념을 제안한다. 사회의 '조직원리'란 사회통합의 지배적인 형태를 함께 결정하게 되는 세 개의 제도적 핵심, 즉 생산과 조정(이들은 노동의 두 가지 하위체계인 도구적 행위와 전략적 행위를 각각 대표하고 있다), 사회화(상호작용과 의사소통행위)로 구성된다. 즉, 사회적 진화는 생산력의 발전, 체계 자율성(힘)의 증대, 규범 구조의 변화라는 세 가지 차원에서 전개된다. 그러므로,

구조적 변화를 위한 변화 범위가 사회진화 이론의 틀에서만 제시될 수

있음은 분명하다. 이 경우에 맑스적인 사회구성체의 개념이 도움이 된
다. 어느 주어진 시기에서의 한 사회의 구조는 사회적 상황 변화의 가능
성을 추상적으로 확정하는 근본적 조직원리에 의해서 결정된다
(Habermas, 1973:18; 1976:168).

　　조직원리는 사회의 생산력과 그의 동일성을 확보해 주는 해석 체계에
관한 그 사회의 학습능력과 발전수준을 확정하고 조정 능력의 가능한 증
대를 제한한다(Habermas, 1973:30). 즉, 조직원리들은 첫째로 생산력의
발전이 의존하는 바 학습 메커니즘을 결정하고, 둘째로 동일성을 확보해
주는 해석 체계의 변화 범위를 결정하며, 마지막으로 조정 능력의 증대
가능성에 제도적인 한계를 설정한다.
　　이와 같은 조직원리에 기초해서 사회체계는 외적 자연에 대해서는 기
술적 규칙을 따르는 '도구적 행위'를 통해 그리고 내적 자연에 대해서는
타당한 규범을 따르는 '의사소통적 행위'를 통해 유지될 수 있으며, 따라
서 체계 자율성의 증대는 두 가지 다른 차원의 발전에 의거한다. 즉, 생
산력(객관적 진리)의 발전과 규범 구조(정당성-적합성)의 변화라는 차원
이다. 이러한 발전은 논리적으로 상호 독립적인, 합리적으로 재구성될
수 있는 모델을 따른다. 이러한 논의는 하버마스의 역사적 유물론 재구
성과 사회진화론에서 구체적으로 나타난다. 이에 대한 상세한 고찰은 이
글의 과제가 아니다.
　　어쨌든 앞의 간단한 고찰을 통해 우리는 하버마스가 자본주의적 (체계)
원리와 민주주의적 (행위) 원리의 관계를 체계이론과 행위이론의 차원에
서 통합적으로 해명하고 있음을 알 수 있다. 그리고 '체계이론'과 결합된
이러한 하버마스의 '행위이론'적 개념화는 체계의 논리와 함께 자발적인
행위주체의 실천적 공간을 마련해 줌으로써 경제 결정론 및 구조주의 또
는 체계이론적 결정론을 극복하려는 시도로 나타나며 이러한 하버마스의
의도는 《의사소통행위이론》에서 완성된 형태로 나타난다.

248

3. '조직원리'에 따른 사회구성체의 변화

하버마스는 사회구성의 조직원리를 기초로 역사적 사회구성체의 발전, 변화를 원시사회, 전통사회, 자본주의 사회, 후기 자본주의 사회라는 네 가지 사회구성체로 구분한다.[2]

'원시적 사회구성체'에서는 인척관계, 나이, 성 등이 중요한 조직원리로 작용한다. 인척관계가 전반적인 제도를 규정하고, 가족구조가 전 사회를 규정하며 사회적 통합, 체계통합을 확립한다. 연령과 혈족이라는 주된 역할들이 원시 사회의 조직 원리를 이룬다. 즉, 제도적 중심은 혈연 체계이며 따라서 가족 구조는 모든 사회적 소통관계를 규정한다. 이 조직원리가 사회 통합과 체계 통합을 동시에 확보해 준다. 세계상과 규범들은 결코 서로 분리될 수 없으며, 이들은 어떤 별도의 인정을 필요로 하지 않는 의식(儀式)과 금기들을 중심으로 양립할 수 있다.

'전통적 사회구성체'는 정치적인 계급지배에 의해 조직되고, 관료기구는 토지 소유 지배계급의 지배를 돕는 역할을 한다. 즉, 전통사회의 조직원리는 정치적 형태의 계급 지배이다. 관료주의적 지배 장치의 발생과 더불어 조정의 중심이 분화되어 사회적 부의 생산과 분배가 가족적 조직, 친족체계라는 형식으로부터 생산수단의 소유라는 측면으로 전환되었다. 친족 체계는 이제는 더 이상 모든 체계의 제도적 중심이 되지 못하고 힘과 조정의 중심적 기능을 국가에 넘겨주게 된다. 이것은 기능적 분화와 자율화의 시작으로서 이러한 과정에서 가족은 경제적 기능의 전부와 사회화 기능의 일부를 상실하게 된다.

전통사회의 발전단계에서는 체계통합이나 사회통합에 크게 기여하는 하부체계가 성립한다. 이들 하부체계의 교차점에는 생산수단의 특권적 점유나 힘의 전략적 사용을 규제하는 것으로서 정당성을 필요로 하는 법적 질서가 있다. 지배 장치와 법적 질서라는 한 측면과 정당화와 도덕

2) 이하 논의는 하버마스(1973:30~41)의 논의를 간략히 정리한 것이다.

체계라는 다른 측면을 구분하는 것은 세속적 권력과 신성한 권력을 제도적으로 구분하는 것에 상응한다.

'자유주의적 자본주의 사회구성체'의 조직원리는 시민법, 즉 부르주아적 사법체계에 기초한 임노동과 자본의 관계이다. 국가로부터 자유로운, 사적이며 자율적인 상품 소유자들간의 교역영역의 출현과 함께 상품과 자본, 노동의 시장이 제도화되고 세계무역의 발생과 함께 '시민사회'는 정치 경제 체제로부터 분화된다. 그리고 이것은 곧 계급 관계의 탈정치화와 계급지배의 익명화를 의미한다. 즉, 전통사회와 달리 계급대립의 갈등 가능성이 정치적 영역에서 경제적 영역으로 이전된다. 국가와 정치적으로 구성된 사회적 노동체계는 이제 더 이상 제도적인 중심이 아니다. 오히려 근대적인 조세 국가가 자기규제적 시장교역의 보조 장치가 된다. 외적으로는 국가가 이전과 같이 정치적 수단에 의해 경제영역들 간의 통합과 경쟁성을 확보해 주며, 내적으로는 그때까지 유력한 조정 수단이었던 정당한 권력이 무엇보다도 보편적인 생산조건, 즉 자본의 시장 규제적인 이용 과정을 가능케 하는 생산조건들을 유지시켜 준다. 여기서는 경제적 교환이 유력한 조정수단이 된다.

자본주의적 생산방식이 성취된 후에 국가권력의 수행은 사회체계 안에서 다음의 네 가지 사항에만 제한될 수 있다. ① 시민법에 의한 상업의 보호(경찰과 재판), ② 시장 메커니즘의 자기 파괴적인 부수적 결과로부터의 보호(예를 들면 노동자 보호법), ③ 전체 경제적인 생산조건들의 충족(공교육, 운수, 통신), ④ 축적 과정으로부터 생겨나는 요청들에 대한 시민법 체계의 적용(조세법, 은행법, 사업법). 국가는 이러한 네 가지 과제를 수행하면서 자본주의적 과정인 재생산 과정의 구성 조건들을 확보해 준다.

이러한 자본주의적 조직원리의 작용에 의해, 사회체계는 조정 문제가 직접적으로 동일성의 위협이 될 수 있을 때에 한해서 점점 위기에 직면하게 되고, 주기적으로 경제적 위기라는 체계위기에 직면하게 된다.

이 위기는 자본주의 경제체계의 내적 모순에 의해 주기적 공황으로 나타나서 체계 통합을 위협하고 이는 곧바로 사회적 통합의 위기로 전환된다. 이러한 위기 안에서 행위 집단들의 이해들은 서로 충돌하며 이때 사회통합이 역시 문제로 된다. 주기적으로 반복되는 이러한 위기상황에서 부르주아와 임금 노동자의 계급대립과 사회적 지배형태가 폭로되고 혁명적 계급운동이 새로운 대안으로 제시되었다. 그러므로 혁명적 노동운동은 초기 부르주아의 시민적 혁명운동과 함께 해방적 실천운동의 한 전형으로 나타날 수 있었다. 맑스의 정치경제학과 역사이론은 바로 이러한 자유자본주의 사회의 체계위기의 원인과 메커니즘을 분석한 것이라 하겠다.

하버마스에 의하면 맑스에서 모순된 자본 축적에 관한 체계이론으로부터 나오는 명제들은 계급이론의 행위 이론적 가정으로 변형될 수 있다. 즉, "맑스는《자본론》의 저자이자 동시에《브뤼메르 18일》의 저자" (Habermas, 1973:49)로서 그는 계급구조에 기초한 경제 내에서 일어나는 자본 실현이라는 과정을 계급간의 사회적 투쟁과정으로 옮겨 놓을 수 있는 가능성을 제시했다. 현실적으로도 자유자본주의 사회에서 체계위기와 사회통합의 위기가 반복적으로 확대재생산되는 경향이 있었다. 그러나 이러한 경향은 부르주아 국가가 경제에 개입하게 되면서 특히 유럽에서는 1차 세계대전 이후 상당한 변화를 겪게 된다. 하버마스는 자본주의 체계의 경제적 위기를 통해 계급갈등을 설명하는 맑스의 분석은 자유자

〈표 9-1〉 사회구성체의 변화

사회 구조	조직 원리	사회통합과 체계통합	위기 유형
원시 사회	혈연관계 : 주된 역할은 연령과 혈족	양자 사이에 분화가 이루어지지 않음	외부로부터 야기된 동일성 위기
전통 사회	정치적 계급지배 : 국가권력과 사회경제적 계급	기능적 분화가 이루어짐	내부로부터 결정된 동일성 위기
자유 자본주의 사회	비정치적 계급지배 : 임금노동과 자본	체계통합적 경제체계가 또한 사회통합적 과제를 떠맡음	체계 위기

본주의 사회에는 타당하지만 후기 자본주의 사회의 경우에는 경제적 분석을 사회학적 계급이론으로 바로 옮기기에는 여러 가지 문제가 있다고 본다. 이제까지 논의한 조직원리에 따른 사회구성체의 변화를 하버마스는 〈표 9-1〉과 같이 정리한다(Habermas, 1973:40).

4. 맑스에 대한 하버마스의 비판

후기 자본주의 사회에 대한 하버마스의 논의에 들어가기 전에 하버마스의 맑스비판에 대해 개괄적으로 살펴보고자 한다. 왜냐하면 후기 자본주의에 대한 분석은 맑스이론에 대한 몇 가지 비판적 입장과 역사적 현실에 대한 평가의 차이를 토대로 이루어지기 때문이다. 물론 하버마스의 맑스해석에 대해서는 많은 논란이 있어왔다. 록모어는 맑스와 맑스주의에 대한 하버마스 해석의 주요 경로를 다음과 같이 상호연관된 단계로 구분한다.

> 첫째, 해석의 단계로 이 단계에서는 '비판'으로서의 맑스주의를 충실히 수용하며, 둘째, 비판의 단계는 맑스의 정치경제학을 비판하는데, 이는 노동가치론에 대한 비판, 맑스의 이윤율 저하경향 이론에 대한 비판, 즉 위기이론에 대한 비판의 단계이고, 셋째로는, 맑스의 이론, 특히 사적 유물론을 보완·정정·재구성하는 단계로, 그리고 마지막으로 맑스주의를 포기 또는 폐기하는 단계이다(Rockmore, 1989:215; 1987).

이 단계구분에 의하면 후기 자본주의 위기이론은 맑스 비판의 두번째 단계에 속한다. 하버마스에 의하면 맑스가 인류의 자아형성을 '노동'만으로 해석하여 '실천적인 것'을 '기술적인 것'으로 환원시킴으로써 다음과 같은 문제점을 갖게 되었다.

> 첫째, 맑스는 그의 이데올로기 비판을 자연과학으로 간주하려는 경향 때문에 그의 이론의 '실천적 지향성'이 진보적 기술발전의 논리 밑으로 은

폐된다. 둘째, 맑스는 진보적 기술 발전이 직접적으로 인간해방을 가져올 것이라는 견해에 근접한다. 셋째, 그는 사회적 행위자들이 어떻게 의식을 갖게 되어 사회를 변혁하게 되는가를 설명할 수 없었기 때문에 계급투쟁이 역사의 중심 동력이라는 그의 중심 명제를 이론적으로 주장하는 것이 불가능했다. 끝으로 진보적 기술발전 논리에 대한 강조는 역사적으로 두 가지 전혀 다른 방향으로의 이론적 분열을 가져왔다. 한 가지 방향으로서 맑스주의는(특히 러시아에서) 진보적 기술발전이 인간해방을 가져다줄 가장 중요한 사회적 목표라고 낙관적으로 설정했다. 그 사이에 맑스주의 이론은 하나의 도구로서 그 '과학적 필요성'을 이해하는 사회공학자의 수중에 귀속된 도구로 된다. 반면 후기 프랑크푸르트 학파 (특히 호르크하이머와 아도르노의 《계몽의 변증법》) 는 진보적 기술발전을 '무조건적 악'으로서 비관적으로 전환시켰다. 여기서 맑스의 이론은 사회현실의 개혁 가능성이 배제된, 문화와 사회에 관한 총체적인 부정적 비판이 된다(Roderick, 1986:47; 김문조, 1992:68).

이러한 비판을 수용하면서 하버마스의 《정당성 문제》까지의 저술들에 나타난 맑스에 대한 하버마스의 비판을 개괄적으로 정리하자면 다음과 같다.

첫째, 하버마스는 오늘날 연구와 기술의 증가하는 가능성 때문에 맑스의 노동가치설이 더 이상 유효하지 않게 되었으며 인간역사는 기술발전, 생산력과 생산수단의 향상에 의존한다는 기술주의적, 생산력주의적, 경제주의적 해석의 가능성을 맑스 자신이 갖고 있음을 비판한다.

맑스는 정치적 공론의 실천적 통찰과 성공적인 기술적 통제를 일치시킨다. 그 동안에 우리는 관료기획 체제가 상품과 용역의 생산을 과학적으로 잘 통제한다 해도 이것이 해방된 사회의 즐거움과 자유를 실현시키는데 충분한 조건이 되지 못한다는 것을 알게 되었다. 맑스는 물질적 조건의 과학적 통제와 모든 단계에서의 민주적 의사결정 과정 사이에 간격이 나타날 수 있다는 것을 인식하지 못했다. 이것이 왜 사회주의자들이 사회적 부는 상대적으로 보장되지만 정치적 자유는 배제되어 버리는 권위주의적 복지국가를 전혀 예상하지 못했는가에 대한 철학적 이유이다

(Habermas, 1968:114~115).

맑스주의는 구소련에서 '정당화 과학'으로 전락했으며 이러한 비판과
관련해서 기술공학과 민주주의의 문제, 즉 생산력주의에 대한 비판, 가
치법칙의 부정, 이윤율 저하 경향에 대한 비판 등이 나타나고 또한 조직
의 규범적 문제, 민주주의의 문제, 국가의 정당화 문제 등이 제기된다.

둘째, 맑스의 자유주의적 모델과 달리 '조직화된 자본주의'에서는 국가
와 사회는 토대-상부구조 이론틀이 타당성을 상실할 정도로 서로 매개되
어 있다. 즉, 후기 자본주의에서는 국가와 경제가 불가분 얽혀 있고 정
치적으로 매개되고 있으므로 더 이상 경제적 토대 및 정치적 상부구조라
는 도식은 맞지 않는다. 따라서 토대-상부구조론과 도구주의적 국가론이
폐기되고 정치와 문화, 가치 영역(도덕적, 규범적 의식)의 중요성이 부각
된다.

셋째, 앞의 문제와 관련해서 국가의 역할이 변화되었다. 즉, 사회국가
로서, 위기관리 국가로서 자본주의 국가의 통합능력이 증대되었고 증가
하는 복지수준과 생활의 질과 함께 경제적 소외개념이 그 의미를 상실했
다. 자유주의적 자본주의와는 달리 선진 자본주의 사회에서는 사회의 광
범위한 층에서 생활수준이 실질적으로 상승하여, 더 이상 경제적 차원에
서만 인간 해방을 논의하는 것은 실천적인 한계에 부딪혔다. 그러므로
후기 자본주의적 소외는 맑스 시대의 명백한 빈곤보다 더 은밀해졌으며
소외와 억압, 착취에 대한 의식은 단편화되면서 무의식적으로 체계 통합
적으로 변해간다.

넷째, 이러한 현상은 개별 공장소유자의 인격적 지배관계 대신에 지배
가 익명적이고 조작적인 기술관료적 조정력 뒤로 사라지는 현상과 일치
한다. 개인적 주체는 대중문화의 영향 때문에 그들의 상황을 종속적이고
억압적인 것으로서가 아니라 자유로운 것으로 느낀다.

다섯째, 이런 상황은 맑스에서 자본주의적 억압상황에서 생겨나는 프
롤레타리아 의식, 즉 혁명적 주체로서의 의식된 프롤레타리아는 발견될
수 없고 따라서 비판능력을 갖는 역사의 주체가 발견될 수 없다는 것을

의미한다. 이와 같은 조건하에서 '대자적' 프롤레타리아는 사라졌으며 프롤레타리아는 혁명의 중심적 행위자의 역할을 더 이상 수행할 수 없다.

여섯째, 그러므로 이데올로기 비판의 과제가 다시 중요하게 등장한다. 맑스는 이 문제를 충분히 다루지 않았다. 그러므로 이제 이데올로기 비판, 즉 이데올로기 통합을 유지시키는 왜곡된 의사소통구조에 대한 비판과 극복이 필요하며 도덕의식의 발달, 규범구조의 변화에 대한 통찰도 필요하다.

이를 다시 정리하면, 후기 자본주의로 접어들어 경제 영역의 자율성이 상실됨으로써 '정치경제학 비판'만으로는 위기 비판의 소명을 다할 수 없게 되었으며, 과학과 기술의 진보와 더불어 급상승한 생산성은 '노동가치설'을 부정하기에 이르렀고, 임노동자의 생활수준이 높아져서 피착취의식이 사라지면서 프롤레타리아가 주도하는 혁명에의 꿈은 자취를 감추었다. 즉, 맑스의 이론은 자유주의적 자본주의에는 적합한 것이었으나, 후기 자본주의에 와서는 재구성이 불가피하다는 것이다. 그러므로 하버마스는 새로운 기초 위에서 '실천적 지향을 지닌 역사철학'을 재구성하는 것이 필요하며 이를 위해 '역사적 유물론'을 사회진화론으로 해석하고 더 나아가 '의사소통 행위이론'을 발전시켜 나간다. 이제 다시 후기 자본주의의 특징과 위기경향에 대해 자세히 살펴보자.

5. 후기 자본주의의 구조적 특징

하버마스는 자유자본주의 사회의 내재적 모순이 부르주아적 이데올로기에 기초한 사회통합을 곧바로 해체시키는 방향으로 작용하지 않은 것에 주목한다. 그는 이것이 자유자본주의의 체계위기가 새로운 체계통합 논리에 의해 해결될 수 있었기 때문이라고 본다. 새로운 체계통합 논리가 작동하는 자본주의 사회를 하버마스는 '후기 자본주의' 또는 '조직화된 자본주의'로 파악한다. '조직화된 자본주의'나 '국가 통제적 자본주의'라는 표현은 자본축적 과정의 발전된 단계에 적용된다. 이의 특징으로는 첫

째, 기업의 집중과정과 상품시장, 자본시장, 그리고 노동시장의 조직화
이며, 둘째, 시장의 기능적 결합이 커져감에 따라 국가가 시장에 개입하
게 된다는 것이다. 독점적 시장구조의 확산은 경쟁 자본주의의 종말을
의미하며 개입주의적 국가의 출현은 자유자본주의의 종말을 의미한다
(Habermas, 1973:50~51).

　하버마스는 조직화된, 국가통제적 자본주의 현상이 두드러지는 후기
자본주의의 구조적 특징을 경제체계, 행정체계, 정당화 체계, 계급구조
의 차원으로 나누어 고찰하는데, 이는 맑스의 자본주의 분석에 대한 비
판이면서 변화된 자본주의의 현실에 대한 분석이기도 하다(Habermas,
1973:51~60).

　후기 자본주의의 경제체계는 사적 부분과 공적 부분으로 나누어지고,
사적 부분은 다시 두 개의 하위부분으로 구분되는데, 하나는 '경쟁'에 의
해서 조절되는 부분이고, 다른 하나는 독점적 시장전략에 의해 결정되는
부분이다. 사적 부분은 시장지향적인 부분으로서 노동집약적 산업에 의
해서 주도되는 반면, 공적 부분(특히 방위산업, 우주항공산업 등)은 시장
에 관계없이 국가 차원의 투자결정에 따른다. 따라서 공적 부분에는 자
본집약적 산업이 집중되어 있으며, 그 주도세력 역시 행정부와 계약을
맺은 대규모의 사기업 또는 국영기업이다. 또한 독점적, 공적 부분에서
는 노동조합이 고용주에 강하게 대립하게 된다.

　후기 자본주의 국가에서 행정체계는 국가기구가 경제체계에 대하여 강
제력을 행사하는 것이 그 특징이다. 국가기구는 한편으로는 포괄적인 행
정계획을 통하여 전체경제의 순환과정을 통제하면서 다른 한편으로는 과
잉축적자본의 이용상황들을 창출하고 개선시키려고 한다. 즉, 행정체계
의 개입의도는 지속적인 경제성장, 안정된 경기순환, 완전고용, 대외무
역의 균형 등 국가적 목표를 적절히 조절하려는 것이다. 그러므로 포괄
적인 행정계획은 생산수단의 사적 소유의 결함을 교정하여 사회체계의
불안정성을 막아보려는 적극적인 시도이다.

　초기 자본주의에서의 국가기구는 단지 일반적인 생산조건을 보호하는
데 지나지 않았으나, 후기 자본주의에서의 국가는 생산과정에 직접적으

로 개입하여 주도적 역할을 한다. 따라서 국가기구에 의한 경제체계에의 개입과 생산관계에 대한 재정치화가 불가피해지고 이러한 행정체계의 비대화는 시민적 공론영역을 탈정치화시켜 버렸다. 따라서 근대 자본주의의 성립과 더불어 이루어진 '시민사회'의 부르주아적 이데올로기의 보편적 가치체계는 무너졌고 동시에 시민의 정치적 의지를 반영하지 못했던 '형식적 민주주의'의 한계를 드러냈다. 즉, 자유자본주의 시장메커니즘이 가질 수 있었던 공정하고 정의로운 교환이라는 근본적인 부르주아 이데올로기가 파기되었고 이에 따라 국가권력은 더 강한 '정당화'를 필요로 하게 되었다.

계급구조의 측면에서 보면 후기 자본주의 사회는 계급갈등의 잠재력을 효과적으로 조정하기 위해 갈등의 여지가 가장 큰 곳에 사회통합적인 힘을 집중시킴으로써 체계 위기를 피하려 하고 또한 개혁주의적 노동자 집단의 정치적 요구를 만족시킴으로써 체계 위기를 피하고자 한다. 특히 경제 발전의 중심을 이루는 독점산업 부분과 공공산업 부분에서 노동력이라는 상품의 가격은 정치적으로 결정된다. 이것은 노동 비용의 상승이 가격에 전가될 수 있고, 국가는 양측의 요구, 즉 노동력의 질적 향상을 통한 노동 생산성의 증대라는 자본가의 요구와 노동자의 사회적 처우의 개선이라는 요구를 적절한 선에서 타협시키려 하므로 임금 결정은 일정한 타협 범위를 갖는다.

이와 같이 계급 갈등이라는 근원적 갈등의 영역이 제도화, 만성화됨으로써 다음과 같은 네 가지 결과가 뒤따른다. 첫째, 공공봉사 부분에 있어서 임금의 서로 다른 발전 그리고 임금 논쟁의 첨예화, 둘째, 지속적인 인플레이션, 그에 따른 결과로서 조직화되지 못한 노동자나 기타 주변적 집단에게는 불리한 소득의 재분배, 셋째, 공공부분의 빈곤, 즉 공공적인 교통, 교육, 주거, 보건 체계의 사회적인 빈곤화와 국가 재정의 지속적 위기, 넷째, 부분간의 불균형(농업)과 지역적 불균형(주변영역)으로 나타나는 불균형적인 경제 발전의 불충분한 조정이 그것이다.

6. 후기 자본주의의 위기경향

앞에서 살펴본 후기 자본주의의 구조적 특성은 분야별로 위기 경향을 낳는다. 하버마스는 경제체계에서 체계위기인 경제적 위기가 발생하고 정치체계에서 체계위기인 합리성 위기와 동일성 위기인 정당화 위기가 발생하며 사회문화 체계에서 동일성 위기인 동기화 위기가 발생한다고 본다(Habermas, 1973:66~73).

경제체계는 노동과 자본을 투입하여 소비를 산출한다. 자유자본주의 하에서 경제위기는 무계획적 과잉생산과 산출된 잉여가치의 불평등 분배 였다. 후기 자본주의 단계에서는 이러한 모순을 해결하기 위해 국가가 경제에 개입함에도 불구하고 임금노동과 자본의 교환에 있어서 구조적으로 강제되는 불균형성이 가치법칙으로 나타나기 때문에 경제체계의 위기 경향이 나타난다. 하버마스는 경제적 위기를 드러내는 현상으로 국가재정의 빈곤, 지속적인 인플레이션, 공적 빈곤과 사적 풍요라는 불균형 증대 현상을 들고 있다. 경제체계 자체의 위기에 대한 논의는 맑스주의자들과 차이가 없으며 하버마스의 독창적인 견해도 없다. 단지 경제체계의 위기가 정치체계로 이전된다는 것이 중요하다. 이러한 경제위기 경향은 사회적 위기로도 나타나며 정치적 투쟁으로 이행하기도 한다. 자본가와 임금 노동자의 계급대립은 정치투쟁에서 표출된다. 그러므로 후기 자본주의 사회에서 경제체계의 위기는 이제 정치행정 체계로 전이되는 경향이 있다.

정치행정 체계가 경제체계로부터 위임받은 요구를 실현하기 위해 관료제적 구조를 강화하고 그것의 내적 복합성을 확장해 나가지만 이 과정에서 인플레이션과 공공 재정의 지속적 위기에 빠지게 된다. 그러므로 국가는 필요한 조세를 징수하여 위기에 처한 성장의 장애를 회피할 수 있도록 해야 하고 조세를 선택적으로 징수하고 운용하면서 여러 가지 타당한 정책집행을 해야 한다. 이러한 과정에서 후기 자본주의의 생산관계가 변화되는데 이 변화의 요소로는 첫째, 사회조직 원리에 영향을 미치는 변화된 잉여가치 생산방식, 둘째, 계급간의 타협을 말해주는 유사 정치적 임금구조, 셋째, 정치체제가 더 많은 정당성을 필요로 한다는 것이다.

'합리성 위기'와 '정당화 위기'는 모두 정치체계에서 발생하는 위기지만 현상형태는 다르다. 정치체계는 가능한 한 폭넓은 대중 충성의 투입을 기초로 통치자가 행사하는 행정적 결정이라는 산출을 만들어낸다. 그런데 정치행정 체계가 행정적 결정을 통해 경제체계의 위기관리에 실패하면 산출 위기인 '합리성' 위기에 부딪히고 이러한 합리성의 결여는 주어진 경제 조건하에서의 정치행정 조직이 경제체계에 대하여 적극적인 조정작용을 행사할 능력이 없다는 것을 의미한다. 그리고 정부의 위기관리 실패에 대한 대가는 정당화의 철회로 나타난다. 즉, 정치체계에 대한 대중충성이 위협받을 때 대중들의 충성심 결여라는 투입위기인 정당화 위기의 문제가 생겨난다. 정당화의 위기는 사람들이 제도적인 규범질서가 그들의 정체성, 즉 사회체계에 대한 참여의 의미를 보장해 주지 못하는 것을 경험할 때 생겨난다. 그러므로 '정당화의 위기'는 정치질서의 위기뿐만 아니라 사회통합의 위기이기도 한데 그 이유는 '동기화의 위기'와 연관되기 때문이다. 이 정당화 위기와 동기화 위기에 대한 논의는 하버마스의 위기이론에서 독창적이고 중요한 부분으로 사회체계의 유지, 진화, 위기에서 규범구조와 이데올로기의 중요성 그리고 개인의 사회화 과정을 중요시하는 하버마스의 견해가 잘 나타나는 곳이다.

하버마스에 의하면 경제체계와 정치체계, 사회문화 체계는 상호작용한다. 사회문화 체계는 경제체계로부터 재화와 용역이라는 투입을, 정치체계로부터는 법적 행정적 활동, 공공적·사회적 안전 등과 같은 투입을 얻기 때문에 앞의 두 체계에서의 산출위기는 사회문화 체계의 산출을 방해하고 따라서 동기화의 위기를 낳는다. 그리고 동기화의 산출위기는 곧 정당화의 결여로 나타난다. 그런데 앞에서 언급한 위기 경향들은 다만 사회문화 체계를 통해서 뚜렷이 드러나는데 그 이유는 경제·정치적 위기는 사회문화적 차원에서 의식화되면서 사회통합의 위기를 가져오기 때문이며, 한 사회의 사회통합은 이 사회문화 체계의 산출 정도에 의존하기 때문이다. 이 산출은 직접적으로는 사회체계가 정치체계에 대하여 정당화의 형식으로 공급해 주는 '동기'이며, 간접적으로는 사회체계가 교육 및 직업 체계에 공급해 주는 '성취 동기'이다. 사회문화 체계는 경제체계와는 달리 그의 투입을 스스로 조직할 수 없기 때문에 사회문화 체계에서 일어나는 위기들은 항상 산출 위기이다.

하버마스는 국가활동의 팽창에 따른 정당화 요구에 대한 증가에는 대중충성을 필요로 하고 또한 전통의 자명한 가치와 이념들이 변화됨으로써 이제까지 사적 영역에 속했던 생활영역도 정치화하면서 정당화의 필요가 증가한다고 본다. 그리고 정당화 위기의 근저에는 동기화 위기가 있는데 동기위기는 "사회문화적 체계가 변화되어 그 산출이 사회적 노동체계와 국가에 역기능적으로 될 때"(Habermas, 1973:106), 즉 동기의 수요와 공급 사이의 불일치 때문에 발생한다. 하버마스는 후기 자본주의의 사회문화 체계와 관련하여 '가족적-직업적 사생활주의'와 '시민적 사생활주의'를 언급한다.

가족적-직업적 사생활주의는 한편으로 금전적 수입과 소비, 여가에만 관심을 갖는 가족 중심적 지향성을 갖고, 다른 한편으로 사회적 지위 획득을 위한 경쟁으로서 직업적 경력에 대한 지향성을 갖는다. 이러한 가족적-직업적 사생활주의는 '시민적 사생활주의'를 가속화시킨다. 그리고 시민적 사생활주의는 행정체계에 대한 기대라는 측면에서 보면 부르주아적 형식법의 전통에 의해 규정되며 의사형성 과정에 대해 수동적 태도를 갖는 점에서 전통적인 시민윤리인 가족지향성으로 나타난다. 이러한 개인주의적 동기화 유형들은 부르주아적 시민문화의 전통과 밀접하게 연관되어 있다.

그러나 하버마스는 후기 자본주의 사회에서 국가개입의 증대가 공론영역의 탈정치화를 가져왔고 이 결과 부르주아적 시민문화의 전통도 붕괴되었기 때문에 정당화 위기와 동기화 위기가 나타났으므로 이제 전통적인 부르주아적 정당화 양식이나 동기화의 양식으로는 위기를 극복할 수 없다고 본다. 그는 후기 자본주의에서의 사회문화적인 특징들인 성취 이데올로기, 소유적 개인주의, 교환가치 지향성, 과학주의, 탈아우라적 예술, 보편주의적 도덕 등이 변화하고 있음을 지적하면서 이러한 변화는 규범구조에 대한 보편성과 비판 경향을 구체화시킨다고 본다.

이 변화 속에서 하버마스는 새로운 보편주의적 규범인 의사소통적 윤리에 기초한 공론영역의 활성화를 통해 정당화 위기와 동기화 위기의 문제를 어느 정도 해결할 수 있다고 본다. 그러나 하버마스는 후기 자본주의에서의 위기경향들이 구체적으로 어떻게 발현되고 발전되어 사회구조의 변화 또는 조직원리의 변화를 가져올 것인가에 대해서 구체적으로 언급하지 않는다.

7. 위기이론에서 사회병리 이론으로

《정당성 문제》에서 하버마스는 후기 자본주의의 구조적 특징과 위기경향을 제시했지만 이는 포괄적이고 가설적인 이론체계로서 세부적인 논의의 차원에서는 애매한 점이 많았다. 특히 가장 중요한 문제였던 '정당화 위기'와 '동기화 위기'에 대한 논의가 불충분하고 애매하다는 비판을 받았다(Held, 1982). 하버마스는 이러한 비판을 인정하면서 이를 적극적으로 수용한다. 그는 《정당성 문제》에서는 아직 체계-생활세계의 패러다임을 연관시킬 수 없었기 때문에 정치, 사회문화 체계의 관계가 분명하지 않았고 따라서 정당화 위기와 동기화 위기의 개념적 구분에서 애매한 점이 있었다고 인정한다(Habermas, 1982:278~281).

하버마스는 《의사소통행위이론》에서 체계-생활세계 패러다임에 대한 구체적 고찰을 통해 후기 자본주의의 위기문제를 다시 고찰한다. 여기서는 《정당성 문제》에서 경제, 정치체계가 '체계'로 사회문화 체계가 의사소통행위에 기초한 '생활세계'의 영역으로 바뀌게 되고 생활세계는 다시 문화, 사회, 퍼스낼리티라는 세 가지 요소로 구성되면서 애매한 쟁점들이 분명해지고 위기에 대한 논의가 구체화된다.

체계-생활세계 패러다임에 의하면 근대화 결과 경제와 정치체계는 화폐와 권력이라는 조정매체의 제도화를 통해 생활세계로부터 분리되었다.

특히 자본주의적 근대화 과정의 결과, 경제체계는 정치체계와 생활세계에 대해 진화론적 우위를 지니게 되었으며, 자본주의 사회에서의 물질적 재생산의 장애는 체계위기, 특히 자본축적의 위기로 나타나지만 이 위기는 실제로는 생활세계의 상징적 재생산을 침해하면서 사회적 병리현상을 유발시킴으로써 위기를 피해 간다(Habermas, 1981:565~566).

즉, 자본주의적 근대화라는 체계요구의 '선택적' 압력 속에서 자본주의적 경제와 근대적 관리국가의 확장은 사실상 일면적이고 왜곡된 그리고 위기를 내포한 사회적 합리화인 '생활세계의 식민지화'를 가져왔다. 여기서 후기 자본주의의 체계위기는 생활세계의 식민지화라는 사회병리적 현상으로 대체된다. 이처럼 생활세계의 병리화 현상에 의하여 체계위기가 대체되는 것은 후기 자본주의 사회구조에서 나타나는 전형적인 현상이다. 우리는 《의사소통행위이론》에서 후기 자본주의 사회의 위기이론이 후기 자본주의 사회의 사회병리 이론으로 더욱 구체화된다고 해석할 수 있다. 후기 자본주의 사회의 구조적 특징은 국가 개입주의, 대중민주주의, 복지국가 정책이다(Habermas, 1981:504~516). 이와 같은 후기 자본주의 구조적인 여건 속에서는 계급갈등이 제도화되어 노동의 세계는 고용인 역할의 규범화와 소비자 역할의 증대를 통하여 통제되며, 정치적인 영역은 시민권의 확대와 더불어 가능해진 정치적 참여를 배제하고 대신에 고객의 역할을 확대시킴으로써 안정된다.

하버마스에 의하면 국가의 보호 아래 자본축적이 계속 진행되고 자본축적과정에서의 부작용이 소비자의 역할과 고객의 역할을 통해서 보상되어지는 한, 소외된 노동과 정치참여의 배제는 사회전복적인 힘을 상실한다. 즉, 자본축적 과정에 나타난 사회(복지)국가의 모순과 부작용의 해결이 바로 화폐와 권력이라는 조정매체의 수단을 통해 이루어지며, 이는 곧 생활세계의 영역으로 관료조직의 확대를 가져온다. 생활세계의 영역이 형식적으로 조직된 체계에 동화되는 생활세계의 '내적인 식민지화'가 진행된다.

화폐와 권력이라는 조정매체에 의해 움직이는 경제와 정치행정 체계도 때로 기능적으로 작동하지 않는다. 이러한 '체계의 불균형'은 경제와 국가의 실행능력이 이미 확립된 요구수준에 현저하게 못 미칠 때, 그리고 그 체계 불균형이 생활세계에서 갈등과 저항의 반작용을 불러일으킴으로써 생활세계의 상징적 재생산을 저해할 때 비로소 '위기'로서 작용한다. 그러나 이 위기는 생활세계의 여러 자원들로 전이됨으로써 억제되고 바로 이때 '생활세계의 병리현상'이 나타난다. 생활세계의 병리현상은 〈표 9-2〉에 잘 나타난다(Habermas, 1981:215).

이와 같이 체계의 조정위기가 병리현상으로 대치되면서 나타나는 결과는 〈표 9-2〉에서 분명하게 설명될 수 있다. 하버마스는 체계 불균형이 생활세계 내에서 병리현상을 일으킬 때에도 직접적으로 사회통합을 위협하기 전에, 즉 사회적 아노미 상태가 발생하기 이전에 주변부로 밀려나서 정당화의 위축(상실) 또는 동기화의 위축(상실) 현상이 나타난다고 본다. 또한 아노미 현상 대신에, 또한 아노미 현상을 옹호하며 나타나는 정당화 상실과 동기 상실 대신에 소외현상이 나타나고, 집단적 정체감이 불확실하게 되는 현상이 나타난다.

하버마스는 이러한 논의를 통해 《정당성 문제》에서 애매했던 '정당화 위기'와 '동기화 위기'의 구분을 명확히 한다. 그는 정당화 위기를 정치체계에서의 동일성 위기로 파악했지만 여기서는 정당화 위기를 생활세계에서 지배체계에 영향을 주는 사회에서의 문화적 재생산의 병리현상으로 파악한다. 그리고 《정당성 문제》에서는 '동기화 위기'를 문화적 재생산, 사회통합, 사회화 등을 구분하지 않고 생활세계의 손상이라는 매우 포괄

〈표 9-2〉 생활세계의 병리현상

장애가 생기는 분야 구조적 성분	문 화	사 회	퍼서낼리티	평가의 차원
문화적 재생산	의미상실	정당화의 상실	방향성의 위기와 교육의 위기	지식의 합리성
사회적 통합	집단적 정체감의 불확실성	아노미	소외	구성원들의 연대감
사회화	전통의 단절	동기화의 상실	정신적 병리현상	개인의 판단능력

적인 의미로 사용했지만 여기서는 사회의 직업체계와 개인의 사회화에 부정적 영향을 주는 것으로 파악한다. 우리는 여기서 하버마스가 정당화 위기와 동기화 위기를 식민지화된 생활세계의 병리현상들과 분석적으로 구분함으로써《정당성 문제》에서의 애매한 위기논의를 분명히 하고, 이를 경험적 수준에서 구체화하고 있다고 해석할 수 있다.

하버마스는 이러한 현상들의 근원이 체계에 의한 생활세계의 내적 식민화에 있다고 보았으며, 이러한 현상들을 의사소통의 일상적 실천이 물화(物化)되는 과정이라고 특징지었다. 체계에 의한 생활세계의 이러한 강제적인 병합현상, 즉 목적합리성의 과도한 발달로 인해 의사소통적 합리성이 압도되는 현상은 생활세계에서 병리적 현상이 심화되는 것을 의미하며, 정치적 수준에서는 공론영역의 비판적 잠재력이 약화되고 소멸되는 것을 의미한다. 그러나 이러한 생활세계의 식민지화 과정은 생활세계의 고유한 논리와 의사소통적 합리성의 잠재력에 의해 저항에 부딪힌다. 생활세계에서의 "문화적 공론영역과 정치적 공론영역은 국가라는 하위체계의 관점에서는 '정당화'와 연관된 환경"(Habermas, 1981:472)이므로 정당화를 필요로 하는 국가의 차원에서도 이 영역은 매우 중요한 영역으로 등장한다.

하버마스는 후기 자본주의 사회의 정당화 위기와 동기화 위기를 극복하기 위해서 또 생활세계의 병리현상을 극복하기 위한 해방적 잠재력이 문화와 생활세계 내에 있다고 믿는다. 그러므로 그는 생활세계의 의사소통행위에 내재하는 의사소통적 합리성의 잠재력이 실현되는 문화적·정치적 공론영역을 활성화시킴으로써 체계(자본주의)의 고유 논리를 생활세계(민주주의)적 요구에 의해 통제하려는 입장을 취한다(Habermas, 1984:507).[3]

---

3) 하버마스는 자본주의와 민주주의는 끊임없는 갈등관계에 있는데 그 이유는 서로 다른 원리, 즉 체계의 원리와 생활세계적 원리에 기초해 있기 때문이라고 본다. 자본주의와 민주주의의 갈등을 민주주의적 원리에 의해 극복하려는 것이 하버마스의 기본적 문제의식이다.

8. 맺는말

하버마스의 후기 자본주의론은 맑스의 자본주의 분석에 대해 자유 자본주의 단계까지는 동의하지만 후기 자본주의에 대해서는 견해를 달리하는 것으로서 맑스이론의 계승의 측면과 비판의 측면이 있다. 이 글에서는 맑스에 대한 하버마스의 견해를 개괄적으로 살펴본 후 그의 후기 자본주의에 대한 논의를 《정당성 문제》와 《의사소통행위이론》을 통해 고찰했다.

우선 하버마스 후기 자본주의론의 몇 가지 중요한 특징에 대해 살펴보자.

첫째, 《정당성 문제》에서 위기이론의 새로운 점은 위기경향들의 서로 다른 유형들에 대한 강조와 위기가 전이된다는 개념형성에 있다. 특히 경제적, 정치적, 사회문화적 체계 사이의 상관관계에 대한 해명을 통해 경제주의적 위기이론의 한계와 사회변화에서 관념의 역할을 과도하게 강조하는 위기이론의 한계를 극복하는 데 중요한 기여를 했다(Held, 1982:187~188).

둘째, 하버마스의 후기 자본주의 비판은 맑스의 경제주의적 일원론을 매체조정적 하위체계와 생활세계 사이의 다원적 상호교환 관계로 대치시킴으로써 현대 자본주의 사회의 위기와 모순들을 구체적으로 해명하는 데 기여했다.

셋째, 《정당성 문제》에서 행위이론과 체계이론을 종합하려는 단초를 보이고 《의사소통행위이론》에서는 이를 본격적으로 수행하여 포괄적인 사회이론의 모델을 제시하면서도 행위이론적, 의사소통행위적 측면에서 사회통합을 강조한다.

넷째, 초기에 애매했던 정당화 위기와 동기화 위기에 대한 논의가 후기에서 분명해지면서 후기 자본주의 사회의 위기 문제를 경험적, 구체적 차원으로 끌어내렸다.

다섯째, 정당화 위기와 동기화 위기에 대한 논의는 공론영역의 해체와 재활성화에 대한 논의와 밀접한 연관이 있다. 따라서 정당화의 상실에 대한 그의 대안 추구는 '의사소통적 윤리'와 '공론영역'의 논의에서 나타나는 '공론적 담화의 제도화 가능성'과 연관되어 있다고 볼 수 있다. 이러한 입장은 그 후의 이론 발전을 통해 구체화된다.

그러나 그의 후기 자본주의 이론은 여러 가지 문제점도 갖고 있는데 그 중 몇 가지를 지적하자면 다음과 같다.

첫째, 하버마스의 위기이론은 가설적이면서 불완전한 서술이므로 정확한 논의를 하기 어렵다는 점, 둘째, 하버마스의 주장은 조직화된 자본주의가 그의 잠재적 체계위기를 극복할 수 있다는 주장에 근거하는데 이 주장이 뒷받침될 수 있는가 하는 점이다. 이와 관련해서 하버마스가 경제체계의 내적 모순에 의한 체계위기를 소홀히 함으로써 자본주의 사회의 근본모순을 간과했다는 비판이 있다.

셋째, 앞에서 공헌이라고 지적한 점과 반대로 그의 체계이론과 행위이론의 통합시도가 오히려 체계이론적 개념과 가정들을 수용함으로써 사회적 행위자의 실천적·정치적 활동의 측면이 회석되고 따라서 이론과 실천의 연관이 사라졌다는 비판도 있다(McCarthy, 1982:379).

넷째, 위기 문제를 보는 시각이 경제체계, 정치체계, 사회문화 체계 간의 위기전이라는 일국적 관점에 제한되어 세계체제 차원에서 위기 발현이나 위기전이에 대한 시각이 결여되었다는 비판도 받았다.

우리는 하버마스의 후기 자본주의 위기이론에 대한 몇 가지 평가를 살펴보았다. 이러한 평가들에 대해서 필자는 하버마스가 문제삼았던 자본주의 비판과 해방론의 관점에서 그의 위기이론과 사회병리이론을 긍정적으로 수용하고자 한다. 왜냐하면 주체와 관계해서 "위기의 해소는 그 속에 갇혀 있던 주체의 해방을 함의"(Held, 1980:285)하므로 위기는 사회적 해방의 단초일 수 있기 때문이며, 위기에 대한 비판은 체계이론과는 달리 비판이론을 수용하는 자(Adressat)의 계몽적 의식에 관련되고 이는 또한 해방의 문제와 직결되기 때문이다(Habermas, 1973:46).

이 점에서 하버마스의 후기 자본주의의 위기의 전이 현상은 경제와 정치, 사회 문화, 심리적 문제들의 복합적 상호연관성을 해명한 것으로 볼

266

수 있고 따라서 해방의 문제도 복합적으로 다루어야 한다는 것을 보여주
는 것이라 해석할 수 있다. 해방의 문제와 연관시켜 본다면 '위기'에 대
한 논의는 '해방'의 가능성을 보다 정확하게 파악하기 위한 시도라 볼 수
있겠다.

■ 참고문헌

Habermas, J. , 1968, *Technik und Wissenschaft als 'Ideologie'*, Suhrkamp
　　　Verlag.
_____, 1973, *Legitimationsprobleme im Spätkapitalismus*, Frankfurt.
_____, 1975, *Legitimation Crisis*, T. McCarthy(trans.), Beacon Press.
_____, 1976, *Zur Rekonstruktion des Historischen Materialismus*, Suhrkamp
　　　Verlag.
_____, 1981, *Theorie des Kommunikativen Handelns*, 2, Suhrkamp Verlag.
_____, 1982, "A Reply to My Critics," Held, 1982.
_____, 1984, *Vorstudien und Ergänzung zur Theorie des Kommunikativen
　　　Handelns*.
Held, D. , 1980, *Introduction to Critical Theory*, Univ. of California Press.
_____, 1982, "Crisis Tendencies, Legitimation and the State," *Habermas :
　　　Critical Debates*, Cambridge, Mass.
Kahn, R. P. , 1988, "The Problem of Power in Habermas," *Human
　　　Studies*, 11.
McCarthy, T. , 1982, *The Critical Theory of Jurgen Habermas*, Cambridge: MIT
　　　Press.
Rockmore, T. , 1987, "Theory and Practice Again, Habermas on Historical
　　　Materialism," *Philosophy & Social Criticism*, Vol. 13.
_____, 1989, *Habermas on Historical Materialism*, Indiana Univ. Press.
Roderick, R. , 1986, *Habermas and the Foundations of Critical Theory*, New
　　　York : St. Martin's Press, 김문조(역), 1992, 《하버마스의 사회사상》,
　　　탐구당.

하버마스에 대한 비판적 독해 : 노동과 정치

송 호 근

1. '하버마스' 독해 : 전제

지난 십여 년 동안 세계학계는 이른바 '사회과학의 위기' 현상에 봉착하여 왔다. 학문의 위기는 세계의 변화상이 이론 수용력의 범위를 넘어설 때와, 기존의 지배적 패러다임 자체에 심각한 회의가 제기될 때 발생한다. 양자의 계기는 동시적으로 주어지는 경우가 많지만, 구태여 구분한다면, 70년대의 위기는 경쟁적 패러다임간의 우위성 다툼 속에서 진행된 비교적 풍요로운 형태의 것이었던 반면, 이 시대의 위기는 우위를 점해온 패러다임들의 성찰적 반성과 자체 붕괴에서 비롯된 것이라는 점에서 대조적이다. 1980년대 말 동구사회주의권의 붕괴와 소련의 해체, 대량생산체계의 유용성 소진, 후기 물질주의적 가치관의 성숙과 확산 등이 지배적 패러다임의 쇠퇴를 촉진한 요인들인데, 이들의 쇠퇴는 '포스트'라는 접두사를 걸치고 나타나는 여러 형태의 저항·해체·비판사상과 사회이론가들에게 상대적 활력을 불어넣어 주었다. 어찌 보면, 독자적 적실

* 이 글은 한국사회학회가 주최한 하버마스 초청 학술회의에서 발표된 논문을 수정·보완한 것이다. 이 글을 읽고 귀중한 조언을 해주신 박영도 박사에게 이 자리를 빌어 감사드린다.

■송 호 근
서울대학교 사회학과 및
동 대학원 졸업
마국 하버드대학 사회학 박사
현재 서울대 사회학과 교수

저서로
《시장과 복지정치》,
《열린 시장 닫힌 정치》,
《한국의 노동정치와 시장》 등

성을 주장하며 서로의 입지를 강화하고 있는 포스트이즘의 제 경향들은 지배적 패러다임의 권위와 영향력을 새로운 유형의 상호교신과 교류의 장으로 흡수 분산시키는 정보기술의 마력적 성격에 의하여 더욱 기승을 부리고 있는 것처럼 보인다. 그러므로 '패러다임의 위기'는 거대이론 (grand theory)의 종언을 재촉하려는 이론적 의욕을 집약하는 명시적 개념이기도 하고, 현대성의 핵심 논지들의 보증이나 부정을 출발점으로 설정한 미시이론들의 생동적 반란을 지시하는 것이기도 하다.

거대이론의 유용성이 거의 삭아든 듯한 이 시점에서 거대이론화의 새로운 지평을 활짝 열어 놓은 사람이 바로 하버마스이다. 하버마스는 푸코와 함께 현대 사회과학계에서 가장 논의가 많이 되는 사람이다. 그 이유는 명료하게 보인다. 계몽주의를 동일한 시원(始原)으로 출발하는 두 사람의 사상은 근대적 주체의 상실, 왜곡, 확립과정을 사회질서의 중추인 권력, 권력형성, 권력행사의 네트워크 속에서 규명하고 있다는 점이다. 푸코는 일상적 체험의 영역에서 작동하는 권력/지식의 동학으로 거시권력의 버팀대를 갉아 쓰러뜨린 데 비하여, 하버마스는 생활세계에 내버려진 도덕적, 규범적 상호이해의 행위들을 복원하여 찌그러진 현대성의 권력 기제들의 억압적 성격을 폭로하고 해방의 가능성을 보여주었다. 이것이 비판이론의 배타적 특권일 터이지만, 이른바 '정통사회과학'(orthodox social science)의 경계를 두고 보면, 푸코와 하버마스는 경계를 사이에 두고 동일한 작업을 수행한 것으로 보인다. 즉, 푸코는 정통사회과학의 관심 밖에 존재하였던 비정상적, 비규범적, 타부적 대상에서 배제와 격리와 감금을 체화하는 규율의 본질을 꿰뚫었다면, 하버마스는 규범적, 도덕적, 실천적 가치를 내팽개쳐온 정통 사회과학의 인식론적 내벽을 헐었던 것이다. 이런 의미에서 하버마스는 기존의 사회과학적 전통에 입각해 있으면서 새로운 정통(a new orthodoxy)을 정초하는 데에 성공한 학자로 다가오는 것이다. 《사회체계론》과 《행위의 일반이론》에 기초한 파슨스의 '사회행위론'이 맑스와 베버이래 나타난 거대이론의 전형인 것과 마찬가지로, 하버마스의 《의사소통행위이론》은 크고 작은 포스트이즘들의 난립 속에 솟아 있는 이 시대의 유일한 거대이론으로 간주하여도 무리가 아닐 것이다.

　거대이론이 포괄성과 추상성을 살리는 대신 구체성을 희생시킨다는 점은 지난 시대 거대이론의 수용과정에서 이미 터득한 바이다. 그러므로 추상성의 폐해와 보편성의 강제를 되풀이하지 않으면서 거대이론의 지평을 개척한 하버마스 비판이론의 이론적 의의와 실천적 함의를 적실성 있게 파악하려면, 《의사소통행위이론》이 창출된 유럽황금기의 정치경제적 조건, 특히 60~70년대 독일의 사회적 상황과 결부시키는 발생구조론적 해석의 교훈을 간과해서도 안되지만, 하버마스의 학문체계를 관통하는 해방적 관심을 상황맥락적으로 과도하게 제한하는 시각은 더욱 위험하다. 하버마스 자신도 인정한 바 있고 여러 연구자들이 간간이 지적했던 바와 같이 하버마스의 이론은 서구중심적 경험세계를 바탕으로 후기자본주의적 질서를 겨냥한다. 그러나 그것을 뛰어넘어 현대성 담론이 반성철학과 실천철학의 아집에 의하여 철저히 로고스중심주의에 매몰되어 온 이론적 발전궤적을 규명함으로써 '결박된 이성'을 자유롭게 풀어 주는 사회이론의 열린 체계를 완성하였다는 사실에 주목하는 자세가 필요한 것이다. 이것이 하버마스 독해의 첫 전제이다. 1)

　하버마스는 청년헤겔주의자의 오류를 극복하기를 원한다. 청년헤겔주

270

의자들은 비판의 자유공간을 열어 놓음으로써 현대성 비판이라는 사유의
형식을 헤겔적 이념이 안고 있는 절대성의 부담으로부터 해방시켰지만,
자신의 내면적 본성을 객관화하는 희생을 치르고서만 주체성의 회복이
가능하다는 논리로 귀의함으로써 '계몽의 권위주의화'라는 의식철학의 덫
에 걸리고 말았다. 방식과 전략은 다르지만 이성의 합리성을 절대적으로
신뢰하는 헤겔 우파와 좌파의 논리들에 의하여 이성 자체에 응축된 해방
의 잠재력이 권력의 도구로 대상화되었다는 것이다. 하버마스는 여기로
부터 다시 출발하고자 한다. 그리하여, 철학과 결별하지 않고 현대성의
담론을 완수하려는 헤겔의 의도를 매듭지을 수 있으며, 그럼으로써 더욱
철학적 비판적 능력을 갖춘 사회이론이 가능해진다는 것이다(Habermas,
1985/이진우 역, 1995).²⁾ 이런 의미에서 하버마스는 계몽주의의 사회이
론적 기획에 누구보다도 충실한 근본주의자이다. 독일을 포함한 유럽의
근현대적 경험을 사상의 질료로 활용하면서도 그것을 초월하여 보편적
영역으로 성큼 다가서는 추진력이 이로부터 기인한다.

이 글은 계몽주의적 전통의 노동 개념이 하버마스의 사회이론에서 변
용되고 있는 양상과 《의사소통행위이론》의 전개과정에서 유럽의 노동구
조가 반영되는 양상에 초점을 맞추어 하버마스의 이론을 검토하려는 목
적을 갖는다. 이 과정에서 한국의 노동체제와 정치적 양상을 하버마스의
이론적 구도에 비추어 볼 것이다. 이러한 작업은 하버마스 이론의 보편
성을 진단하는 데에 필수적인 것이다. 그런데 두 종류의 괴리가 이 글의
논리전개를 방해한다. '하버마스 이론과 유럽 상황 간의 괴리', '유럽과
한국 노동구조 간의 괴리'가 그것이다. 이 괴리들은 역사적 사회적 공간
에 실재하는 것들이어서 한국 상황에 대한 하버마스 이론의 직접적 적용
을 불가능하고 또 무용하게 만든다. 이 난제들을 피하기 위하여 두 가지
발상전환이 필요하다. 하나는, 하버마스 비판이론을 이해하는 데 '이론

1) 이 견해는 하버마스 방한을 기념하여 열린 《사회비평》 좌담에서 제출되었다
   (《사회비평》, 1996, 15호, 좌담 참조).
2) 다른 한편, 이러한 의도를 '비판문법'으로 개념화하여 하버마스이론의 비판성
   을 재구성하는 논문으로 박영도(1994) 참조.

적 보편성'보다는 '기획의 보편성'을 중시하겠다는 점이다. 의사소통적 합
리성이 실천적, 도덕적, 미학적 합리성을 모두 끌어안는 '포괄적 합리성'
으로 발현되기 위해서는 의사소통행위의 분석단위, 내부 갈등과 투쟁을
촉발하는 균열 구조, 체계의 개입수단과 방식 등에 대한 실증적 연구가
뒷받침되어야 한다는 이러저러한 비판들은 모두《의사소통행위이론》의
기획적 포괄성을 강화하는 데에 공헌하는 것들이다.3) 이러한 비판들은
결코 사소한 것들은 아니지만, 비판에 완전히 면역된 거대이론이란 존재
하지 않는다는 조금은 관용적인 입장을 취하려는 것이다. 크고 작은 비
판들은《의사소통행위이론》의 논리적 기반을 침식하는 것이기도 한데,
결국은 하버마스의 기획을 무산시키기보다 그것을 확대하고 세련화하는
길을 열어 준다고 생각한다.

　한편, 유럽과 한국 간에 존재하는 역사적·사회적 괴리, 또는 정치체
제의 측면에서 민주적 조합주의와 권위주의적 자본주의 간에 존재하는
괴리에도 불구하고 양자의 노동체제를 하버마스의 기획에 비추어 두 개
의 변종(變種)으로 취급하려는 것이다. 다시 말해, 한국과 유럽 간의 편
차보다는 두 개의 변종이 하버마스의 보편적 기획에 비추어 어느 정도
떨어져 있는가의 '거리'를 보다 중시하겠다는 것이다. 그래야 한국의 특
수성을 과장하여 하버마스의 기획을 현실적합성이 없는 사회이론 또는
구체적 전략을 결여한 이상주의론으로 폄하하는 오류에서 벗어날 수 있
다.

　이러한 발상전환으로부터 두번째 전제가 정립된다. 그것은 하버마스

---

3) 이 언명은 사실상 이 글에서 필자가 전개하려는 비판적 논지가 그의 방대한
　이론에 비하면 지극히 사소한 것이며, 방대한 저술의 한구석에 이미 '논의할
　가치조차 없다'는 식으로 덮어 버린 문제에 지나지 않는지 모른다는 두려움
　을 표현한다. 그러나 한편으로는, 하버마스 독해 도중에 떠올랐던 수많은 질
　문들은 '역사적, 경험적 세계를 과도단순화하고 있다'는 반론으로 바뀌었다.
　거대이론이라면, 과연 근현대사(또는 이 글의 주요 소재인 근현대 노동사)에
　펼쳐졌던 그 많은 문제들을 하버마스의 이론이 넉근하게 수용하고 있을까, 아
　닐까? 아니더라도, 하버마스의 기획을 과도하게 '죽이는' 방법보다는 '살리는'
　방법으로 독해하는 것이 훨씬 바람직할 것이다.

의 이론이 기존의 비판이론과는 달리 실천적 에너지를 생산하고 있기에 자본주의와 민주주의 간의 대립과 모순이 관찰되는 곳이라면 해방을 향한 '전복적 사고'의 물꼬를 터 준다는 점에 주목하는 것이 중요하다는 사실이다. 프랑크푸르트 학파의 비판이론은 객관적인 가능성으로만 존재하는 진리를 향해 나아가는 끊임없는 변증법적 여정이다. 프랑크푸르트 학파의 인식론을 전수한 하버마스에게는 호르크하이머와 아도르노가 오직 미완의 변증법을 완결하기 위하여 이성과 합리성이 온전히 실현되는 '전체', 그것도 '가능성으로만 존재하는 전체'로 달려가고 있을 뿐으로 생각되었다. 변증법의 완결을 위한 '부정적 인간주의'(negativer humanismus)는 마치 카우츠키의 영속혁명 테제와 마찬가지로 경험적 세계의 얼룩이 묻지 않은 표백된 이성을 요구하는 것으로 보였다. 그러나 하버마스에게는 우리가 호흡하는 현실 공간 속에서 이성의 변혁적 잠재력을 발화시키는 것이 더욱 절실하였다. 하버마스의 이러한 인식은 루카치, 베버, 맑스, 니체가 이성의 실현을 위하여 어떻게 이성 자체를 결박하였는지를 역추적하는 것으로 발전되었다. 프랑크푸르트 학파의 도구적 이성 개념은 자본주의사회에서 철저히 왜곡되는 이성의 일면적 실현과정을 날카롭게 지적한 것이지만, 이론적 낙관성을 둘러쓰고 비관적 세계관을 구체화하는 것으로 귀착되었다. 하버마스는 프랑크푸르트 학파의 비관론을 거꾸로 뒤집고자 한 것이다. 그리하여 합리성의 패러독스에 의해 결박된 이성을 풀어주는 것이야말로 해방의 전제조건임을 확신하고, 이를 토대로 헤겔이 개창한 현대성 담론으로부터 전복적 사고의 철학적·사회과학적 기반을 정립하고자 하였다. 전복적 사고의 관점에 서면, 유럽의 민주적 노동체제나 한국의 억압적 노동체제 모두 '왜곡된' 형태라는 공통점을 갖는다. 계몽에서 신화를 분리하고 미완의 계몽을 완성하려는 하버마스의 '기획'으로 보자면 가장 발전된 형태로 분류되는 유럽의 노동체제 역시 '덜 사악한 악마'(lesser evil)일 뿐 실천적 의지가 차단되어 있기는 마찬가지이다. 오히려 노동계급의 저항 잠재력이 아직 체계영역에 완전히 포섭되지 않은 채 남아 있는 한국에서 생활세계의 식민지화가 극복될 가능성이 많다는 역설도 성립될 법하다. 그렇다고 비관론을 거꾸로 뒤집은 하버마스의 시도가 비판의 여지를 남기지 않는 것은 아니다. 하버마스는 이성에 내재된 해방의 잠재력과 실천의지를 복원시키는 대신 규범적, 이상적 논리에 과도 귀의하지 않으면 안되었다.

앞서 살펴본 두 가지 전제들을 염두에 두면서 이 글은 하버마스의 《의사소통행위이론》이 한국의 노동체제 이해와 분석에 어떤 이론적 실천적 함의를 제공하고 있는가를 짚어보려는 것이다.[4] 주로 다음의 세 가지 논점에 논의를 집중할 것이다.

(1) 도덕적 규범과 윤리성을 복원하려는 하버마스의 이론적 기획에서 '노동'은 어떻게 파악되고 있는가? 그가 '생산패러다임의 쇠퇴'를 개진하면서 얻은 것은 무엇이며 희생시킨 것은 무엇인가를 규명한다. 득과 실의 관점으로 잰다면, 하버마스는 노동-사유재산-권리로 이어지는 계몽주의적 이해관심과 비판의식의 축을 보편화용론(universal pragmatics)으로 수용함으로써 노동으로 회귀하는 구심적 사고를 원심력적으로 돌려놓으면서 해방의 가능성을 열어 놓았으나〔得〕, 자본주의와 민주주의 간 모순의 핵심 소재를 희석시키고 이해갈등의 방향성을 천지사방으로 흩트려 놓았다〔失〕.

(2) '생활세계의 식민화' 테제에서 하버마스는 노동계급의 투쟁 잠재력과 노동운동의 위상을 과소평가하였다. 이러한 측면은 모순의 소재를 다른 곳으로 이동시킨 생산패러다임의 쇠퇴론에서 이미 예견되는 것이지만, 부르주아공론장의 이상화 경향과 생활세계에 대한 체제의 침투로 야기되는 '합리성의 패러독스'를 과도하게 강조한 결과로 보인다. 하버마스는 유럽 노동운동의 궤적을 '체제내화'의 과정으로만 파악하고 있는데, 이 과정에서도 사민주의자들은 '권력에의 길'(road to power)을 둘러싼 타협/이탈전략 간 왕복을 계속하여 왔으며, 공산당과 인민당 등 급진적 좌파 정당들은 여전히 생활세계에서 분출되고 있는 잠재적 저항력을 활성

---

4) 여기서 노동체제란 주로 국가의 '노동정치'(labor politics)와 노동조합의 '노동계급의 정치'(working-class politics)를 일컫는다.

화시키고 있다. 사회복지국가를 배태한 노동계급의 '탈급진화'가 하버마스가 강조한 '체계에 의한 정치화'에 근접하기는 하지만, 사회복지국가의 맥락에서도 노동계급은 나름대로 계급의식의 독자적 전수기제를 발전시켜 왔다는 역사적 사실을 하버마스는 과소평가하고 있고, 생활세계와 체계 간에 새롭게 형성되는 전선들도 암암리에 자본-노동의 모순에 연루되어 있음을 간과한다. 이것은 원심력적 이론화에 수반되는 일종의 '의도적 오류'에 속하는데, 이는 하버마스 이론에서 노동계급의 중요성을 과도하게 폄하시키는 결과로 이어지고 있는 셈이다. 유럽 이외의 국가에 대하여도 마찬가지의 논리가 성립된다. 체계에 의한 노동계급 포섭이 강제된 대부분의 권위주의국가에서 노동운동은 이른바 공식노조에 대한 민주노조주의(democratic unionism)의 강력한 도전으로 특징지을 수 있다. 남미와 한국의 민주노조주의는, 그 기원과 성격이 다르지만, 전자는 체계로부터 이탈한 노조가 생활세계의 활성화를 통하여 체계의 조정매체(권력)의 원리변혁을 꾀하는 경우이며, 후자는 체제의 억압적 국가기구를 돌파하여 임금노동자들이 독자적 공론장을 형성해 간 사례에 해당된다. 성장업적을 체계통합의 가장 중요한 자원으로 설정하는 권위주의적 자본주의국가에서 정당성 위기는 여전히 자본/노동의 전선에서 발생하며, 이는 정당성의 과다가 아니라 정당성의 결여에서 기인하는 것이다.

(3) 마지막으로, 그가 의사소통공동체의 형성이라는 맥락에서 제시하는 실천전략으로서의 토론민주주의(deliberative democracy)와 법치국가론에서 상정하는 노동계급의 역할과 관련된 것이다. 하버마스는 의사소통적 권력개념으로 자유주의자와 공화주의자가 상정하는 정치질서와 급진적 민주주의의 기획을 동시에 비판하는데, 앞에서 지적한 '모순소재'의 분산과 이해갈등의 방향성 분산이라는 《의사소통행위이론》의 '열린' 성격 때문에 체계변혁의 어떤 뚜렷한 청사진을 제시하지 못한다. 물론, 이것이 하버마스의 실천전략이 원래 목표한 것이겠지만, 의사소통 공동체의 창출을 통하여 체계의 침투와 지배를 방어하는 데에 그치는 수세적 한계를 드러낸다. 이는 결국 토론을 통하여 합의를 도출해 내는 몸에 배인 '습속'(folkrore)과 '자발적 결사체'(voluntary association)가 활성화되고 그

로부터 창출되는 '도덕적 실천적 리더십'을 중시하는 토크빌적 민주주의 론의 현대적 복원 정도에 그친다고 보이는 것이다(Tocqueville, 1969). 오페의 지적대로 자본주의가 존속하는 한 자본과 노동의 담론논리는 변화되지 않으며, 양자의 논리적 격차에 의하여 권력의 불균형이 지속된다고 보면(Offe, 1985), 방향성과 모순의 소재를 분산시킨 채 발화되는 의사소통합리성은 이러한 자본주의에 내재하는 본질적 불균형을 극복하지 못한다. 하버마스의 이러한 온건한 프로젝트는 언어패러다임을 완성하고자 하는 그의 과도한 의욕이 빚어낸 결과로 보이는 것이다.

2. 도덕적 규범의 이론적 복원 : 得과 失

1) '가설'의 이론화

계몽주의 이래 현대사회이론에 이르기까지 미해결의 쟁점으로 남아 있는 것은 바로 도덕(morality)과 윤리(ethics)의 문제이다. 도덕은 인간행위를 규제하는 내면적 가치의 복합체인데, 외적 강제력의 개입을 결코 허용하지 않고 자율성의 영역에만 존재하는, 말하자면 인간을 여타의 생물체와 구별하여 존엄성을 확증해 주는 가치인 것이다. 도덕적 규범은 인간이 사회적 공간과 영역에서 다른 성원들과 부단한 관계를 맺고 있음을 전제한다. 그렇지만 권력, 신화, 거짓, 기만, 지식, 요설 등에 근거한 타자의 개입에 독립적이다. 그것은 사회적 상호작용에서 생성되지만 이성적 작용에 의하여 질서를 부여받아 다시 이성의 요소로 농축되는 가치의 내면적 복합체이다. 계몽주의는 도덕적 규범이 이성(reason)의 중요한 요소이며 상황적 변화에도 불구하고 인간은 자율적 판단과 행위를 수행하는 존재라고 생각하였다. 즉, 인간 중심의 세계관과 주체성을 요청하는 과정에서 이성은 개인적 욕망뿐만 아니라 타인을 위하여 봉사하려는 도덕적 의무와 규범을 내포한다는 이중적 성격을 부여받았다. 그리하여, 계몽주의자들은 자연법적 질서를 주체적 삶을 향한 인간의 이기적

276

욕망이 다른 성원들의 이익과 타인의 의사를 존중하는 도덕적 규범에 의
하여 자율적으로 규제되는 상태로 간주하는 경향을 보였다. 바로 이 '도
덕적 인간' 개념은 초기 시민사회에서 개인주의적 자유와 합리성을 주창
하였던 모든 계몽주의적 사상가들의 공통적 관심사였는데, 이 개념이 근
현대 사상을 일관하여 하나의 계율처럼 작용하고 있는 것이다.

  그러나 이 '도덕적 인간'과 '도덕성'의 개념이 사회이론화의 과정에서
이론의 구성요소로 편입되지 않는다는 점이 문제이다. 도덕적 규범은 대
부분의 사회이론에서 이론성립을 위한 불변의 신념 또는 가설(假說)의
형태로 편입되었을 뿐, '도덕적 인간'을 이론화하는 개념적 도구들이 만
들어지지 않았다는 점은 풀리지 않는 수수께끼이다. 그 대신, '사회계약'
을 통하여 창출된 인위적 제도— 국가나 정부— 에 의하여 도덕성이 담
보되어야 한다는 규범적 전제로 해결하고자 하였던 것이다. 하버마스가
주목하는 곳이 바로 이 지점이다. 사회계약에 참여하는 인간은 도덕적
심성을 갖추어야 한다. 그러나 사회계약론의 전제인 도덕적 인간은 현실
사회에서 흔히 그렇지 않은 모습으로 나타나고 오히려 사리와 탐욕에 의
하여 타인의 자유를 침해하는 비도덕적 인간으로 행위하게 되는 것이 경
험세계의 현실적 모습이다. 5) 계몽주의자들은 민주정부(루소)와 국가(홉
스)라는 초개인적 실체를 도입하여 이 논리적 난제를 해결하려 하였지
만, 인위적 제도가 다시 인간을 억압할 가능성이 돌출하자마자 억압을
최소화할 수 있는 조건을 찾아나설 수밖에 없었다. 루소가 도덕교육
(moral education)을 강조하고 로크가 저항권(right to resist)을 설정하고,
홉스가 공공선(commonwealth)의 증진을 위한 국가의 절대성을 설정하게
되는 것은 이러한 이유에서이다. 인간의 개별적 자유와 권리를 보호하기
위하여 그것을 억압하는 인위적 제도를 도입하여야 할 불가피성은 근대

5) 사회계약은 신이 내려준 헌장(Covenant)이며, 로크의 경우 그 자체 신(God)
  으로 간주된다. 계몽주의이론에서 '사회계약'은 사회성원간 '동의'의 집합체이
  며 도덕과 규범의 수원지이다. 이런 의미에서 하버마스는 '계약론의 미시적 근
  거'(micro foundation of the Social Contract)를 행위론의 차원에서 정립하고자
  하였다.

사상이 줄곧 고통받아 왔던 딜레마이다. 이러한 딜레마 때문에 근대사회 이후의 인류역사는 합의기반을 확대하려는 의도로 창출된 제도가 다시 그것의 억압기제로 귀결되는 모순의 연속적 과정으로 파악된다. 자연인 으로서의 인간의 자유와 권리를 보존시키기 위한 제도가 다시 억압기제 로 작용하고 이는 다시 새롭게 합의된 제도로 대치되어야 하는 순환적 모순에 직면하게 된 것이다. 6)

하버마스가 보기에 '계몽의 약속'은 바로 이러한 논리적 비약의 산물인 인위적 제도의 도입에 의하여 물화(物化)되었으며, 이성의 중요한 한 측 면 — 일반의사를 존중하는 도덕적 규범 — 이 분리, 사장되었다는 것이 다. 이성의 도덕적 성격은 합의와 동의를 창출하는 자율적 추동력이며 루소가 도덕교육으로 해결하고자 하였던 일반의지(general will)를 실현해 주는 잠재력이다. 그것은 인간의 이성에 내재한다. 계몽주의자들도 이러 한 점을 잘 인식하고 있었을 터이다. 그러나 도덕적 심성을 활성화해 주 는 인간행위를 내재적으로(from inside) 구체화하지 않은 채 외재적으로 (from outside) 담보하려 했기에 이성으로부터 도덕적 규범을 분리하여 억제하는 결과를 가져왔다는 것이다. 하버마스에 의하면, 계몽의 기획이 란 문화의 수준에서만 발현되어온 이성의 잠재력을 사회적인 행위영역에 서 발현시키려는 것을 의미한다. 이성의 잠재력을 실어내는 미시적 도구 로서의 행위가 바로《의사소통행위이론》으로 구체화된 것이다. 프랑크 푸르트 학파는 전문화, 과학기술화되는 자본주의의 맥락에서 이성의 한 측면, 즉 인지적-도구적 측면이 이성의 전체로서 발현된 결과 이성의 심 미적, 실천적 측면이 매몰되는 경향을 날카롭게 설파하였다. 그러나 프 랑크푸르트 학파의 '계몽의 변증법'은 이성의 잠재력이 표출되는 유일한 영역을 심미적, 예술적 영역으로 설정함으로써, 또는 이성의 자기모순 속에서 계몽의 치유법을 찾아내고자 함으로써 오히려 계몽적 이성의 자 기모순에 빠졌다는 것이다. 그것은 결국 계몽의 왜곡을 산출하였다. 하

---

6) 계몽주의 저술의 공통적 관심과 딜레마가 이것이다. 예컨대 Locke (1960), Rousseau (1988), Hobbes, Hegel (1967).

버마스는 근대의 기획을 '미완의 혁명'으로 잘못 인도한 이러한 오류를 근본적으로 수정하고자 한다. 이런 의미에서 하버마스이론은 '계몽의 계몽', '계몽의 기획'을 다시 계몽하고 재구성하는 시도로 평가된다. 현대의 과학문명과 결합된 도구적 이성만을 이성의 전체로 보는 패배주의적 이성 개념을 수정하여 회의주의와 비관주의에 빠질 필요가 없는 이성 개념으로 나아가고자 한 것이다. 그리하여, 이성의 도덕적 측면을 이론의 중심 요소로 재편하여 그것을 담보하려는 외재적 시각으로 초래된 이성의 결박상태를 해결하고자 하였다. 하버마스의 '해방의 기획'은 근대화 과정에서 지속적으로 분리되어온 도덕적 규범을 이성의 본래적 요소로 귀환시키는 작업으로부터 시작된다. 7) 하버마스가 초기에 계몽과 해방을 거의 같은 의미로 사용하면서 자율성과 도덕성을 강조하는 이유가 여기에 있다.

'해방'은 하나의 매우 특수한 자기 경험의 하나인데 왜냐하면 그 안에서 자기이해의 과정은 자율성의 획득과 연결되기 때문이다. 그 안에서 '윤리적' 통찰과 '도덕적' 통찰이 결합된다. … 우리가 '도덕적인' 문제들에서 도대체 무엇이 모든 사람들에게 좋은지를 알고자 한다면 바로 해방적 의식화 안에서 도덕적 통찰과 하나의 새로운 윤리적 자기이해가 결합된다

---

7) 《의사소통행위이론》 1권이 주로 계몽주의에서 프랑크푸르트학파에 이르는 이성의 왜곡과정을 규명하는 데에 초점이 맞추어져 있는 이유가 이것이다. 이로부터 하버마스는 도덕적 행위의 미시적 근거를 찾는 데로 나아간다(2권). 그리하여, 미드의 정체성개념과 개인화이론, 뒤르켐의 규범이론, 파슨스와 베버의 합리화이론이 의사소통행위론의 주요 소재가 되는데, 특히 뒤르켐의 聖(the sacred)과 俗(the profane)의 구분을 의사소통의 공간으로 끌어들이는 논의는 의사소통행위론으로 나가는 출구이다. 뒤르켐의 논의를 시작하면서 제기하는 다음과 같은 문제의식이 하버마스의 사유를 분명히 반영한다. "의례적 실천에 의하여 충족되는 사회통합적·표현적 기능은 의사소통행위로 이전된다. 성스러운 것이 갖는 권위는 '협력적으로 성취된 동의'에 의하여 점차 교체된다. … 의례적으로 확증된 규범적 합의의 언어화(linguistification)라는 방식으로 성스러움의 권위는 약화되고 그 내적 본질이 밝혀진다. 이러한 방식으로 의사소통행위에 잠재된 합리성이 발현되는 것이다."(Habermas, 1982:77)

(Habermas, 1990 : 136, 김재현, 1995에서 재인용).

2) 생산패러다임의 쇠퇴 : 노동과 가치의 분리

하버마스가 노동/상호작용, 도구적 행위/의사소통행위를 분리하고자
하는 것은 바로 이러한 의도에서이다. 이 지점에서 하버마스의 독자적인
행로가 출발한다. 하버마스는 인간 이성의 심연에서 샘솟는 실천적, 혁
명적 계기들을 모두 '노동'으로 환원하는 포괄적 해석을 부정하고 상호이
해적 상태에 도달하는 상호작용(interaction)의 측면을 분리해 냄으로써
생산패러다임(production paradigm)의 환원론적 · 결정론적 시각의 편협성
을 비판하는 토대를 마련하였다. 사회적 노동의 안과 밖에 작동하는 사
회통합의 계기들을 시야에서 놓칠 것을 우려하는 것이다. 그리하여 노동
은 상호작용의 한 유형으로 격하되었다(Habermas, 1968 ; 1982).

하버마스는 국가에 의한 과학과 기술의 지배가 맑스가 지향하는 노동
의 비판성을 더 이상 발화시키지 않는 현대의 조직원리로 등장하였다고
지적하면서 노동(work)과 상호작용(Interaction)을 구분할 것을 제안한다.
노동은 '목적합리적 행위', 도구적 행위, 합리적 선택 행위, 또는 이들의
결합양태로 정의된다. 도구적 행위란 경험적 지식에 토대를 둔 기술적
규칙에 의해 관할된다. 이러한 행위는 목적에 비추어 옳다/옳지 않다,
혹은 적당하다/적당치 않다는 판단이 적용되는 만큼 전략적이다. 이에
반하여 상호작용은 적어도 두 사람이 참여하는 이해와 공인의 과정으로
서 상호 기대를 규정하는 동의적 규범(consensual norms)으로 관할되는
의사소통적 행위 또는 상징적 상호작용이다. "기술적 규칙과 전략의 타
당성은 경험적 사실성과 분석적 진리에 근거하는 반면, 사회적 규범의
타당성은 행위의도의 상호이해적 간주관성에만 근거하며 의무의 일반화
된 상호인식에 의하여 확보된다"는 것이다(Habermas, 1968 : 92). 이러한
측면에서 보면, 맑스의 생산패러다임은 물질적 재생산을 담당한 노동과
상징적 재생산을 수행하는 상호작용을 혼효한 것이 된다. 맑스의 이러한
혼동은 생산력의 요소로서 기술과 지식의 진화와 이와는 다른 규칙을 따

280

라 진화되어온 도덕적, 실천적 의식의 발전양상을 하나의 법칙으로 종속시키는 결과를 초래한다는 것이다.

그래서 생활세계에 속하는 '행위'와 자본주의적 생산자로서의 '기능'을 가치이론의 공간 속으로 혼합시켜 버린 맑스의 노동중심적 패러다임은 후기자본주의사회를 분석하기에 부적합하다는 것이다. 8)

> 맑스는 처음부터 상호작용과 노동의 연관을 분명히 하지 못했으며, 오히려 사회적 실천이라는 특정화되지 못한 항목 아래 하나를 다른 하나로, 즉 의사소통적 행위를 도구적 행위로 환원하였다(Habermas, 1976; 하버마스/장은주 역, 1995:1장).

무엇보다도, 맑스의 생산패러다임이 부르주아 법치국가에 대한 이데올로기적 비판으로 발전하면서 자연법의 토대를 해체하고 자연법의 본래의 기획을 영원한 불신의 대상으로 만들어버린 것에 불만을 토로한다. 맑스에 의하여 "자연법에 잠재하여 있던 **본질적 혁명**의 고리는 풀어지고 말았다는 것이다"(강조는 필자). '**본질적 혁명**'이란 노동계급에 의하여 자본주의적 모순을 전복시키는 의도적 기획이 아니라 노동계급을 포함한 시민사회에서 밑으로부터의 규범적 동의와 합의과정을 통하여 자본주의와 국가의 모순을 감싸안아 스스로 용해시키는 형태의 혁명을 의미하는 것으로 보인다. 그리하여 하버마스는 '생산패러다임'으로부터 '언어패러다임' 또는 '의사소통패러다임'으로의 전회를 주장하는 것이다. 그는《현대성의 철학적 담론》에 게재한 "생산패러다임의 쇠퇴"라는 제하의 글에

---

8) 하버마스는 의사소통행위론의 결론부에서 맑스의 가치이론의 약점을 세 가지로 요약하면서 자기 이론의 유용성을 강조한다. ① 맑스는 '전체성' 개념에 대한 집착 때문에 생활세계와 체계를 분리시키지 않은 채 사회를 바라보았다. 그런데 양자의 개념적 분리를 전제로 하지 않으면 조정매체로 작동하는 하위체계들에 내재된 진화론적 가치를 파악하지 못한다. ② 가치이론은 혁명을 필연적 과정으로 확증하지 못한다. ③ 가치이론은 체계에 의한 생활세계의 완전한 포위라는 특수한 경우를 과도일반화하도록 만들었다(Habermas, 1982:333~342).

서 다음과 같이 밝힌다(Habermas, 1985/이진우 역, 1995:103).

> 생산적 활동으로부터 의사소통적 행위로 패러다임의 변화가 이루어질 때, 그리고 이를 통해 — 철학적 노동개념에 관한 마르쿠제의 논고 이래로 항상 맑스의 실천개념과 합성되었던 — 생활세계 개념을 의사소통적으로 변형시키는 것이 가능해질 때, 두 계열의 전통(반성철학과 실천철학)들은 비로소 다시 결합한다. 다시 말해, 《의사소통행위이론》은 실천과 합리성의 내면적 관계를 정립하는 것이다. 이 이론은 일상생활의 의사소통적 실천에 전제되고 있는 합리성의 조건들을 연구하고, 상호이해를 지향하는 행위의 규범적 내용을 의사소통적 합리성의 개념 속에 수용한다.

언어패러다임으로의 전회는 노동 개념에 포괄되어 객관성으로만 존재하는 '전체성'(루카치), 이성의 다양한 계기를 전횡적으로 지배하는 '도구적 이성'(프랑크푸르트 학파), 이성의 결박상태를 초래한 '합리성의 패러독스'(베버)로부터 도덕적, 실천적 의식이 성장할 출구를 마련하여 주었다. 왜냐하면, 의사소통적 행위란 화자와 청자 간에 이해가능성, 진리성, 정당성, 진실성 등에 대한 타당성 요구(Geltungsanspruch)를 제기하고 서로 인정하게 되는 상호이해적 과정(Verständigung)을 의미하기 때문이다. 상호이해는 의사소통에 참여하는 당사자들간에 합의와 동의가 전제된다. 이를 위해서는 '참되다/거짓이다, 올바르다/그릇되다, 진실되다/허위이다'라는 세 가지 타당성 요구를 비판적으로 점검하여 협업적으로 합의를 도출하는 것이 필요하다. 바로 이 '협업적으로 도달된 합의와 동의'는 사회의 공동이익, 즉 일반의사에 공헌하는 도덕적 윤리적 규범이며, 자연법 사상이 지향하였던 계몽의 본래적 기획이다. 즉, 이것이야말로 사회계약론의 행위론적 근거인 셈이다. 이에 비하면, 맑스의 생산패러다임은 비판적 잠재력을 도구적 전략적 행위인 노동으로 부당하게 환원한 것이 된다.

이성의 도덕적 잠재력을 복원하는 데에는 성공한 듯이 보이는 언어패러다임적 전회는, 그러나 도덕성을 향한 계몽주의의 기획을 살리는 대신[得], 다른 중요한 측면, 즉 노동과 그것에 바탕을 둔 사유재산을 시민적 자유의 원천으로 상정하는 계몽주의자들의 노동 개념과 가치창조 행위로서의 맑스의 노동개념을 과도하게 축소하여 버렸다(失)는 비판을 면치 못한다.[9) 로크의 《정부론》과 루소의 《사회계약론》에서 볼 수 있듯이, 노동 개념은 시민적 자유의 전제이며 사유재산의 원천으로 설정되었다. 노동은 시민적 자유의 본질적 측면을 구성하는 핵심 가치이자 자기 보존(self preservation)을 지향하는 행위였다. 계몽주의자들이 노동의 결과로서 사유재산(property)을 물질적 재산뿐만 아니라 시민사회의 기반을 이루는 개인의 권리 일체를 포괄하는 추상적 포괄적 개념으로 상정하는 이유가 이것이다. 로크의 주장대로, "재산이란 물질적 소유나 생활필수품 또는 편이성 등의 협의를 넘어서서 '생존(Lives), 자유(Liberties), 토지를 포함한 물적 소유(Estates)' 일체를 포함한다"(복수적 용법에 주의할 필요가 있다)(Locke, 1960:11장, 123절). 노동은 바로 이러한 추상적 권리의 궁극적 원천으로서의 의미를 갖는다. 그리고 화폐(money)는 노동의 결과물로서의 '추상적 권리' 일체의 유통과 분배를 담당한다.

그러므로 노동으로부터 분리된 의사소통행위가 계몽주의자들이 겨냥한 이러한 권리 일체를 담보하고 있는지는 불분명하다. 오히려 하버마스는 노동을 화폐와의 교환대상으로, 이외의 권리를 의사소통행위의 장으로 소속시킴으로써 권리실현을 위한 개념적 도구를 만들어 내는 데에는 성공하였으나 분리의 과정에서 노동의 유기체적 가치복합체의 의미는 소실되었다. 루소식으로 표현하면, 작은 경제(가족)와 큰 경제(정부)를 묶어주는 정치라는 유기체의 도덕적 미덕(moral virtue)의 생산소재가 단지 의사소통행위로 전가됨으로써 노동에 부여된 정치체(The body politic, 하버마스 용어로는 국가와 행정체계)와의 긴장의 고리가 소실되었다.

맑스의 입장에서도 동일한 비판이 제기된다. 맑스의 경우 노동은 자기

---

9) 이것이 하버마스의 원래의 의도였을까? 아니면, 이론화의 과정에서 직면한 피할 수 없는 상실이었을까? 도덕적 근거를 확증하는 개념적 도구를 만들어 내는 데에는 성공하였는데, 결국 계몽주의자들의 이론적 출발점인 '노동'은 어디론가 사라져버렸다. 하버마스의 정교한 논의를 따라 읽다 보면 "노동은 어디로 갔는가"라는 질문이 저절로 떠오른다. 이것이 그의 의도였을까?

실현의 유일한 삶의 양식이며 가치창조의 행위이다. 헤겔의 관념론적 노동개념을 사회과학적 평면에서 가치의 법칙으로 전화한 것이 맑스의 공헌이라 한다면, 하버마스는 노동으로부터 비판의식과 실천의식의 추동력으로서의 가치론적 요소와 자아실현의 본질적 의미를 떼어 낸 노동을 도구적·수단적 합리성의 공간으로 국한시켜 버린 것이다. 말하자면, '계몽의 기획'의 출발점인 노동개념은 하버마스의 '계몽의 계몽'에서 모순의 소재 및 실천적 의식의 생산창구로서의 위상을 상실하였다. 다시 말해, 맑스의 노동 개념에서 잉여가치가 갖는 분석적, 비판적 의미는 의사소통행위의 영역에서 담론이라는 중립적 개념으로 대치되었다.

사실, 노동에 실린 철학적, 실천적 부담을 경감하려는 것은 하버마스의 기획에 이미 예견된 것일 터이다. 10) 후기자본주의 사회에서 과학과 기술의 발전, 그리고 국가개입의 조정 수단에 의하여 노동이 그러한 의미를 점차 잃고 있음은 모두 동의할 수 있는 것이지만, 하버마스가 만들어 낸 독자적 개념인 의사소통행위라는 창구가 노동에 실린 '계몽의 기획'을 온전히 실현시키기에 적합한 것인지는 다음과 같은 점에서 여전히 의문이다.

첫째, 맑스의 노동개념은 국민경제학의 물화된 가치개념을 비판하고 있는 것이기에 단지 목적합리적 행위의 차원으로 환원되지 않는다. 맑스의 노동개념은 임금교환의 수단과 함께 유적 본질의 실현이라는 인간학적 의미도 포함하고 있다. 노동을 통하여 맺게 되는 사회적 생산관계에는 하버마스의 의사소통과 상호작용을 이미 포괄하고 있는 셈이며, 맑스는 임노동의 법칙을 기반으로 사회구성체의 구조분석으로 나아가고 있음에 반하여 하버마스는 의사소통행위가 만들어 낼 도덕적 합의와 동의로 연대한 의사소통공동체라는 이상적 상태를 제시하고 있을 뿐이다. 11)

---

10) 그렇다고 하더라도, 의사소통행위가 그 나머지를 모두 담보한다고 기대하기란 어렵다. 화폐로 매개되는 노동력의 매매과정에 모든 사회적 투쟁과 갈등의 자원이 숨어있기 때문인데, 생활세계에서 이루어지는 의사소통의 소재도 이것과 이래저래 연관된 것 아닌가 하는 의구심이 드는 것이다.
11) 이런 논리의 비판은 상당히 많이 발견된다. 예를 들면, 장은주(1993), 김재현

둘째, 언어패러다임의 전제는 외적 강제와 권위가 개입하지 않는 '이상적 담화상황'(*ideal speech situation*)의 존재이다. 그러나 현실세계에서 담화상황은 대단히 복잡한 요인들에 의하여 굴절, 왜곡되는 것이 보통이다. 교육, 언술능력, 경험, 교양, 이해관심의 차이에 따라 담화 참여자 간에 도달한 합의는 심각한 오류와 왜곡의 형태로 귀결될 소지가 많은 것이다. 역사적으로 데마고그(*demagogue*)와 이데올로그(*ideologue*)는 자신이 뜻한 대로, 혹은 카리스마적 정치인으로부터 지시 받은 대로 담론의 흐름을 주도해 가는 담론연금술사였다. 하버마스는 반복되는 타당성 요구의 논증절차에 의하여 데마고그의 허위는 끝내 밝혀지리라는 것을 낙관하고 있다. 그러나 《의사소통행위이론》은 만하임의 상대주의를 이미 극복하면서 출발하고는 있지만, 만하임이 허위의식으로 지칭한 모든 형태의 계급의식이 계급상황과 경험에 결부되어 이해관심의 충돌로 나타난다면, 과연 하버마스의 기대대로, 타당성 요구를 통한 반복되는 상호이해과정은 이러한 충돌의 개연성을 어느 정도 경감시킬 것인가?12)

(1993) 참조.

12) 만하임의 애초의 문제의식도 바로 근대화의 필연적 결과인 담론세계(*universe of discourse*)의 분열에 맞추어져 있었다. 말하자면, 담론세계의 분열을 어떻게 극복할 것인가가 만하임의 지식사회학의 출발점이다. 만하임은 보다 현실에 충실한 입장에서 상대방의 경험세계와 배경지식을 끌어들임으로써 상대주의의 늪으로 빠져들어 갔던 반면, 하버마스는 '이상적 담화상황'을 상정함으로써 논리적 파산을 피할 수 있었다. 만하임의 좌절은 '막혀 있는 길'이라고 써진 표지판처럼 우리로 하여금 '패배가 예정된 길'로 가지 못하도록 도와주지만, 하버마스는 이상적 담화상황으로의 진화과정을 걸어가 보라고 '끝없이' 권유한다(송호근, 1990:1장 참고). 다른 한편, 인간은 진리를 확인할 정확한 인식능력을 갖고 있는가의 문제는 인식론의 논란거리이다. 예를 들어, 인간이 토론의 과정에서 오류를 범할 확률이 평균 0.2이고 각 개인이 오류를 범하는 것이 상호 완전독립적이라고 한다면, 두 사람이 모두 틀릴 확률은 0.04이고, 세 사람이 모두 틀릴 확률은 0.008이 되어 토론과정은 오류의 확률을 줄인다는 하버마스의 주장과 일치한다. 그러나 데마고그가 존재하는 상황이라면 두 사람이 모두 틀릴 확률은 0.2+0.2=0.4, 세 사람이 모두 틀릴 확률은 0.2+0.2+0.2=0.6일 개연성이 높다. 전체주의가 그러한 경우이다. 이 점은 이근식 교수의 사회정의와 형평성에 관한 논문을 토론하는 과정에서 얻어졌다. 이

셋째, 이상적 담론상황을 통하여 도달되는 합의의 '방향성' 문제이다. 의사소통적으로 도달된 합의는 일단 도덕적 규범을 갖추고 있다는 이론적 전제를 달고 있기에 그것의 구체적 내용과 목적은 문제시되지 않는다. 그러나 아무래도 답변이 잘 내려지지 않는 두 개의 간단한 질문을 던져보자. 하나는 담화참여자와 관찰자가 사회집단과 계급의 수준으로 확대되면 문제는 걷잡을 수 없이 복잡해지는 점이다. 노동자들의 일상적 담론에는 계급의식의 편린이 담겨 있거나, 계급 나름의 독특한 표현양식이 발견된다는 사실은 이미 노동사 연구로 밝혀진 바이다(예를 들면, Thompson, 1969; Paul Willis, 1978). 그러한 담론에서 나타나는 타당성 주장은 결국 노동문제를 중심으로 이루어지기에, 자본가와의 논쟁에서 동의가 얻어질 것인가, 얻어진다면 의사소통적 합리성이란 구체적으로 무엇을 뜻하는가 하는 문제가 그것이다. 다른 하나는, 사회학에서 발전된 집합행위론과 합리적 선택이론은 행위참여자 모두가 공공이익을 향해 행위하는 것(이상적 담화상황)이 왜 불가능한가에 초점이 맞추어져 있다. 불법파업과 같은 집합행위란 흔히 왜곡된 의사소통의 결과로 발현되는데, 근현대사를 통틀어 충분한 의견을 나눌 만큼 참여자간 채널과 기회가 주어진, 그리하여 왜곡되지 않은 의사소통으로 추동되는 집합행위가 어느 정도 경험적으로 관찰되는가?[13]

《의사소통행위이론》은 노동개념에 짐지워진 중층적 모순을 단선적으로 만들어주는 대신 모순의 소재와 해결방식을 희석시키는 결과를 가져왔다. 다시 말해, 세계를 '노동의 집'으로 만들어버리는 역사적 유물론에 반대하는 그의 입장은 사회과학자들로 하여금 노동의 인식론적 가치론적 해석으로부터 해방시키는 대신 자본주의적 모순의 고리를 다분절화함으로써 실천개념의 영역이전과 실천전략의 불투명성을 산출한 셈이다. '열린' 인식공간은 '선택의 다양성'을 선사하지만, 자본주의의 견고함 앞에서 오히려 어정쩡한 프로젝트로 남을 공산이 크다.

근식, "한국자본주의와 분배정의 : 효율과 형평," 고려대학교 노동대학원 개원 기념 학술회의(1996년 7월)에서 발표된 논문 참조.
13) 미시-거시 연계이론은 모두 이 점에 주목한다(김용학, 1992 참조).

3. 생활세계에 작동하는 두 개의 정치

무엇보다도, 자본-노동의 모순이 타당성 요구의 담화상황으로 이전하면서 두 가지의 변질이 발생하였다는 하버마스의 주장은 이 글의 주제와 관련하여 주된 검토의 대상이다. 하나는 '모순' 자체의 변질이며, 다른 하나는 '모순 해결과 발현 방식'의 변화이다. 하버마스는 후기자본주의에서 자본/노동 모순의 핵심적 기제인 잉여가치의 착취기반은 과학과 기술의 조작을 통하여 생산력발전을 도모하는 개입국가에 의하여 실질적으로 와해되었으며, 더욱이 개입국가는 잉여가치의 교환관계를 재정치화하여 모순의 발현을 제어하고 변형시켰다고 주장한다. 그리하여 자본/노동의 모순은 더 이상 후기자본주의 사회에서 핵심적이 아닌 것으로 화하였다. 또한 복지국가는 노동계급의 경제적 정치적 투쟁의식을 제도적으로 순치하여 자본주의적 모순이 노사대립의 형태를 띠는 것을 변질시켰다. 전자는 모순의 소재의 변화이며, 후자는 모순의 발현방식에 해당한다. 이리하여 노동은 모순의 핵심적 소재로서의 지위를 상실하였고, 노동계급은 복지국가의 혁신 앞에서 제도적으로 순치되었다. 하버마스의 이론에서 노동은 더 이상 자본주의의 위기를 생산하거나 변혁을 도모하는 주체가 아니다. 후기자본주의의 가장 핵심적 위기는 '사회적 통합'(social integration)과 체계통합(system integration)의 불균형에서 오는 위기이다 (Habermas, 1973; 1982).

정당성의 위기(legitimation crisis)란 체계의 조직원리가 생활세계에서 분출되는 자발적 도덕적 요구들을 저해하여 사회통합과 체계통합 간에 심각한 괴리를 초래하는 것을 의미한다. 이러한 괴리는 대기업군의 탄생과 국가개입을 특징으로 하는 현대의 조직화된 자본주의에서 더욱 첨예화된다. 대자본의 생존을 위하여는 시장조작이 필요하고 이는 다시 국가의 적극적 개입을 요구하기 때문이다. 시장교환이 교란된 상황에서 대자본은 노동의 가격을 정치적으로 결정하는 조정양식을 필요로 한다. 시장임금을 대치한 임금의 정치적 가격(political price)은 곧 독점부문에서의

노자갈등을 외화하는 창구이다. 국가는 다른 한편으로 빈곤문제의 해결
과 공공복지의 확대라는 의무를 부여받는다. 사회성원으로부터 대중적
지지를 확보하기 위해서 국가는 시장조작과 가격설정을 통하여 대자본을
노자갈등으로부터 보호하고 사회적 서비스의 확대를 꾀하여야 한다. 이
러한 메커니즘에 의하여 계급정체성과 계급의식의 분절이 초래되었으며,
급기야는 사회복지국가의 역할에 의하여 노동계급의 혁명적 잠재력이 체
계로 포섭되었다고 보는 것이다. 이 과정에서 국가를 정점으로 하는 정
치체계는 중첩적 역할을 부여받는다. 계급구조는 정치적 논쟁에 의하여
변형되고, 경제체계는 자율규제적 시장기능으로는 작동하지 않는다. 국
가의 역할 속에서 생산관계의 전치현상이 발생하는 것이다.14) 그리하여,
체계의 조정매체들은 생활세계로부터 분출되는 새로운 형태의 정당성 요
구들을 수행할 능력이 제한된다. 정당성의 위기는 체계가 생활세계의 요
구를 수용할 수 없어 사회적 통합을 저해하는 방향으로 작동할 때 발생
하는 것이다. 그 중 오늘날 가장 첨예한 정당성 문제는 테크노크라시와
참여정치 간의 대립에 놓여 있다(하버마스/장은주 역, 1995:127).

조직화된 자본주의에 대한 하버마스의 이러한 관찰은 체계에 의한 '생
활세계의 식민화'(colonization of life world) 개념으로 발전되었다. 생활세
계란 자발적인 의사소통행위의 그물망으로 짜여진, 자신의 경험과 배경
지식을 바탕으로 일상의 참여자들과 타당성 요구의 검증과 포기를 공동
적으로 반복해서 도덕적 합의에 이르게 되는 '확신의 보관소'이다.15) 따
라서 생활세계는 하버마스에게는 계몽주의자들이 상정하였던 자연법적
질서의 그것과 유사한 것으로 나타난다. 그런데 후기자본주의 사회에서
는 체계 요구의 선택적 압력 속에서 경제적 행정적 조절기제를 앞세운
개입국가의 확장이 생활세계에 깊숙이 침투한다는 것이다. 하버마스의

---

14) 세 가지 측면이 중요하다. (a) 잉여가치의 생산형태를 변형하여 사회조직의
    형태를 바꾸게 되고, (b) 의사정치적 임금구조가 형성되어 계급타협으로 표출
    되며, (c) 자본의 요구에 따라 사용가치를 중시하는 방향으로 정치체계의 합
    리성이 진전된다(Habermas, 1973).
15) 하버마스이론에 관한 탁월한 논문으로 황태연(1994) 참조.

이 개념은 베버의 '관료제화', 토크빌의 '행정적 중앙집중화에 의한 자유의 침해'라는 합리성의 패러독스를 체계-생활세계의 분화현상에 거꾸로 적용시키려는 의도의 산물이다. 즉, 베버와 토크빌은 합리성의 산물이 다시 행위의 자율적 토대를 침해하는 조직원리로 작용하고 있다고 하여 실천의지가 작용할 여지를 남겨두지 않았음에 비하여, 하버마스는 의사소통행위의 소재지이면서 도덕적 규범을 창출하는 수원지로서의 생활세계의 중요성을 이론적으로 복원하려고 한 것이다. 왜냐하면, 생활세계의 합리화를 위한 중요한 영역인 "문화적 공론영역과 정치적 공론영역은 국가라는 하위체계의 관점에서는 '정당성 산출'과 직결된 환경"이기 때문이다(Habermas, 1981:472; 1962).

후기자본주의 사회에서 자본/노동의 갈등은 이미 체계에 포섭되어 있다. 노동조합과 정당은 정치체계와 행정체계의 수단으로 변질되었기 때문이다. 그리하여 "계급의 사회적 정체성은 붕괴되었고, 계급의식은 분절되었다"(하버마스/장은주 역, 1995:39). 노동운동은 자본주의와 민주주의의 모순을 더 이상 표출하지 않는다. 자본축적과정에서 나타나는 사회복지국가의 크고 작은 모순들은 화폐와 권력이라는 조정매체를 통하여 해소된다. 하버마스가 체계분화의 수준을 향상시킬 전제로서 생활세계의 합리화를 추동할 새로운 힘을 학생운동, 여성운동, 핵반대운동, 환경운동 등의 이른바 신사회운동에서 찾았던 것은 이러한 이유에서이다. 하버마스는 이론화 초기과정인 1960년대에 '생활세계의 재정치화'를 추진하는 공론장의 주요 행위자로서 노동조합과 같은 공익결사체와 정당에 기대를 걸었던 적이 있었다. 그러나 1968년의 학생운동을 경험하면서 이러한 견해를 버리고 '공론장의 탈정치화'의 주도세력인 테크노크라트적 지배와 대중매체의 선동에 저항하는 기획들을 보다 중시하게끔 되었다.[16] 저항기획은 사회복지국가에 의하여 매몰된 노동부문에서가 아니라 생활세계의 식민화 현상을 가장 첨예하게 겪고 있는 부문에서 분출된다. 말하자

---

16) 이와 관련하여 황태연은 하버마스가 '일관성 없이 오락가락하였다'고 비판한다(황태연, 1994).

면, 자본과 노동의 갈등은 점차 주변화되고, 체계의 침투에 저항하여 생
활세계의 합리성을 확대하고자 하는 새로운 형태의 투쟁전선이 체계와
생활세계 간에 형성된다는 것이다.

　하버마스의 이론적 일관성은 미완의 기획을 완성하려는 의도에 충실한
결과이지만, 이 글의 중심 소재인 '노동'의 근현대사적 전개과정을 돌아
보면, 역사적 경험적 사실들을 과도 단순화시켰다는 인상을 지울 수 없
다. 복지국가의 발전과정에서 나타난 노동계급의 행위양상을 단편적으로
동원하더라도 하버마스의 의도적 오류는 바로 확인된다. 금세기 유럽의
노동운동사가 포섭과 체계내화의 장기적 과정으로 보이지만, 그 이면에
는 저항과 이탈의 흔적도 간과할 수 없다는 점은 특히 중요하다. 즉, 포
섭과 저항, 국가의 노동정치와 노동계급의 정치가 서로 맞물리고 갈라지
는 오랜 여정이었다. 그것은 하버마스의 지적처럼 벌써 끝장난 것은 결
코 아니며, 자본주의가 존속하는 한 형태와 양식을 달리하며 발현되는
본질적 모순의 자원인 것이다.

　후기자본주의 사회의 주요 모순의 소재와 모순의 표출방식에 대한 하
버마스의 진단은 유럽정치의 최근 변화를 집약하는 '후기물질주의' 명제
와 정당의 이데올로기적 정향에 본질적 변화가 발생하였다는 연구 등에
의하여 뒷받침된다(예를 들어 Inglehart, 1976; Kitschelt, 1994). 그러나
여기에서도 의사소통합리성에 과도하게 기대를 거는 오류가 발견된다.
유럽 정당들의 주요 쟁점이 노동으로부터 후기물질주의적 가치관으로 이
전하였다고 하더라도 그것은 여전히 노동분화를 중심축으로 하는 것이어
서 근본적 변화는 아니다. 정당의 기반은 여전히 계급이며, 계급의 기반
은 노동분화이다. 더욱이, 금세기 유럽 노동운동사에 대한 하버마스의
관찰은 사실상 사민주의적 계급타협의 전통에 편중되어 타협을 넘어서려
는 노동계급의 시도와 그 속에서 배태되는 계급의식의 재생산을 향한 저
항적 시도들을 간과한다. 일상생활의 영역에서는 계급적 정체성을 재생
산하는 독특한 기제들이 존재하여 왔다. 영국의 문화론적 연구에 의하
면, 계층이동의 개방성이 확보되어 있는 상황에서도 노동계급의 자녀들
은 계급적 정체성을 보강하는 상호작용의 행위양식을 스스로 선택한다는

것이다. 17) 미시적 수준에서 확인되는 이러한 문화적 재생산 기제들은 하
버마스가 노동계급의 잠재력을 부정하는 근거로 설정한 '포섭된 거대구
조'와 간극을 만들어 놓는다. 말하자면, 하버마스는 이론의 완결을 위하
여 역사적, 경험적 사실들을 과도 단순화시켜 버리는 것이다.

유럽의 노동운동사는 탈급진화(deradicalization), 달리 표현하면 체제내
화의 역사이다(송호근, 1992). 체제내화는 1930년대와 40년대를 거치면
서 '계급타협'의 형태로 나타났는데, 계급타협이란 위계질서적인 노사정
정상조직간의 협약이다. 이 협약이 도덕적 실천적 권력을 갖기 위해서는
하버마스의 기대대로 조합원들과의 꾸준한 상호행위를 전제로 한다. 그
러나 정상조직의 협약이 현장 노동자의 의지와는 독립적으로 진행되는
이른바 과두정치적 경향이 짙어지면서 목적-수단의 전치현상을 낳아 작
업장 수준에서 이에 저항하는 조합원의 이탈이 끊임없이 발생하였다.
1968년 영국에서 발생한 shop steward 운동은 그 전형적 예일 것이다.
풍요로운 사회의 도래 속에서 노동계급의 부르주아화가 지배적인 견해로
확산되고 있었던 1960년대 말과 70년대 초 전유럽은 또 한 차례 노동계
급과의 전면전을 경험해야 했다(Pizzorno, 1971). '노동계급의 재봉기'로
표현되는 70년대 초 유럽의 노동상황은 '풍요한 사회의 노동자'라는 명제
를 부정하기에 충분한 것이었다. 말하자면, 노동포섭의 정치는 항상 저
항의지와 저항분파를 다른 쪽에 생산한다. '포섭정치'(노동정치)와 '저항
의 정치'(노동계급의 정치)라는 두 개의 정치는 생활세계에 작용하는 대립
적 힘이며 정도가 다를 뿐 유럽도 사정은 마찬가지이다. 하버마스의 이
론에는 '예기치 않은 결과'가 나타날 공간이 존재하지 않거나, 존재하더
라도 의도적으로 간과된다.

탈급진화는 노동계급의 정치적 포섭에 공헌하였지만, 사회적 영향력
은 그다지 크지 않더라도 그것에 포섭되지 않는 급진적 분파의 이탈을
재촉하기도 한다. 금세기 노동운동사에서 이것을 입증할 사례는 풍부하
다. 프랑스의 노동계급은 국가와의 정치적 타협을 이데올로기적 순수성

---

17) 영국 버밍검대학 현대문화연구센터(CCCS)의 연구들을 참조.

을 저버리는 것으로 간주하는 전통이 강하여 전국연맹인 CGT는 아직 느슨한 우산조직의 형태로 남아 있다. 프랑스의 노동계급 중에는 아직 체계에 완전히 포섭되지 않은 채 생활세계에 뿌리를 두고 있는 무정부주의적 혁명적 생디칼리즘에 경도된 노동조합이 건재한다. 체계에 대한 저항기획을 여전히 분출하고 있는 프랑스의 노동계급은 하버마스 진단의 적합성을 훼손한다. 사회복지국가가 가장 발전된 북구의 경우 노동계급은 계급적 정체성의 쇠퇴라는 하버마스의 진단과는 달리 세계에서 가장 높고 안정적인 계급정체성을 보여주고 있다. 18) 최근 사민당의 정책실패와 함께 육체노동자의 체계이탈이 가속화되고 이탈자의 대부분이 사회복지국가의 전면적 재설계를 주장하는 공산당의 지지세력으로 화하고 있는 것도 시사하는 바가 크다. 19) 말하자면, 신사회운동이 새로운 전선을 형성하는 주요한 운동세력이라는 것이 하버마스의 견해인데, 노동계급 역시 체계-생활세계의 전선에서 체계의 조정능력의 한계를 공격하는 중요한 계기들을 산출하여 왔을 뿐 아니라 생활세계 내부에서도 여전히 무시하지 못할 저항기획을 만들어 내고 있었음을 인식하는 것이 필요하다. 사회 전역에서 무정형적, 분산적, 무조직적으로 진행되는 신사회운동보다는 조직을 갖추고 집중도가 높은 급진적 노동분파들의 저항운동이 '공론장의 재정치화'에 훨씬 효과적인 충격을 가하고 있음도 주목을 요한다. 일상 노동자들과의 진실한 담화를 회복하는 것이 중요하다는 점 때문에 사민당을 위시한 좌파정당들이 위계질서적 정당 구조로부터 지역적 자율성을 부여한 수평적 구조로 일대 전환을 모색하고 있는 것도 같은 맥락에서 이해될 수 있을 것이다. 노동운동의 관점에서 지적하자면, 생활세계에는 체계에 의하여 포섭된 노동정치와, 소수이지만 이것으로부터 이탈한 저항적 급진분파의 정치가 동시에 존재한다. 생활세계에 존재하는 노동정치와 노동계급의 정치라는 두 개의 대립적 정치는 '공론장의 분열'과 동시에 '공론장의 재정치화'를 촉진하는 것이다.

---

18) 예를 들어 E. O. Wright가 진행하였던 계급의식의 국제비교연구를 참고.
19) 공산당도 이미 체계의 한 부분이기에 궁색한 논리이지만, 노동정당이 지향하는 계급적 의지의 원형에 가장 근접한 정당인 것은 틀림없다.

근현대 노동사에서 '노동정치에 의한 포섭'이라는 일면적 특성이 과도 강조되었듯이, 하버마스의 이론에서 사회복지국가의 위상 또한 과대평가 되어 있다. 사회복지국가는 육체노동자의 기본욕구(*basic needs*)를 충족 시킴으로써 노동계급의 체계포섭에 성공한 듯이 보이지만, 두 가지 문제 가 여전히 해결되지 않은 채 남는다. 하나는 풍요 속에서 자라나는 '상대 적 박탈감'의 확산이며, 다른 하나는 독점부문과 경쟁부문 간에 존재하 는 이중 구조의 확대이다. 전자와 후자는 밀접히 연관되어 있는데, 독점 부문과 경쟁부문 노동자의 포섭정도와 계급의식의 내용은 근본적으로 다 르다는 것이 여러 가지 연구에 의하여 이미 판명되었다. 흥미로운 것은 복지국가의 기획에 반발하는 불만이 주로 혜택을 많이 받는 독점부문의 노동자들로부터 나온다는 사실이다. 이들의 불만은 복지국가가 노동시장 에서의 우월한 경쟁력과 성장공헌도에 비하여 쓸데없는 양보를 강요한다 는 점에 있는데, 그것이 노동계급 내부의 균열이라고 할지라도 하버마스 가 중요성을 부인한 분배문제라는 노자모순의 전통적 쟁점과 맞닿아 있 다는 사실만은 변함이 없다. '경제민주주의'가 완결되지 않은 상황에서, 그리고 어떤 형태의 경제민주주의이든 분배문제가 대립전선의 핵심적 쟁 점으로 남아 있을 자본주의사회에서 여성해방, 환경, 핵, 성, 평화문제 등 신사회운동의 새로운 이슈들은 여전히 이것과 연관되어 나타날 가능 성을 부인할 수 없다. 실지로, 유럽의 좌파 정당들은 새로운 이슈를 수 용하려고 정강과 전략을 변화시켜 왔는데, 여전히 분배문제가 차지하는 핵심적 위상은 변하지 않고 있다(물론, 이것이 하버마스가 지적하는 체계 의 조정능력의 한계를 입증하는 증거일는지도 모르지만).

복지국가의 체계효율성이 물질적 확대재생산을 전제로 한다면, 노동 계급의 변질에 대한 하버마스의 진단은 경기침체에 특히 취약하다. 다시 말해, 복지국가의 물질적 기반이 심하게 침식되면 소외된 급진 분파의 계급갈등은 증폭될 것이며 이렇게 되면 계급갈등이 체계-생활세계 간 일 차적 갈등으로 복귀할 개연성이 크다는 점이다. 하버마스 자신도 이런 가능성에 대하여 언급한 바 있지만(Habermas, 1985; Outhwaite, 1994:9 장), 노동계급의 위상을 폄하하는 하버마스의 진단은 아무래도 복지국가에 대한 과대평가와 《의사소통행위이론》의 기획을 완결하려는 이론적 의도에서 기인하는 것으로 보인다.

공론장의 재정치화 가능성이 노동계급으로부터 나왔고 앞으로도 그럴 것이라는 전망은 특히 권위주의적 억압정책으로 일관하여온 한국의 상황에서 적실성을 갖는다. 한국의 노동계급은 일부분파를 제외하고는 체계 외부에서 사적 공중으로 성장하기를 철저히 강요당했다고 할 수 있을 것이다. 한국의 노동계급이 공론장의 주요 행위자로 등장한 것은 겨우 1970년대 말의 일이다. 1987년의 노사대분규는 '사적 공중'에서 '시민적 공중'으로 변한 노동계급이 공론장의 재정치화를 시도한 대표적 예일 것이다. 한국의 노동정치는 '분리와 차단'을 특징으로 한다. 분리란 '노동문제의 공론화'를 억제해 온 측면을 지시하며, 차단이란 노동계급의 정치 세력화를 저지해 온 측면을 의미한다. 반노동주의와 성장우선주의로 무장한 한국의 국가는 노동계급의 탈정치화와 탈동원화를 노동정치의 기조로 추진하였다. 이를 하버마스의 용어로 표현하면 억압적 행정력(권력)을 동원하여 노동계급의 정치화를 제어하였으며, 시장교환적 경제체계(화폐)의 강화를 통하여 노동력의 매매과정을 관리함으로써 노동자가 사적 영역에만 머물도록 억제하였다. 이것이 시장기제적 통제(*control by market mechanism*)의 핵심원리이다(송호근, 1991). 이러한 유형의 통제는 노동계급을 원자화하여 '사적 공중'으로 분산시키는 것을 목적으로 하며, 체계의 억압적 강권력을 활용하여 노동자들을 단지 임금을 소비하는 '수동적 공중'으로 만들고자 한다. 즉, 분리와 차단은 노동자들이 자율적 담론을 행하는 '문화생산공중'으로 변화해서 공론장의 정치화를 주도할 가능성을 막고, 궁극적으로는 사적 영역에서 임금소비에만 자족하는 소비공중으로 남도록 제어하는 정책기조를 의미한다.

그러나 조정매체의 능력이 한계에 달한 시점에서, 또는 체계의 정당성 위기가 일정한 수준을 넘어서는 시점에서 사적 영역에 머물도록 억제되어 온 노동자들은 공론장으로 진입하게 된다. 이러한 계기는 유럽에서의 경우와 본질적으로 그다지 다르지 않으며, 특히 성장지향적 권위주의국가일수록 자주 발생한다. 성장혜택의 분배문제를 둘러싼 불만고조, 정부와 어용노조(공식노조) 간의 배타적 협약에 대한 저항, 독점부문과 경쟁부문 간의 이중 구조, 노동소외와 노동의 비인간화 등 헤아릴 수 없이 많은 계기들이 잠복해 있다. 이 문제들은 모두 자본주의와 민주주의 간의 모순이라는 거대 명제의 하위 쟁점들인데, 정도의 차이는 논외로 하고 어느 정도의 권위주의적 노동정치가 행해져온 한국을 포함한 대부분의 발전도상국가 및 후진국—전세계국가의 80%인 140여개 국이 여기에 해당한다—에서 생활세계와 체계의 투쟁전선은 이러한 쟁점들로 가득차 있는 셈이다. 투쟁전선이 도처에 형성되어온 한국의 경우는 '정당성의 과다'로 인한 위기라기보다는 '정당성의 결핍'으로 인한 위기이며, 복지국가의 '과도한 성장'의 위기가 아니라 '과도한 낙후'의 위기라는 차이가 존재한다. 그러므로 한국의 노사분규란 언제나 사적 영역에 억제되어 있는 노동문제를 공론장의 영역으로 활성화시키는 과정에서 촉발되는 갈등이며, 지배권력과의 의사소통의 기회를 쟁취하고자 하는 집단적 요구의 산물이었던 셈이다. 그런데 이러한 기회의 차단은, 역으로, 노동계급 내부의 의사소통행위를 활성화하는 방향으로 작동하였다는 점은 역설적이다. 비공식집단과 재야저항세력을 중심으로 전개된 의사소통행위는 정치권력의 균열구조가 노동계급 내부에 재생산되는 것을 저지하고 노동계급의 연대력을 강화해 주는, 하버마스의 표현을 빌자면, 도덕적 규범과 담화윤리를 정착시키는 추동력이었다. 한국의 노동구조는 생활세계에 작동하는 두 개의 대립적 정치—국가의 억압적 노동정치와 노동계급의 저항기획—의 산물이다.

한국의 민주화는 시민사회의 질적 성장과 함께 '시민적 공중'으로 변신한 노동계급이 생활세계의 재정치화를 통하여 정당성 결핍에 직면한 체계의 조직원리를 변화시키려는 노력의 궤적으로 파악된다. 특히 한국의 경우에 주목할 점은, 노동운동이 일시적으로 잠재된 듯이 보이는 민주주의 이행의 시기에 노동운동이 민주화의 공간을 뚫고 활성화되는 시민사회운동의 다양한 세력들과 연대기반을 확대하고 있다는 사실이다. 경제성장이 뒷받침된 민주화과정에서 노동운동은 대중적 설득력과 호소력을 상실하기 마련이다. 이러한 상황에서 한국의 노동세력은 시민사회운동과

의 긴밀한 유대를 확산하면서 생활세계의 합리성을 증진하기 위해 새로
운 전선을 형성해 가는 중이다. 생활세계에 작용하는 두 개의 정치, 노
동계급의 자발적 정치와 분리와 차단을 지속하려는 체계의 통제정치가
부딪고 있는 한국의 현실은 노동패러다임의 쇠퇴라는 하버마스의 진단과
는 거리가 멀지만 의사소통합리성의 증진을 통한 '생활세계의 정치화'라
는 실천적 기획에는 대단히 적합한 사례인 것으로 보인다. [20]

4. '제일 방정식으로의 회귀?'[21] : 정치적 프로젝트와 노동

모순의 소재변화와 의사소통합리성의 열린 성격은 하버마스가 이론의
도달점으로 제시하는 정치적 프로젝트에 개방성을 부여한다. 맑스적 생
산패러다임의 쇠퇴를 주장하고 현대사회의 지배적 모순을 생활세계의 식
민화로 규정하였던 하버마스에게는 의사소통행위를 바탕으로 하는 도덕
적 규범과 윤리성이 일상생활의 제도와 거시구조적 권력기구 및 국가를
관할하는 상태 이외에 일체의 목적론적, 결정론적 변혁이론으로 나아가
는 것이 자기모순으로 비쳐질 뿐이다. 이런 까닭에 하버마스는 노동계급
주도의 사회주의 혁명론이나 시민사회적 헤게모니 프로젝트를 제시한 라
클라우·무페류의 급진론적 민주주의 모두로부터 비켜 서 있다. 대신 의
사소통합리성 개념에서 도출되는 유토피아적 전망, 즉 외적 강제와 강압
적 권력의 개입이 없는 상호주관성의 구조를 바탕으로 개인들간의 상호
이해가 증진되는 조건들이 성숙된 사회에 기대를 거는 것이다. 그것은

20) 그러나, 권위주의체제의 붕괴 이후 급속히 진행된 한국의 민주화 양식은 정치
    화를 넘어서서 체계변혁으로까지 치닫고자 하였던 시민사회의 운동을 다시
    '방어적, 수세적 자세'로 돌아서도록 새로운 압력으로 작용하고 있다.
21) 이 용어는 사회주의 붕괴와 미래전망을 논의한 논문에서 쉐보르스키가 사용했
    던 제목이다. 이 논문은 1991년 고려대학교 노동연구소 주최 국제학술회의에
    서 발표되었다. 영문 제목인 "back to the square one"은 '원래의 기획으로,
    시작했던 자리로 돌아간다'는 뜻으로 해석된다.

결국 《의사소통행위이론》의 가설적 전제로 설정되었던 '이상적 담화상황'(ideal speech situation)이 실현되는 사회이자, 의사소통적 해방론의 핵심이다. 맑시즘과 같은 목적론적 사고에서 보듯이, 이데올로기에 의하여 인간을 구제할 수 있다는 신념이야말로 20세기 사회사상의 특징이라 한다면, 사회주의권의 전면적 붕괴 이후 하버마스가 이렇게 열려진 프로젝트를 지향하는 것은 어쩌면 자연스러운 귀결일는지 모른다. 1989년 '인민의 가을'을 계기로 동구사회에서 하버마스의 공론장 이론이 적극 환영받고 있는 현상이 그것을 뒷받침한다.

의사소통적 해방론은 도덕적 규범과 보편성이 확보되는 상황과 조건을 다루는 '담화윤리학'과 의사소통적 권력을 행정적 권력으로 전환시키는 여과기제로서의 '법이론'으로 보완된다(김재현, 1993). 담화윤리는 어떤 실질적인 기준을 구하려는 것은 아니고 보편성과 공동선에 이르는 담화의 절차적 실천적 과정원리에 관한 것이다. 그것은 이상적 담화상황을 현실세계에 실현시키려는 의지를 집약한다. 생활세계의 윤리성을 담보하는 원리가 담화윤리에 해당한다면, 법이론은 타당성과 사실성, 생활세계와 체계의 사회적 매개범주로서의 법을 문제시한다. 현대사회에서 자주 발견되는 실정법화 경향은 법의 형식합리성만이 강화되는 탈규범화를 의미하기에 체계와 생활세계를 접합해 주기보다는 양자간 분리를 가속화한다. 사회적 통합의 앙양을 도덕과 법의 관점에서 조명하였던 뒤르켐의 기획은 이런 의미에서 하버마스의 정치관으로 수용된다. 그리하여 법은 담화윤리에 기초한 절차적 민주주의를 보증하는 기능적 측면과 의사소통행위로 새롭게 창출된 도덕적 합의(의사소통적 권력)를 체계에 정착시키는 규범적 측면의 두 가지 방향에서 조명된다. 하버마스는 담화윤리와 법적 기제로 보증된 이상적 담화상황의 공동체를 의사소통공동체로 명명하고 있는데, 이것이야말로 하버마스가 도달하고자 하는 이상적 정치질서이다. 하버마스는 이러한 정치체를 '담화론적 법치국가'로 정의하고, 그 내부에 작동하는 원리를 토론민주주의(deliberative democracy)로 개념화한다. 토론민주주의는 가역성, 보편성, 상호성이 보증된 담화상황을 전제로 한 자율적 공론장과 정치적·행정적 정당성이 보증되는 체계간의

상호침투와 접합을 촉진하는 의사소통적, 합의론적 정치질서를 의미한다
(Outhwaite, 1994). 22) 하버마스의 이러한 정치적 프로젝트는 도덕성과
윤리성의 보장을 염원하는 '계몽의 약속'을 완결시킨 기획으로 보인다.
계몽주의자들이 미완의 형태로 남겨두었던 정치 기획의 이론적 체계를
완결시켰다는 의미에서 하버마스의 정치적 프로젝트를 '제일 방정식으로
의 회귀'(back to the square one) 라고 규정할 수 있을 것이다.

'기획의 보편성'의 측면에서 고려하면, 하버마스의 정치적 프로젝트는
계몽주의자들로부터 헤겔, 토크빌, 밀, 뒤르켐을 거쳐 심정윤리를 강조
한 베버, 도덕적 실천적 헤게모니를 중시하는 그람시의 소망을 포괄한
다. 그런데 루소의 '도덕적 공동체', 윤리성을 전제로 한 헤겔의 '대의정
치', 우애(fraternity)의 복원을 강조한 뒤르켐의 '정치적 다원주의', 공공
책무와 권리를 강조하는 밀의 '급진적 자유주의' 등의 근대정치사상의 기
획들과 공통점을 확보하면서도 하버마스의 관점은 자기규제적, 자기제한
적, 수세적 프로젝트라는 차이를 보인다는 점은 주목을 요한다. 토론민
주주의로 창출되는 의사소통 합리성으로 체계가 생활세계를 침범하는 것
을 차단하고 체계로 하여금 위기관리능력을 갖추도록 강제함으로써 체계
와 생활세계의 균형을 회복한다는 것이다. 이러한 수세적 실천논리는 맑
스주의와 레닌주의를 위시한 목적론적 혁명론과 코헨·아라토와 같이 공
세적 전략으로 나아갈 것을 주장하는 급진적 변혁론이 비극적으로 마감
될 것이라는 우려를 반영한다. 하버마스는《의사소통행위이론》에 대한
지나친 기대 때문인지 급진적 체계변혁론으로 빠져드는 성급함을 우회하
여 생활세계의 합리성 증대의 결과로 체계가 자연스럽게 변화될 것이라
는 진화론적 입장을 견지하는 것이다. 23) 그 변화의 양상은 의사소통 행
위로 도달된 도덕적 규범의 내용이 열려 있듯이 변혁방향과 도달지점에
대한 어떤 명확한 초상을 거부한다. 생활세계를 의사소통 행위로 창출된

---

22) 담화론적 법치국가에 관한 탁월한 설명으로는, 김재현, 1993; 1995; 황태연,
1994 참조.
23) 하버마스가 초기의 뒤르켐, 전반기의 푸코와 같이 무정부주의자로 빠져들지
않는 이유가 이것이다.

의사소통 권력의 저수지로 보면서 그것이 급기야는 체계로 흘러넘치기를 기다리는 사회진화론적 입장은 다음과 같은 구절에서 극명하게 드러난다 (하버마스/장은주 역, 1995:310).

> 의사소통적으로 창출된 권력은, 포위된 요새를 함락시키듯이 자신의 규범적 요구를 관철시키기 위해, 군림하고자 하는 아무런 의도없이도 공공행정이 진행하는 평가과정이나 결정과정의 전제들에 대해 영향력을 행사할 수 있다. 말하자면 의사소통적으로 창출된 권력은, 행정권력이 도구적으로 다루고 있기는 하지만 그 권력이 법치국가적으로 확립된 이상 무시해 버릴 수도 없는, 그러한 근거들의 저수지를 관리하고 있는 것이다.

그러나 정치적 프로젝트의 개방성은 무한한 가능성을 의미하기도 하고 실천전략의 부재를 뜻하기도 한다. 이 양자는 실천에 따르는 모든 책임은 결국 자신에게 전가된다는 냉혹한 도덕률을 배경에 숨기고 있다는 점에서 공통이다. 이러한 자기책임의 냉혹성은 이미 《의사소통행위이론》의 본질에 잠재되어 있다. 그것은 모든 사회성원들의 공동 책임이다. 계급갈등과 분배문제와 같은 본질적 모순을 둘러싼 치열한 투쟁을 일찌감치 치른 선진자본주의사회의 역사적 경험을 반영하고 있는 하버마스의 실천론이 지배와 피지배, 노자갈등, 정치적 강압과 경제적 불평등과 같은 자본주의의 전통적 쟁점을 이론의 핵심줄거리로 끌어들이지 않는 이유는 그것이 단지 장구한 역사발전의 한 단면에 지나지 않는다는 시야의 넓음 때문이지만, 바로 그렇기에 아직 그런 문제들에 매몰되어 있는 대부분의 국가에게는 하버마스이론이 현실성없는 일종의 유토피아처럼 보이기도 하는 것이다.

그러므로 하버마스의 정치적 프로젝트에서 노동계급에게 고유한 전략이 나타날 리 없다. 더군다나 노동계급은 생활세계와 체계 간의 전선에서 이미 퇴진한 노병(老兵)으로 정리되지 않았는가. 그러나 하버마스가 노동계급의 역동성을 과소평가하였다는 앞에서의 논지를 밀고 나가면, 퇴진한 노병에게도 나름대로의 고유한 실천적 책무가 등장한다. 민주적 조합주의에 내재한 억압(*coercion*)과 노동조합 및 노동정당의 과두지배적 정치질서의 극복이 그것이다. 양자는 밀접하게 관련되어 있다(하버마스도 사민주의에 대한 비판에서 이러한 문제를 인식하고 있는데, 지면을 할애하여 충분한 논의를 할 만큼 큰 가치를 부여하지 않고 있을 뿐이다. 그러나 최근의 상황으로 판단하건대, 좌파 정당과 노동조합의 성찰적 노력은 하버마스의 가벼운 터치 이상의 의미를 지닌다).

　민주적 조합주의는 조직을 정치적 교환과 합의의 기본행위자로 설정한다. 앞에서 지적하였듯이, 노사정의 정상조직간 협약에 의하여 규율이 창출되고 각 조직의 성원은 이를 지킬 도덕적 의무를 갖는다. 조직을 단위로 하는 상호행위가 성립될 전제조건은 바로 신뢰이다. 그러나 슈미터의 지적처럼, 국가간 경쟁이 심화되는 최근의 신자유주의적 상황에서 거시구조적 명법을 우선시하게 되는 조합주의적 협약행위는 조직성원의 의사에 위배될 위험이 항상 수반되고, 협약 내용을 조직성원들에게 강요할 때에는 그 자체 억압으로 화한다. 이런 관점에서 보면, 가장 발전된 민주주의체인 민주적 조합주의는 관행의 반복과정에서 점차 억압기제로 변질되었다는 평가가 가능하다. 슈미터가 이익집단을 중심으로 한 '사적 이익정부'(private interest government)를 제4의 모델로 제시한 것은 이러한 배경에서이다. 그러나 사적 이익정부는 아무래도 특수이익을 공공이익보다 우선시하는 경향을 갖기에 하버마스의 프로젝트에 훨씬 못미치지만, 노동중심의 새로운 전선이 형성될 가능성에 주목한다는 점에서 오히려 하버마스의 노동폄하의 정치론을 반박할 수 있는 단서를 내포한다.

　동일한 비판이 거대조직화된 노동조합과 노동정당에도 공히 적용된다. 카리스마적 지도자를 정점으로 하는 노동조합과 노동정당은 대중정당적 면모를 갖추게 됨에 따라 점차적으로 현장노동자의 의사에 위배되는 폐단을 보였음이 지난 시대의 경험이다. 과두지배의 법칙이 더욱 강하게 관철되는 것이다. 이것을 척결하려는 정당과 조합원들의 최근의 노력은 노동문제를 핵심축으로 재정립하려는 시도로서 주목을 요한다. 그런데 부단한 노동분화에도 불구하고 노동의 본질이 어떤 형식으로든 훼손되지 않은 채로 후기자본주의의 공간에 발현되는 것은 하버마스의 노동폄하를 직접적으로 반박해 주는 근거인 반면, 그의 '토론민주주의'는 과두지배의 폐단을 해소하고 다시 조직성원과의 부단한 의사교환으로 복귀하여야 한 다는 계몽주의시대 이래의 원형적 권고(*archetypical recommendation*)를 전 하고 있는 셈이다. 다시 말해, 토론민주주의는 노병의 도덕적 재무장을 위한 구체적 전략으로서 중대한 의미를 갖는다고 보인다.

유럽의 정치질서에 대한 이러한 성찰은 민주화가 진행되는 한국의 경 우에 더욱 절실한데, 두 가지 쟁점 — 민주화의 양식과 노동운동의 전략 — 이 특히 중요하다. 한국의 민주화는 시민사회의 성장을 배경으로 하 지만 구체적 경로는 정치엘리트에 의하여 주도되었음은 주지하는 바이 다. 한국의 민주화는 성공적이었지만, 시민들의 정치적 지지를 획득한 유력한 권력자에 의하여 대부분의 개혁조치가 진전되었다는 점에서 '위 임민주주의'적 성격을 갖는다. 위임민주주의(*delegative democracy*)는 절차 적 정당성이 보장된 상황에서 민주화를 주도한 소수의 엘리트 또는 권력 자 개인에 의하여 중대한 정치적 사안이 결정되는 체제를 의미한다. 생 활세계의 합리성 증대를 통한 재정치화라는 하버마스의 프로젝트로 보자 면 대단히 거리가 먼 질서이다. 모든 참여자가 중대사안을 신중하게 고 려하여 누구라도 수긍하는 합의에 도달하게 하는 '토론민주주의'의 실현 이라는 하버마스의 권고는 위임민주주의의 폐단을 보이는 한국의 민주화 에 중대한 시사점을 제공한다.

한국의 민주화가 이런 형태로 귀착하게 된 이유는 바로 노동운동의 잠 재적 쇠퇴 또는 공론장의 재정치화에 그다지 성공적이지 못한 점에서 기 인한다. 앞에서 분석한 '분리와 차단'의 정책기조는 민주화 이행과정에서 도 유효한 채로 지속되었기에 노동운동 세력의 저항기획이 체계변혁으로 까지 이어지지 못하였다. 여기에는 한국 민주화 양식의 또 다른 특징인 배제적 민주화(*exclusive democratization*)라는 문제가 놓여 있다. 배제적 민주화는 민주화를 주도한 시민운동 세력을 민주적 정치공간으로 집단화 하고 조직화하는 것이 아니라 운동의 지도자만을 선별하여 정치엘리트로 선발하는 식의 정치행태를 뜻한다. 시민운동은 지도력의 지속적인 재생 산을 필요로 한다. 그러나 시민사회의 활성화 역사가 짧고 운동의 경험 부족 때문에 배제적 민주화는 시민운동 단체의 도덕적 실천력을 현격하

게 약화시키는 결과를 초래하였다. 노동운동 세력의 약화도 민주화 과정
에서 발생한 지도력의 상실과 정치질서로의 포섭에 부분적 책임이 있다.
그런데 이러한 상황에서 노동운동세력이 경실련, 참여연대, 환경운동연
합 등 시민사회운동의 주요 세력들을 결집시키는 중핵으로 역할하고 있
는 것에 주목할 필요가 있다. 한국과 같이 시민운동이 초기단계에 있는
사회에서 노동운동은 공론장의 정치화라는 하버마스의 실천전략에서도
중심적 위상을 차지하고 있음을 대변해 주는 증거이기 때문이다. 담화론
적 법치국가 개념에 스며 있는 하버마스의 정치적 프로젝트의 비중은 바
로 시민사회의 도덕적 실천력에 놓여 있다.

　한국의 노동운동은 여전히 생활세계의 중심에 놓여 있으면서, 민주화
과정에서 시민운동 세력과 지속적인 연대를 확산하여 궁극적으로는 체계
변화를 이끌어 낼 것이라는 소망적 사고를, 하버마스의 진단에 반하여,
비판적 독해의 결론으로 끌어낼 수 있는 것은 하버마스 이론이 내포하고
있는 실천적 기획의 열려진 성격 때문일 것이다. 한국처럼 급진개혁주의
적 자기비판의 에너지가 노동운동으로부터 분출되고 있는 국가가 '현대
자본주의'에서 오히려 예외가 아니라는 점을 강조하고 싶은 것이다.

　사회주의권의 붕괴를 목도하면서 자본주의사회에 부여된 문명사적 책
임을 모색하는 논문에서 하버마스가 제시한 답변은 오늘날 한국에서 노
동운동에 부여된 책임과도 일맥상통한다(하버마스/장은주 역, 1995:315).

　21세기의 도전은 서구 사회가 도달하게 될 유형과 거시적 질서에 대한
대답을 요구하고 있다. 이 대답은 이해관계를 일반화하는 급진-민주주의
적 여론형성과 의지형성의 과정없이는 결코 찾아질 수도 실현될 수도 없
는 것이다. … 그렇게 함으로써 법치국가적, 복지국가적 대중민주주의라
는 형식 속에서 약점뿐만 아니라 장점까지도 전개시켜 왔던 자본주의 사
회에 대한 급진개혁주의적 자기비판으로 변화시켜야만 한다. 국가사회주
의가 붕괴된 이상, 이러한 급진개혁주의적 비판은 모든 것의 통과해야만
하는 유일한 바늘 구멍인 것이다.

302

■ 참고문헌

김용학, 1992, 《사회구조와 행위》, 나남.
김재현, 1993, "하버마스의 《인식과 관심》에 나타난 '해방'의 문제," 《사회철학 대계》 3권, 민음사.
_____, 1995, "하버마스의 해방론 연구," 서울대학교 대학원 철학과 박사학위 논문.
박영도, 1994, "현대사회이론에서의 비판패러다임의 구조변동," 서울대학교 대학원 사회학과 박사학위논문.
송호근, 1990, 《지식사회학》, 나남.
_____, 1991, 《한국의 노동정치와 시장》, 나남.
_____, 1992, "유럽의 노동운동사: 탈급진화의 정치사, 1870~1939," 계간 《사상》, 봄호.
장은주, 1993, "하버마스의 생산패러다임 비판과 비판사회이론의 새로운 정초," 《사회철학대계》 3권, 민음사.
하버마스/장은주 역, 1995, 《의사소통의 사회이론》, 관악사.
황태연, 1994, "하버마스의 공론장 이론과 민주적 법치국가론의 재건," 한국정치학회 월례발표회논문집(4), 《현대국가론의 성과와 과제》, 한국정치학회.

Habermas, J., 1962, The Structural Transformation of the Public Sphere.
_____, 1968, "Technology and Science as Ideology," Toward a Rational Society.
_____, 1973 · 1982, The Legitimation Crisis.
_____, 1976, Zur Rekonstuktion des Historischen Materialismus.
_____, 1981, The Theory of Communicative Action, I.
_____, 1982, The Theory of Communicative Action, II.
_____, 1985, The Philosophical Discourse of Modernity, 이진우 역, 1995, 《현대성의 철학적 담론》, 문예출판사.
_____, 1990, Vergangenheit als Zukunft.
Hegel, G.W.F., 1967, Hegel's Philosophy of Right, T. M. Knox(trans./ ed.), Oxford: Oxford Univ. Press.
Hobbes, Thomas, Leviathan, NY: Penguin Books.
Inglehart, 1976, The Silent Revolution, Princeton: Princeton Univ. Press

Kitschelt, Herbert, 1994, *The Transformation of European Social Democracy*, Cambridge: Cambridge Univ. Press.

Locke, John, 1960, *Two Treaties of Government*, Peter Laslett(ed.), Cambridge: Cambridge Univ. Press.

Offe, Claus, 1985, "Two Logics of Collective Actions," *Disorganized Capitalism*, Cambridge: MIT Press.

Outhwaite, William(ed.), 1994, *Habermas : A Critical Introduction*, Cambridge: Polity Press.

Pizzorno, A. (ed.), 1971, *The Resurgence of the Working Class*.

Rousseau, Jean-Jacques, 1988, *Rousseau's Political Writings*, Alan Ritter et als. (eds.), NY: W. W. Norton & Company.

Thompson, E. P., 1969, *The Making of the English Working Class*, NY.

Tocqueville, Alexis de, 1969, *Democracy in America*, NY: Anchor Books.

Willis, Paul, 1978, *Leaning To Labor*.

11장

하버마스의 '공공권역', 1987년의 정치변동, 그리고 새로운 정당성의 형성

이 신 행

1. 서 론

오늘날 한국 사회의 문제를 논하는 데에 이른바 '시민' 형성의 문제와 '시민사회'가 중요한 주제로 부각되고 있다. 1980년대의 과제가 권위주의 체제에 대한 저항과 거부였다고 한다면, 1990년대 중반의 과제는 '참여 지향적'인 에너지를 어떻게 파악하고 그것을 어떠한 방향으로 조직하느냐 하는 것이다. 이런 맥락에서 하버마스의 공공권역(*public sphere*)의 개념이나 생활세계의 재정치화(再政治化)라는 전략이 토론의 전면에 거론되는 것은 의미가 크다고 생각한다. 왜냐하면 하버마스의 사회이론은 인간의 주체적 확립을 이론적 관심사로 설정하고 사회에 대하여 비판적 해석을 가함으로써 국가와 자본에 의해 침식된 사회를 재정치화시키는 데 있기 때문이다.

물론 그의 이러한 비판적 해석이 사회를 변혁시키기 위한 실천적 일감으로 지금까지 얼마나 나타났는지는 의문을 제기할 수도 있겠지만, 정보사회 혹은 후기 산업사회로 불리는 사회적 정황에서는, 가치지향성을 띠면서도 현실적인 사회운동을 모색하는 이론적인 토대를 마련하는 데 하

■이 신 행
연세대학교 정치외교학과 및
동대학원 졸업
미국 뉴욕대학 정치학 박사
현재 연세대 정치외교학과 교수

저서로
《한국의 사회운동과 정치변동》,
《정치변동이론의 새로운 흐름》 등

버마스가 앞으로 계속 영향력을 미칠 것이 분명하다. 그러나 우리 사회에서 제기되고 있는 시민사회 운동이나 시민형성의 논리는 원래 그러한 이론의 진원지였던 유럽 사회에서 그랬던 것과는 달리 밑으로부터의 시민형성의 과정은 간과된 채 이념 중심, 개념 중심의 차원에서만 제기되는 듯한 불안감을 지워버릴 수 없다.

필자의 견해로는 시민사회에 관해 논할 때 적어도 두 가지 필요성이 요구된다고 하겠다. 하나는 사회운동을 전망하고 계획하는 데에 우리 사회를 토론할 수 있는 준거점을 찾는 것이다. 공공권역, 정당성의 위기, 생활세계의 식민화와 재정치화 등과 같은 하버마스의 주제들에서 이를 시사받을 가능성이 높다. 다른 한편, 그 준거틀이 우리의 현실과 비교되어 성찰의 대상이 되어야 할 것이다. 개념적·분석적인 유용성이 있다고 하더라도 그것이 형성된 역사적·문명사적 차이는 분명히 존재하기 때문이다.

이 글에서는 그러한 시도로서 하버마스의 공공권역(Öffentlichkeit)이라는 개념을 중심으로 이 문제에 접근해 보기로 하겠다. 미리 밝히자면, 필자의 궁극적인 관심은 여러 요소들의 사회세력들이 어떻게 새로운 정당성을 창출하는 기제로서 형성이 되고, 또 서로 연대(連帶)할 수 있는가 하는 데 있다.

2. 공공권역과 정당성에 관한 하버마스의 견해

1) 공공권역의 형성과 변화

공공권역[1]은 사회의 주도적인 세력의 형성에 의하여 사회적인 공공성을 전개하는(Habermas, 1973:70) 개념이라고 할 수 있다. 또한 사적인 개인들로 하여금 공적인 문제에 대해 그들의 '이성'을 사용하게 만드는 기제와 더불어 나타난 제도(Habermas, 1991:30)라고 할 수 있는데, 그 제도적 표현으로는 초기 부르주아 공공권역이 생성된 살롱이나 테이블 사회, 그리고 출판이나 신문을 통한 매체의 발전을 들 수 있다. 문명사적으로 볼 때 자본주의와 부르주아의 역사적 형성과정에서 등장한 공공권역은 공적 권위의 장과 사적인 장 사이에 형성됨으로써 사적인 장에 속하는 가족과 시민사회적인 문제들이 공적 권위를 매개하는 계기를 이루게 되었다. 즉, 부르주아 공공권역이 형성되기 이전에는 사적 인간이 공적 권위의 장에 들어갈 수도 없었고 공적 권위가 사적인 영역을 의식하는 결정구조가 없었는데, 자본주의가 발달하면서 시민사회 내에서 발생하는 상품교환과 사회적 노동의 문제가 공적 권위에 의해 통제되는 것에 민감하게 반응하는 계층이 나타나게 되고, 새로운 지식을 갈구하며 다소 호사적인 취미에서 '살롱'이나 '테이블 사회'를 형성해 가던 귀족 계급들의 토론문화에 이들 계층들이 합류하게 되면서 활자를 매개로 한 '교양있는 문화' 클럽의 경향을 확산시키게 되었다. 처음에는 주로 여행담이나 명사들에 대한 뒷공론을 위한 모임이 신문이나 문학작품 읽기로 번져가고 점차 사회적 공론 형성의 장으로 바뀌어 가면서 정치적인 문제까

---

1) 하버마스의 *The Structural Transformation of the Public Sphere*의 영어판은 독일어 Öffentlichkeit을 public sphere 또는 public realm으로 번역하였으며, 때에 따라서 publicity로 이해할 수 있다고 하겠다. 특히 하버마스가 politshe Öffentlichkeit와 같이 '정치적'이란 수식어를 쓰는 경우에는 public sphere in the political realm이라고 번역되어 있다. 영어판으로는 하버마스(1991) 참고.

지도 포괄하게 된다. 이것이 초기 부르주아 공공권역의 모습이자 기능이었다. 공공권역은 정치를 독점하고 있었던 공적 권위에 대하여 정치의 배분을 요구하게 되며, 사적인 장에서 요구되는 통제와 법의 문제에 사적인 인간들의 의지를 적용시키기 위한 여론 형성의 장이자 사회적 토론의 장이 되기도 한 것이다.

이와 같이 공공권역은 역사적인 추세로 나타난 부르주아의 등장과 함께 19세기를 전후하여 형성된 사회적인 흐름으로서, 전 사회적인 관심의 지향과 성격을 나타내는 하나의 통시대적인 장으로서의 성격을 띠고 있다. 자유주의 사상과 함께 서구사회에서 이러한 공공권역의 역할은 사적 개인이 공인으로서의 시민적 소양을 갖추어 공적인 문제에 참여하는 것이 바람직하다는 규범을 만들어 놓은 셈이다. 즉, 시민 형성은 공공권역을 만들어간 사적인 개인들의 밑으로부터의 조직화와 관계화에 기반해 있었고 그러한 힘이 구시대에서 근대사회로 넘어가는 변동의 과정에 결정적인 역할을 하게 된 것이다.

한편, 부르주아 공공권역이 갖고 있었던 긍정적인 측면은 공공권역의 제도가 화폐와 권력에 의해 침투 당하면서 구조적인 변환을 겪게 된다. 상품·자본의 논리와 국가권력으로서의 체제의 힘이 이성적인 담화형성의 과정을 구조적으로 불가능하게 만들기 때문이다. 특히 "치밀하면서도 증대해 가는 체제의 복잡성은 강렬하게 파고드는 힘을 가지고서 사회적 구성성분들 속으로 침투해 들어가 이를 재생하기 어렵게 만든다. 체제의 복잡성은 전통적인 생활형태를 휩쓸어버릴 뿐만 아니라 생활세계의 의사소통적 하부구조까지 침범"(Habermas, 1987:375) 하게 된다.

이때, '체제'란 경제, 행정 등이 이뤄지는 부문으로서 화폐와 권력을 매개로 제도화된 장을 의미한다. 한편 체제 개념에 짝을 이루는 '생활세계'란 일상적인 개인들간의 담화를 매개로 형성되는 장을 가리킨다. 이 두 장은 하버마스의 사회이론의 범주를 형성할 뿐만 아니라 실천의 대상이 되고 있다는 점에서 중요하며 공공권역의 역사적 형성과 그 변화를 설명하는 기본적인 틀이기도 하다.

나는 사회진화란 사회체제가 생활세계와 연관된 이원적 분화과정이라고
생각한다. 우선 체제와 생활세계는 상호 독립적으로 분할되며 동시에 그
들 각자는 스스로를 분화시켜 나아간다(Habermas, 1987:230; 김문조,
1992:226에서 재인용).

하버마스에게 체제는 사회의 모든 조직적 기량을 나타낸다. 국가, 정
부, 회사 등의 행위기제로서 자본과 권력이 그 행위기제의 매개가 되고
있다. 생활세계는 관습, 가치, 문화, 규범 등으로서 그 사회의 관심과
방향을 나타내는 상징을 만들어내는 바탕이기도 하다. 즉, 생활세계는
의사소통행위 참여자들의 배후에 존재하면서 그들의 이해가 전달되는 과
정을 조장하는 집합적 신념의 기초로 정의될 수 있다(김문조, 1992:
226). 체제는 화폐와 권력을 매개로 하고 있으며 체제의 매체들은 다시
생활세계에 기반을 두고 있다.[2] 그러나 사회가 근대화되어 가고 복잡성
이 증대되면서 체제와 생활세계 간의 교호관계는 체제에 의한 '생활세계
의 식민화'로 변질된다고 보는 것이 하버마스의 입장이다. 이러한 흐름
으로 볼 때 초기의 하버마스는 부르주아 사회를 어떠한 문명사적 범주로
이해할 것인가 하는 문제의 일환으로 공공권역과 공공권역이 쇠퇴를 일
으키는 원인에 주목했다면, 후기로 오면서 문제의 초점은 사회의 형성
및 유지 원리를 체제와 생활세계 간의 관계의 방식에서 파악하려는 것으
로 옮겨오게 되었다고 할 수 있다. 하버마스는 공공권역 이외에 반(半)
공공권역이나 또 다른 권역의 개념들을 사용하고 있지만 그의 주된 관심
은 국가와 사회 사이에 있던 의미 있는 공공권역은 부르주아 공공권역
하나라는 생각에 지배되어 온 듯하다. 그러나 하버마스를 토론하는 여러
학자들은 복수적이고 중층적인 또는 경합적인 여러 공공권역의 존립을
인정하고 있다는 점에서 하버마스의 입장을 그대로 받아들이는 것만은
아니다.

---

2) 생활세계의 자원은 인격, 문화, 사회의 세 측면에서 언급될 수 있으며, 각각
   은 자율성(autonomy), 현대성(modernity) 그리고 공동체성(community)을 기
   반으로 한다(Calhoun, 1992:85~86).

결국, 부르주아 공공권역 이후의 서구 사회에서 민주적 정치에 적합한 공공권역이란 공론의 질과 참여의 양에 달려 있음이 드러난다(Calhoun, 1992:2). 공공권역의 짜임새를 강화하기 위해서는 시민들의 폭넓은 동원이 중요하며, 이를 통하여 사회적 논의성이 확보되어야 한다고 본다. 그리고 이러한 폭넓은 동원의 내용은 기본권이나 사회권을 다루는 조직된 그룹, 곧 '사적 개인들로 조직된 공공성의 조직들'로 채워져야 한다는 생각을 가지고 있다(Pierson, 1987:41~43). 예컨대 하버마스에 의하면 기본권 역시 자유주의적인 의미에서 개인권에 대한 방어나 배제적 처방(exemptive measures)에 의해서가 아니라 그러한 혜택을 전국적으로 요구하는 참여권에 의하여 뒷받침될 때 획득될 수 있다. 나아가 개인의 안전, 보상, 자유로운 발전의 가능성을 요구하는 사회권도 부르주아적인 헌정주의(憲政主義)로 돌아간다고 해서 자리가 잡히는 것이 아니라, 국가와 관계되는 방식으로 활동하는 모든 조직체들의 이익을 통합하는 것을 기반으로 한다. 그리고 이런 통합은 사회권을 보장하는 국가가, 사회가 미리 처방한 이상에 따른다는 의미에서 통합일 뿐 항상 민주적으로 성취되는 것이다(Habermas, 1991:229).

이와 같이 하버마스는 공공성의 조직들이 사적 개인들로 구성된 조직들을 대신할 수 있을 것으로 기대하고 있다. 그리고 이러한 조직들이 경쟁집단들 서로간의 관계를 상호 조정적인 것으로 만드는 데 역할하면서 의사소통적 능력과 이상적인 발화 상황(ideal speech situation)을 확보하는 데 도움이 될 것으로 보고 있다(Pierson, 1987:41~43).

2) 서구 사회의 정당성 위기

정통성(正統性), 정당성(正當性)[3]의 문제에 들어가기에 앞서 우선 하

---

3) 하버마스는 legitimation과 legitimacy를 합법성과 규범적 질서가 함께 포함된, 즉 정통성·정당성의 양면을 포함하는 의미로 사용하고 있다. 따라서 이 글에서는 이 두 면을 다 지니고 있을 때는 정통성·정당성으로, 그 중 하나만을 의미할 때는 정통성 또는 정당성으로만 표현했다. 하버마스와 베버의 legiti-

버마스의 인식론의 토대가 되는 합리성에 대해 언급할 필요가 있다. 하버마스의 입장에서 보면 체제는 도구적 합리성에 근거하고 있으며 이는 베버가 언급한 것과 이해를 같이하는 서양의 근대화 과정에서 나타난 합리성이다. 반면에 생활세계는 의사소통적 합리성을 지니고 있으며 이는 베버에게서는 간과되거나 비합리적인 것으로 표현되던 부분이다(윤평중, 1990:13~14).

따라서 기존의 이론에서는 모호하거나 합리성의 범주에는 포함되지 않았던 일상생활의 담화가 하버마스의 의사소통이론에서는 인간의 심층구조에 대한 이해의 폭을 넓히고 사회의 주체인 인간들의 문제를 강조하는 의사소통의 합리성으로 새롭게 조명되고 있다. 이러한 점에서 하버마스의 합리성 이해는 베버의 합리성 이해보다 낙관적인 것이라고 할 수 있겠다. 왜냐하면 베버는 합리성이 양날을 가진 칼로 이해하기 때문이다 (Collins, 1991). 전체적으로 보아 하버마스의 합리성은 기존의 사적 유물론에 기초한 역사적 이해에서 벗어나 비역사적으로 존재하는 인간학적 심층에 놓여 있는 이성적 요소를 확인해 가는 작업이라는 점에서 긍정적이라고 볼 수 있겠다.

그런데 근대화된 사회, 특히 후기 산업사회에서 더욱 고도로 사회적 통합이 이루어진 결과 나타나게 된 위기상황에서, 이 두 가지 합리성은 기형적인 불균형의 관계로 나타난다. 즉, 체제의 복잡성과 강제성의 증대는 자신의 경계를 넘어 생활세계를 위협하는 것으로 나타난다. 체제와 생활세계의 관계의 불균형은 사회적 병리현상을 일으킬 뿐만 아니라 사회통합의 위기를 발생시킨다. 이러한 위기는 주체로서의 구성원들이 경험하는 집단정체성 혹은 자기정체성의 위기에서 기인하는 것이다. 이런 위기는 경제와 정치의 장에서는 정당성의 위기를 이전시키는 과정을 겪게 된다.

후기 자본주의 정당성의 위기는 국가가 개입하여 자본의 정당성 문제

---

macy 개념은 하버마스(1973:97~102)를, legitimation 위기에 대해서는 하버마스(1973:68~75) 참조. 이와 관련된 정통성·정당성의 문제에 대해서는 하버마스와 루만의 글을 참조.

를 국가가 관리하지만 국가의 개입에 따른 정치적 위기는 해소되지 않는 데서 비롯된다. 더욱 중요한 것은 주체들의 정체성 위기이며 생활세계의 식민화 현상이다. 즉, 정치적 위기는 체제의 테두리 안에서 표출되기보다는 생활세계로 문제를 이전시키는데, 체제와 생활세계의 관계를 자세히 보면 공공권역의 경직화, 왜소화에 따른 양자간의 분리가 나타나며 이는 사이비 의사소통적 관계로 위장된다. 하버마스에 따르면 '사이비 정치화'는 어떤 측면에서 보면 물화(物化) 현상을 초래하는 개인화와 대칭관계를 이룬다. 생활세계가 체제화, 법률화되고 체제적으로 자립한 국가기구와 경제의 조직들이 가상적으로 생활세계의 허구적인 지평으로 복귀하는 것이다. 즉, 체제가 생활세계인 것처럼 장식되면서 생활세계가 체제에 의하여 흡수되어 버리는 것이다(Habermas, 1987:386). 여기에 현대 민주주의 문제가 드러난다. 생활세계의 식민화는 체제로부터 소외되는 것으로 나타나는 것이 아니라 체제의 허구적 복귀 속에서 참여하고 있다는 착각을 일으키는 것이다. 하나의 대안으로 하버마스는 공공권역의 재활성화를 위해서 관료기구와 대중 정당의 역할을 지적하고 있다. 즉, 기본권(基本權)과 사회권(社會權) 중심으로 조직된 그룹, 다시 말하면 사적 개인들로 구성된 공공성의 조직체들이 해나갈 역할을 기대하면서 비록 이들이 경쟁적 자본주의적 체제하에서는 사적 권역(private sphere)으로 더 이상 보장받지 못하겠지만 사적 개인의 사적인 조직들을 대신할 수 있을 것이라고 하였다(Habermas, 1991:228).

서구 사회의 '정당성의 위기'라는 점에서도 하버마스의 관심은 시민사회를 재정치화하여 소멸해 가는 공공권역을 부활시키고 관계의 건강성을 회복하려는 데 있었다. 인식론적으로 이성에 기초한 그의 전략은 합리성을 회복하려는 노력으로 나타난다. 이렇게 볼 때 그는 강제성 없이 이뤄지는 의사소통 및 상호작용을 가능하게 하는 상징적 상호작용이 규범이 되는 사회를 추구하는 데 목표를 두고 있다. 즉, 지배세력에 의한 의도적인 도구적 합리성이 제거됨으로써 현대사회의 파행성이 극복될 수 있다고 보았던 것이다.

3. 하버마스의 문제의식과 한국 사회

위에서 살펴본 바에 의하면 하버마스의 관심은 한마디로 시민사회의 재정치화에 있다고 볼 수 있다. 이렇게 본다면, 1987년 이후 1993년의 문민정부 출범에 이르기까지, 국가의 정통성 문제가 일단락된 한국 사회에서 '시민사회의 부활'이라는 주제가 활발하게 토론되기에 이르렀고, 하버마스의 기본적인 관심사 때문에 공공권역, 정당성 위기, 생활세계의 재정치화 등의 문제에 관심을 두게 되는 것은 자연스러운 추이라고 하겠다. 그런데 그 재정치화에 대한 관심 등으로 인해서 하버마스를 한국과 같은 정치변동의 장에서 음미할 경우, 살펴보아야 할 두 가지 문제가 있다. 첫째는 공공권역이나 의사소통의 합리성을 논할 때 나타나는 '체제-생활세계'라는 이분법이다. 하버마스의 문제의식과 함께 체제-생활세계라는 이분법까지도 받아들이게 됨으로써 서구 사회에서는 자연스러운 현상이었던 시민형성이나 조직화된 시민사회의 경험을 한국 사회에서도 당연한 현실로 받아들이고 있다는 점이다. 둘째는 서구 사회의 정당성의 문제와 한국 사회의 정당성 문제가 갖는 독특한 차이점과 문명사적인 거리이다. 오히려 서구와는 달리, 정통성과 정당성의 문제가 분리되어 나타나는 한국 사회에서 시민사회를 재정치화하는 실천적인 방략과 새로운 정당성 형성의 과제가 더욱 뚜렷하게 나타나는 측면이 있기 때문이다. 물론 이 문제점들 안에는 하버마스의 문제의식이 갖고 있는 긍정적인 면과 비판적인 면이 함께 드러난다.

1) 체계와 생활세계의 이분법

체제와 생활세계를 분리하는 하버마스의 관점은 그의 방대한 이론체계의 필요성에 따라 나름대로 의미를 가지고 있고, 그 역시 다른 이론가가 그러하듯 자기 이론에 대해 시공적인 제한성을 언급했지만 정치변동의 차원을 넘어 보다 근본적인 기반에서 검토하는 데는 여전히 그 의미가 깊다는 데는 이의가 없다. 그러나 이 글의 문제의식인 정치변동을 통해서 정치화의 문제점을 토론하는 것을 목표로 할 경우, 하버마스의 방식대로 체계와 생활세계를 나누어서, 즉 일반적인 의미에서 국가와 사회로 나누어서 문제를 분석하는 것은 발전도상국가에서 발생하는 급성적인 정치변동을 검토하는 데는 적절하지 않다.

같은 이유로, 1990년대 이전 시점의 한국에서 정치적 사회를 국가와 대비시켜 보는 것 자체가 하나의 이상에 불과하다. 물론 넓은 의미에서 사회라는 개념은, 마치 국가라는 성채의 바깥에 자연적으로 주어져 있다는 의미로서 통용되어 왔으나, 정치적 공동체로서 사회는 존재해 오지 않았기 때문이다. 즉, 한국이란 시공의 사회에는 서양에서 사회라고 했을 때 포함되는 자율성적 공동체성으로서 표현할 수 있는 시민적 연대는 결여되어 왔기 때문이다. 군부정권이 삼십여 년간 지속될 수 있었던 점, 그리고 한국사회가 군부정권의 기간을 포함하여 지금에 이르기까지 사회운동다운 활동을 펴온 시민조직이 없었던 것도 이를 말해주고 있다.

한국의 사회운동, 그 중에서도 특히 학생과 종교인 중심의 민주화운동의 경우가 국가-시민사회라는 서구적인 이분법을 한국 사회에서 그대로 답습할 수 없다는 점을 반증해 준다. 외부에 대한 운동노선의 표명에서는 구호 중심의 반체제성을 보여왔지만 그 운동의 평균치는 시민사회가 국가와 대결을 벌이는 것이 아니라 강한 국가는 약한 사회 사이에 있는 삼투막을 사이에 두고 벌어지는 긴장 국면이라 할 수 있다. 현상의 국면 국면에 작용한 변동의 실제값은 체제 내외의 밀고 당기는 과정상의 어느 지점으로 잡을 수밖에 없었던 여러 가지 예가 이를 보여준다. 4)

따라서 한국과 같은 사회에서는 '국가'와 '허상으로서 시민사회'를 대비

---

4) 변동의 실제값에서는 항상 민주화로 수위조절이 되지만 이념적으로는 매우 추상화되었던 것이 1980년대의 학생운동이었다. 즉, 변동과정에서 민주화라는 가치와 변혁노선이라는 이데올로기가 심한 괴리를 보이고 있었다. 결국 이데올로기의 현실적인 변동 가치에 의해 재조정될 수밖에 없었는데, 현실적인 변동 기제는 체제 내와 체제 외의 밀고 당김이었지 국가와 국가보다 우선해야 하는 시민사회 사이의 대립은 아니었던 것이다.

시켜 볼 것이 아니라, 국가와 민간 부문의 사이에 있는 주요 정치세력을 대비시켜 보는 것이 정치변동의 의미를 더욱 분명히 파악할 수 있는 지름길이 된다. 1992년 대통령선거 이후 문민정부가 들어선 지금의 시점에서 보면 한국사회의 가장 중요한 과제는 정치성이 명목과 실재에서 작동하고 있는 사회, 곧 정치적 사회의 형성이라는 점에서 한국 사회의 주요 민간세력들이 참정적인 자기변환을 통하여 어떻게 촉매적인 역할을 사회에 행사하느냐 하는 문제라고 생각한다.

이와 같은 맥락에서 하버마스의 문제의식인 '의사소통적 가능성'과 '이상적 발전상황'을 하나의 정치적·사회적 의안으로 전환하려 할 때는 발전도상국가는 물론이고 서구의 경우에서도 그것이 구체적인 과제로 부각되지 않고 증발해 버리고 마는 위험성을 안고 있다고 생각한다. 왜냐하면 체제 내와 체제 외가 분명하게 편을 갈라 어느 한 쪽이 다른 한 쪽을 승복시키거나 전면 부정하는 나눔에 의해 국가나 사회의 위상을 잡기보다는, 양쪽이 길항적(拮抗的)으로 밀고 당기는 대부분의 정치 공동체가 겪는 정치사회적 과정에서는 국가와 사회, 공공과 개인의 범주가 뒤섞일 수밖에 없기 때문이다. 따라서 그러한 하버마스의 이해가 지니는 문제점(Held, 1980:375~376)을 극복하고 이를 구체적인 정치상황에 응용하기 위해서는 의사소통 행위라는 문제를 생활세계와 체제라는 두 개의 큰 축에 의해서 보기보다는 국가의 권력작용과 같은 막강한 기능과 함께 그와 결부된 두드러진 정치사회적 세력들을 조준해 보는 것이 한 방도가 될 수 있다.

특히 우리 사회와 같이, 하버마스가 말하는 생활세계라는 범주에 속하는 상징 체계에 의해서 학생운동, 종교운동, 노동운동 등이 유발되었지만 그것이 민주화라는 상징을 초점으로 하여 생성, 발전, 증폭되어 온 권위주의 정권하에서의 정치상황에서 '국가-시민사회'라는 이분법은 구체성을 띤 작업가설로 나타날 수 없다. 즉, 한국 사회의 경우 정치변동을 파악하기 위해서는 정치적 긴장과 갈등의 진원지가 어디며 변동을 지향해 가는 긴장과 갈등이 겨냥하는 곳이 어디냐라고 하는 문제의 부위를 구체적으로 집중해서 살피는 것이 필요하다.

비서구권 국가에서도 체계와 생활세계의 나눔은 가능하기는 하다. 그러한 나눔은 상시성(常時性)을 띤 과제나 역사적인 큰 변동을 구분하는데, 또는 큰 도식에 의해서 사회변동을 진단하는 데 도움이 될 것이다. 그러나 변동의 에너지가 어디서 생겨나고 그것이 무엇을 과녁으로 삼아나가느냐 하는 문제에 대한 답을 찾아내는 데에는, 그러한 나눔은 별 의미가 없다. 왜냐하면, 발전도상국의 변동 에너지는 체제와 생활세계의 나눔처럼 큰 구획 안에서도 지속적으로 작동하고 있지만 정작 정치변동의 국면에 처해서는 그것과는 '단절적'으로 나타날 뿐만 아니라 '응급적'으로 분출하기도 하기 때문이다.

여기서 검토해야 할 문제 중의 하나는 하버마스의 사회철학이 그러한 변동지향적 세력을 서구사회에 다시 형성시킬 수 있는 요소를 갖고 있느냐 하는 점이다. 이 문제는 하버마스의 사회철학이 지니고 있는 성격적 제한과 서구사회가 안고 있는 한계성을 한데 결부시켜 검토할 수 있게 하는 질문이라고 생각한다.

한 예로 하버마스의 교회에 대한 관심의 정도를 들 수 있다. 그는 공공권역의 구조를 논하면서도 서구 교회가 차지하는 기능이나 역할에 대해서는 다루지 않고 있다. 그가 가치·상징에 대한 접근을 되도록 피하려 했을지도 모르지만 어쨌든 이러한 사실은 역사적으로 서구인의 삶에 관계해 온 종교 신앙에 대한 사회학적 관심이 결여되어 있다는 점을 보여주고 있다. 다른 한편으로 국가와 시민사회의 이분법으로 서구 사회의 문제를 풀어 가기에는, 이미 서구 사회 자체가 초기 부르주아 정치 문화가 보여주었듯이 과거의 강력한 향도적(嚮導的) 기능을 어느 계급이나 정치적 세력들이 되살리기에는 가치와 상징의 면에서 탄력성을 너무 많이 잃어버린 것이 아닌가 하는 생각을 하게 된다. 여기서 1980년대 한국의 정치변동 과정에서 특이한 모습을 보였던 교회운동 일각의 정치신학화된 세력, 즉 정치신학인 민중신학으로 이른바 '영역'화된 세력이 교회 내부나 정치권 또는 교회와 사회의 접합지점에서 촉매적으로 역할한 것을 눈여겨볼 필요가 있다. 이 영역화된 종교 세력은 교회와 사회의 접합 부문에서 교회가 사회에 대해서 정치변동의 향도적 기능을 담당하도록 하는 교회세력의 활성화 작업에 주도적으로 이바지하였다.

여기서 '영역'5)으로 표현된 이러한 매체의 이바지 없이는 하버마스의 공공권역적인 관심이 서구 사회든 한국 사회든 간에 사회에서 능동적인 역할을 담당하는 것을 기대하기는 어렵다는 것이 드러난다. 자본주의 사회의 활발했던 자기전개 기간에 보여주었던 공공권역의 사회적 능동성과는 달리 현대 사회에서는 서구사회든 비서구사회든 어떤 의도적인 매체 없이는 정치사회를 재구조화하는 능동적인 역할을 공공권역에게 기대할 수 없다는 판단은 종교부문에서 변동세력으로 나타났던 80년대 한국의 종교운동, 그리고 그와 연대해 나타난 한국의 학생운동의 예를 통해 끌어낼 수 있다.

다음으로 정치사회적인 변화를 이해하기 위해 연구의 대상을 국가와 시민사회로 이분화하고 이를 접목시키는 공공권역을 전제로 한 분석은

---

5) 지면상의 이유와 글의 성격상 여기서 자세하게 다루지는 못하지만, 필자는 1980년대 후반까지의 한국 정치의 흐름을 보면서 변동의 원인이나 흐름이 국가와 시민사회의 대립이라기보다는 체제 내외의 길항관계 속에서 변동의 에너지를 지닌 새로운 단위가 형성되는 것과 관련이 있다고 판단한 바 있다. 기존의 계급, 계층, 시민 등 서구 사회의 역사성에 기반한 개념들로는 포괄하기 어려운 한국적인 특징이 바로 이러한 단위들이 형성되고 전개되어 가는 과정이었다고 생각하고 이를 '영역'이라는 말로 표현해 보았다. 하버마스의 공공권역이 국가-시민사회 이분법에 근거한 서구 사회 나름의 흐름에서 나온 개념이라면 영역 개념은 정치성이 자연스럽게 나타날 수 없는 사회에 급성적인 변동 에너지가 형성되어 전개되는 발전도상국가의 정치변동을 포착할 수 있는 개념이라는 점에서 차이가 있다. 한국 사회에서 영역은 학생 영역, 종교, 자본가 영역이 가장 대표적인 것이며, 노동 영역도 1987년 6월 이후 활발하게 조직된다. 그런데 이 과정에서 독자적인 상징성을 갖고 있지 못해 준영역(準領域)이라고 할 수 있는 군부, 관료 영역들과의 길항작용이 수반되는데 정치변동은 이렇게 체제 내외의 밀고 당김의 양상으로 나타났던 것이다. 아울러 문민정부가 들어선 이후에도 이러한 영역들은 과거 민주화 변동 속에서 해온 저항 영역적인 성격으로부터 참정 지향적인 일감과 상징을 갖춘 민간운동으로 전환해야 한다고 생각한다. 이를 통해 체제나 정치적 정당성이 아닌 사회적 정당성을 세우는 조직화, 연대화의 일감을 사회 안에서 실천해 가야 한다고 본다. 이 점에 대해서는 이신행(1994)에서 맑스(Karl Marx), 달(Robert Dahl), 하버마스의 이론을 비교하면서 설명해 보았다.

생활세계와 체제가 중첩된 지점을 설명하지 못한다는 점을 지적할 필요가 있다. 예를 들어 한 지역사회의 생활세계와 체제를 매개하고 있는 촌락의 말단 행정인을 보자. 그들은 체제로 편입되기 이전에 이미 생활세계 내에서 주요한 담화 형성을 이루고 있는 사람들이며 그들의 담화공간은 체제에 기초하고 있다기보다는 생활세계에 더욱 근접해 있다.

이러한 예는 사회의 다른 부문들에서는 많이 나타난다. 하버마스가 지적한 대로 관료적인 권력행사의 치밀한 망을 타고 작용하는 권력 (*bureaucratized exercise of power*)의 문제가 생활세계에도 강하게 작용하고 있지만 (Pierson, 1987:41) 특히 생활세계의 이해와 체제의 이해가 일치하지 않는 경우에는 이런 문제는 이분법적 구분보다는 생활세계를 식민화시킬 수 있는 국가와 시민사회의 연결고리에 대한 현실적 성찰, 즉 생활세계와 체제의 집합된 지점을 검토할 필요가 있다. 다시 말하면 체제 내와 체제 외가 맞부딪히는 공간에서 이 양면에 대하여 능동적으로 작용하는 세력들간의 상호작용을 검토해야 하는데, 한국의 경우 체제 내적 연대인 '정치권-군부-재벌-관료'들과 '학생-종교-노동자-지식인'의 연대를 그들의 상호작용 속에서 살펴봐야 한다는 점이다.

1987년 전후의 한국과 같이 운동세력들의 연대가 상당한 주도권을 쥐고 수행하던 변동은 체제 전부를 부정하거나 생활세계의 재편성이라는 대변혁적 성격을 띠기보다는 체제 자체의 개혁으로 나타났다. 즉, 지배권력과 사회운동 세력 양쪽이 체제 그 자체의 원칙은 공동체의 존립기반으로 받아들이면서, 이 체제를 둘러싼 체제 내 세력과 체제 외 세력들이 상호이해관계를 놓고 맞서서 밀고 당기는 과정에서 변동의 원인, 과정, 그리고 목표가 결정난다고 보기 때문이다.

체제 내외가 서로 밀고 당기는 과정은 서로를 절대적으로 부정하는 것이 아니라 부정과 긍정이 동시에 존재하는 상대적 변동방식을 취한다. 그것이 긍정이냐 아니면 부정이냐 하는 문제는 긍정과 부정의 주체들이 선택하는 가치·상징의 내용에 좌우된다. 곧 자본주의 체제와 자본주의적 성장을 지향하는 생활세계는 반정부세력과 지배세력이 함께 받아들이는 가운데 체제의 안과 밖에 있는 양 세력이 구사하는 조직인자, 가치나 상징, 그리고 운동의 양식이 중요한 작용을 한다. 특히 그 중에서도 정당성, 정통성 있는 가치나 상징을 만들고 구사할 수 있는 쪽에 운동의 과정과 목표를 결정하는 힘이 있었다고 할 수 있다.

한편, 생활세계와 체제, 이분법을 그대로 사용할 경우 체제의 흐름을 보조, 강화하는 지배그룹의 생활세계를 일반 시민이나 소외된 사람들의 삶과 구별할 수 없게 된다는 점을 간과하게 된다. 물론 생활세계라는 개념은 분석의 시야를 넓혀주고 정치적인 것의 배후와 기반을 보게 해준다는 점, 그리고 변동 이전과 이후의 전사회적 맥락을 역사적 포괄성 안에서 보여줄 수 있다는 점에서 장점을 갖고 있다. 그러나 생활세계 안에 있는 구체적인 내용 중의 무엇을 어떤 정치변동을 설명하는 인자로 선택하느냐 하는 문제에 대해 일반화된 설명을 내릴 수 없는 문제가 있다.

2) 정통성 · 정당성의 문제

하버마스의 정통성 · 정당성 위기에 대한 문제의식을 우리 사회에 응용해 보기 전에 두 가지를 먼저 검토해 볼 필요가 있다.

먼저, 발전도상국가에서 사회변동과 진보의 합리성은 서구 사회에서 그랬던 것처럼 적절히 다루어질 수 없다는 점을 지적할 필요가 있다. 왜냐하면 서구의 경우, 역사적인 진전에 따라 합리성이 상당한 정도 그들 나름의 사회적 지혜로 자리잡았지만, 한국과 같은 경제적 · 정치적 굴절이 심했던 사회, 그러면서도 특히 1980년대 후반 이후 볼 수 있었던 것처럼 체제 내외의 긴장이 변동으로 이어지는 사회에서는 집권세력이든 운동세력이든 간에 합리성의 지혜보다는 의도성이 그 전략과 철학이 되고 있기 때문이다. 합리성이 의미가 없어서가 아니라 합리성이 적용될 정치적인 지평이 시간적으로나 공간적으로 워낙 제한되어 있기 때문이다.

이러한 환경에서 정치변동은, 변동을 자아내는 활동이 지니는 운신의 폭이 좁게 되고, 따라서 역사성보다는 의도적인 것이 좌우하는 체제 내 작용과 체제 외 작용의 긴장 속에서 가치나 상징을 중심으로 전개된다.

비록 가치나 상징은, 예컨대 하나의 보편성으로서의 민주주의의 예처럼 역사적으로 주어진 것이라는 점에서 상당한 합리성을 지니고 있으나 이 상징을 목표로 삼고 전개되는 운동의 흐름과 조직인자는 목표를 달성하기 위한 전략적 의도성에 의해서 움직이기 때문이다. 따라서 좌파의 운동이든 우파의 운동이든 공론(公論)이라는 합리성보다는 주어진 세력의 의도에 따라서 조직인자와 연대가 결정되고 운동이 결정되었다고 볼 수 있다.

둘째로 검토할 것은 발전도상국가에서는 체제건설과 사회건설이 분리된 채 전개되고 있어서 정치변동에 정통성의 문제가 적용되는 시기와 정당성의 문제가 적용되는 시기가 비교적 뚜렷하게 나눠지기 때문에 이 두 문제를 나누어서 검토해야 한다는 점이다.

1980년대 한국의 정치변동을 그 평균값에서 보면, 국가 자체에 대한 근본적인 부정이기보다 행정과 체제의 수임자, 그리고 그 역할을 부정하는 관점에서 전개되어 왔다. 즉, 사회와 국가 간의 문제가 아니라 국가의 체제작용 자체가 애초에 잘못되었으므로 체제의 수임자와 그 역할을 바꾸는 그러한 의미에서의 체제수정에 정치변동의 관심이 있었다는 점이다. 하버마스의 주장에 의하면 자유주의적으로 형성된 서구사회의 핵심적인 문제를 국가나 사회 모두가 건드릴 수 없다는 것이지만. 한국의 문제는 체제의 관리자와 역할 자체를 바꾸어야 한다는 것이었다. 보다 근본적인 과제라고 할 수 있는 체제를 새로이 만드는 과제이기보다는, 즉 정당성보다는 정통성 중심의 과제가 선결과제였다는 점이다. 달리 말하자면 정당성을 만들기 전에, 곧 사회를 정치화하기에 앞서 정통성 있는 체제를 만드는 것이 먼저일 수밖에 없는 발전도상국가 특성을 보여준 점에서 하버마스가 설명하는 서구사회와 그 순서가 다르다.

한국의 1980년대의 경우 정치적 위기의 원인은 체제에 의해 식민화된 생활세계나 사회 쪽에 있다기보다는 분명히 체제 쪽에 있었다. 따라서 하버마스가 분석하듯이 체제와 사회를 같은 값으로 놓고 그 상호작용에 책임을 물을 수 있는 여건이 아니었다. 한국의 사회운동 역시도 체제 내외의 상호작용에서 체제 치중적이고 정통성 치중적이라는 특징을 갖고 있으며, 역사적으로 볼 때 무엇보다도 정통성 있는 정권을 형성해야 한다는 선결적인 관심사가 계속 제기되어 왔다는 점에서 서구와의 차이가 나타난다.

이와 같은 문제점에도 불구하고 정당성의 위기에 관련된 하버마스의 문제의식과 처방은 우리 사회에 긍정적으로 응용될 수 있다고 본다. 비록 1987년 이후의 여러 조치들과 1992년의 선거를 통하여 체제의 정통성은 갖추게 되었다고 하더라도 앞으로의 한국과, 통일된 한반도는 어느 특정 체제에 의한 기득권의 정당화가 아니라 전 민족공동체의 구성원이 받아들일 수 있는 새로운 정당성을 수립하고, 이 정당성 위에 새로운 법적 정통성을 구축하는 것이 현실적일지는 알 수 없으나 보다 이상적인 것일 수 있다. 이런 점에서 볼 때, 체제와 생활세계 간의 관계에 대한 것으로서 서구 사회가 당면하고 있는 정당성의 문제와, 체제의 개혁과 새 체제의 형성을 더 이상 특정 체제작용이 아닌 사회의 정치성으로서 도모해야 하는 미래의 한국사회가 당면하고 있는 과제는 성격상 차이가 있는 것이긴 하지만, 두 사회가 모두 새로운 정당성을 구축해야 한다는 점에서 정당성의 과제는 두 사회 모두의 관건이 되고 있는 것이다.[6]

한국사회는 삼십여 년의 군부정권 때문에, 또 4·19 혁명과 1987년의 6월 항쟁으로 인하여 정당성의 산실은 체제 외의 장에 있다고 봐야 한다. 왜냐하면 문민정부의 수립과 절차적 민주주의를 회복했다는 의미에서 한국사회의 정통성은 회복했으나 체제 외 사회 부문들에 의해서 정당성을 구축하는 작업이 체제에 의존함이 없이 행해질 수 있어야 한다는 의미에서 새로운 참정지향적인 세력의 망을 형성해야 하는 과제에 직면해 있기 때문이다. 이러한 현실은 현재의 한국 사회에는 물론이고 생활세계의 재정치화가 절실한 서구 사회에서도 절실하다고 볼 수 있다.

새로운 정당성 형성의 필요성은 1992년의 선거로 나타난 김영삼 정권

───────────

6) 김영삼 정권은 그 배태과정에서 군부 세력인 민자당, 공화당과 통합하는 과정에서 이루어졌으므로 군부정치 청산과 민주화의 과제를 안고 있는 우리 현대사의 준거점으로 볼 때는 비록 법적인 정통성은 갖추었다고 하더라도 정당성에는 취약한 면이 있다.

이 그 정권의 정당성 상의 약점을 보강할 생각에서 사회의 주도성을 부정하고 앞질러 새 정당성을 구축하는 경솔한 작업을 체제가 주도적으로 벌일 때 발생할 문제점을 미리 보여주기도 한다. 하버마스가 지적한 정당성 위기는 체제와 생활세계 간의 관계에 대한 것으로서 생활세계 깊숙이 침투한 체제의 편재화(遍在化)에 그 이유가 있고, 열린 공간의 자율성과 공론 형성의 기능은 체제의 헤게모니와 정교한 지배양식에 의해 도처에서 잠식당하고 있다는 주장은 어쨌든 체제의 역할이란 점에서 서로 공통될 수 있기 때문이다. 이러한 잠식은 국가와 경제체제가 체제통합의 단계에 머무르지 않고 자신의 정당성을 강화할 목적으로 생활세계를 중심으로 한 사회통합의 단계에까지 침입함으로써 발생하게 되는 것이다. 7)

또한 하버마스는 정당성의 위기를 주로 생활세계가 감당해야 한다는 것에 문제를 제기하고 있다. 국가의 정당화 작업에 비례하여 사회의 요구와 수준이 상승할 때, 하버마스는 시민적 공공부문에서(*civil public*) 제기되는 국가에 대한 요구가 그들이 국가로부터 얻을 수 있는 가치보다도 빨리 상승할 때, 혹은 그 기대가 국가가 마련할 수 있는 보상으로 충족될 수 없을 때 정당성의 위기가 일어난다고 말한다(Habermas, 1973:73). 시민적 공공부문은 사회-문화적 체계로서 국가체계가 감당할 수 없는 요구를 형성할 때 정당성의 어려움이 정당성의 위기가 되게 하므로, 문제는 경직된 사회-문화체계가 행정체계의 요구를 기능적으로 수행할 수 없는 데에 있다고 하버마스는 생각하고 있다(Habermas, 1973:74). 그는 문화가 차지하는 면을 강조하면서 정부가 의도적으로 이 부면을 교란하는 경우 초래될 수 있는 난점들을 말해 주고 있는 것이다(Habermas, 1973:70~73).

하버마스에 따르면, 정부가 정당화의 위기에 봉착하게 되면 생활세계

---

7) 충돌이 일어나는 바로 이 지점에 양면적 잠재력이 존재하는데 이는 주로 대중매체를 통하여 이뤄진다. 하나는 '권위주의적 잠재력'으로, 대중매체가 의사소통의 흐름을 중앙집중화된 네트워크 속에서 중앙부에서 주변부로, 상부에서 하부로 일방적인 통로를 통해 내보냄으로써 사회의 통제의 효력을 엄청나게 강화시킬 수 있다(Habermas, 1987:390).

는 정부가 만드는 정당화 작업을 더 이상 받아들이지 않게 되고 정치권에 위기가 온다, 이러한 이해는 체제와 사회를 같은 비중으로 놓는 이분법적 발상하에서 국가-정부-체제의 문제가 사회로 전이된 상황에서 발생하는 문제를 해결하는 데 관심을 두고 있고, 그 해결의 길을 사회의 능력에 맞추고 있다. 이렇게 사회의 능력에 초점을 두고 있다는 점에서는 일단 하버마스적인 정당성 이해와 우리가 앞으로 당면할 정당성 이해는 같은 맥락을 가질 수 있다고 생각한다. 즉, 하버마스는 서구사회의 공공권역은 시민적 공공부문과 시민적 사적 부문 모두를 구축하는 데 이바지하지만, 다양하게 분출하는 분화된 일감들은 공공권역의 구축을 통하여 비공식적으로 보장되었던 시민들의 사적주의(civil private)를 위협하는 요소를 현저히 증진시킨다는 입장(Habermas, 1973:72~73)에 서 있기 때문이다. 이러한 관점은 우리가 앞으로 강조할 수밖에 없는 사회에 대한 관심사와 일치할 수 있다. 그러나 체제나 정치권에 대한 기대 혹은 체제나 정치권이 가질 수 있는 문제해결의 방식에서는 앞서 지적한 조건들로 인하여 차이가 날 수밖에 없을 것이다. 물론 이러한 내용들이 하버마스가 기본적으로 견지하는 태도, 즉 정치의 재활성화를 위해서 사회부문을 재정치화하려는 자세를 부정하지 못함은 분명하다.

4. 한국 사회의 사회적 정당성 형성과 운동세력

정통성과 정당성을 성격상으로 나눠 놓고 보면, 한국의 문제는 1980년대에는 정통성의 문제를 해결하는 데 있었고, 1990년대 이후에는 문민정부의 수립과 함께 새로운 정당성을 수립하는 데 있다고 볼 수 있다. 즉, 선결과제는 민주화이고 기본과제는 새로운 사회의 형성이라고 할 수 있는 것이다. 그러나 이러한 문제에 접근해 가는 데에는 하버마스적인 문제제기를 긍정적으로 받아들이면서도 앞서 논의한 한국 사회에 대한 현실적인 조건에 대한 고려가 있어야 할 것이다.

1980년대의 변동을 놓고 볼 때, 한국에서 정치적 사회의 실현은 정작

김영삼 정권의 출범과 함께 시작되는 셈이다. 이 사회의 형성은 하버마스를 빌려서 이야기하자면 공공권역이 체제의 공인을 받는 것을 의미하는 한편, 지금까지 법문서적인 형식만 갖추고 있던 체제가 사회에 뿌리를 내려가는 것을 의미한다. 이와 함께 한국과 같은 제3세계가 서구사회와 비교해 볼 때, 역순(逆順)의 사회형성 과정을 밟음으로써 지금까지의 역사에서 결여되었던 사회에 의한 체제긍정, 즉 체제에 대한 사회의 사후추인(事後追認)의 과정으로서 사회적 정당성과 사회적 권위를 형성해 가는 기초를 놓는 의미가 있다. 예컨대, 군사정부가 끝나고 문민정부가 시작되었다는 것은 사회의 여러 기본 기능 중에서 그 동안 억압되었던 정치적 기능이 사회의 힘으로 생성되며 이제부터는 사회가 정치권을 배태시킬 수 있는 가능성이 열리게 된 것을 의미한다. 이 점에서 정당성이 제기하는 바는 하버마스의 정당성 이해가 주로 체제와 생활세계 간의 관계에 대한 것인 데 반하여 한국의 그것은 사회에 의한 체제의 재형성 또는 창조에 있다는 차이가 드러난다.

사회가 정치적 기능을 가지면서, 다시 말해서 생활세계가 이제는 온전한 의미에서 독자적으로 역할을 할 수 있다는 것은 정통성의 문제보다 정당성의 문제가 더 중요한 관심사가 된다는 겨울 의미한다. 이제는 체제를 위한 체제보다도 생활조건의 문제나 삶의 정치에 더 관심이 가게 되고 체제형성 자체보다 체제의 기본 기능이 체제발생의 의미 자체와 연결되는 사회적 부문으로 그 관심을 옮겨야 한다. 따라서 어떤 정권이 설사 정통성은 갖추었다고 하더라도 정당성을 어떻게 갖추느냐가 더 중요하다. 예를 들면 선거에 의해 구성된 의회이지만 그 정통성만큼의 정당성을 인정할 수 없는 처지라면 그것의 정당성을 어떻게 새롭게 형성하는가 하는 문제가 더 중요하게 부각된다. 환경, 여성, 언론계와 사법부의 정화, 종교계와 교육계의 물갈이, 지방자치, 부정부패, 범죄, 재산공개. 세리(稅吏)공직자의 비리, 뇌물수수, 북한 핵, 통일 문제 등 정치권에 등장하는 여러 문제를 체제의 정통성 차원이 아니라 정당성의 차원에서 체제를 재조준하는 단계로 한국 사회는 넘어가고 있다.

앞서 지적했듯이 하버마스에 관한 토론이 우리의 문제를 보는 데 크게

시사하는 점이라고 한다면 생활세계와 사회의 재정치화를 통해 새로운
정당성을 만들 필요에 대하여 주의를 환기한다는 점이라고 할 수 있다.
이 새로운 요구를 사회적 요구라고 규정하고 새로운 사회적 권위의 형성
에 의해서 이 문제는 해결의 실마리가 열린다고 정리할 수 있다면 서구
사회와 1990년대 후반 이후의 한국 사회는 이 명제에 관한 한 비슷한 과
제에 직면해 있다고 말할 수 있다. 곧 국가와 사회 간에 정당성 있는 관
계를 어떻게 다시 설정하느냐에 있다고 볼 수 있다. 따라서 하버마스의
관심사인 공공권역, 정당화의 문제, 합리적 의사소통의 문제 등은 보다
정당성 있는 새로운 관계를 어떻게 설정하느냐에 초점이 맞추어져야 한
다고 생각한다.

한국이란 정치공동체는 지금까지 체제에 의한 체제능력의 강화에 몰두
해 왔다. 그러나 체제에 의한 체제의 정통성 강화는 현재와 한반도의 내
일을 대비하는 길은 못 된다. 환경, 교육, 계층간의 격차 등 한국이 현
재 당면하고 있는 과제나 통일 등 한반도의 미래를 내다보는 근본은 정
통성을 넘어서는 새로운 정당성의 형성에 그 해결의 관건이 있다.

예컨대 통일의 문제를 보자. 독일 통일은 통일 이후에 체제나 사회에
게 새로운 정당성과 새로운 권위를 형성할 것을 요구하지 않았다. 독일
통일이 흡수통일의 방식을 취했기 때문에 구 서독의 체제와 사회가 지니
는 정당성과 권위가 동독의 그것을 대신할 수가 있었기 때문이다. 그러
나 한국의 통일은 설사 남에 의해서 북이 흡수통일을 당하는 경우에도
새로운 정통성과 정당성을 사회적 모성(母性)에 기초하여 재형성할 필요
가 있다고 본다. 왜냐하면 북의 체제나 사회 역시 상당한 정통성과 정당
성을 지니고 있어서 일정 기간 또는 일정 세력에게 하나의 대안으로 간
주되어 왔기 때문이다. 그리고 이 문제의 해결이 하나의 체제를 만들어
내는 사회의 모성에 달려 있다고 할 때 그것은 정통성의 문제가 아니라
정당성의 문제가 된다.

여기서 정통성과 정당성의 교호작용에 대한 하나의 실마리를 하버마스
에게서 발견할 수 있다. 하버마스는 루만(Luhmann)과의 토론에서 정통
성이 딛고 서 있는 합법성은 권위에 대한 지지와 인정된 규범에 대한 성

취없이는 이루어질 수 없다고 주장하고 있다(Habermas, 1973:75, 101). 그 근거는 정치적 권위는 합의에 의할 때 정당화된다는 입장이다. 여기서 남과 북이 어떠한 방식으로 통일되든 새로 수립되는 정치적 공동체는 법적인 체계보다 설득력 있는 정당성에 근거해야 한다는 점이 시사된다. 즉, 하버마스와 베버 모두 정통성·정당성의 기초로서 신념의 중요성을 강조하고 있고, 이 점은 통일된 한국의 정치체제가 그 권력의 기초로서 정당성을 새로이 수립하는 데에 북한의 정권이 근거해 있던 정통성과 정당성을 어떻게 새 체제 안에 수용할 것인가의 과제를 제시하고 있다. 새 체제는 비단 법의 체계만이 아니라 교육·직업·사회문화 체계를 망라함으로써 정당화의 위기와 함께 동기의 위기를 극복할 수 있음을 시사하고 있다.

그러나 어떻게 새로운 정당성을 창출해 낼 것인가? 이 문제에 대해 칼훈(Calhoun)은 하버마스의 공공권역이 이해를 열어가고 문제를 해결해 가는 기능을 함께 갖춘 것이라고 평가했다(Calhoun, 1992:24). 매카시(McCarky)는 공공권역이 정치이론뿐만 아니라 문학비평, 비교역사, 사회학, 정치사회학, 언론학과 법이론을 연구하는 데 크게 이바지하고 있다고 말하면서 공공권역이 현대에서 다시 효과적으로 재구성될 수 있느냐의 문제는 결국 민주주의가 가능한가의 문제라고 말한다(McCarthy, 1991:xii). 피어슨(Pierson)은 다른 견해를 제기한다. 즉, 하버마스는 많은 종류의 소규모 프로그램들, 다양한 정치적·사회적 열망들, 크고 작은 여러 문제성 캠페인들, 그리고 거대하면서도 단도직입적인 정치적 이해들에 직면해야 하는 서구의 정치상황에서 어떻게 체제변동을 촉진시킬 수 있는가에 대해 말해주고 있지 못하다는 것이다. 또 어떻게 이른바 계몽적인 조직체—정당, 기구, 그리고 전략—들이 '계몽을 위한 연대'를 형성할 수 있는지 그리고 어떻게 이해관계의 공통된 기반을 형성할 수 있는지에 대해 말해 주지 못한다고 지적한다(Pierson, 1987:43).

필자는 이런 지적을 매우 적절한 것이라고 생각한다. 왜냐하면 '체제-생활세계'라는 분석틀이 분석의 시야를 넓혀주고 정치변동의 배후와 기반을 폭넓게 조준하도록 하는 전사회적인 맥락을 검토하게 도와주지만,

결국 체제와 생활세계가 전혀 다른 두 개의 수준이기 때문에 (1) 서구는
물론이고 발전도상국가에서도 이 두 개의 다른 수준의 메커니즘을 연결
시켜 줄 매개변수가 필요하고, (2) 그 포괄범위가 넓기 때문에 과제의
우선순위를 정할 준거점이 있어야 하는 것이 그 이유이다. 매개변수가
있어야 하는 것이다. 하버마스의 공공권역 자체만으로는 매개변수가 담
당해 줄 기능을 대신하기가 어렵다(Craib, 1984:212~213). 하버마스는
하나의 통전된 흐름으로 공공권역을 이해했고 그렇기 때문에 어떠한 사
회가 하나 이상의 여러 공공권역을 가질 수 있다는 것에 대해서도 크게
관심을 가지지 않았다. 또한 역사과정에서 상당한 우세를 보일 수 없었
던 평민 공공권역(plebeian public sphere) 같은 여러 지류의 단위운동을 관
심의 대상에서 배제하고 단일한 큰 흐름으로서의 공공권역을 파악하고자
했던 의도로 인하여, 주어진 하나의 사회에서 나타나는 주된 흐름 이외
에 하부적인 여러 다른 단위성을 지닌 운동체들이 서로 상보하거나 각축
하고 있는 현실에 대하여 비교적 냉담했기 때문이다.

　요약건대, 공공성의 조직체들에 거는 하버마스의 기대는 1987년을 전
후한 한국의 변동운동에 준거점을 두고 검토한다면 민간운동의 입장에서
다음과 같이 비판할 수 있다. 첫째로는 대학·종교·여성·교육·노동
등 사회의 부문성을 기반으로 하지 않는 공공성의 조직체들은 운동 자체
가 근본적이고도 지속적인 에너지를 지니기 어려울 뿐만 아니라 운동의
가치와 목표 면에서도 전체 사회를 설득해야 할 과제에 도전하거나 설득
을 전개하는 힘이 부족하게 마련이라는 점이다.[8] 이 점에서 1987년을

---

8) 필자는 우리 사회의 운동방식은, 특히 1980년대의 운동방식은 민운동(民運
　動)으로 이해하며 이 민운동은 다양한 영역들과 세력, 그리고 운동체들의 연
　대체로 생각한다. 그리고 이 민운동은 사회의 부문성에 기초한 영역들이 앞장
　서서 역할을 담당했다. 앞으로도 이러한 영역들과 함께 다양한 세력의 운동체
　들이 역할하여야 한다고 생각하며, 이러한 여러 흐름들이 다양한 일감과 상징
　적 교호작용을 통해 연대하면서 정치적인 권위나 정치적인 정당성과는 다른
　사회적인 권위, 사회적인 정당성을 세워나가기 위한 것에 궁극적인 목표를 두
　어야 한다고 생각한다. 그리고 궁극적으로는 새로운 권력, 즉 사회적 권력을
　형성하여 정치적 권력과 양립해야 이상적인 민주사회가 건설된다고 생각한다.

328

전후한 한국의 학생운동, 종교운동은 크게 다르다. 하버마스의 기본관심인 서구사회는 우리와 다르다. 정치사회적인 아젠다와 그 아젠다의 결정방식이 역사적으로 자리잡힌 사회, 달리 말하자면 의회주의적인 방식으로 만족하거나 그러한 의회주의가 정립된 사회, 직접민주주의적 방식을 단순히 대의제를 보강하는 의미에서 동원하고 있는 사회에서는 하버마스의 주장이 설득력을 갖는다.

그러나 의회주의가 확립되지 않은 사회, 또는 의회주의가 확립되어 있더라도 직접민주주의로 가고자 하거나 참여민주주의를 강화하고자 하는 사회에서는 앞에서 언급한 기본권과 사회권 중심의 공공성의 조직체나 관료제 대중정당 등은 만족할 만한 수단이 되어주지 못한다.9) 하버마스 역시 기본권 중심의 공공성 조직의 적극적인 의미를 설득력 있게 제시하지는 않았다. 아마도 자유주의나 사회주의 둘 다 공공권역의 퇴각을 나타내고 있다는 그의 언급은 공공권역의 활성을 촉진할 조직체들의 활동을 사회주의적 맥락이든 또는 자유주의적 맥락이든 간에 이를 적극적으로 검토하지 않은 채 하버마스는 엉거주춤하게 그 조직체들의 활동을 기대 반, 방임 반의 입장에 서 있는 것이라고 생각한다(Habermas, 1991: 140).10)

둘째, 하버마스의 이론은 사회주의적 처방이나 자유주의적 처방에 기대하지는 않으면서도 그와는 다른 새로운 처방을 내놓지는 않고 있다. 여기서 공공권역의 활성화를 도모하는 데에 하버마스가 사회부문, 조직체의 활동 등 운동성의 측면을 적극적으로 고려하지 않은 이유는 무엇인가 하는 점이 부각된다. 앞에서 언급한 바와 같이, 비록 하버마스는 정치의 재활성화를 위해서 사회 부문을 재정치화하려는 기본입장하에 있기는 하나 공공권역의 재활성화는 국가 부문, 특히 사법적 결정에 의지하

9) 칼훈은 공공권역의 재활성화를 조직체간의 개혁이나 공공성의 규범을 조직간 관계에 적용함으로써 가능할 수 있다는 생각에 그렇게 적극적이지 못했음을 말하고 있다(Calhoun, 1992:32).
10) 하버마스는 공공권역의 원칙인 비판적인 공공성이 두 체제하에서 적절하게 나타나지 못하고 있다고 생각하고 있다.

는 바가 컸다는 데 한 원인이 있다고 할 수밖에 없다.

5. 결 론

우리의 삶이 복합적이 될수록 국가와 사회의 상호침투는 불가피하다. 그리고 체제를 마냥 적으로만 돌릴 수도 없을 것이다. 그러나 독자성을 가진 민간운동의 조직체들이 체제로부터 어느 정도의 삼투성 있는 성역을 지키고 있어서 자발적인 참여성을 확보하고 새로운 사회적인 대안을 만들어낼 수 있어야만 하버마스가 말하는 자유로운 삶의 전형이 포착되는 이상적 의사소통적 상황에 더 가까이 다가갈 수 있을 것이다. 그것은 하버마스가 말하는 공공권역 안에, 이들에서 제안한, 보다 구체적이고 단단한 여러 운동체들이 자리잡힐 수 있도록 하는 것을 의미한다. 즉, 느슨하고 광범위할 뿐만 아니라 이제는 초기 자본주의시대의 순발력을 상실한 채로 체제혼재(混在)적으로 기능하는 공공권역에 의존해서는 국가의 힘이 사회에 침투하는 것을 방지하기가 쉽지 않다. 따라서 공공권역이라는 제도화된 망 안에 문제의식이 분명한 운동체적 핵(核)과 권(圈)들을 조성하는 것이 요청된다. 이러한 운동체적 핵과 권이 체제 외에 광범위하게 형성되면서 이들의 상징가치와 운동이 만든 토론구조로 인하여 지역별, 부문별, 관심별 아젠다 설정이 체제의 정치결정과정에 영향을 미쳐야 한다.

다시 말하면 공공권역을 재활성화하여 사회를 재정치화해야 할 사회이든, 아니면 사회적 정치성을 지닌 사회를 아예 새롭게 창출해야 하고 직접민주주의적 정당성을 조성할 필요가 있는 사회이든 간에 연대의 철학, 연대의 사회공학이 더 요청된다는 점이 강조될 필요가 있고, 이 길이 하버마스가 주창하는 의사소통 구조의 내부에 존재하는 해방의 잠재력이 발휘되도록 하는 길이 될 것이다.

이러한 길은, 체제의 권위나 체제의 정당성이 아닌 사회적 정당성을 확립하고, 나아가 이에 기초하는 사회적 권력과 사회적 권위를 조성하는 길이라고 할 수 있다. 이렇게 형성된 사회적 정치성에 의해 참여지향적 정당성을 획득해 나가는 과제 앞에서 민(民)의 대표성과 새로운 정당성을 창출하는 하나의 대안적 구상을 제시해 보는 것으로 결론을 대신할까 한다.

(1) 몇 개의 민간기구 대표들로 예비위원회를 구성한다(이하 이 예비위원회를 '가'라 칭한다).

(2) '가'의 호선(互選)에 의하여 또 하나의 예비위원회를 구성한다(이하 이 예비위원회를 '나'라 칭한다). '나'는 교육·종교·문화 등 각 분야에 이해 당사자가 아닌 인물들로 구성되는 위원회의 명단을 제시한다. 예를 들어 A, B, C, D 등 몇 개의 명단을 만든다. 각각의 명단 안에는 상당한 사회적 대표성과 존경을 받는 이들과 새로운 아이디어를 낼 수 있는 이들을 포함시킨다.

(3) 이 위원회들 중의 하나를 투표로써 선정할 수 있는 선거지역을 몇 개 후보지로 제시한다. 투표지역은 오천 명 내외의 작은 동(洞)이나 거리(街), 번지(番地) 또는 통(統) 등을 범위로 하고 경제, 교육, 종교, 사회문화적 수준과 연령이 다양하게 섞여 있는 지역으로 하고 그 지역 중의 하나를 통계학적 의미가 있는 방법으로 선정하여 여러 후보 명단 중 하나를 선출하도록 한다(투표지역을 선점하는 일은 임의와 대학교수회 등에 맡길 수 있을 것이다).

(4) 위의 역할을 맡은 대학의 교수회나 학회 등이 투표로써 투표 지역을 선정한다.

(5) 이렇게 하여 선정된 투표지역은 A, B, C, D 등의 명단을 놓고 투표를 하고 가장 많은 표를 얻은 명단을, 각 시나 도 또는 전국으로, 정해진 기간 중에 시민, 도민, 국민의 대표성을 행사할 수 있는 민회(民會) 또는 원로회(元老會)로 발표한다.

이렇게 하여 형성된 민의 대표성은 이제 막 정치적으로 형성되기 시작하는 주어진 사회가 유기적 공동체로 엮어지는 한 실험이 될 수 있을 것

이다. 이렇게 사회적 정치력을 강화해 가는 민회나 포럼 등의 움직임은
의회와 중앙정부라는 정치적 토론구조와 정치적 대표성에만 공동체의 모
든 것을 맡기기 어려운 현대사회의 복잡한 생활양상을 반영하고 있다.
그러므로 이렇게 만든 사회적 토론구조로 사회적 대표성을 구축하는 일
이 정치적 토론구조 하나에만 의존하는 문화보다 인간의 공동체적 자기
실현을 더 충실하게 할 것은 분명하다고 본다.

■ 참고문헌

김문조, 1992, 《하버마스의 사상》, 서울: 탐구당.
윤평중, 1990, 《푸코와 하버마스를 넘어서 : 합리성과 사회비판》, 서울: 교보
　　문고.
이신행, 1994, 《한국정치에서의 학생과 종교운동 : 87년을 전후한 영역형성》,
　　서울: 민음사.

Calhoun, Craig(ed.), 1992, *Habermas and the Public Sphere*, Cambridge:
　　The MIT Press.
Collins, Randall, 1991, *Four Sociological Tradition*, Oxford: Oxford Univ.
　　Press.
Craib, Ian, 1984, *Modern Social Theory : From Parsons to Habermas*,
　　Harvard Press.
Habermas, J., 1973, *Legitimation Crisis*, Boston: Beacon Press.
_____, 1987, *The Theory of Communicative Action*, Vol. I, II, trans. by
　　Thomas McCathy, Boston: Beacon Press.
_____, 1991, *The Structural Transformation of the Public Sphere*, trans. by
　　Burger with the assistance of Frederick Lawrence, Cambridge: The
　　MIT Press.
Held, D., 1980, *An Introduction to Critical Theory*, London: Macmillan.
McCarthy, Thomas, "Introduction," *Habermas*, 1991.
Pierson, Christopher, 1987, "Marxism, Democracy and the Public
　　Sphere," P. Lassman(ed.), *Politics and Social Theory*, London:
　　Routledge.

Ⅲ 신사회운동의 지평

하버마스와 새로운 사회운동

권 용 혁

1. 들어가는 말

서유럽에서 기존의 노동운동과는 다른 특징을 갖는 다양한 사회운동들이 현실화되기 시작한 것은 1960년대 초부터다. 1960년대의 반전 반핵 반문화 운동, 그리고 1970년대와 그 이후에 구체화된 시민주도 운동, 자조(自助)운동, 지역주의 운동, 여성운동, 환경운동, 평화운동 등이 이러한 운동에 속한다. 이 운동들은 특히 유럽의 노동운동이 체제 내화되면서 변혁의 전망을 상실해 가는 1970년대 중반 이후 유럽의 환경변화로 인해 80년대 중반까지 지속적으로 확장된다.

이 운동들이 이론적인 분석의 대상으로 떠오른 것은 1970년대 들어서면서였다. '새로운 사회운동'이라고 표현된 이 운동에 대한 설명 담론은 서구 사회운동의 탈물질주의적이며(잉글하트, 1977; 멜루치, 1980) 탈산업 사회적인(투렌, 1969; 1978) 경향을 지칭하면서 시작된다. 1980년대에 들어서서 서구 좌파 사회학자들인 하버마스(1981), 오페(1985), 히르시(1983), 라클라우/무페(1985) 등이 이들의 입장을 수용하면서 맑스주의 내에서 '새로운 사회운동'에 대한 논의가 활성화된다.[1]

이처럼 비판이론, 조절이론, 급진민주주의론, 문화결정론 등의 입장

■ 권 용 혁
연세대학교 철학과 졸업
독일 베를린 자유대학 철학 박사
현재 울산대 철학과 교수

주요 논문으로
"담화윤리학의 정당화",
"하버마스와 한국" 등

에서 '새로운 사회운동'에 대한 해석과 전망의 차이가 존재함에도 불구하고, 그 운동의 관찰자들이 대부분 공통적으로 받아들이는 점은 다음과 같이 정리될 수 있다 (Brand, 1989). ① 이 운동에서는 신분의 문제, 분배의 문제 혹은 지배의 문제 등이 다루어지는 대신에, 소외의 경험과 도덕적인 비판, '생활양식'과 '삶의 질' 그리고 '생존'에 대한 물음이 전면에 대두된다. ② 이 운동들은 대체적으로 전후세대 중 중간층에 의해 수행된다. 특히 양질의 학교교육을 받은 그룹, 직업활동을 아직 못하고 있거나 주변적으로만 하고 있는 상태의 그룹 혹은 서비스직종에 종사하는 그룹들에 의해서 수행되는데, 이들은 '문제 당사자들'이나 주변화된 계층들과 그때그때 동맹을 맺는다. ③ 이 운동들은 이데올로기적으로 동질적인 새로운 의미체계를 형성하지 않는다. 오히려 '탈물질주의적인' 가치를 추구하면서 그리고 세속화되고 다원적으로 분산된 문화의 터전 안에서 '특수한 것에 대한 권리'를 강조하며 다방면에서 하위 문화적인 삶의 스타일을 만들어 낸다. ④ 이들은 자율적인, 탈중심적인 그리고 풀뿌리 민주주의적인 조직원리들을 강조한다.

이러한 공통점에도 불구하고 새로운 사회운동들에 대한 상이한 이론적 평가가 나오는 이유는 서구사회의 정치, 경제,

사회의 구조적 변화과정에 대한 서로 다른 분석틀이 제기되기 때문이다. 이 글에서는 이 분석틀에 대한 논의(김호기, 1995:177~200) 대신에, 그 중에서 비판이론의 입장을(특히 하버마스와 오페의 이론을) 중심으로, '새로운 사회운동'을 정리할 것이다. 전개방식은 먼저 사회를 분석하는 하버마스의 틀을 소개하고, 이것을 중심으로 새로운 사회운동들이 등장하는 시대적 배경과 전개양상을 사회구조적인 측면에서 살펴볼 것이다. 그 다음 '새로운 사회운동'의 목표, 조직, 이데올로기적 특징, 사안별 구체적인 이슈 등을 가능한 한 객관적으로 기술하고, 마지막으로는 그 운동에 대한 평가와 앞으로의 전망을 곁들여 보겠다.

2. 본 론

80년대에 들어서면서 급진적인 다원적 민주주의를 옹호하는 하버마스는 새로운 형태의 사회운동들에 대해 깊은 관심을 갖는다. 그 이전에 그

---

1) 이들이 일치하는 부분은 그 운동의 등장배경을 서구 복지국가의 위기로 보고 있다는 점이다. 그러나 이 운동들의 발생의 연관관계에 대한 해명, 서구사회의 구조적 변형과정의 테두리에서 그것들의 문화적, 사회적, 정치적 기능에 대한 해석 그리고 그것들의 미래에 대한 전망에서 상이한 논점이 대두된다. 예를 들면, 투렌은 산업사회에서 후기 산업사회로 진입하는 단계에서 노동운동의 제도화와 새로운 사회운동의 출현이 나타난다고 본다(투렌, 1980). 하버마스는 '체계에 의한 생활세계의 식민화'에 저항하는 형태로서 새로운 사회운동의 항의 잠재력을 평가하며(하버마스, 1981), 오페는 '국가와 시민사회'라는 이분법적인 틀을 벗어나서 발생하는 '비제도적인 정치화'라고 그 운동을 규정한다(오페, 1985). 히르시는 포드주의적 자본화와 국가화의 증대에 대항하는 운동으로 새로운 사회운동을 설명한다(히르시, 1983). 라클라우/무페는 급진적인 다원민주주의의 확장으로 이해하며(라클라우/무페, 1985), 멜루치는 새로운 사회운동이 개인적 자기정체성과 자율성을 요구하면서 나타난다고 보고 있다(멜루치, 1980). 그리고 스코트는 새로운 사회운동이 대부분 기존 사회운동의 부활의 형태를 띠고 있으며, 결국은 체제 안에 통합될 것이라고 판단한다(스코트, 1990).

는《공론장의 구조변동》(1962)에서 계급적인 이해관계를 떠나서 작동하는 서구 근대 시민사회의 산물인 정치적 문화적 공론영역(*Öffentlichkeit*)의 생성과 소멸을 역사적으로 분석함으로써 계급론적 입장을 벗어나는 다원주의적 모델을 구성한 바 있다. 특히 19세기 말부터 20세기 초에 이르기까지 전개되는 이 영역의 소멸 과정에 대한 분석에서 형식적 합리성 내지 체계의 비대화와, 그에 반비례하는 가치 합리성 내지 생활세계의 급격한 축소 현상을 경험적으로 도출해 냈다. 또한《후기 자본주의의 정당성 문제》(1973)에서는 경제 위기의 타개를 위한 국가의 개입과, 그 결과 발생하는 정치적 정당성의 위기를 분석함으로써 시민의 자율성과 정체성의 복원을 통한 사회의 정치적 경제적 민주화를 그 대안으로 제안하기도 했다. 이러한 사전 작업을 기초로《의사소통행위이론》(1981)에서는 '체계와 생활세계'라는 개념을 도입함으로써 그의 민주주의 이론은 더욱 급진화된다.

1) 체계와 생활세계

하버마스는 사회가 체계와 생활세계로 구성되어 있다고 파악한다 (Habermas, 1981:180). 생활세계는 행위의 의사소통적 합리성에 의해 규범적으로 통합되고 상징적으로 구조화된 것이며, 체계는 목적합리성에 의해 주도되고 돈과 권력을 매개로 제도화된 영역이다. 사회는 이 두 하위영역으로 구성되는데, 생활세계적 관점에 중점을 두면 사회의 규범적 구조가 강조되고, 체계적 관점에 비중을 두면 사회의 조정능력을 강조하게 된다. 이런 점에서 생활세계라는 범주는 합목적적인 효율성만을 중시하는 체계의 범주에 대항하는 개념으로 이해된다.

근대화의 진행에 따라 합목적적 행위(목표를 달성하기 위해 수단을 합리적으로 선택하려는 행위)가 형식적 합리성에 의해 지배된다는 베버의 도식에 따라 하버마스는 서양의 합리화 과정을 도구적 합리화의 보편화와, 그에 수반되는 합목적적 행위의 제도화로 파악한다. 여기서 핵심적인 사항은 한 사회의 경제영역과 관료행정의 영역이 형식적 합리성에 의해 지배된다는 점이 아니라, 그 현상이 현대 산업사회에 전면적으로 구조화되어 있다는 점이다. 이 점을 비판하면서 극복하고자 하는 의도로 제안된 개념이 바로 의사소통적 행위의 합리화다. 이것은 상호작용의 구조 안에 무의식적으로 스며들어 자유로운 의사소통을 체계적으로 왜곡시키는 역학관계를 제거함으로써 상호이해에 도달하려는 목표를 갖고 제시된 것이다.

따라서 하버마스는 사회적 합리화를 합목적적인 행위의 확대로 파악한 베버의 견해에 동의하지 않으면서, 의사소통적 행위의 합리화라는 개념을 도입해서 사회적 합리화를 양분한다. 그에 따르면 합목적적 행위가 경제와 국가행정과 같은 체계 내에서 주로 발생하는 데 비해, 의사소통적 행위는 생활세계 안에서 일어난다. 합목적적 행위가 지배하는 체계의 합리화와는 달리 생활세계의 합리화는 행위자의 상호이해를 추구하기 때문에 자연과 인간을 대상화, 계량화하지 않는다. 즉, 의사소통적 합리화는 자연과 인간에 대한 기술적 통제를 행하지 않고, 사회구성원들의 자유롭고 동등한 의사소통 행위를 장려함으로써 사회에 대한 좀더 포괄적인 전망을 갖도록 한다.

이렇듯 의사소통적 행위의 합리성을 근거로 하고 있는 생활세계는 구성원들이 공유하고 있는 가치를 보존하고, 제기된 타당성 요구들을 서로 검증하면서 상호이해와 합의에 도달할 수 있게 함으로써 개인적 사회적 동일성을 유지시켜 준다. 그러나 서로 분리되어 있으면서 상호작용하는 체계와 생활세계는 근대화가 진행되면서 효율성의 원칙에 의해 지배되는 형식적인 합리성의 하위체계로 전환되어 간다. 한 사회의 경제와 행정의 조정기능은 대상에 대한 도구적 통제를 강화하기 때문에 결국에는 행위자도 전술적인 조작의 대상으로 변한다. 즉, 근대화가 진행됨에 따라 한 사회 내에서 체계의 복잡성과 강제성이 증대하며, 이로 인해 체계는 생활세계의 고유한 영역을 인정하지 않고 그것을 자신의 한 하위체계로 종속시키려고 한다.

이것은 산업사회가 국가 단위의 다양한 복지정책을 통해 기존의 저항세력을 체제 안으로 통합시키는 효과를 가져온 반면에, 그 과정은 동시에 국가가 사회를 효율적으로 통제하고 안정적인 재생산 구도로 변환시키기 위해 정당, 노조, 학교 및 병원 같은 대중통합 기구를 체계화하고, 이를 기반으로 사적 생활영역을 국가권력에 예속시키는 과정이기도 한 것이다. 이와 같은 체계의 복합성과 강제력의 증대는 생활세계의 독자성을 위협하는 병리현상을 야기시킨다. 따라서 서구 현대사회의 위기는 체계의 기능 혼란(대량 실업, 생태계의 위기 등)이 체계영역 내부에서 제기되는 것이 아니라, 그것을 생활세계의 하부구조에 전가시키는 형태로 나타난다는 것이다.

근대 산업문명의 주도적인 흐름에 대한 이러한 진단은 세계의 탈미신화에서부터 출발한 서양의 근대화 과정을 전도시키는 결과를 낳는다. 근대로의 이행기에는 비합리적인 세계를 합리화함으로써 합리화된 생활세계를 기반으로 경제와 관료행정이라는 하위체계가 생겨났으며 그것을 기반으로 성장해왔으나, 이 과정에서 자립성을 갖게 된 그 하위체계가 생활세계의 영역을 침범해서 그 정합성을 역으로 파괴하는 역설적인 현상이 나타난다. 이렇듯 체계가 생활세계를 합병하는 현상을 하버마스는 일종의 식민화의 형태라고 주장한다(생활세계의 식민화, Habermas, 1981: 293).

2) '새로운 사회운동'의 규정 : 체계에 대한 생활세계의 복원운동

정치적 수준에서 이 식민화 현상은 체계 복합성의 증대에 따라 국가 관료제를 비대화시키는 동시에 자발적인 의사결정과정 및 여론형성을 고갈시켜 정치적 공중의 비판 잠재력을 약화시키는 결과를 낳는다. 자본주의 사회가 전개되는 과정에서 각인된 계급투쟁은 사회국가적인 기획을 펼치는 대중 민주주의 시대에 제도화됨으로써 잠잠해진 것도 사실이지만, 이로 인해 서구에서 저항의 잠재력이 고갈되어 버렸다는 결론이 도출되지는 않는다. 그 이유는 그 저항의 잠재력이 다른 투쟁전선을 형성하는 곳에서, 즉 생활세계의 식민화가 나타나는 곳에서 생성되고 있기 때문이다(Habermas, 1981:576). 하버마스에게 '새로운 사회운동'이란 바

로 이런 생활세계의 식민화를 저지하고 방어하려는 운동들로서, 시민사
회 내에서 실천적이고 합리적인 의사소통을 활성화하고 제도화하려는 일
종의 시민운동이다.

이런 관점에서 정리되는 '새로운 사회운동'의 특징은 다음과 같다.

(1) 기존의 사회적인 규범체계의 효력 상실로 인해서 정치적인 것과
사(私)적인 것에 대한 이분법적인 구분방식이 더 이상 통용되지 않게 됨
으로써 시민들이 구체적인 사안들을 직접 참여해서 해결하려는 움직임이
도처에서 행해진다. 특히 1970년대 이후 개인의 사회적 활동분야 중에서
정치적인 영역과 비정치적인 영역을 구분하지 않으려는 시도들이 많아진
다.

이 시도들은 기존의 체계에 흡수될 수 없는 특징을 지님으로써 그 체
계와의 갈등을 일으키는데, 이것은 1960, 70년대에 서구 선진사회에서
분배를 둘러싼 복지국가 형태 안에서 나타나는 제도화된 갈등과는 다른
새로운 유형의 갈등들이다. 이 갈등들은 더 이상 물질적 재생산의 영역
에서 촉발된 것들도, 물질적 보상에 의해서 완화되지도 않는 것들이다.
"이것들은 문화적 재생산, 사회적 통합 그리고 사회화의 영역에서, 달리
말하면 생활세계 안에서, 일어나는 것들이다. … 여기서 중요한 것은 일
차적으로 복지국가가 제공할 수 있는 물질적 보상의 문제가 아니라, 위
협받는 생활양식을 방어하고 되살리는 문제다."(Habermas, 1981:576)[2]

---

2) 조절이론가인 히르시도 이 점에서는 하버마스와 비슷한 입장을 견지한다. 그
   의 분석에 따르면 복지국가의 주요 역할은 개인들의 사회적 적응과 조절, 관
   료적 수단을 통한 사회로부터의 개인의 이탈방지에 기여한다. 따라서 가족,
   이웃, 공동체 등이 영향력을 상실하게 되며, 경찰, 학교, 사회기관과 같은 제
   도들이 그 역할을 대신한다. 그 결과 사회관계들은 관료적인 통제와 조절에
   의해서만 발생되도록 조직화된다. 이것은 사회구성원들의 기능적 조정과 조
   절, 그들의 사회적 규제와 감시만이 아니라 물질적 생존도 함께 보장하는 포
   드주의적 보장국가의 기본 골격이다. 이로 인해 국가는 사회의 모든 분야에
   침투해서 사회적 재생산의 핵심적 요소가 된다. 그는 이것을 사회의 '국가화'
   로 파악한다. 이 형태에서는 국가가 억압적이며 이데올로기적인 상부구조만을
   대변하는 것으로 간주되지 않는다. 그것은 사회생활 자체의 기초를 구성하는
   중요한 요소가 된다. 그러나 1970년대 중반 이후 복지국가의 해체 및 재사유

(2) 국가와 시민사회를 구분짓는 이분법이 이러한 상황변화로 인해 심각한 도전을 받음으로써, 그 둘 간의 기존의 의사소통 채널이 그 효용성을 상실하게 된다. 그 결과 국가적인 단위로 수행되는 대의적이며 관료적인 정치 제도들로는 제어할 수 없는 시민사회가 자신의 영역을 확장시키면서 독자적인 정치화의 방도를 취하게 되는데, 그것은 기존의 개인적인 생활영역과 국가적인 정치양태들이라고 특징지어진 방식을 벗어난 새로운 실천방식을 요구한다. 이처럼 기존의 국가체계로부터의 해방을 위해서 시민사회 그 자체는—그것의 제도들 그리고 합리성과 진보에 대한 기준들은—사적인 추구와 관심사들 그리고 제도적, 국가-억압적 정치양태들 사이의 중간적인 영역에 속하는 실천방식을 채택하게 된다.3)

이러한 배경을 기반으로 전개되는 새로운 사회운동들은 인간의 모든 행위를 사적이거나 공적인(정치적인) 것으로 구분하는 자유주의적인 정치이론 안에서는 쉽게 분류될 수 없는 주제들을 정치적으로 다룬다. 그것들은 스스로를 제3의 매개적인 범주에 위치시킴으로써, (다른 것들에 대한 관심을 정당화시키지 않는다는 의미에서) 사적이지도 (공식적인 정치적

화 현상이 나타나면서, 관료적 중앙집중화로는 다루어질 수 없는 다양한 이해관계들이 새롭게 대두된다. 정치기구의 조절능력은 정당과 노동조합들의 관료화와 국가화에 의해서 강화되지만, 이것은 대부분의 주민의 이해관계와 요구사항과는 다른 조합주의적 양태의 협력강화이기 때문에 제도외적인 분야의 구체적인 사안들을 처리할 능력을 상실한다. 이에 따라 주민관련 부분과 국가기구 사이의 새로운 대립 가능성이 대두되며, 이러한 상황에서 새로운 사회운동들이 표출되기 때문에 이 운동들은 새로운 정치이념과 새로운 사회해방과 사회발전의 이념을 표방할 수 있음에 주목해야 한다고 그는 주장한다. 요아힘 히르시, 1983:104~110 참조.
3) 이러한 진단은 최소한 다음과 같은 세 가지 현상에 그 근거를 두고 있다. 첫 번째로는 사람들에게 기존의 민주적인 여러 권리들을 좀더 광범위하게 다루도록 하는 참여적인 분위기와 이데올로기들이 일어나고 있으며, 두번째로는 항의, 시위들 그리고 비공식적인 투쟁들과 같은 정치적인 참여의 비제도적이거나 비관례적인 형태들의 사용이 급증하며, 세번째로는 도덕적인 것 혹은 경제적인 것이라고 간주되어 온 이슈들에 대해서 정치적으로 요구하고 갈등을 일으킨다(Offe, 1987:63).

제도들과 행위자들의 정당한 목표로 인식된다는 의미에서) 공적이지도 않은 그러한 유형의 논점들을 요구한다. 따라서 새로운 사회운동들의 행위공간은 자유 민주주의와 복지국가 안에서는 제공되지 않는 '비제도적인 정치의 행위공간'(Offe, 1987:68~69)이다.

(3) 하버마스는 '새로운 사회운동'이 기존의 운동과 다른 점을 (a) 직접적으로 생산과정에 개입하면서 복지국가적 타협의 기초로서의 자본주의적 성장을 유지하는 데 관심을 갖는 계층으로 구성된 중심부와, (b) 다양한 집단들로 구성된 주변부 사이의 갈등에서 찾는다(Habermas, 1981: 577). 이 주변부를 구성하는 집단들은 후기 자본주의 사회의 생산주의적 성과의 핵심부에서 배제된 집단인데, 그들은 그 성과와 함께 수반되는 인간과 자연에 대한 자기파괴적 결과들에 훨씬 민감하게 반응하거나 그러한 파괴적 결과들로 인해서 피해를 보는 집단들이다. 이러한 이질적인 집단들을 하나로 묶어주는 연결점이 성장에 대한 비판이다. 그러나 부르주아적 해방운동도, 조직화된 노동운동도 이러한 투쟁의 모델이 될 수 없는데, 그 이유는 이들이 중심부의 주요 구성 부분으로서 그 역할을 담당하며, 따라서 기본적으로는 그 중심부를 유지시켜 주는 성장 중심주의적인 이념을 공유하고 있기 때문이다.

이런 점에서 '새로운 사회운동'은 경제적, 사회적 보장과 사회내부적, 군사적 보안의 문제를 최우선적으로 다루는 기존의 정치 구조를 비판하며 삶의 질, 평등한 권리, 개인의 자아실현, 의사결정 과정에의 보다 적극적인 참여, 그리고 인권의 향상 등에 주로 관심을 갖는 새로운 정치구조로의 이행을 옹호한다.

결국 '새로운 사회운동'에서 행위자들의 가장 주목할 만한 특징은 그들이 스스로의 존재 확인을 위해서 기존의 정치적인(좌파나 우파의, 자유적이거나 보수적인 등의) 규약들이나 부분적으로는 일치하는(노동자계급이나 중간계급, 빈부, 도시와 농촌과 같은) 사회 경제적인 규약들에 의존하지 않는다는 점이다. 그 대신 그것들은 성(性), 나이 그리고 지역성과 같은 문제들로부터 혹은 환경운동과 평화운동의 경우에는 전체 인류의 문제들로부터 채택된 범주들로 모든 정치적인 갈등을 분류한다(Offe, 1987:

344

72). 4)

(4) 오페는 새로운 사회운동들이 전개되는 주요 특징을 전통적 패러다임과 새로운 패러다임이라는 도식을 통해서 비교, 설명한다(Offe, 1985: 832, 정수복, 1993:94에서 재인용).

전통적 패러다임에서는 경제성장과 분배를 중심과제로 삼지만, 새로운 패러다임에서는 평화, 환경, 인권, 소외 없는 노동을 주요 목표로 삼는다. 따라서 새로운 패러다임을 받아들이는 사회운동은 그 가치를 개인적 소비의 보장이나 물질적 진보를 추구하는 데 두지 않고, 오히려 중앙집권적인 통제에 반대되는 개인적인 자율성과 정체성(*identity*)을 확보하는 데 둔다. 5)

<표 1> '전통적' 패러다임의 특징과 '새로운' 패러다임의 특징들

	전통적 패러다임	새로운 패러다임
행 위 자	집단으로서(집단의 이해관계에 따라) 활동하고, 분배상의 갈등에 관계하는 사회경제적인 집단	집단으로서가 아니라 귀속적인 ascriptive 집합성을 위해 활동하는 사회경제적인 집단
이 슈	경제적 성장과 분배 ; 군사적 사회적 안정, 사회적 통제	평화유지, 환경, 인권 그리고 소외되지 않은 형태의 노동
가 치	사적인 소비의 자유와 안정 그리고 물질적 진보	중앙집권화된 통제 등에 대비되는 것으로서의 개인적인 자율성과 정체성
행위수단	• 내적 수단 : 공식조직, 대규모의 대표자 집단 • 외적 수단 : 다원주의적 혹은 조합주의적인 이해관계의 중재 ; 정당들 사이의 경쟁 ; 다수결의 논리	• 내적 수단 : 비공식성, 자발성, 낮은 수준의 수평적 수직적 분화 정도 • 외적 수단 : 부정적인 용어로 표현되는 요구에 근거한 저항 정치

4) 따라서 오페는 사회적이며 정치적인 갈등에 대한 새로운 사회운동의 모형이 계급갈등 모델을 채택하지 않는다고 본다(Offe, 1987:78).
5) 투렌, 1980:63; 멜루치, 1980:152~153 참고.

새로운 패러다임은 전통적 패러다임에서는 핵심적이었던 사회적인 행위에 대한 이분법적인 개념을 버림으로써, 사적인 분야에 대한 공적인-정치적인 분야의 대립으로 파악했던 방식을 사적인, 비제도적이며 정치적인, 그리고 제도화된 정치적인 세 분야로 대체시킨다. 따라서 국가와 시민사회의 대비는 사적이면서 제도적-정치적인 실천을 촉구하는 '시민사회 안에서의 정치적인 행위'(Offe, 1987:72)라는 공간을 요구하는 새로운 사회운동들로 대체되고 있다. 구체적인 운동 집단은 서독의 경우 다음과 같다. 반핵운동 및 환경운동, 평화운동(남북 갈등의 문제도 포함된다), 단일 이슈의 지역운동, 대안운동(여기에는 빈집 점거운동이나 대안적 프로젝트 같은 도시운동들과 농촌공동체 운동이 포함된다), 소수 집단운동(노인, 동성연애자, 장애자 등의 운동), 생활보호 대상자와 청소년들의 신흥 종교와 더불어 벌어지는 심령주의적 사건, 근본주의적 종교운동, 조세 저항운동, 학부모 단체에 의한 학교 교육투쟁, 현대주의적 개혁에 대한 저항, 그리고 마지막으로 여성운동이 있다. 국제적으로 중요한 것은 지역적, 언어적, 문화적, 종교적 독립을 위해서 투쟁하는 자치주의 운동이 있다(Habermas, 1981:578).

그는 이 중 여성운동만이 부르주아적-사회주의적 해방운동의 전통에 서 있다고 판단하는데, 그 이유는 오직 그것만이 가부장제적 억압에 대항하고 법과 도덕의 보편주의적 기본원칙들에 근거를 둔 평등에 대한 약속을 실현하기 위해서 투쟁하기 때문이라고 한다. 즉, 여성 해방은 남녀 간의 형식적인 평등을 확립하고 남성들의 특권을 제거하는 것만을 의미하기 때문이 아니라, 남성들의 독점에 의해서 구조지어진 구체적인 삶의 양식을 전복시키는 것을 의미하기 때문이다(Habermas, 1981:578~579). 이러한 여성운동은 공격적인 운동으로 나아가며 다른 운동들은 방어적인 성격이 더 강하다. 그는 이 방어적인 저항운동을 두 가지로 나누는데, 그 하나는 재산에 기초한 전통적인 사회적 지위를 지키려는 방어적 운동이며, 다른 하나는 합리화된 생활세계의 기초 위에서 작동하면서 새로운 협동과 공생의 방법을 실험하는 방어적 운동이다. 이 중 후자는 새로운 갈등의 핵심부와 연결되어 있다. 생태계와 평화에 대한 관심에 기초하는 경제성장에 대한 비판은 이들 운동에 공통된 초점을 제공한다.

(5) 이 새로운 갈등은 생활세계가 식민화되는 경향성에 대한 저항으로 해석될 수 있는데, 이것은 생태계 문제와 관련해서 그 저항이 직접적이면서 구체적으로 나타난다. 도시 환경의 파괴; 주택 건설, 산업화, 공해 유발로 인한 농촌의 파괴; 문명의 황폐화와 의약품의 부작용 등으로 인한 건강상의 문제가 생활세계의 유기적 기반들을 현저하게 침해함으로써, 사람들로 하여금 쾌적한 삶의 기준들을 분명히 인식하게 하고, 감각적이며 미학적인 기본욕구를 박탈하는 데에도 넘을 수 없는 한계가 있다는 점을 깨닫게 한다(Habermas, 1981:578~580). 군사적 파괴의 잠재력, 핵 발전소, 핵 폐기물, 유전공학, 개인에 관한 신상 자료의 중앙처리방식 등도 생활세계에 침투해 들어와 다방면에서 우리들에게 과도한 요구를 하는데, 저항운동은 개인적인 책임을 넘어서 있는 이러한 요구의 과도한 복잡성과 추상성을 비판하는 방향으로 나아간다(Habermas, 1981: 580).

체계의 확장으로 인해서 생활세계가 겪는 문화적 빈곤과, 일률적인 합리화에서 벗어나려는 일차적인 시도는 성별, 나이, 피부색, 이웃, 지역, 종교 등의 귀속적 특성으로부터 유래한다. 귀속주의적인 것, 국지적인 것, 소규모의 사회적 공간, 단순한 상호작용과 미분화된 공론영역 등이 갖는 가치가 높게 평가된다. 이것은 다른 공동체와는 다른 자신들만의 공동체를 구성하는 데 이바지하며, 개인적이고 집합적인 자기정체성을 추구하는 욕구를 채워주는 하위 문화적으로 보호된 의사소통 공동체의 재활성화를 촉진시킨다(Habermas, 1981:580~581). 따라서 새로운 갈등은 체계와 생활세계가 서로 맞닿는 부분에서 일어난다(Habermas, 1981: 581). 그것은 경제적, 정치적, 행정적인 체계의 내부 동학에 한계를 설정하기 위해서 (생활세계의 식민화를 거부하기 위해서) 생활세계 안으로부터 발전하는 대안적 제도들이 설자리를 마련하려는 곳에서 나타난다.

(6) 이 운동을 대표적인 사회운동 형태인 노동운동과는 다른 '새로운' 운동이라고 하는 이유는 그 운동이 자리하는 사회적인 위치, 목표, 조직 형태 그리고 행위 수단에서 새로운 운동양식이라는 점에 있다(앨랜 스코

〈표 2〉 '새로운 사회운동'과 노동운동 사이의 대비점들

	노 동 운 동	새로운 사회운동
위 치	정치체계 내부	시민사회
목 표	정치적 통합/경제적 권리	가치 및 생활양식의 변화/ 시민사회의 방어
조 직	형식적 위계적	연결망/풀뿌리
행위수단	정치적 동원	직접행동/문화적 혁신

트, 1990:224).

전통적 노동운동에서와는 달리 이 운동들에서는 운동의 일관성, 법칙성, 조직성을 찾아보기 어렵고 운동의 이슈, 조직, 정치적 성격, 발전방향과 전망에서 상당히 이질적이고, 분산적이며 가변적임이 드러난다. 6)

시민사회 내에서 다양하게 펼쳐지는 운동들로 파악되는 '새로운 사회운동'은 기존의 정당과 정치구도가 보장해 주지 못하는, 달리 말하면 기존의 제도와 법률의 체계로는 보장받지 못한, 탈물질적인 가치들을 (생활의 질 향상, 개인적 자아 실현, 평등한 대우 등을) 방어하고 활성화하고자 한다. 이처럼 새로운 형태의 사회운동이 기존의 운동과 다른 운동방식을 취하는 이유는 기존의 정당구조로는 자유, 정의, 연대와 같은 기본적인 가치를 가족, 일터, 대인관계에서 구체적으로 실현할 수 없다고 판단되기 때문이다.

참여와 직접적인 행동을 강조하는 '새로운 사회운동'의 행위 방식에서 다수의 개인들이 집합적 행위자로 되는 방식은 매우 비공식적인데, 이로 인해 운동조직은 불연속적이며, 맥락상 취약하고, 평등주의적인 특징을 갖는다. 이 방식은 공적인 역할과 사적인 역할의 결합, 보조적인 행위와 중심적인 행위의 결합, 공동체와 조직의 결합을 강조하지만, 구성원들의

---

6) 김용창, 1991:102, 103에는 지금까지 논의된 이 운동의 특성이 도표로 정리되어 있다. 어쨌든 이 운동의 특성에서도 보이듯이 이 운동들에는 어떤 본질적인 공유점이 있다고 볼 수는 없다. 다만 이 운동들 사이의 '가족적 유사성' 내지는 '선택적 친화성'만이 발견된다(스코트, 1990:221). 이 운동의 이슈와 운동형태에 관한 좀더 상세한 분류는 Vester, 1989:43~44 참고.

역할과 공식적인 지도부의 역할 사이의 분리는 느슨하고 일시적일 뿐이다(Offe, 1987:70~71).

(7) '새로운 사회운동'은 개별집단에 자율성과 자발성을 부여함으로써 특수한 집단이나 제도가 특권화되는 것을 방지하고 풀뿌리 민주주의를 확장하는 방향으로 나아가는 장점을 가지고 있다. 따라서 새로운 사회운동들 내에서 사회적 행위자들은 전통적이고 직접적인 정치적 행위보다는 기존의 가치와 정체성에 도전함으로써 사회변동을 일으키려고 한다. 그들은 기존의 제도화된 사회적 정체성으로부터 개인적 자기정체성을 탈분화시켜서 그것의 특수성을 옹호하고 활성화하고자 한다.

이런 점에서 이 운동은 기존의 사회운동과는 달리 자본주의적 지배질서에 대한 전반적인 비판을 시도하지 않는다. 그것은 일반적으로 항의의 동기가 강력하지 않으며, 문제의 접근방식도 일면적인 성격을 띠고 있다. 달리 말하면 그것은 기존의 체계에 대항하는 일종의 반대운동이라고 볼 수 있다. 그 이유는 이 운동에는 공식조직의 특질이 부재하기 때문인데, 가장 중요하게는 이 운동조직들은 정치적인 협정을 준수하도록 하는 장치를 가지고 있지 못할 뿐만 아니라, 그 조직에는 대의제적인 정책결정을 수행할 수 있는 내부적 결속력이 결여되어 있기 때문이다.

한편으로는 이 운동이 자율적인 참여를 강조하기 때문에 개인들이 모여 집합적 행위자가 되는 양식이 매우 비공식적이며, 독특하고 불연속적이며, 상황에 민감하고 평등주의적이기 때문이며, 다른 한편으로는 이 운동이 일반적으로 바람직한 사회질서의 모습을 유도하고, 변혁을 향한 발판을 마련해 줄 수 있는 일관된 이데올로기적 원칙이나 세계에 대한 해석 틀을 가지고 있지 못하기 때문이다. [7]

그러나 '새로운 사회운동'의 주요한 관심은 생활 자체가 — 구체적으로는 생활의 질, 평등, 자율성, 자기정체성, 개인적 자아실현, 참여, 인간적 권리 등 일상 생활세계에서 인정되고 있는 가치들이 — 군사적 경제적 기술적 정치적 합리화의 기계적인 동학에 의해 위협받는다는 생각에 놓

---

7) Offe, 1985:829~831 참고.

여 있음을 주목해야 한다. 이것은 현재 통용되는 정치체계와 경제체계들
이 그 가치들의 침해를 막아줄 만한 충분하고 신뢰할 수 있는 제도적 장
치로 간주될 수 없다는 판단에 근거를 두고 있다.

이러한 관점은 비제도적인 행위방식을 받아들이고 정당화시키는 기반
을 제공한다. 이것은 두 가지 이유 때문이다. 첫째, 실제로 생활과 생존
이 위태로워진다면, 기존의 게임규칙에 대한 공식적인 신뢰는 그러한 실
질적인 질문에 비교되는 열등한 의미를 갖는 것으로 의심되기 때문이다.
둘째, 제도적인 메커니즘이 너무 엄격해서 선진 산업사회의 문제를 인식
하고 흡수할 수 없는 것으로 보여진다면, 해답을 찾기 위해 이 제도들에
의존하는 것은 별 의미가 없을 것이기 때문이다(Offe, 1987:89~90).

3. '새로운 사회운동'의 평가

새로운 사회운동들이 비제도적인 행위방식을 받아들인다고 해도 그것
은 반근대적인 것은 아닌데, 그 이유는 이 운동들이 앞서 살펴본 근대적
가치들을 공유하고 있기 때문이다. 이러한 논점은 '새로운 사회운동'이
결국은 '근대화에 대한 근대적 비판'(Offe, 1985:856)이라는 판단에서 나
온 것이다. 말하자면 조직적인 측면에서 탈집중화, 자치, 자조 등을 강
조하는 이 운동은 자율성과 정체성이라는 가치를 옹호하며 조종, 통제,
종속, 관료화, 규제 등에 반대하는 공통적인 뿌리를 갖는다는 것이다
(Offe, 1985:829).

그렇지만 이 운동은 주요 이슈와 운동형태, 운동조직과 정치적 성격
그리고 운동 주체에 이르기까지 전반적으로 일상 생활세계에서의 다원주
의적인 접근방식을 강조하고 있는 것도 사실이다. 특히 탈물질주의적인
새로운 정치 지향, 자율성에 근거한 다양한 운동형태들과 소규모 집단정
치, 신민중주의 강조 그리고 다양한 계급, 계층, 집단으로 형성된 운동
조직 등에서는 이 운동들에 내재한 공통성, 일관성을 찾아내기가 매우
힘들다. 따라서 현 상태에서는 이들이 풀뿌리 민주주의적인 양상을 기초

로 일상 생활세계에서 나타나는 독특하고 다양한 문제들을 공적인 담론의 형태로 주제화하는 일에 역점을 두고 있는 것으로 판단된다. 그 결과 2절의 (6)과 (7)에서도 지적된 것처럼 이 운동들은 서로를 결속시키고 정책결정을 밀고 나갈 수 있는 공식적인 조직이 갖는 특징을 지니고 있지 못하기 때문에 기존의 사회정책을 전면적으로 대체할 수 있는 대안을 갖기 힘들며, 장기적으로는 이 운동이 바람직한 사회질서의 모습이나 변혁을 위한 청사진을 제시하지 못하고 있다.

이 운동에 내재한 이러한 현실적인 난점이 있다 해도, 그것 때문에 이 운동이 무정형적이거나 퇴행적이라는 평가가 내려져서는 안된다. 오히려 이 운동은 여러 계층간의 다양한 동맹의 가능성을 포함하며, 실제로도 이러한 동맹의 형태가 나타난다. 이러한 동맹의 여러 형태에 대한 오페의 분석은, 주로 독일을 모델로 삼고 있기는 하지만, 전략적인 제휴의 방법까지 제시한 상당히 설득력 있는 작업으로 평가될 수 있다. 특히 '새로운 사회운동'과 기존의 사회운동 사이의 각 운동 부문을 중심으로 한 가능한 동맹방식에 대한 그의 시도는 구체적으로 제시되고 있다.[8] 이러한 동맹에 앞서 이 운동을 대변하는 세력들이 주변적인 위치에 머물러 있지 않고 그것을 극복하면서 현실적으로 지배적인 정치구조에 도전할 수 있기 위해서는 이 운동에 참여한 신중간 계급, 구중간 계급 그리고 주변적인 집단들 사이에 존재하는 내적인 불일치를 우선적으로 해결해야 한다.

2절의 (4)에서도 지적된 바처럼 재산에 기초해서 전통적인 사회적 지위를 지키려는 운동과, 의사소통적인 합리화 위에서 새로운 협동과 공생의 방법을 실험하는 운동은 구체적으로 접근할 경우 그 운동이 주장하는 내용이 확연히 다르게 나타난다. 이 중에서 어떤 내용을 받아들이느냐의 문제는 현실전략을 어떤 수준으로 정하느냐의 문제와 직결된다. 특히 해방운동의 전통에 있는 운동집단들과의 연대를 염두에 둔다면 이 운동들

---

8) 이에 대한 상세한 논의는 Offe, 1987:95~98 참고. 그는 이 중에서 전통적인 좌파와(독일에서의 사회민주당과) 새로운 사회운동의 연대를 통해서 전통적인 정치 패러다임에 대한 새로운 대안모색을 시도한다.

이 주장하는 다양한 내용 중 퇴행적인 것들은 제거하는 방향으로 진행되어야 할 것이다.

어쨌든 이 운동에 참여한 집단들의 불일치는 지금까지 살펴본 '새로운 사회운동'의 공통분모를 기반으로 해소될 수 있는데, 이 공통분모는 다음과 같이 정리된다. 첫째로는 이 운동에 참여하는 집단은 성장중심주의에 대한 비판을 공유한다는 점이며, 둘째로는 이 운동은 경제적 자원의 분배문제를 핵심으로 하는 기존의 계급운동과는 달리 체계에 의해서 위협받는 생활세계를 방어하고 그것을 되살리려는 운동이라고 파악되며, 셋째로는 이 운동은 체계와 생활세계가 각자의 영역을 존중하면서 자신의 역할을 수행하는 공존의 방식을 인정한다는 점이다. 따라서 — 이것은 첫째 것과 연관되는데 — 이 운동은 생산과 분배의 체계로서의 자본주의에 대한 전면적인 비판이 아니라, 그 체계가 지향하는 성장의 실질적 효과에 대한 비판이라고 파악된다.

이들 중 특히 두번째 것은 서구 시민사회의 발전과정과 연관되어 있는데, 하버마스는 새로운 사회운동을 국가에 의한 시민사회의 흡수에 대항하는 구체적인 움직임으로 파악하고 있다. 현대 서구 사회에서 등장한 사회국가는 한편으로는 복지정책의 도입으로 계급갈등을 약화시키며, 다른 한편으로는 국가가 생산과정에 직접 개입해서 사회 경제적인 문제를 어느 정도 성공적으로 해결함으로써 전통적으로 여론정치의 활성화 기능을 하는 공론영역을 축소하고, 결국은 국가가 시민사회에 집적적으로 영향력을 행사하게 된다. 이는 곧 국가와 시민사회의 재결합 내지 국가의 사회화라는 형태로 나타난다. 이로 인해 정당과 의회활동을 통해서 스스로의 입장을 표명하는 정치적 공중의 역할은 급속히 약화되며, 이런 상황에서 탈정치화된 사회적 개인들은 국가적인 단위로 수행되는 대의적이며 관료적인 정치제도들로는 제어할 수 없는 시민사회의 새로운 영역을 조직함으로써 독자적인 정치화를 모색하는 새로운 사회운동이 발생한다고 판단한다. 이러한 이론적인 배경에서 출발하는 하버마스는 새로운 사회운동들을 서술하거나 내용정리를 목표로 하는 것이 아니라, 이 운동들을 생활세계의 식민화에 대항하는 하나의 세력으로 상정하고 그것이 공론영역의 확장과 의사소통적인 합리화의 현실적 구현체로서의 모습으로 규정될 수 있는지의 여부에 관심을 집중시키고 있다. 이런 점에서 하버 마스는 '새로운 사회운동'의 위상을 시민사회의 비판적이고 반성적인 의 사소통 능력의 활성화라는 입장에서 파악한다.

하버마스가 '새로운 사회운동'에 대한 위와 같은 자리매김을 통해서 추 구하고자 하는 것은 체계와 생활세계라는 이원론적 접근방식을 근거로 인간해방과 계몽을 지향하는 비판 사회이론의 근본 목표를 재활성화하는 일이다. 비판적 사회과학에 대한 철학적 규범을 체계와 생활세계라는 도 식으로 제시한 그는 생활세계의 의사소통 구조의 정합성을 견지하면서 체계의 영역과 생활세계의 영역 사이의 적절한 균형을 유지함으로써 현 대사회에 대한 규범적인 사회비판 이론을 세우고자 한 것이다.

하버마스는 이처럼 먼저 기본적인 사회분석의 틀을 제시하고 이 틀 안 에서 새로운 사회운동들의 특성을 확인 설명하는 방식을 택하고 있다. 그러나 새로운 사회운동들은 정형화된 틀에 맞춰서 발생한 것들도 아니 며, 어떤 미리 주어진 본질적인 특징을 가지고 있는 것도 아니다. 그것 들은 일상적인 실천의 장에 산재해 있는 수많은 파편화된 문제들에 소규 모의 비공식적인 조직들이 직접 참여해서 해결하는 방식을 취하는 개별 적인 운동들이다. 따라서 '새로운 사회운동'이란 이 운동들의 진행과정에 시 이론화된 것이므로 한시적인 측면을 띠게 된다.

하버마스처럼 다양하고 이질적인 사회운동들을 판단하고 평가하는 기 준을 우선적으로 설정하고 이 기준에 따라서 '새로운 사회운동'을 정리하 면 그 운동들이 갖는 다원적인 특성을 간과해 버릴 가능성이 높을 뿐만 아니라, 이렇게 정리된 이론을 구체적인 현실 운동들에 적용할 경우 환 원주의적인 오류를 범하기 쉽다. 특히 사회를 체계와 생활세계로 나누는 이분법적인 방식을 현실적으로 적용하기 어려운 상황에서는—즉, 현실 에는 어느 곳에나 체계적인 요소와 생활세계적인 요소가 섞여 있을 수밖 에 없으며, 거꾸로 생활세계의 한 요소에 의한 체계적 합리화의 왜곡현 상이 발생한다는 점을 염두에 둔다면—구체적으로 전개되고 있는 이 운 동에 대한 평가와 발전전망 시도는 현실성을 갖지 못한다.

이에 덧붙여 지적되어야 할 사항은 체계와 생활세계 사이에 적절한 균형을 유지하면서 규범적인 사회비판 이론을 세우려는 하버마스의 시도는 서구 사회국가의 사회보장 제도가 정상적으로 작동된다는 전제 아래에서만 성립된다는 점이다. 따라서 체계에 의한 생활세계의 식민화나 그것에 대항하는 형태로서의 '새로운 사회운동'의 설명 담론 역시 서구 사회보장 국가적인 타협의 필수적인 조건인 지속적인 경제성장을 전제로 할 경우만이 가능해진다. 이런 점에서 그의 분석은 지속적인 경제성장이 가능했던 80년대 중반까지의 서독을 모델로 행해졌다는 한계를 갖는다. 이 성장의 역동성이 유지될 수 없을 경우 전통적인 형태의 계급갈등이 사회운동의 전면에 대두될 것이라는 점은 쉽게 상정될 수 있다. 또한 독일 이외의 다른 서구 국가들에만 눈을 돌려도 체계와 생활세계라는 이분법적 구도에 따라서 발생하는 갈등과는 전혀 다른 생존 자체를 위협하는 갈등의 문제인 구조적인 실업의 문제가 부각된다. 이처럼 하버마스의 분석은 특정한 시간과 공간을 벗어나면 일반화하기가 어렵다.

이 난점을 피하기 위해서 그의 이분법적인 도식을 사회비판을 위한 규범적인 틀의 역할을 하는 것으로 한정할 수는 있다. 이럴 경우 '새로운 사회운동'은 그의 규범적 사회비판 이론을 경험적으로 검증해 주는 하나의 사례로서 자리매김될 수 있지만, 그 운동에 대한 그의 판단과 평가는 자의적일 수밖에 없다. 이 자의적 해석은 그 운동이 생활세계 내에서 성공적으로 체계의 공격을 방어하고 있다는 점이 경험적으로 계속해서 증명된다면 타당성을 확보할 것이다. 그렇지만 현재 서구의 진행과정을 고찰할 때 그 운동이 이러한 역할을 지속적으로 수행할 것이라는 판단을 내리기 힘들다. 그 이유는 '새로운 사회운동'의 이슈들이 기존의 정치구도 안에 효과적으로 흡수됨으로써 운동의 급진성과 자기정체성이 희석되기 때문이며, 또한 운동세력들이 의회정치 안으로 진입한 결과 그들은 정당정치와 의회주의의 규칙을 인정하게 됨으로써 그 운동이 점차적으로 체계 안으로 통합되기 때문이다. 이로 인해 운동의 이슈 중 일부가 제도화되는 구체적인 효과를 보기도 하지만, 이와 반대로 이 운동들이 활동하는 공간인 '비제도적인 정치의 행위공간'이 지탱될 수 없게됨으로써 자율성과 정체성을 확보하기가 어려워지고 있는 것도 사실이다.

　오히려 이런 상황에서 새로운 사회운동들이 각자 고립된 채로 체계 내화되는 것을 막고 개별운동들 사이의 연대의 기반을 확보하기 위해서는 운동 세력들 사이의 전략적인 제휴도 필요하겠지만 이를 위한 철학적 규범을 제시하는 것도 중요하다. 그리고 현실적으로는 오페처럼 기존의 정치 패러다임에 대한 새로운 대안으로서 제시한 전통 좌파와 '새로운 사회운동'의 연대와 같은 전략을 구체화할 수 있는 방안을 개발하는 일이 주요 과제로 등장하겠지만, 지속적인 연대를 위해서는 중장기적인 규범적 기준을 세우는 작업도 병행되어야 한다. 이런 점에서 하버마스의 사회분석 틀이 '새로운 사회운동'의 자기정체성과 활성화를 보장하는 규범적인 척도로서 사용될 수 있다는 점은 높게 평가되어야 한다.

■ 참 고 문 헌

김용창, 1991, "한국에서 새로운 사회운동의 올바른 논의를 위하여,"《사상문예운동》9호, 1991 가을.

김호기, 1995, 《현대 자본주의와 한국사회》, 서울: 사회비평사.

알렌 스코트, 1990, "새로운 사회운동의 이데올로기와 조직," 정수복 편역, 1993.

알랭 투렌, 1980, "노동운동의 제도화와 새로운 사회운동의 전개," 정수복 편역, 1993.

알베르토 멜루치, 1980, "새로운 사회운동에 대한 이론적 접근," 정수복 편역, 1993.

요아힘 히르시, 1983, "포드주의적 보장국가와 신사회운동," 전태욱 역, 한국정치연구회 정치이론분과 엮음, 《국가와 시민사회》, 서울: 한울.

정수복 편역, 1993, 《새로운 사회운동과 참여민주주의》, 서울: 문학과지성사.

Brand, Karl-Werner(Hg.), 1989, "Neue soziale Bewegungen-ein romantischer Protest?," U. C. Washmuht(Hg.), 1989.

Habermas, Jürgen, 1962, *Strukturwandel der Öffentlichkeit*, Neuwied.

_____, 1973, *Legitimationsprobleme im Spätkapitalismus*, Frankfurt a. M.

_____, 1981, *Theorie des kommunikativen Handelns*, Bd. 2, Frankfurt a. M.

Hirsch, J., 1983, "The Fordist Security State and New Social Movements," *Kapitalistate* 10/11.

Ingelhart, R., 1977, *The Silent Revolution. Changing Value and Political Styles Among Western Publics*, Princeton.

Laclau, E. & C. Mouffe, 1985, *Hegemony and Socialist Strategy : Towards a Radical Democratic Politics*, London: Verso, 김성기 외 역, 《사회변혁과 헤게모니》, 서울: 터.

Melucci, A., 1980, "The New Social Movements : A Theoretical Approach," *Social Science Information* 19/2.

Offe, Claus., 1985, "New Social Movements : Challenging the Boundaries of Institutional Politics" *Social Research* 52/4.

_____, 1987, "Challenging the Boundaries of Institutional Politics : Social Movements since the 1960s" Charles S. Maier(ed.), *Changing Boundaries of the Political*, Cambridge.

Scott, A., 1990, *Ideology and the New Social Movements*, London: Allen & Unwin.

Touraine, A., 1969, *Die postindustrielle Gesellschaft*, Frankfurt a. M.

_____, 1978, *The Voice and the Eye : An Analysis of Social Movements*, Cambridge.

Vester, Michael, 1989, "Neue soziale Bewegungen und soziale Schichten," U. C. Wasmuht(Hg.), 1989.

Wasmuht, U. C. (Hg.), 1989, *Alternativen zur alten Politik? Neue soziale Bewegungen in der Diskussion*, Darmstadt.

⑬장

말없는 자연은 윤리적 책임의 대상이 될 수 없는가
하버마스의 담론이론과 환경위기

이 진 우

1. 자연과 계몽의 변증법

우리가 진정으로 대화하려면 모든 사람의 목소리를 평등하게 고려해야
하지요. 그런데 동물이나 식물, 자연환경은 오직 말할 수 있는 존재인
인간의 입을 통하여 소리를 낼 뿐입니다. 수백년간 이 소리가 무시됨에
따라 자연은 이제 우리를 위협하고 복수를 하고 있는 셈입니다. 우리는
여기서 지구차원의 정의(正義) 문제에 부딪힙니다. 1)

이 말은 현재 인류가 직면하고 있는 생태학적 위기에 대한 하버마스의
입장을 분명하게 말해 주고 있다. 그의 입장은 두말할 나위도 없이 '인간
중심적'이다. 환경문제와 생태학적 위기 역시 다른 윤리적·정치적 문제
와 마찬가지로 오직 인간에 의해서만 해결될 수 있다는 것이다. 하버마
스는 물론 다른 철학자들과 마찬가지로 우리의 삶의 조건이 위기에 처해
있다는 점을 인정한다. 그럼에도 불구하고 생태학적 문제에 관한 하버마
스의 입장표명은 그의 광범위한 지적 관심과 활동에 비추어 볼 때 미미

---

1) "세계지성을 만난다 : 獨 철학자 위르겐 하버마스, 대담 한상진 교수,"《조선
일보》, 1996년 1월 1일, 월요일, 29면. 강조는 필자에 의한 것임.

■이 진 우
연세대학교 독문과 졸업
독일 아우크스부르크대학
철학 박사
현재 계명대 철학과 교수

저서로
《탈이데올로기 시대의 정치철학》,
《탈현대의 사회철학》,
《현대성의 철학적 담론》(역) 등

하기 짝이 없다.[2] 그의 관심이 아무리 도덕적 규범의 이론적 정당화에 집중되어 있다고 할지라도, 하버마스는 사실 생태학적 윤리에 관해 이상스러울 정도로 침묵하고 있다고 해도 지나친 말이 아니다.

그렇다면 하버마스는 왜 생태학적 문제에 관해 침묵하는가? 그의 말대로 자연은 스스로 말할 수 있는 존재가 아니기 때문에 도덕적 사유의 대상이 될 수 없는 것인가? 그가 도구적 이성의 모순과 한계를 밝히는 데 탁월한 업적을 보인 비판이론의 계승자라는 점을 상기하면, 이 궁금증은 더욱 더 커진다. 이 궁금증은 대체로 다음의 세 가지 물음표를 동반한다. ① 자연이 인간의 입을 통해서만 말할 수 있다면, 인간과 자연의 관계에서 자연은 어떤 역할을 하는가? ② 만약 현재의 생태학적 위기가 자연의 목소리가 무시됨으로써 야기되었다면, 우리가 이 목소리를 들을 수 없었던 이유는 무엇인가? ③ 정의가 본래 인간상호간의 관계에서 발생하는 도덕적 문제와 연관이 있다면, 하버마스가 말하는 '지구차원의 정의문제'는 도대체 무엇을 말하는가? 여기서 첫째 물음은 인간중심주의와 생명중심주의의 논쟁과 밀접한 연관이 있으며, 둘째 물음은 생태학적 위기의 원인에 관한 역사철학적 문제를 서술하고, 셋째 물음은 생태학적 윤리의 가능성과 그 성격에 관한 도덕철학적 문제를 다루고 있음을 쉽게 알 수 있다.

생태학적 문제에 대한 하버마스의 입장을 정확하게 자리매김하기 위해
서는 우선 이 세 가지 물음에 대한 전통적 비판이론의 답변을 들어볼 필
요가 있다. 아도르노와 호르크하이머는 우선 인간과 자연의 관계를 지속
적인 계몽의 과정으로 파악한다. 계몽은 한편으로는 인간을 공포로부터
해방시키고, 다른 한편으로는 인간을 자연의 주인과 소유주로 세우고자
하는 목표를 추구해 왔다. 계몽의 기획은 간단히 말해서 '세계의 탈마법
화'이다. 생태학적 위기는 이 탈마법화의 과정이 종착역에 도달했다는
사실을 말해 주고 있는 징표라고 할 수 있다. 이런 맥락에서 아도르노와
호르크하이머는 "완전히 계몽된 지구는 승리를 뽐내는 불행의 기호 속에
빛나고 있다"(Horkheimer & Adorno, 1969:9)고 말한다. 지구가 완전히
계몽되었다는 것은 무엇을 의미하는가? 신화의 권위로부터 벗어난 계몽
은 유용성과 계산가능성의 척도에 맞지 않는 것은 모두 철저하게 의심한
다. 지구의 계몽은 결국 유용성을 지향하는 인간의 도구적 이성에 의한
자연지배를 의미한다. 도구적 이성은 분명히 인간에게 더 많은 권력을
가져다주었지만, 인간은 이제 환경오염과 생태학적 위기를 통해 권력 증
대의 대가를 치르고 있다. '인간이 권력을 행사하는 대상으로부터의 소
외'(Horkheimer & Adorno, 1969:15)는 어쩌면 인간에 대한 자연의 보복
일지도 모른다.

계몽의 변증법은 이처럼 도구적 이성에 의한 자연의 지배가 '전체주의
적'(Horkheimer & Adorno, 1969:12)일 수 있음을 폭로하고 있다. 인간이
오직 도구적 이성을 통해서만 자연과 관계를 맺을 수 있다면, 자연은 어
떤 역할을 수행하는가? 자연은 오직 지배의 대상인가? 자연은 일차적으
로는 인간에게 항상 위협의 대상이었다. 인류의 문화는 사실 자연의 위
협에 대항하여 삶의 공간을 확보하려는 인간적 노력의 결과라고 해도 과
언이 아니다. 인간이 지배하고자 하는 물질적 자연이 제1의 자연이라

---

2) 하버마스는 환경문제에 관한 자신의 입장을 다음의 두 글(Habermas, 1980:
475~570, 특히 505~521; 1992:219~226)에서 간단 명료하게 서술하고 있다.

360

면, 인간에 의해 창조된 기술문명은 제2의 자연이라고 할 수 있다. 우리는 흔히 전자를 필연성의 영역이라고 부르고, 후자를 자유의 영역이라고 명명한다. 필연성이 인간의 선택과 자의를 허용하지 않는다면, 자유는 근본적으로 선택할 수 있는 가능성의 조건이다. 인간은 이제 제1자연의 직접적 위협으로부터는 상당 부분 해방되었지만, 기술문명의 가공할 만한 힘은 이제 인간의 실존마저 위협하고 있다. 기술문명이 만약 자연에 대해 도구적 관계 이외의 다른 어떤 관계도 허용하지 않는다면, 인간에게 자유를 가져올 것이라고 믿었던 기술문명은 이제 다른 형태의 필연성을 강요하고 있는 것이다. "문명은 자연에 대한 사회의 승리로서, 모든 것을 순전한 자연으로 변형시킨다."(Horkheimer & Adorno, 1969: 195) 3)

우리는 여기서 인간의 지배대상인 물질적 자연과 자신의 고유한 목적을 가지고 있는 '자연 자체'를 구별할 생각은 없다. 그러나 우리가 하버마스와 같이 인간중심적 입장을 취한다 하더라도, 우리는 적어도 "인간이 단순한 자연 이상의 존재"(Horkheimer & Adorno, 1969:209) 라는 점에는 합의할 수 있을 것이다. 이 문장을 다시 한번 풀어보자. 인간은 자연적 존재로서 단순한 자연 이상이다. 인간은 자연의 힘에 대항하여 문화 공간을 구축함으로써 단순한 자연을 초월한다. 그런데 인간에 의한 자연의 지배는 동시에 인간에 내재하고 있는 자연, 즉 본성을 실현하는 과정이기도 하다. 여기서 말하는 본성 역시 — 하버마스의 제안을 따라서 — 형이상학적 실체라는 강한 의미로 읽을 필요는 없다. 우리가 말하고자 하는 것은 단지 인간이 이성을 통해 자연을 지배함으로써 자신의 본성을 실현해 나가는 역사적 존재라는 점이다. 그렇다면 인간이 자연의 필연성에 맞서 만들어 낸 과학기술과 사회제도가 새로운 구속과 폭력을 재생산하는 까닭은 무엇인가? 그것은 인간이성이 오직 특수 이익만을 대변하고 관철시키기 때문이다. 특수 이익의 절대화가 사회적 차원에서 강

---

3) 비판이론의 1세대 이론가들은 이 점에서 하버마스가 논박하는 한스 요나스의 입장과 일치한다(Jonas, 1984:18/한국어판 : 이진우 역, 1994:25). "자연에 대한 강간행위와 인간 자신의 문명화는 서로 맞물려 있다."

제와 착취를 산출하는 것과 마찬가지로, 자연과의 관계에서도 도구적 이성의 절대화는 인간 본성의 왜곡을 야기한다. 도구적 이성이 만약 자연을 지배하고자 하는 인간의 특수 이익에 불과하다면, 자연의 위기는 부분에 불과한 도구적 이성을 이성 자체로서 잘못 해석하여 절대화하였기 때문에 발생한 것이다.

인간과 자연의 관계에서 자연은 물론 말이 없다. 자연이 경험 가능한 모든 객체의 총괄개념으로 이해되든 또는 그 자체 합목적적 질서로 이해되든, 그것은 모두 '자연 자체'라기보다는 인간에 의해 '해석된 자연'의 개념들이다. 외면적 자연에 내재하고 있는 '자연 자체'를 인식할 수 없듯이, 우리는 우리의 본성도 알지 못한다. 만약 인간 본성이 확정된 것이 아니라면, 외면적 자연에 대한 이성적 지배는 인간 본성에 관한 탐구와 동시에 실현의 과정이 아니겠는가? 만약 인간 본성이 우리에게 주어진 자연이라고 한다면, 인간 본성의 탐구와 실현은 곧 자연 자체의 탐구와 실현이 아니겠는가? 자연은 비록 말이 없지만, 본성과 자연에 대한 인간의 지배가 왜곡과 소외를 가져올 때 자연은 새로운 해석을 가능하게 해주는 역사 발전의 원천이 되지 않는가? 우리가 현재 직면하고 있는 생태학적 위기는 인간본성에 대한 특수한 해석이 한계에 부딪혔음을 알려주는 말없는 자연의 경고는 아닌가? 제1세대 비판이론가들은 계몽의 이성은 지배와 불가분의 관계를 맺고 있으며, 지배로 인해 성취된 자유는 새로운 강제를 산출하며, 이 강제는 특수이익에 의해 억압된 것에 관한 기억을 통해 새로운 이성과 자유를 탄생시킨다는 인식을 가져왔다(이에 관해서는 Noerr, 1990 참조).

현재의 환경위기와 관련하여 '인간중심주의 對 생명중심주의'라는 비생산적 논의에 빠지지 않으려면, 우리는 우선 이성과 자연이 대립된 것이 아니라 서로 매개되어 있다는 사실을 인식할 필요가 있다. "이성은 자연과 다르지만 또한 자연의 한 계기이다"(Adorno, 1973:285)라고 아도르노는 분명히 말한다. 여기서 우리는 앞서 언급한 "인간은 자연적 존재이지만 단순한 자연 이상이다"라는 명제와의 유사성을 쉽게 간파할 수 있다. 우리는 자연을 인간의 관점에서 해석하고 지배함으로써 자연과 관계를 맺는다. 그러나 자연은 이성의 지배가 항상 부분적임을 가르쳐 주는 한 계개념의 역할을 한다. 이런 관점에서 보면 자연은 오직 말할 수 있는 존재인 인간의 입을 통해 말한다는 하버마스의 지적은 정확한 것처럼 보인다. 그렇다면 우리가 인간 지배의 부정적 이면을 고발하는 자연의 목소리를 듣지 못한 이유는 무엇인가? 그것은 아마 도구적 이성을 절대화함으로써 이성의 다른 측면을 보지 못하였기 때문일 것이다. 하버마스는 주지하다시피 단순한 자연을 넘어서는 인간의 이성적 계기를 의사소통적 이성에서 발견한다. 의사소통적 이성은 과연 자연과 인간의 관계에 국한된 도구적 이성을 넘어서는가? 인간과 자연의 관계에서 발생하는 생태학적 문제도 인간 상호간의 의사소통적 관계로 해결될 수 있는가? 아니면, 도구적 이성에 의해 억압되고 배척된 것, 즉 이성의 타자를 상기함으로써 인간과 자연의 다른 관계를 모색해야 하는 것은 아닌가? 이 물음에서 비로소 제1세대 비판이론가들과 하버마스의 입장은 갈라진다.[4] 우리는 이 물음에 대한 하버마스의 담론윤리적 답변을 비판적으로 검토함으로써 새롭게 제기되는 지구 차원의 정의 문제가 어떤 성격을 가지고 있으며, 또 어떻게 해결될 수 있는가를 살펴보고자 한다.

2. 인식관심과 자연지배

우리는 자연에게서 자연을 지배하는 데 유익한 것만을 배운다. 자연의 법칙에 순응함으로써 자연을 지배할 수 있다는 베이컨적 인식관심은 하버마스의 자연관에도 역시 주도적 역할을 하고 있다. 하버마스는 인간 해방을 성취하기 위해서는 도구적 이성보다는 실천이성에 우선성을 부여해야 한다고 주장한다. 실천이성과 도구적 이성의 분리를 야기한 현대의 분화를 철저하게 수용하면서 동시에 실천이성의 우선성을 확보하고자 하

---

4) 《계몽의 변증법》에 관한 하버마스의 비판적 입장에 관해서는 하버마스(1985: 130~156) 참조.

는 것이 그의 기본 의도이다(이에 관해서는 Habermas, 1980:507 참조).
하버마스는 현대사회가 철저하게 분화되었다는 사실로부터 출발하여 이
분화를 발전의 계기로 파악한다. 생태학적 순환과정에 대한 인간의 기술
적 간섭, 전통적 생활형식의 파괴, 생활세계의 의사소통적 구조의 왜곡,
자연적·문화적 자원의 고갈 등과 같이 70년대 이래 지성계를 지배하고
있는 대부분의 주제들은 모두 사회분화로 말미암은 부정적 현상들을 표
현한다. 이러한 문제들은 결국 "우리는 어떻게 파편화된 세계를 다시 결
합시킬 수 있는가?"(McCarthy, 1982:57 ff) 하는 물음으로 압축된다. 하
버마스는 이성이 일단 도구적 이성과 의사소통적 이성으로 분화되고 나
면, 논증에 의해 합의를 도출하는 담론의 절차적 형식만이 분화된 여러
계기들을 통합할 수 있을 뿐이라고 주장한다. 여기서 우리는 하버마스가
언어능력을 갖춘 인간과 외면적 자연의 화해를 추구한 헤겔에 반대하여
칸트의 형식주의로 되돌아가고 있음을 알 수 있다.

   칸트는 현대사회가 과학, 도덕, 예술의 세 가지 가치영역으로 분화되
고 있음을 인식한 최초의 철학자이다. 과학은 객관화의 방식으로 외면적
자연과 관계를 맺고, 도덕은 규범적 방식으로 인간의 사회관계를 규정하
고, 예술은 표현적 방식으로 내면적 자연에 대한 인간의 관계를 서술한
다는 것이다. 자연을 객관적으로 대상화하는 인식이 도구적 이성의 작업
이라고 한다면, 인간행위를 규정하는 규범적 토대의 구축은 두말할 나위
도 없이 실천이성 또는 의사소통적 이성의 작업이다. 그러나 하버마스가
이성을 단순히 도식적으로만 이해하는 것은 아니다. 왜냐하면 그는 이성
의 분화를 역사적 발전의 계기로 파악하기 때문이다. 그렇다면 이성의
분화는 도대체 어디에서 기인하는가? 자연으로부터의 인간의 탄생이 자
연의 산물인 것처럼, 이성의 분화 역시 절대이성이 발전해 가는 과정에
불과한 것인가? 하버마스는 형이상학적 원리를 전제하지 않고 이성의 분
화를 설명하기 위하여 '관심'의 개념을 도입하여 '인식'과 결합시킨다. 그
에 의하면 인간의 모든 인식은 특정한 관심과 결합되어 있다. 그러나 여
기서 우리가 주목해야 할 사실은 '관심'(Interesse)의 개념이 심리학적 호
기심과 심미학적 기호를 뜻하지도 않으며, 정치적-경제적 이해관계를 의

미하지도 않는다는 점이다. 하버마스의 관심은 "인류가 재생산되고 스스로를 구성하는 데 있어 기초적인 조건들, 즉 노동과 상호작용과 결합되어 있는 근본적 방향설정들"(Habermas, 1973:242)을 의미한다. 다시 말해 관심은 인류가 재생산되고 역사적으로 발전할 수 있는 가능성의 조건이다. 이성의 궁극적 관심은 스스로를 실현하는 것이다. 그러므로 우리는 이성을 실현하고자 하는 동인(動因)이 이성 자체에 내재하고 있다는 것을 설명할 수는 없지만 그것을 하나의 사실로 받아들여야 한다. 만약 노동과 상호작용이 비록 서로 다른 인식관심과 결합되어 있다고 하더라도 궁극적으로는 이성의 실현에 기여한다면, 우리는 적어도 노동과 상호작용을 통합할 수 있는 근거를 가지고 있는 셈이다. 그렇다고 하더라도 '어떻게'라는 물음은 여전히 남는다.

하버마스는 초기에 인간의 초월적 인식관심을 가치영역의 분화에 맞추어 세 가지로 구분한다. 외면적 자연을 대상으로 하는 경험과학은 '기술적 인식관심'을 따르며, 전통 속에 침전된 역사적 의미를 연구하는 해석학적 학문은 상호이해의 보장과 상호주관성의 증대를 추구하는 '실천적 인식관심'을 따르고, 자연과 인간의 왜곡된 관계를 비판적으로 반성하는 학문은 '해방적 인식관심'에 의해 인도된다는 것이다(Habermas, 1981: 155). 하버마스는 자연과 역사, 기술적 인식관심과 실천적 인식관심, 도구적 이성과 의사소통적 이성을 해방적 인식관심이라는 기호 아래 변증법적으로 파악하고 있다. 그런데 하버마스는 이러한 인식관심을 본래 역사철학적 관점에서 파악한다. 엄밀히 말해서 기술적 인식관심, 실천적 인식관심과 해방적 인식관심은 인류가 재생산될 수 있는 가능성의 조건들이라는 점에서 초월적이다. 인류의 삶은 노동과 상호작용을 통해 문화적으로 재생산된다. 그렇다면 기술적 인식관심과 실천적 인식관심은 인류라는 종의 재생산과 자기보존의 기능적 관점에서 파악되고 있는 것인가? 하버마스는 단언코 아니라고 대답한다. 인식은 결코 생명의 유기체가 변화하는 환경에 적응하기 위한 도구도 아니며 또 순수 이성의 단순한 활동도 아니라고 하버마스는 단언한다. 인식관심들은 오히려 인류의 삶을 재생산하는 노동과 상호작용을 가능하게 하는 문화적 조건들이다.

인간의 이성은 분명 적응의 단순한 도구는 아니다. 인간의 이성은 동물의 발톱과 이빨과 같은 것이 아니다. 노동과 상호작용은 인류를 생물학적으로 재생산한다는 점에서는 자연과 연관이 있지만, 그자체 재생산의 문화적 조건이라는 점에서는 자연을 넘어선다. 그렇다면 인간이성과 자연의 관계는 어떤 것인가? 하버마스는 우선 우리의 인식을 이끄는 관심들이 '인류의 자연사'에 토대를 두고 있다고 말한다. 다시 말해 인식관심들은 '자연으로부터 나오며 동시에 자연과의 문화적 단절에서' (Habermas, 1981:161)[5] 발생한다는 것이다. 여기서 우리는 자연과 문화의 동시성에 주목할 필요가 있다. 인간의 인식관심들은 자연적 충동의 계기와 함께 자연의 폭력과 강제로부터 벗어나고자 하는 해방의 계기를 함축하고 있다. 예컨대 사회체제는 언뜻 보기에 자기보존의 관심만을 쫓는 것같이 보이지만, 인간의 생물학적 결함을 보완하고 우리를 위협하는 외면적 자연에 대항하여 인간의 역사적 실존을 보장한다. 인간의 문화는 이처럼 자기보존의 자연적 충동과 자기실현이라는 유토피아적 동인을 동시에 갖고 있는 것이다. 이런 맥락에서 보면 노동과 상호작용과 결합된 인식관심들은 단순히 삶의 재생산의 수단만이 아니라 '삶의 규정'이다. 즉, 노동과 상호작용은 항상 '진정한 삶이 무엇인가'라는 원초적 물음에 대한 우리의 해석이다. 단순한 생존처럼 보이는 인류의 활동은 항상 역사적, 문화적으로 규정되어 있다. 인간에게 생존은 문화적인 것이다. 그렇기 때문에 인류의 생존은 "어떤 사회가 무엇을 자신의 '좋은 삶'이라고 의도하는가" 하는 문제와 밀접하게 연관되어 있다. 하버마스는 이와 같은 인식의 자연적-문화적 이중성을 다음과 같은 간단한 명제로 표현한다. "인식은 단순한 자기보존을 초월하는 정도만큼 자기보존의 도구이다."(Habermas, 1981:162)

《인식과 관심》에서 하버마스는 모든 인식관심에는 자기보존의 자연적 욕구와 이를 넘어서는 자기실현의 문화적 욕구가 공존하고 있는 것으로 파악하고 있는 것처럼 보인다. 그렇다면 인간이 자연과 관계를 맺는 노

---

5) 강조는 필자에 의한 것임.

동에도 역시 두 가지 욕구가 결합되어 있는 것인가? 이 물음은 생태학적 윤리에 대한 하버마스의 입장에 결정적 의미를 갖고 있다. 하버마스는 우선 노동을 '인간과 자연의 신진대사'로 파악하는 맑스의 입장을 받아들인다. 맑스에게서 노동은 인간의 생명을 매개하는 영원한 자연적 필연성이며 실존조건이다. 그런데 맑스는 노동이 매개하는 것은 다름 아닌 '인간의 주관적 자연'과 '환경의 객관적 자연'이라고 말한다. 우리가 노동을 하지 않는다면, 우리는 결코 자연과 관계를 맺을 수 없을 뿐만 아니라 우리 내면의 자연을 실현할 수도 없다. 하버마스는 노동을 통한 인간과 자연의 관계를 두 관점에서 이해한다. 우선 인류의 **자연사적** 관점에서 보면 "환경의 자연은 오직 사회적 노동과정을 통해 인간의 주관적 자연과 매개될 때에만 '우리를 위한 객관적 자연'으로서 구성된다"(Habermas, 1973:39). 주어진 자연을 우리를 위한 자연으로 전환시키는 것은 두말할 나위도 없이 노동이다. 노동은 이처럼 인간의 생명을 보장하는 신진대사를 규제한다. 그러나 하버마스는 다른 한편으로 노동이 갖고 있는 인식론적 측면을 강조한다. 노동은 사회적 삶의 재생산을 위한 실제적 조건을 창조할 뿐만 아니라 동시에 '경험대상의 가능한 객관성의 조건'(Habermas, 1973)이라는 것이다. 《인식과 관심》에서 하버마스는 노동은 자연과정이지만 동시에 단순한 자연과정을 넘어선다는 맑스의 이중적 이해를 견지하고 있다.

그러나 하버마스의 철학이 언어학적 전회를 통해 의사소통적 행위의 패러다임으로 옮겨가면서, 처음에는 이중적으로 파악되었던 노동이 점차 도구적 행위로 축소되어 이해된다. 하버마스는 점차 노동의 패러다임보다는 의사소통적 행위의 패러다임에서 해방의 관점을 발견한다(이에 관해서는 Habermas, 1985:103 참조). 노동이 오직 도구적 행위로만 규정되고 또 자연이 노동의 대상으로만 파악된다면, 자연은 오직 성공지향적 행위의 관점에서만 경험된다는 것은 당연한 추론이다. 우리가 인류의 재생산이라는 노동의 자연사적 측면을 배제하면 할수록, 다시 말해 인간과 자연의 변증법적 관계를 무시하면 할수록, 자연에 대한 인간의 관계는 오직 도구적 행위의 틀 안에서 이루어질 수밖에 없다. 현대의 기술문명을 발전시킨 경험과학은 자연을 대상으로 파악하는 '도구적 행위의 초월적 조건'의 절대적 영향을 받으며, 현실을 오직 '기술적 지배의 관점에서 경험될 수 있는 것의 총체'(Habermas, 1973:236)로서만 구성하게 된다. 이 관점으로 포섭될 수 없는 다른 자연경험들은 모두 배제될 수밖에 없음은 당연한 귀결이다.

현대의 분화과정은 사실 하버마스가 지적하는 바와 같이 노동과 상호작용이 분리되는 과정이라고 할 수 있다. 인류가 발전하면 할수록 인간과 자연의 관계는 점차 인간 상호간의 관계로부터 소외된다. 인간 상호간의 관계에 타당한 사회적 규범은 자연발생적 성격을 상실하고, 자연은 탈마법화 과정을 통해 본래 가지고 있던 규범적 힘을 잃게 된다. 도구적 행위와 의사소통적 행위 사이의 경계는 더욱더 뚜렷해지는 것이다. 분화된 인식관심의 영향을 받아, 우리는 자연이 더 이상 우리의 대화상대자가 아니라는 사실을 배우게 된다. 우리가 주체의 권리를 부여하는 유일한 존재는 우리와 같은 다른 인간들뿐이다. 이런 관점에서 보면 인간 이외는 모든 것은 도구적 이성의 영역에 속하게 되고, 인간 상호간의 의사소통적 영역만이 철저하게 도구화된 — 앞에서 언급한 아도르노의 표현을 빌리자면 —, '철저하게 계몽된' 세계 속에 '마지막 보호구역'(Whitebook, 1979:41~69, 59)으로 남아있게 된다. 만약 인간과 자연의 관계가 이처럼 인간 상호간의 관계와 완전히 분리되었다면, 사회적 해방은 외면적 자연의 지배를 전제하는 것인가? 물론 하버마스는 인간의 자유가 외면적 자연의 기술적 지배와 비례하여 증대한다고는 생각하지 않는다. 그러나 우리가 인간과 자연의 관계, 즉 노동과 기술의 차원에서 해방의 잠재력을 발견하지 못한다면, 자연이 도구적 이성의 지배대상으로 전락하는 것은 불가피하다.

이런 맥락에서 하버마스가 생태학적 윤리의 가능성을 부정하는 이유는 특히 두 가지이다. 첫째, 우리는 자연을 항상 객관적 방식으로 경험하는 까닭에 수단으로서의 외면적 자연과 목적 자체로서의 자연 자체를 구별할 수 없다는 것이다. 하버마스는 자연을 일차적으로 우리에게 주어진 대상적 사실로 파악한다. 이런 관점에서 보면 자연 자체는 칸트의 '물자체' 개념과 마찬가지로 인간의 노동행위를 가능하게 하고 동시에 노동의 대상 세계를 구성하는 '한계개념'이다. 우리가 자연에 대한 잘못된 해석을 수정하기 위해서는, 우리는 자연을 마치 스스로 존재하고 있는 목적 자체인 것처럼 구성할 필요가 있다는 것이다. 자연 자체는 자연을 객관적으로 파악하는 이성의 요청에 불과한 것이다. 우리는 자연을 한계개념으로 파악하는 하버마스의 입장을 두 가지 방식으로 읽을 수 있다. 하버마스는 우선 한계개념으로서의 자연이 셸링의 '능산적 자연'처럼 형이상학적으로 실체화되어서는 안되며, 또 천박한 유물론이 생각하는 것처럼 비생명적 질료로서 물질화되어서도 안된다고 말한다. 만약 자연이 스스로를 생산하는 형이상학적 원리로 파악된다면, 자연에 대한 인간의 개입은 사실 원천적으로 무의미하다고 할 수 있다. 마찬가지로 자연이 단순한 질료에 불과하다면, 인간의 자연지배는 맹목적이다. 오늘날 요청되고 있는 생태학적 윤리학은 사실 원리로서의 자연과 대상으로서의 자연 사이의 제3자를 전제한다. 인간과 자연의 관계를 변증법적으로 파악해야 하는 까닭이 바로 여기에 있는 것이다. 그러나 하버마스는 의사소통적 패러다임을 위해 이 인식을 포기함으로써 생태학적 윤리의 가능성을 스스로 봉쇄하고 있다.[6]

하버마스가 목적으로서의 자연을 거부하는 두번째 이유는 의사소통적 행위의 전제인 호혜성은 오직 인간 상호간의 관계에 국한된다는 것이다. 도덕적 행위를 하는 주체들의 규범적 태도는 오직 인간 상호간의 호혜적 관계로부터 추론될 수 있다는 것이다. 이런 관점에서 보면 인간과 자연 사이에는 자연을 대상으로 파악하는 객관적 태도 이외의 어떤 윤리적 관계도 성립하지 않는다. 물론 하버마스는 다른 동물에 대한 동정과 유대성과 같이 도덕적 성격을 가지고 있는 태도도 있을 수 있다고 인정하지만 그것은 결코 정의의 문제는 아니라고 주장한다. 호혜성은 과연 언어 능력을 갖고 있는 인간상호간의 의사소통적 행위에만 국한되는가? 인간

---

6) 자연윤리를 거부하는 하버마스의 입장에 관한 비판적 견해에 관해서는 Ott (1994:99~102) 참조.

의 생명을 매개하는 신진대사 역시 생물학적 호혜성의 원리에 토대를 두고 있지 않는가? 여기서 우리는 하버마스가 자연에 대한 초기의 변증법적 이해를 포기하고 행위의 규범적 토대를 오직 인간의 의사소통적 행위에서만 발견하려고 함으로써 생태학적 윤리의 가능성을 스스로 박탈하고 있음을 볼 수 있다. 후기의 담론이론에서는 '언어', '노동', '지배'라는 인간의 자연사적 매개수단 중에서 언어가 규범적 토대로서 절대화되고 있다. 그러나 모든 매개수단이 자기보존에 기여할 뿐만 아니라 단순한 자기보존을 넘어서는 해방적 잠재력을 갖고 있다는 초기의 입장을 견지한다면, 인간과 자연의 관계에서도 도구적 행위 이외의 **다른 방식**이 가능한 것은 아닌가? 그것은 우리가 인간의 인식론적 독점 지위로부터 내려와 자연과의 자연사적 유대성을 상기함으로써 이루어지는 것은 아닌가? 하버마스의 담론이론이 과연 생태학적 문제에 관한 유용한 관점을 제시하는가 하는 문제는 결국 그의 인간중심주의적 윤리가 인간과 자연의 유대성을 어떻게 평가하는가 하는 물음과 직결된다.

3. 인간과 자연의 유대성

담론윤리는 도덕을 인간 상호간의 관계에서 발생하는 정의의 문제로 국한시킨다. 그렇다면 담론윤리는 비인간적 환경세계에 대한 인간의 도덕적 책임으로부터 발생하는 문제들을 보지 못하는가? 하버마스는 한편으로 인간이 자연과 환경세계에 대해 도덕적 책임이 있다고 인정하며, 다른 한편으로 '좋은 삶'의 문제들 역시 합리적으로 해명될 수 있다고 주장한다. 그렇지만 하버마스는 담론의 조건하에서 공동의 관심사에 관한 합의를 도출하는 도덕적 논증은 '좋은 삶'에 관한 윤리적 판단과 구별된다고 못을 박는다. 우리는 여기서 하버마스가 도덕을 두 가지 의미에서 이해하고 있음을 알 수 있다. 넓은 의미의 도덕은 "보호와 배려를 통해 인격의 **극단적 침해가능성**에 대적하려면 어떻게 행위해야만 하는가에 관한 정보를 우리에게 제공하는 모든 직관들"(Habermas, 1985:14)을 의미한다. 우리가 '도덕적'이라는 술어를 붙이는 모든 것은 인간학적 관점에서 보면 "사회문화적 생활형식들 속에 구조적으로 설치된 침해가능성을 보완하는 보호장치"(Habermas, 1985)라고 하버마스는 말한다. 이처럼 넓은 의미의 도덕은 우리의 정체성을 보장하는 생활세계의 전통 속에 이미 용해되어 있다. 그러나 좁은 의미의 도덕은 합리적 논증과정을 통해 정당화된 규범을 의미한다. 도덕적 논증의 모든 행위자들은 "모든 당사자들은 자유롭고 평등한 사람으로서 원칙적으로 협동적 진리탐구에 참여할 수 있으며, 또 강제가 있다면 오직 '더 좋은 논증'의 강제만이 있을 수 있다는 사실"(Habermas, 1985:13)에 합의한다.

도덕적 논증과 윤리적 판단을 구별하는 하버마스의 담론이론은 생태학적 윤리를 세우는 데 중요한 세 가지 관점을 담고 있다. 첫째, 좁은 의미의 도덕은 언어능력과 행위능력을 갖춘 자유롭고 평등한 주체들 상호간의 정의 문제이다. 둘째, 넓은 의미의 도덕은 '인격의 극단적 침해가능성'과 연관된 호혜성의 문제를 포괄한다. 셋째, 도덕적 논증은 오직 컨텍스트에 의존하는 정도에 따라 윤리적 판단과 구별된다. 그렇다면 하버마스는 어떤 관점을 근거로 생태학적 문제를 해명하고 있는가? 하버마스는 우리의 도덕적 감정과 윤리적 판단이 오직 인간에게만 향한 것은 아니라는 점을 인정한다. 동물에게 가해지는 잔학행위를 보면, 우리의 도덕적 감정이 손상당하는 것은 지극히 당연한 자연적 현상이다. 만약 우리가 의도적으로 환경을 파괴한다면, 우리는 도덕적으로 비난을 받아 마땅하다. 우리에게 자연적으로 주어진 도덕감은 이렇게 자연과 환경에 대한 의도적 침해행위를 거부한다. 인간의 의도적 행위에 의해 야기되는 도덕적 불균형을 해결하기 위한 장치가 정의라는 것은 익히 알려진 사실이다.

그렇다면 이성적 주체 또는 이성의 잠재력을 가진 주체들을 대상으로 하는 정의는 인간과 자연의 관계에로 확장될 수 있는 것인가? 한스 요나스는 분명히 '예'라고 대답하지만, 하버마스의 대답은 오해할 여지없이 '아니오'이다. 동물과 식물, 자연과 환경은 말할 수 없는 까닭에, 이성을 가지지 않은 까닭에 인간과 호혜적 관계를 맺을 수 없다는 것이다. 다시 말해 생태학적 문제는 좁은 의미의 도덕에서는 제외된다. 그렇지만 동물학대와 자연훼손에 대한 우리의 도덕적 직관은 분명한 목소리로 말하지 않는가? 여기서 우리는 공리주의의 창시자 제레미 벤담의 말을 상기할 필요가 있다. "문제는 '그들이 사유할 수 있는가'도 아니며 '그들이 말할 수 있는가'도 아니라 '그들이 고통을 당할 수 있는가'"이다(Bentham, 1789:311). 벤담은 도덕의 적용범위는 '침해가능성'의 문제에 의해 규정된다고 분명히 말하고 있다. 자연이 침해가능한 존재로 파악될 수 있다면, 자연은 도덕적 의무의 대상이 될 수 있다. 사실 도덕적 문제를 인간과 자연의 관계로 확대하고자 하는 한스 요나스의 책임윤리는 자연의 침해가능성에 관한 인식에 토대를 두고 있다. 그러나 우리의 도덕적 직관이 아무리 자연을 도덕적 대상으로 삼는다 하더라도, 언어능력이 도덕의 전제조건인 한 그것은 인간중심적 담론윤리와 일치하지 않는다.

　　인간 상호간에는 권리와 의무의 균형적 관계가 성립하지만, 인간과 자연의 관계는 비대칭적이다. 자연은 인간에 대해 권리를 갖고 있지 않지만, 인간은 자연에 대해 의무를 갖고 있다. 그렇지만 이렇게 의무의 개념을 인간과 자연의 비대칭적 관계로 확장하면, 그것은 더 이상 칸트적 의미에서의 의무가 아니라 가치의 선호판단에 불과하다고 하버마스는 말한다. 우리의 전통 속에 계승되어 온 가치와 이상들은 우리에게 의무를 부여하지만, 이 윤리적 의무에는 정언명법의 무제약성이 결여되어 있다. 우리는 자연에 대해 무조건적 의무를 갖고 있지 않다는 것이다. 예컨대 자연보호를 극단적으로 주장한다면, 이 도덕적 의무는 곧 인간의 자기보존 욕구와 충돌을 일으킨다. 우리가 동물학대에 대한 혐오감과 도덕적 명령을 침범하였을 때 느끼는 분노 사이에서 유사성을 발견한다 하더라도, 우리는 자의적으로 훼손을 해서는 안된다는 도덕적 금지명령을 모든 생명체에 적용할 수는 없다고 하버마스는 말한다. 왜냐하면 의무의 도덕적 감정은 오직 '우리가 의사소통적 행위를 통해 이미 전제하고 있는 기초적 상호인정 관계'(Habermas, 1991:223)에 토대를 두고 있기 때문이다.

　　그렇다면 상호인정 관계를 구성하는 핵심적 요소는 무엇인가? 인간과 자연 사이에도 상호인정의 관계가 성립할 수 있는가? 여기서 우리는 하버마스가 자연과 환경 일반을 거론하기보다는 동물에 국한하여 도덕적 의무를 논하고 있음에 주목할 필요가 있다. 하버마스는 동물과 인간, 더욱 정확하게 말하면 가축과 인간 사이에는 어느 정도의 상호작용이 존립할 수 있다고 주장한다. 하버마스는 자연을 다시 한번 동물의 영역으로 축소시키는 오류를 범하고 있는 것이다. 하버마스는 어떤 관점에서 인간과 동물 사이에는 상호 관계가 성립할 수 있다고 보는가? 하버마스는 일단 도덕이 인간의 인격적 불가침성을 보호하기 위한 제도적 장치라는 점에서 출발한다. 어느 누구도 자신의 불가침성을 혼자 주장할 수는 없다. 개개인은 자신의 연약한 정체성을 오직 공동체의 구성원으로서 호혜적으로만 보장할 수 있을 뿐이다. 하버마스는 이렇게 개인의 인격적 불가침성과 신체적 불가침성을 구분하면서, 인격적 불가침성이 신체적 불가침성에 선행한다고 주장한다. 따라서 언어를 매개수단으로 하는 상호작용의 구조 속에는 개인의 인격적 정체성을 훼손할 수 있는 가능성이 내재하고 있으며, 이는 신체적 정체성을 침해할 수 있는 가능성과 밀접하게 연관되어 있기는 하지만 이에 선행한다는 것이다. 여기서 우리는 하버마스에게 근본적 물음을 제기하지 않을 수 없다. 언어가 과연 말하는 신체 없이 존재할 수 있는가? 인격은 오히려 개인의 신체적 불가침성을 보장하기 위한 도덕적 요청의 산물은 아닌가?

아무튼 하버마스는 인간에게는 인격적 불가침성과 신체적 불가침성이 공존하지만 동물에게는 인격적 불가침성을 부여할 수 없다고 말한다. 우리는 세계의 문제에 관해 서로 의견을 나눌 수 없는 생명체에게는 인격성을 부여할 수 없다는 것이다. 우리가 동물과 언어적 의사소통을 할 수 없다는 것은 자명한 사실이다. 그렇지만 우리는 동물과 '다른 방식으로' 상호작용의 관계를 맺을 수 있다고 하버마스는 주장한다. 예컨대 우리가 기르는 가축과 우리 사이에는 일종의 사회적 관계가 성립한다는 것이다. 우리는 이 동물들을 일종의 타자로 바라볼 수 있으며, 인간과 친밀한 동물들은 우리에게 이인칭의 역할을 담당할 수 있다. 우리는 물론 가정에서 기르는 개와 고양이를 대화의 상대자로 삼기도 하고, 또 가족의 구성원처럼 대하기도 한다. 하버마스가 자신의 인간중심적 태도를 가장 많이 양보할 수 있는 것은 기껏해야 자신이 기르는 가축 정도에 불과하다. 우리가 동물과 맺는 관계는 '일종의 상호주관적 관계'(Habermas, 1991:224)라는 것이다. 동물이 인간의 상호작용에 참여할 때에만 도덕적 의무의 대상이 될 수 있다고 하버마스는 단언한다. 그렇지만 우리가 동물과 맺는 관계는 상호주관적 관계와 '유사할' 뿐이지 그 자체 도덕적 관계는 아니다. 간단히 말하면, 우리는 동물에 대해 도덕적 의무를 갖고 있지 않다는 것이다. 인간과 비교적 상호작용을 하는 동물조차 오직 유추적 의미에서만 도덕적 의무의 대상이 될 수 있을 뿐인데, 말없는 식물과 자연이 도덕적 논의에서 배제되는 것은 두말할 나위도 없다.

하버마스의 담론윤리는 철저하게 인간중심적이다. 동물에 대한 도덕적 의무를 담론이론적으로 정당화하고자 하는 그의 시도는 처음부터 실패가 예정되어 있었다고 해도 과언이 아니다. 만약 동물이 인간과 어느 정도 상호작용의 관계를 맺을 수 있기 때문에 도덕적 대상이 될 수 있다고 한다면, 왜 하버마스는 인간의 생명을 재생산하기 위해 끊임없이 신진대사를 하는 자연환경은 고려하지 않는가? 자연은 — 하버마스가 말하고 있듯이 — 다른 방식으로 인간과 상호작용을 하고 있지 않은가? 만약 동물들이 오직 '인간적 방식의 상호작용의 의사소통적 지평 안에서만' 우리의 보호를 향유할 수 있다면, 여기서 말하는 인간적 방식이란 도대체 무엇을 의미하는가? 그것은 우리가 '자연을 어떻게 대할 것인가'에 관한 합의를 말하는가? 자연은 이제 21세기 인류의 공통 관심사가 되었다는 사실에는 이의의 여지가 없다. 인간과 자연의 관계가 오직 기술적 인식 관심에 의해서 규정된다는 것도 사실은 확정된 것이 아니다. 오늘날 우리가 직면하고 있는 생태학적 위기에 비추어 볼 때, 인간과 동물은 각각 서로 다른 종(種)에 속한다는 것은 중요한 문제가 아니다. 만약 종의 차이가 바로 도덕적 책임의 한계를 서술한다면, 우리는 자연에 대한 책임을 정당화할 어떤 근거도 갖지 못한다. 이런 맥락에서 하버마스는 "식물과 전체 종의 보존에 대한 인간의 책임은 상호작용의 의무로부터, 즉 도덕적으로 정당화될 수 없다"(Habermas, 1991:225)고 단언한다. 이 명제

는 생태학적 문제에 대한 인간중심적 윤리의 한계를 극명하게 폭로하고
있다.

4. 계몽의 생명윤리와 심미주의적 생태학

하버마스는 《인식과 관심》에서 해명한 인간과 자연의 변증법적 관계
를 의사소통적 합리성을 위해 포기함으로써, 인간과 자연의 관계를 오직
도구적 이성의 관점에서만 파악하고 있다. 만약 생태학적 위기가 — 하버
마스가 인정하고 있듯이 —'지구적 차원의 정의 문제'라고 한다면, 모든
문제는 '우리가 어떻게 다른 방식으로 자연과 관계를 맺을 수 있는가'라
는 물음으로 압축된다. 비록 우리가 자연에 대한 책임을 도덕적으로 논
증할 수는 없다고 하더라도, 우리가 자연을 보호하고 보존해야 할 '윤리
적 근거'는 충분히 있다고 하버마스는 말한다. 도덕적 논증과 구별되는
윤리적 근거는 생활세계의 전통 속에 용해된 선(善)에 관한 판단을 의미
한다. 생태학적 위기는 사실 우리에게 '무엇이 좋은 삶인가'에 관한 진지
한 사유를 요청한다. 환경문제에 관한 한, 삶의 형식이 행위의 정당성보
다 우선한다는 것은 자명하다. 생태학적 삶의 형식은 우리가 문명화된
세계 공동체의 구성원으로서 이 지구에서 어떻게 살 것인가 하는 문제와
연관되어 있다. 그것은 또한 우리가 인류의 일원으로서 다른 종들과 어
떻게 살아갈 것인가 하는 문제를 포함한다. 생태학적 문제는 실제로 좁
은 의미의 도덕을 넘어서는 — 하버마스의 구분을 긍정적으로 이용하면
— 윤리적 문제이다. 다시 말해 그것은 인간에 의해 배척된 이성의 타자
를 반성적으로 상기함으로써 인간과 자연의 이성적 관계를 구축하고자
하는 윤리적 문제이다.

하버마스는 《인식과 관심》에서 이미 노동의 상관자로서의 자연이 '독
립성과 외면성'(Habermas, 1973:46) 7)의 두 측면을 동시에 가지고 있다

---

7) 강조는 하버마스 자신에 의한 것임.

고 밝힌 바 있다. 인간과 자연의 다른 관계를 모색하려면, 우리는 이제 자연의 독립성에 주목해야 한다. 인간의 도구적 이성에 의해 배척되고 억압된 자연의 독립적 성격은 도대체 무엇이고, 어디에서 어떻게 나타나는가? 자연이 스스로를 위해 존재한다는 사실을 우리에게 보여주는 것은 다름 아닌 심미적 태도라고 하버마스는 말한다. 여기서 우리는 심미적 태도와 윤리적 태도의 관계를 상세하게 논의할 생각은 없다. 우리는 단지 아름다움에 관한 우리의 관심 자체가 이미 도덕적 성격을 갖고 있다는 칸트의 말을 상기하고자 한다. "자연의 아름다움에 직접적 관심을 갖는 것은 (…) 언제나 선한 영혼의 징표이다."(Kant, 1983:395) 칸트에 의하면 인공미에 관한 감각은 감상자의 도덕성과 비도덕성과 아무런 상관도 없지만, 자연미에 대한 관심은 이미 도덕적 감정에 호의적인 정서를 갖고 있다. 물론 칸트에게 있어 아무런 조건없이 좋다고 말할 수 있는 것은 세계에서 오직 선의지뿐이다. 선의지를 세우는 것은 이성에게 있어 최고의 실천적 규정이다. 만약 선의지의 정립이 자연미에 대한 우리의 감수성과 내면적으로 결합되어 있다면, 우리 모두는 도덕적 이유에서도 자연미의 보존을 의욕해야 하고 또 바랄 수 있어야 한다. 만약 자연의 아름다움이 도덕적 존재의 실존에 기여한다면, 자연미는 바로 이런 이유에서도 최고의 선이라고 할 수 있다(이에 대해서는 Ott, 1994:136; Birbacher, 1991:281 참조).

이런 관점에서 보면 《인식과 관심》의 하버마스는 담론이론의 하버마스보다 생태학적 문제에 더 많은 관점을 제시하고 있다. 우리가 관심의 개념에 주목하고자 하는 이유도 바로 여기에 있다. 앞에서 언급한 바와 같이 하버마스는 인간의 생명을 재생산하는 매개수단에 따라 '기술적 인식관심', '실천적 인식관심', '해방적 인식관심'을 구별한다. 기술적 인식관심은 노동을, 실천적 인식관심은 언어를, 그리고 해방적 인식관심은 지배를 매개수단으로 한다. 그러나 해방적 인식관심은 본래 자기반성에 관한 관심을 의미한다. 자기반성 속에서는 인식과 해방의 관심이 일치한다는 것이다. 해방은 자연사적 관점에서 보면 두 측면을 갖고 있다. 그것은 한편으로 항상 부분적인 우리의 인식으로부터의 해방을 의미하고,

다른 한편으로는 인간 본성의 유토피아적 실현을 뜻한다. 우리는 이성이 궁극적으로 추구하는 해방을 주관적 자연과 객관적 자연의 일치로 파악할 수도 있다. 그러나 하버마스는 해방의 잠재력이 오직 언어에만 주어졌다고 파악함으로써, 심미적 관심을 해방적 관심으로 보지 못하고 있는 것이다.

　이와 같은 태도는 분화된 가치영역과 인간의 초월적 입장의 상관관계를 정당화하는 하버마스의 시도에서 극명하게 드러난다. 현실영역은 하버마스에 의하면 '외면적 자연', '사회', '내면적 자연'의 세 영역으로 구분되고, 이 영역들은 각각 '객관적 태도', '규범적 태도', '표현적 태도'와 일치한다(이에 관해서는 Habermas, 1980:520 ff 참조). 우리는 외면적 자연과 객관화의 방식으로 관계를 맺고, 인간의 사회관계를 규범적으로 규정하고, 자신의 내면적 자연은 표현적 방식으로 서술한다. 물론 객관적 태도는 자연뿐만 아니라 사회에로 확장될 수 있으며, 인지적-도구적 합리성의 영역을 포괄한다. 여기서 우리는 인간의 내면적 자연이 유일하게 객관적 태도로부터 제외되어 있음을 알 수 있다. 우리는 객관적 방식으로는 우리의 내면과 본성에 관해 알 수 없다는 것이다. 두번째로 사회와 인간의 내면적 자연을 포괄하는 규범적 태도는 도덕적-실천적 합리성의 영역이다. 하버마스는 외면적 자연을 도덕적 영역으로부터 배제시킴으로써, 인간과 객관화되지 않은 자연의 관계를 합리적으로 해명할 수 있는 가능성이 없다는 것을 암시하고 있다. 끝으로, 외면적 자연과 내면적 자연을 포괄하는 표현적 태도는 심미적-실천적 합리성을 서술한다. 그러나 표현적 태도가 사회에 영향을 줄 수 없는 것은 심미적으로 규정된 상호작용의 형식으로부터는 사회관계를 합리화할 수 있는 어떤 규범도 추론될 수 없기 때문이라고 하버마스는 말한다.

　인간의 생명을 매개하는 기본적 태도에 관한 하버마스의 명제를 다시한번 축약하면 다음과 같다. 첫째, 인간의 내면적 자연은 결코 객관화될 수 없다. 둘째, 우리는 인간과 자연의 관계를 규범적으로 합리화할 수 없다. 셋째, 인간의 심미적 태도는 사회적으로 제도화될 수 없다. 언어능력을 핵심으로 하는 인간중심적 관점에서 보면 이 명제는 모두 타당하

다. 우리는 인간의 본성을 말할 수도 없으며, 말없는 자연과 의사소통을
할 수도 없다. 인간의 본성은 오직 노동과 언어를 통해 역사적으로 매개
될 수 있다고 한다면, 인간 본성을 객관화할 수 없다는 사실은 오히려
긍정적 의미를 가진다. 그러나 우리는 둘째 명제와 셋째 명제에 대해서
는 강한 물음표를 달고자 한다. 하버마스는 도덕적 능력이 인간의 인지
적 능력과 밀접한 관련이 있다고 봄으로써, 도덕을 오직 인간 상호간의
관계로 축소시킨다. 만약 인간실존의 가능성이 최고의 선이라고 한다면,
자연은 인간의 도덕적 동반자라고 할 수 있지 않은가? 여기서 우리는 인
간과 자연의 관계를 유기체적 호혜성의 관점에서 파악할 필요가 있는 것
이다. 물론 인간의 심미적 태도는 세계의 합리화에 직접 기여하지 않는
다. 그러나 역사적으로 형성된 생활세계 속에서는 '아름다운 삶'에 관한
심미적 판단은 '좋은 삶'에 관한 윤리적 판단과 밀접하게 결합되어 있다.
그렇다면 우리는 자연의 아름다움에 관한 인간의 심미적 태도로부터 생
태학적 윤리를 추론할 수 있지 않은가? 8) 물론 심미학적 생태학은 인간
과 자연의 조화로운 관계를 전제한다. 심미적 태도가 외면적 자연과 내
면적 자연을 매개한다는 하버마스의 통찰은 결코 우연이 아니다. 자연의
아름다움에 대한 인간의 원천적 관심 속에는 이미 단순한 자연지배를 넘
어서는 다른 관계의 가능성이 함축되어 있다. 기술문명의 시대의 우리의
관심은 유일하고 유한한 인류와 지구의 보존이다. 만약 자연이 말할 수
없다고 도덕적 책임의 대상에서 제외한다면, 언어를 통해 구현되는 인간
의 이념은 스스로를 웃음거리로 만들 것이다. 9)

---

8) 목적론적 생명윤리의 가능성에 관해서는 이진우(1996:279~299) 참조.

9) " '이념'이 '이해관계'로부터 구별되면 될수록 항상 스스로를 웃음거리로 만든다"
   는 맑스의 명제는 생태학적 문제에도 적용될 수 있다(Engels & Marx, 1985:
   85).

■ 참고문헌

이진우, 1996, "기술시대의 생명윤리 : 한스 요나스의 생태학적 존재론을 중심으로," 《문학과 사회》, 33(봄).

Adorno, Th. W. , 1973, *Negative Dialektik, Gesammelte Schriften*, Bd. 6, Frankfurt a. M.

Bentham, J. , 1789, *An Introduction to the Principle of Morals and Legislation*, Oxford, Ch. 17, I, § 4.

Birbacher, Dieter, 1991, "Mensch und Natur. Grundzüge der ökologischen Ethik," Kurt Bayerz(Hg.), *Praktische Philosophie : Grundorientierungen angewandter Ethik*, Reinbek bei Hamburg.

Engels, F. & K. Marx, 1985, *Die Heilige Familie*, MEW, Bd. 2, Berlin.

Habermas, J. , 1973, Erkenntnis und Interesse, Frankfurt a. M.

_____, 1980, "Replik auf Einwände," Vorstudien und Ergänzungen des kommunikativen Handelns, Frankfurt a. M.

_____, 1981, "Erkenntnis und Interesse"(1965), Technik und Wissenschaft als Ideologie, Frankfurt a. M.

_____, 1985, Der philosophische Diskurs der Moderne, Frankfurt a. M.

_____, 1985, "Treffen Hegels Einwände gegen Kant auch auf die Diskursethik zu?".

_____, 1992, "Erläuterungen zur Diskursethik," *Erläuterungen zur Diskursethik*, Frankfurt a. M.

Horkheimer, Max & Theodor W. Adorno, 1969, *Dialektik der Aufklärung*, Frankfurt a. M.

Jonas, H. , 1984, Das Prinzip Verantwortung, Frankfurt a. M. /한국어판 : 이진우 역, 1994, 《책임의 원칙》, 서광사.

Kant, I. , 1983, *Kritik der Urteilskraft*, § 42, *Werke in zehn Bänden*, Bd. 8, hrsg. v. W. Weischedel, Darmstadt.

McCarthy, Th. , 1982, "Rationality and Relativism," J. B. Thompson & D. Held(eds.), *Habermas : Critical Debates*, London.

Noerr, Gunzelin Schmid, 1990, *Das Eingedenken der Natur im Subjekt : Zur Dialektik von Vernunft und Natur in der kritischen Theorie Horkheimers, Adornos und Marcuses*, Darmstadt.

Ott, Konrad, 1994, *Ökologie und Ethik. Ein Versuch praktischer Philosophie*, Tübingen.

Whitebook, Joel, 1979, "The Problem of Nature in Habermas," *Telos*, 40.

14장

하버마스의 사회분석틀에 대한 여성주의적 비판[1]

이 상 화

1. 들어가는 말

하버마스에 의하면 '이론'이라는 것은 사회적·실천적 함의를 가질 수 있어야 하며, 동시에 엄격한 논증적 사유의 틀 속에서 구축되어야 한다. 이들 두 가지 측면을 철저하게 충족시킬 때에만 하나의 이론은 이론으로서의 권위를 지니게 된다. 하버마스는 이러한 이론적 권위를 획득하는 사회비판이론을 정립하기 위해서 재구성이라는 자신만의 고유한 방법론에 의존한다. 그에 의하면 '재구성'(rekonstruktion)이란 하나의 이론이 결정했던 목표에 보다 잘 도달하기 위해서 그 이론을 해체하고 분해시켜 새로운 형태로 합성하는 것이다. 한 이론이 여러 면에서 볼 때 많은 수정을 필요로 하기는 하지만 그럼에도 불구하고 여전히 잠재적인 자극력

---

1) 이 글에서 사용되는 '여성주의'라는 용어는 feminism을 번역한 말이다. 이에 상응하여 'feminist'라는 말은 '여성주의적', '여성주의자'라고 번역하여 사용한다. 필자는 feminism은 엄밀한 의미에서 '여성해방주의'라고 번역되는 것이 타당하다고 생각한다. 그러나 이 글에서는 최근 여성학 연구에서 사용하는 방식을 따라 '여성주의'라는 용어를 사용하기로 한다. 필자는 일반적으로 여성학 연구에서 사용되는 '여성주의'라는 개념은 '여성중심주의'와는 구별되는 보다 다양한 입장을 포괄하는 개념으로 이해하고자 한다.

■이 상 화
이화여대 영문과 및 동대학원
종교철학 석사
독일 튀빙겐대학 철학 박사
현재 이화여대 철학과 교수

주요 논문으로
"대화에 대한 실천철학적 고찰",
"성과 권력 : 철학에서의 의미" 등

을 갖고 있을 때 재구성의 방법이 요청된
다. 여성주의적 관점에서 보자면 모든 전
통이론들은 그 이론들이 지닌 인식적 명
증성과 실천적 함의에도 불구하고 그들이
성차별적 성질을 지녔다는 점에서 많은
수정을 필요로 한다. 여성주의적 관점에
서 기존의 이론에 대한 재구성이 불가피
하다는 것이다. 이러한 측면에서 본다면
사회비판이론 또한 예외는 아닐 것이다.
따라서 이론에 대한 하버마스의 이해와
이것에 근거한 재구성적 방법론의 요구라
는 측면에서 그의 사회비판이론과 여성주
의 이론은 만나게 된다. 사회적·실천적
의미를 가진 이론이면서 동시에 설명력과
지적 권위를 획득할 수 있는 이론을 정립
하는 재구성적 과정 속에서 여성주의는
비판으로서 혹은 비판이론으로서 자기 정
체성을 규정하게 된다.

초기단계에서 여성주의 이론은 전통적
인 이론들이 가지고 있는 성별 편견(gen-
der bias)과 성별에 대한 무관심(gender
blindness)을 드러내기 위한 해체(decon-
structing) 작업에 집중되어 있었다. 그러
나 지난 20여 년간은 여성주의 이론작업
에서 '재구성'(reconstruction)의 시기로 특
징지어질 수 있다. 여성주의 이론적 재구
성의 문제의식과 관심은 어떻게 하면 서
구의 지적 전통을 지배해 온 남성의 관점
으로부터 여성의 관점으로 전환을 이루어

낼 수 있는가에 있다. 남성의 관점으로부터 여성의 관점으로 전환이 필요한 이유는 세계와 인간에 대한 이론화를 거의 전적으로 남성이 장악한 결과, 여성의 세계체험은 과학과 이론에서 배제되거나 혹은 왜곡되어 왔기 때문이다.

다시 말하면, 여성주의 이론 작업은 첫번째 단계는 전통적인 철학과 사회이론에서 여성의 체험이 '여성혐오적'이거나 '여성비하적'으로 왜곡되었다는 사실을 논증해야 하며, 여성의 체험이 생략·배제된 것을 밝혀내야 한다. 그러나 여성주의 이론작업은 그러한 해체작업으로만 끝나서는 안되며, 새로운 개념과 인식론·방법론을 개발하는 작업으로 이어져야 한다. 이를 위한 한 방편이 재구성의 작업이다.

재구성은 왜곡을 수정하고 생략된 것을 첨가하는 것만으로는 충분하지 않고, 인간과 사회를 근본적으로 다르게 바라보고 새롭게 사유하는 패러다임의 전환을 요구한다. 이러한 패러다임의 전환을 가능하게 하기 위한 전제조건은 다음과 같다. 첫째, 구체적인 여성의 삶과 여성의 체험이 '학문적으로 의미 있는 것'으로 진지하게 논구되어야 한다. 둘째, 남성의 삶과 여성의 삶은 서로 얽혀 있으며, 남성의 문제가 아닌 여성의 문제는 없다는 것을 인식해야 한다. 셋째, 그러나 이제까지 수천년간 가부장제 지배 속에서 여성과 남성은 동일한 상황에 놓여 있지 않으며, 공동(공통)의 문제를 체험하는 데에서도 차이가 날 수밖에 없다는 것을 인정해야 한다.

맑스주의 여성주의 이론가들은 초기 단계에서 맑스주의의 재구성을 통한 여성억압의 분석과 해방의 전망을 시도했다. 따라서 이들에게 맑스 이론 비판으로부터 출발하여 생활세계에 대한 보다 정교한 이론을 구성한 하버마스는 관심의 대상이 될 수밖에 없다.

여성주의 이론가들이 오랜 기간의 논쟁과 수정을 거치면서 맑스 이론에 대하여 어느 정도 공통적으로 지적하는 문제는 다음의 세 가지 영역으로 요약될 수 있다. 첫째로 맑스주의 이론은 분석의 영역을 생산활동과 생산관계에만 국한하고 있으며 출산, 육아, 가사노동과 같은 활동들은 제외하고 있다. 생산개념에 우위를 두면서 동시에 대상을 생산하고

384

형성하는 것으로 노동을 이해하는 맑스주의 이론틀 자체에 도전하지 않은 채 맑스주의 여성주의자들은 재생산의 개념을 발전시켰다. 그러나 양육, 돌봄, 어린이의 사회화 등을 주객의 모델로 설명하는 데는 근본적인 한계가 있다. 둘째로, 맑스주의는 사회변화의 집단적 행위자가 생산과정에서 위치하는 지위에 의해 결정된다고 본다. 그러나 집단적 행위의 주체는 단지 생산과정에서뿐만 아니라 다양한 영역에서 억압을 경험하는 집단으로 상정될 수 있다. 셋째로, 맑스주의는 공사영역의 구분에 대한 문제제기나 비판보다는 생산활동의 주체인 노동자 계급이 공적 영역을 대표하고 주도하는 것을 실천적 목표로 설정하며, 사적 영역의 분석이나 변화를 대상에서 제외되고 있다.

이러한 문제의식을 갖는 여성주의자들에게 하버마스의 의사소통행위 이론이 제시하는 사회분석틀이 새로운 단초를 제공할 수 있다고 평가되는 것은 당연하다.

하버마스의 이론틀을 원용하여 여성주의적 관심을 재구성한다면 어떠한 결과가 나타날 것인가? 이 글에서는 하버마스 사회이론의 비판적 통찰과 그 한계점들을 벤하빕(Seyla Benhabib), 프레이저(Nancy Fraer), 그리고 아이리스 영(Iris Marion Young)과 같은 여성주의 비판이론가들의 논의를 중심으로 정리해 보고자 한다.

2. 하버마스의 사회이론

1) 맑스 생산패러다임에 대한 비판[2]

하버마스의 맑스 비판은 맑스의 입장이 선진 자본주의를 이해하는 데 내재적 한계를 지니고 있다는 것을 보여주려는 노력으로 간주할 수 있다. 이는 선진 자본주의에 대한 경제중심적 이해의 한계를 밝히는 것이

---

2) 이에 대한 자세한 논의는 Rockmore, 1989:70~89를 참조하였다.

다. 즉, 맑스의 사회이론의 형태가 초기 자본주의 분석에는 유용할 수 있었으나 후기자본주의에서는 우선적인 설명력을 정치경제학에 두는 사회이론으로서는 사회현실을 적절히 파악할 수 없다는 것을 보여주는 데 있는 것 같다.

첫째로 하버마스는 맑스의 정치경제학 비판이 후기자본주의 사회에 대한 충분한 설명을 제공하지 않는다고 주장하며, 선진자본주의 사회의 역학은 경제주의적으로 편향된 해석만으로는 충분히 분석될 수 없다고 생각한다. 그는 맑스가 자본주의 사회에서 경제가 진화론적 우위를 갖는다고 보는 것의 정당성을 인정한다. 그러나 그는 경제가 우선권을 갖는다는 사실이 곧 경제와 국가기구 사이의 상호보완적 관계를 상부구조와 토대라는 도식에 끼워 맞출 수 있다는 것을 의미하는 것은 아니라고 본다. 생산 패러다임으로는 국가개입주의와 대중민주주의 그리고 복지국가에 대한 설득력 있는 설명을 할 수 없다고 주장한다.

하버마스는 자본주의 사회를 분석하는 데 두 가지 조정매체(화폐와 권력)를 계산에 넣어야 하고, 또한 서로 상호보완적인 두 가지 하위체계(경제와 행정)가 생활세계와 상호 관계한다는 것 또는 교환관계를 맺는다는 것을 계산에 넣어야 한다고 주장한다. 하버마스의 이론에서 이 네 가지 통로는 매우 중요한 위치를 차지한다고 볼 수 있다.

두번째로 중요한 비판은 맑스의 이론틀에서는 경제적 영역에서의 물화 과정만이 포착될 뿐 생활세계의 상징적인 구조들이 분화되면서 진척되는 생활세계의 합리화에 대한 개념이 결여되었다는 점이다. 그래서 하버마스는 의사소통적인 합리성을 새로운 정치적, 사회적 제도 속에 적합하게 객관화시킴으로써 맑스주의와 비판이론의 유토피아적 약속을 구제할 수 있다고 믿는다.

맑스주의의 '토대와 상부구조'라는 도식은 사회분석의 도구로서 한계를 갖고 있으며, 하버마스의 '의사소통행위이론'은 '토대와 상부구조'라는 도식으로는 가시화되지 않는 영역을 분석해 내는 데 유용하다는 점에서 여성주의자들의 주목을 받는다.

2) 하버마스의 사회 분석틀 : 체계와 생활세계

하버마스는 맑스의 사회분석틀로 가시화되지 않는 영역을 밝히기 위해 생활세계와 체계라는 새로운 분석틀을 제시한다. 그에 의하면 맑스의 생산패러다임에는 체계만이 존재하고 생활세계는 존재하지 않는다. 그는 문화적 재생산이나 사회통합을 통해 생산패러다임의 한계를 지적하고 그에 대한 대안으로 의사소통적 패러다임을 제시하였다(Habermas, 1981:171 ff; 1989:571 ff 참조).

하버마스는 전통적인 주관철학과 실천철학이 내포하고 있는 견해, 즉 사회는 집단이 모여서 구성된다거나 개인이 모여서 구성된다는 견해를 넘어서는 개념전략으로서 사회를 체계/생활세계로 보는 관점을 제시한다. 그에 의하면 사회를 바라보는 두 가지 퍼스펙티브가 있다. 그 하나는 관찰자적 시각이며, 다른 하나는 참여자적 시각이다. 관찰자적 시각으로 보면, 사회는 권력/행정체계에 의해서 조정되는 정치체계(국가)와, 화폐에 의해서 조정되는 경제체계로 구성된다. 참여자적 시각에서 보면 사회는 연대성(연대감)과 의사소통에 기반을 두고 있는 생활세계이다. 여기에서 의사소통은 생활세계가 재생산되는 매개체가 된다.

생활세계는 사람들이 의사소통을 매개로 해서 서로 문화적으로 익숙한 가치를 공유하고, 서로 연대감을 가지고 살아가는 지평이다. 이러한 기능을 수행하는 삶의 장 전체를 통틀어서 지시하는 생활세계의 구성성분을 하버마스는 문화, 사회, 인격이라는 세 범주로 개념화하고 있다.

(1) 문화(*Kultur*)는 지식의 저수지이며, 거기서부터 의사소통적으로 행위하는 사람들이 세계를 이해하면서 합의에 의한 세계해석을 획득하게 된다.

(2) 사회(*Gesellshcaft*)는 정당성(합법성)을 갖는 질서이다. 여기서부터 의사소통적으로 행위하는 사람들이 상호인격적 관계에 들어가면서, 집단소속성에 기반을 둔 연대성을 창출해 낸다.

(3) 인격(*Personlichkeit*)은 주체가 언어행위를 할 수 있게 하는 능력을

묘사하기 위한 인조어이다. 인격을 통해 주체는 각각의 맥락 속에
서 상호 이해과정에 참여할 수 있는 능력이 생기며, 다양한 상호
작용 속에서 자신의 정체성을 주장할 수 있게 된다.

  개인이나 집단은 단지 비유적인 의미에서 생활세계의 구성원이다. 생
활세계의 상징적 재생산은 원환적 성격을 띤다. 생활세계의 구조적 핵심
은 그것에 상응하는 재생산과정에 의해 가능하게 되고, 그 재생산 과정
은 다시금 의사소통행위에 의해서 가능하게 된다.
  생활세계의 재생산은 이처럼 문화, 사회, 인격이라는 생활세계의 3차
원에서 일어난다.

(1) 문화적 재생산은 새롭게 등장하는 상황(의미론적 차원)을 기존의
    세계상황과 연결시키는 것을 보장한다. 즉, 문화적 재생산은 전수
    되어 오는 것의 연속성을 보장하고, 일상의 실천에 요구되는 상호
    이해를 위해 필요한 지식의 일관성을 보장한다.
(2) 사회적 통합은 새롭게 등장하는 상황(사회적 공간의 차원)을 기존
    의 세계상황에 연결시키는 것을 보장한다. 사회적 통합은 합법적
    규칙에 의해 규제되는 상호인격적 관계를 통해서 행위를 조정
    (Koordinierung)하도록 배려하며, 집단의 정체성을 확인시켜 준다.
(3) 사회화는 새롭게 등장하는 상황(역사적 시간의 차원)을 기존의 세
    계상황과 연결시키는 것을 보장한다. 자라나고 있는 세대들에게
    일반화된 행위능력을 갖도록 해주고, 개인적 삶의 역사와 집단적
    삶의 형태를 조화시켜 주도록 배려한다.

이를 도식화해 보면 다음과 같다(Habermas, 1981:214).

구조적 성분 재생산과정	문 화	사 회	인 격
문화적 재생산	합의능력이 있는 해석도식	정 당 성	교육적 효과가 있는 행동범례/교육목표
사회적 통합	책 무 감	정당하게 질서잡힌 상호인격적 관계	사회적 소속감
사 회 화	해석의 성과	규범순응적 행위동기	상호작용능력 (인격적 정체성)

3) 합리화의 변증법

하버마스는 맑스 이론의 두번째 약점을 "전통적 형태의 삶이 파괴되는
것과 탈전통적 생활세계의 물화를 구별할 수 있는 기준이 결여되어 있다"
는 데에서 찾는다. 즉, 맑스에게는 생활세계의 상징적인 구조들이 분화
되면서 진척되는 생활세계의 합리화에 대한 개념이 결여되어 있기 때문
에, 근대화와 더불어 발생하는 전통적인 삶의 '뿌리 뽑힘'에서 어떠한 측
면이 물화의 측면이고, 어떠한 측면이 생활세계의 구조적 분화인지가 구
별될 수가 없다는 것이다.

사회를 체계와 생활세계로 보는 이론틀은 이러한 단점을 보완할 수 있
다. 하버마스는 이를 '합리화의 변증법'이라는 개념 도구를 사용함으로써
시도한다. 하버마스는 현대의 근저에 놓여 있는 사회적 발전의 과정을
합리화의 변증법으로 파악함으로써, 또한 합리화의 양가성을 파악함으로
써 현대세계의 위기의 원인을 정확히 진단해 내고, 동시에 현대세계가
지니고 있는 해방의 잠재력을 포착할 수 있다고 믿는다.

하버마스는 맑스주의 이론에서 물화라는 개념으로 파악된 현상들을,
변동된 사회적 상황 속에서는 보다 분석적으로 분명히 구별하여 해명해
야 한다고 생각한다. 그는 의사소통이론적 개념들을 가지고 사회병리 현
상들을 파악하기 위한 현대성의 이론을 개발하려고 한다.

그가 제시하는 사회적 합리화의 변증법은 호르크하이머와 아도르노의

계몽의 변증법의 중심적인 테마이다. 호르크하이머와 아도르노의 '도구적 이성'의 개념은 '물화'라는 테마의 변형이다. 아도르노와 호르크하이머는 《계몽의 변증법》을 통해서 서양의 합리화가 처하게 된 딜레마를 설명하려 하였다. 그러나 《계몽의 변증법》은 1940년대 초의 암담함 속에서 씌어진 것이다. 그들은 이성이라고 믿어왔던 것의 한복판에서 비이성적인 것을 폭로하는 데 그쳤을 뿐, 어떠한 긍정적인 대안이나 설명을 제시하지 못하였다. 그들이 받아들인 베버의 합리화 이론은 합목적적 합리성(Zweckrationalität)의 관점에서만 합리화 과정을 설명한 것이기 때문에, 자본주의적 근대화의 과정 속에서 문화와 구조적 분화라는 선별성을 파악하지 못했다. 호르크하이머와 아도르노는 바로 베버의 이러한 관점을 그대로 받아들였기 때문에 현대의 삶의 어떠한 구조나 제도 속에서도 이성의 흔적을 찾아볼 수 없다는 비관적 귀결에 다다른 것이다. 그러나 현대성의 불만족과 불안은 합리화 그 자체에 기인하는 것이 아니라, 이성의 상이한 차원들이 균형 있게 발전, 전개되지 못하고 제도화되지 못한 결과라는 것이 하버마스의 주장이다(Habermas, 1985:167).

베버가 말하는 합리화란 행정적이고 정치적인 지배가 인간의 모든 생활영역으로 확장되는 과정을 가리킨다. 합리화는 공장, 군대, 학교, 문화산업 속에서 보다 효율적인 조직기술을 통해 이루어진다. 이러한 새로운 조직기술의 효용성은 과학과 기술을 사용함으로써 상승한다. 새로운 조직기술은 우리의 외부세계를 지배하는 데뿐만 아니라 인간과 인간 사이의 관계를 통제하며, 내적 자연을 조작하는 데에도 투여된다. 이러한 합리화 과정이 극대화되면서 사회적 삶이 관료적 기구와 전문가에 의해 통제되는 정도가 증대된다.

이때 개인은 일터에서는 그 기구(직장)의 규칙이나 명령에 따라 다른 개인들과 함께 일하며, 일터를 떠나서는 가족의 경제적·교육적·심리적 기능이 약화되고 파괴되면서 개인은 대중사회의 비인격적 권력에 내맡겨진다. 그럼에도 불구하고 사회적 삶의 합리화는 개인들이 환상에 빠지게 한다. 즉, 보다 효율적이고 계획적이고 경제적인 삶을 추구할 때 보이지 않는 힘에 의하여 삶이 보다 획일적이고 보편적이고 비인격적으로 규제

됨에도 불구하고 더 편안하고 발전적이라고 생각하게 하는 것이다. 이와 같이 사회적 지배가 합리화에 의해서 전면화되면, 지배를 지배로 파악하고 인식하는 것이 불가능해지고, 비판적 능력이 상실된다.

하버마스에 의하면 현대사회의 분석과 그들의 유토피아적 비전을 연결시키지 못했기 때문에 맑스주의와 초기 비판이론은 막다른 골목에 부딪히게 되었다. 하버마스는 이러한 막다른 골목으로부터의 출구를 개념적 전략이라는 합목적적 합리성과 의사소통적 합리성의 범주적 구분에서 찾는다. 즉, 의사소통적인 합리성을 새로운 정치적, 사회적 제도에 적합하게 객관화시킴으로써 맑스주의와 비판이론의 유토피아적 약속을 구제할 수 있다고 그는 믿는다. 이러한 새로운 제도들은 한편으로는 체계가 생활세계 속에서 규범적 거점을 갖는 것이며, 다른 한편으로는 생활세계의 의사소통적 구조를 수호하는 것이며, 또한 생활세계로 하여금 합리적이고 민주적으로 체계를 조절·통제(control)하게 하는 것이다.

3. 하버마스 이론에 대한 여성주의적 평가

여성주의 이론은 하버마스의 '의사소통행위이론'에 정식화된 사회분석의 개념틀이 맑스의 '토대와 상부구조'라는 도식으로는 가시화되지 않는 영역을 분석해 내는 데 유용하다는 점에 주목한다. 하버마스에 대한 이러한 여성주의 이론의 깊은 관심이 무엇으로부터 기인하는지를 알기 위해서는 우선 생활세계라는 범주가 갖는 장점을 검토해 보아야 한다. 다음에서는 생활세계라는 범주가 갖는 장점, 공적 영역의 담론적 모델, 생활세계의 내적 식민화 개념, 그리고 그 한계에 대한 비판을 검토하겠다.

1) 생활세계라는 범주에 대하여

'생활세계'는 우리의 일상적인 삶을 형성하는 다양한 구성성분들을 포괄하는 개념이다. 생활세계 개념은 여러 이론가들에 따라 다르게 정의되지만, 일반적으로 그러한 정의들은 생활세계를 본격적인 학문의 주제로 다룬 후설의 개념의 변종들이라 할 수 있다. 후설에게서 생활세계란 '상호주관적인 경험과 실천이 일어나는 공동체이자 문화세계'를 의미한다 (한국현상학회 편, 1992). 이를 토대로 현대사회를 분석하는 틀로써 체계화된 하버마스의 생활세계 개념은 보다 구체적이다.

생활세계라는 범주로 사회를 설명할 때의 장점은 다음과 같다.

(1) 생활세계는 '우리가 그 속에서 일상적으로 살고 있는 세계, 그 속에서 우리의 전체 일상적인 공동체적 삶, 수고, 염려, 성취' 등이 문제되는 '직접적이고 감성적인 경험의 세계'이다. 생활세계 개념에 대한 이러한 의미규정은 우리의 구체적인 삶에서 '감성적인 것'이 갖는 중요성을 포착하게 해준다.

(2) 생활세계는 직접적 경험의 세계일 뿐만 아니라 '인간의 능동적인 의식작용에 의해 형성되는 문화의 세계'이기도 하다. 그러므로 문화세계로서의 생활세계 개념은 사람들의 일상적 삶이 기존의 문화와 주위의 환경에 의해 조건지어지고 제약을 받기도 하지만, 동시에 능동적으로 환경을 변화시키고 창의적으로 새로운 문화를 만들어 갈 수 있다는 가능성과 잠재력을 지시하기도 한다.

그러므로 '생활세계'라는 개념을 사용하는 것은 첫째, 체계와 구조만을 가지고 인간의 삶을 도식화해 버리는 오류를 막아주며, 둘째, 이제까지 학문세계에서 부차적이고 저급한 것으로 간주되어 왔고 주변으로 밀려났던 '감성적인 것'과 '일상성'을 진지하게 논구할 가능성을 열어준다. 셋째, 경제환원주의와 정치환원주의라는 편향된 객관주의를 넘어서서, 객관적인 것과 주관적인 것의 상호관계 속에서 어떻게 경제와 정치의 막강한 힘에도 불구하고 저항의 잠재력이 형성될 수 있으며, 어떻게 그 저항의 잠재력이 대안적 삶의 양식과 대안적 문화를 추동해 내는가를 탐색할 수 있다.

이와 같은 성격을 지닌 생활세계라는 범주는 여성주의 이론가에게 새로운 이론을 구성하는 데 적극적인 역할을 할 수 있다. 하버마스의 생활세계 개념은 여성주의 이론에서 비판하는 공사이분법을 해체할 수 있는 유용한 이론적 틀로 평가된다.

2) 공적 영역의 담론적 모델에 대하여

(1) 공적인 것과 사적인 것의 구분

공공성, 공적 영역에 관한 모든 이론은 공적인 것과 사적인 것의 구분을 전제한다. 지난 20여년간 여성주의 이론은 이러한 구분이 사적 영역에서의 여성의 억압과 착취를 정당화해 주는 담론으로 기능한다는 것을 분석하고 논증해 왔다. [3] 근대 시민사회 이후 확립된 공사영역의 분리는 여성주의 이론에서 매우 중요한 의미를 갖는다.

공사영역의 분리가 여성에게 갖는 부정적인 함의를 벤하빕은 다음과 같이 재구성한다.

> 공적 영역과 사적 영역의 구분은 오랜 기간의 개념변천사를 거쳐, 사적 영역은 '사생활'(privacy), '사적 권리'(privacy rights), '은밀한 영역' (intimate sphere)이라는 개념으로 축약된다. 사적 영역은 가구(household), 삶의 일상적인 욕구를 충족시키는 영역, 아이와 젊은이와 노인에 대한 보살핌의 영역으로 개념화된다(Benhabib, 1992:108).

근대사회의 부르주아지는 한편으로는 정치적 세계에서 평등과 자율적 권리, 민주적 합의를 위해서 정치적·종교적 권위와 투쟁하면서, 다른 한편으로는 가족 내에서 가부장적 권위를 포기하지 않았다. 그러나 가족 내에서 남성이 그의 가족구성원들과 갖는 관계는 비합의적이며 비평등주의적 규범에 의해서 규정되었다. 이러한 (남성의) 자기모순적 태도는 공사영역의 분리로 정당화되었다. 벤하빕은 또한 공사영역의 분리는 정의

---

3) 이 글에서는 하버마스가 사용한 Öffentlichkeit라는 용어를 맥락에 따라서 '공공성' 혹은 '공적 영역', '공공영역'으로 번역하기로 한다.

(justice)의 문제와 '좋은 삶'(good life)의 문제 간의 구분과 연결된다고 본
다. 정의의 문제는 공적 영역에만 한정되어 있었고, 사적 영역에서는 정
의가 아니라 '좋은 삶'이 문제시되었다. 또한 '친밀성/은밀성'(intimacy)이
라는 렌즈를 통해서만 사적 영역을 보는 것을 강요하는 이데올로기는 사
적 영역 내에 존재하는 권력관계에 대하여 말하는 것을 이상하게 들리도
록 하며, 가족 내에서 여성이 수행하는 일을 노동으로 보는 것을 허용하
지 않는다(Benhabib, 1992:143).

　동서고금을 막론하고 가부장제 사회에서 여성이 공적 영역으로부터 배
제되었거나, 공적 영역에 접근할 수 있는 기회에서 불평등하였거나, 공
적 영역에서의 일과 활동에서 부당한 차별을 당하고 있다는 것은 일반적
으로 승인되고 있는 역사적 사실이다.

(2) 하버마스의 공공성 개념

　이러한 배경에서 하버마스의 공공성(Öffentlichkeit)에 대한 이론과 담론
윤리학은 생활세계 속에 만연되어 있는 성차별적 인습과 규범들의 타당
성을 문제시한다. 그리고 그러한 문제제기를 공론화하면서, 저항적이고
해방적인 담론을 형성하는 자유공간의 가능성을 포착하는 데 매우 중요
한 통찰을 제공하고 있다는 점에서 많은 여성주의 이론가들에게 긍정적
인 평가를 받는다. 실제로 하버마스는 공사이분법을 극복하는 데 필요한
매우 세련된 논의를 제공하고 있다. 즉, 하버마스는 공사영역의 구분을
서로 연관된 네 영역의 관계로 개념화함으로써, 사회 제영역간의 상호교
환의 역동적 관계를 포착하게 한다.

　　체계통합과 사회통합이 광범위하게 분리되어 있다는 사실만으로부터 곧
　바로 특정한 방향의 선형적인 의존관계를 추론해서는 안된다. 우리는 두
　가지 가능성을 생각해 볼 수 있다. 한편으로는 화폐와 권력과 같은 조정
　매체들이 생활세계에 닻을 내리게끔 하는 제도들이 형식적으로 조직된
　행위영역들에 대한 생활세계의 영향력에 대해 통로를 제공해 줄 수 있
　고, 다른 한편으로는 거꾸로 의사소통적으로 구조화되어 있는 행위연관
　들에 대한 체계의 영향력에 대해 통로를 제공해 줄 수도 있다. 그 제도

들은 전자의 경우에는 체계의 유지를 생활세계의 규범적인 제한에 종속
시키도록 하는 제도적 틀로서 기능하는 것이고, 후자의 경우는 물질적
생산이라는 체계의 강제가 생활세계를 종속시키고, 그럼으로써 생활세계
를 체계에 병합시키는 토대로서 기능하는 것이다(Habermas, 1981:274;
하버마스/장은주 역, 1995:254).

하버마스에게 공공성의 개념은 규범적인 개념이다. 그는 생활세계의
수준과 체계의 수준에서의 공사분리를 개념화했다. 그에 의하면 생활세
계는 사적 생활세계인 근대 핵가족과 공적 생활세계인 공공성으로 구분
된다. 한편 체계에서의 사적 영역은 공식적 자본주의 경제체제이며 공적
영역은 국가행정체계로 구별된다.

가족이라는 사적 생활세계의 구성원인 개인은 노동자로서 그리고 소비
자로서 사적 체계인 자본주의 경제와 교환관계를 갖는다. 교환관계의 매
체는 화폐이다. 노동자는 경제체계에 노동력을 제공하고, 그 대가로 임
금을 받는다. 소비자는 경제체계가 공급해 주는 상품을 구입하고 그 대
가로 화폐를 지불한다.

공적 생활세계인 공공성 영역에서 시민들은 세금을 납부하고 참정권을
행사하며 여론형성의 담지자가 됨으로써 행정체계에 영향을 미친다. 또
한 행정체계는 행정적인 조직을 통해 시민생활의 안전을 보장한다. 이와
같은 방식으로 생활세계와 체계와의 교환이 이루어진다.

이러한 상호관계를 도식화하면 다음과 같다.

생활세계의 제도적 질서	역 할	교환관계	매체로 조정되는 하위체계	영역구분
가 족	노동자 소비자	임 금 구 매	자본주의 경제체계	사적 영역
공공성	시 민 수혜자	납 세 참 정 권 행정서비스	행정체계	공적 영역

그러나 이렇게 사회의 구조적 성분들과 제도적 질서들 간의 상호교환 관계의 복합성과 다원성을 고려했음에도 불구하고, 그의 사회이론이 성별 하위 텍스트(subtext)를 다루지 않는다는 점에서 기존의 사회이론가들이 보여주는 '성에 대한 무관심'(gender blindness)을 그대로 드러내고 있다는 비판을 받는다. 하버마스의 모델은 사적 영역에서 가족과 경제의 상호교환 관계를 설명하는 데 성별정체성을 주제화하지 않고 있다는 것이 여성주의 이론가들의 주된 비판점이다. 그의 이론 속에서 노동자와 소비자는 성별을 고려하지 않은 보편주체로 나타난다. 그런데 경험적으로 보면 노동자의 역할과 소비자의 역할은 일반적으로 성별에 의해 규정되고 있는 역할이다. 노동자의 역할은 일차적으로 남성의 역할로 규정된다. 즉, 남성은 부양자로서 노동자의 우선권을 취득한다. 물론 여성도 노동자 역할을 할 수 있지만 여성은 남성과는 다른 방식으로 이 역할에 편입된다. 여성은 여성적 직종에 집중되고 가족부양자라기보다는 보조적 수입원으로 인식된다. 반면 소비자 역할은 여성의 역할이다. 따라서 남성이 가장의 역할을 맡는 현대 핵가족이 자본주의적 일터와 어떠한 방식으로 연관되는가를 이해하기 위해서는 노동자와 소비자의 성별 역할분담 아래에 놓여 있는 하위 텍스트를 주제화해야만 한다. 특히 사회화가 일어나는 일차적인 장소인 가족에서 양육을 누가 담당하는가 하는 문제는 이러한 성별 분업을 이해할 수 있는 핵심적인 지점이다. 그러나 하버마스의 이론에는 양육자에 대한 언급이 없다. 사회화를 논의하면서 그것을 누가 담당하느냐에 대한 논의가 없다는 것은 하버마스의 남성중심주의를 보여주는 단적인 예라는 비판을 면할 길이 없다.

(3) 하버마스의 성별 무관심

프레이저에 의하면 하버마스의 사회이론 범주틀에는 두 가지의 중심적인 구분이 들어 있다. 그것은 상징적 사회재생산과 물질적 사회재생산이다. 전자는 사회화가 일어나고 사회의 유대, 문화전통의 전승이 일어나는 곳이고, 후자는 사회적 노동이 일어나는 곳이다.

이러한 기능적 구분은 사회적 노동을 물질적 사회재생산으로 보고 여성이 담당하는 무임 양육노동을 상징적 재생산이라고 보는 데에서 기인한다. 그러나 흔히 자연적인 것으로 간주되는 양육은 사실상 이중적 측면을 갖는 행위이다. 양육은 아이의 사회적 정체성을 구성하는 데 기여할 뿐만 아니라, 그들의 생물학적 생존(물리적 자연과의 상호관계)과 관계된 것이며, 이는 또한 그들이 속해 있는 사회의 생물학적 존속과 직결되는 일이다. 그러므로 양육을 전적으로 상징적 재생산 활동으로만 정의내릴 수는 없다. 그것은 동시에 물질적인 재생산 활동이기도 한 것이다.

더 나아가서 하버마스의 이러한 구분은 임노동에서 양육을 제도적으로 분리하는 것을 잠재적으로 합법화하기 위한 이데올로기적인 함의를 가질 수 있다는 비판을 받는다. 이러한 이데올로기는 여성을 분리된 영역(가정/사적영역)에 가두어놓는 것을 합법화하는 데 이용되고 있다.

따라서 프레이저의 주장대로 가족과 공식적(official) 경제의 상호교환 관계에서 화폐라는 매체가 작용하는 것에 못지 않게 성별정체감이라는 매체가 작용하고 있음을 간과할 수 없는 것이다.

(4) 공사영역에서의 성별구분

공적 영역에서 생활세계와 체계와의 상호교환은 공공영역에서 시민이 수행하는 역할로 이루어지는데, 시민권 역시 성별구분을 갖고 있다. 시민의 역할로 주요한 것인 정치적인 논쟁이나 공공견해를 구성하는 과정에서 토론, 연설 등은 빼놓을 수 없는 요소이다. 그러나 이것은 이제까지 남성적 특성에만 부합하는 것이며, 여성적인 것과는 반대되는 능력으로 간주되어 왔다. 이론적이고 형식적인 남녀 평등의 보장에도 불구하고, 아직도 실제적으로 공공영역에 참여하고 있는 사람들은 대부분이 남자들이다.

공공영역의 공론형성 과정에서나 국가행정 체계에서 고위직분을 남성들이 장악하고 있다는 사실은 생활세계의 공적 영역과 체계의 공적 영역 사이의 상호교류에서 작동하는 매체인 권력이 성별화되어 있음을 단적으로 보여주고 있다. 그러므로 공공성과 국가를 매개하는 권력은 하버마스의 모델에서처럼 성중립적인 권력이 아니라 성별화된 권력, 즉 남성의 권력이라는 점이 지적되어야 할 것이다.

하버마스가 권력을 체계의 조정매체로 국한시켜 놓음으로써 발생하는 문제는, 그의 이론틀에서는 구체적인 권력관계, 즉 남성지배가 포착되지 않는다는 점이다. 그의 이론은 근대 남성지배의 다른 분야를 이해하기에 적절한 개념적 자원을 제공하지 않는다.

하버마스는 사적 영역에서도 남성지배적 성격을 고려하지 않는다. 남성가장이 이끄는 핵가족은 규범적으로 확립된 것이지, 의사소통적 합의에 의해 성취된 것이 아니다. 호네트(Honneth)가 지적한 바대로 하버마스의 틀 속에서 생활세계는 권력행사로부터 자유로운 장소로 설정되고 있다(Honneth, 1993:298~303). 즉, 권력은 체계통합 차원의 수준에서 사회적 행위의 조정수단으로 간주되는 것처럼 보인다. 따라서 그의 이론 틀 속에서는 남성지배의 형성과 재생산의 전체계적 과정에서 행사되는 권력의 문제가 포착되지 않는다.

권력에 대한 구분을 포함한다 하더라도 하버마스의 이론은 남성지배의 모든 경험적 형태를 다 담아낼 수 있는 틀이 되기에는 부적합하다. 규범적-가정내의-가부장적 권력(normative-domestic-patriarchal power)은 가정영역에서 여성종속을 가져오는 많은 요소 중 하나에 불과하기 때문이다. 다른 요소들은, 여성의 무임노동을 전유하는 가족을 임노동이 개입되어 있는 경제체계와 복잡하게 얽혀 있는 경제체계로 분석할 수 있는 틀 속에서만 파악될 수 있는 것이다. 그러나 하버마스는 체계와 생활영역제도들을 구분 짓고 있기 때문에 그 과제에 적절히 대처할 수 없게 된다.

아이리스 영(Iris Young)이 지적한 바대로, "'개인적인 것은 정치적인 것이다'(The personal is political)라는 페미니스트들의 슬로건은 공적인 것과 사적인 것의 구별을 부정하는 것이 아니라, 사회를 공적인 영역과 사적인 영역으로 분리하고, 여러 상이한 제도들, 인간활동들, 인간의 속성들을 공적인 것과 사적인 것으로 구별하여 사회적으로 분리시키는 것을 거부하는 것이다"(Young, 1987:74 ff). 그러므로 "개인적인 것은 정치적인 것이다"라는 슬로건으로 주장하고자 하는 바는 '사생활'(privacy)의 영역을 침해하지 않고도 다음 두 가지 원칙을 실현하기를 제안하는 것이다(Young, 1987:74 ff).

(1) 어떠한 사회적 제도나 실천도 선험적으로 공적 토론이나 표현에
    합당한 주제가 되는 것으로부터 배제되어서는 안된다.
(2) 어떠한 사람도, 그리고 어떠한 행위도, 한 사람의 어떠한 삶의 측
    면도 '사적인 것'이 되기를 강요당해서는 안된다.

아이리스 영은, 공공영역이 모든 사람에게 개방되어 있고, 접근 가능
해야 한다는 공공성의 원래적 의미에 충실하게 공사 구분의 문제를 재개
념화하기를 제안한다. 그의 재개념화 전략의 핵심은 종래의 보편주의적
모형 대신에 이질적이고 다원적인 공공성을 상정하는 것이다.

> 공적인 것과 사적인 것의 구분을 유지하는 충분한 이론적 실천적인 이유
> 가 있다 하더라도, 이러한 구분이 이성/감정, 남성적/여성적, 보편적/
> 특수적이라는 이분법적 대립에 상응하여 위계적으로 구성되어서는 안된
> 다(Young, 1990:119).

공적인 것의 개념은, 반드시 통일적이고 동질적인 일반적 · 보편적 관
점을 승인해야만 가능한 것은 아니다. 개방적이고 누구나 접근 가능한
공간과 모임에서 서로 다른 사람들이 만나, 이질적이고 상이한 관점들,
체험들, 관심들을 표현할 수 있고, 들을 수 있어야 한다.
이러한 원리에 충실하다면, 이제까지 공적인 문제가 되기에는 하찮은
것으로, 혹은 사사로운 것으로 치부되어 온 많은 문제들이 실제로는 사
회적으로 의미 있는 일이라는 것이 밝혀지게 된다. 가정 내의 성별분업
과 가정폭력의 문제, 직장 내의 성차별과 성희롱의 문제 등이 이제는 공
론화되고, 그에 대한 사회적 관심과 더불어 의식의 변화가 일어나고 있
다. 이는 공사영역의 문제를 학문적 주제로 삼아 연구해 온 여성주의 이
론가들의 노력의 성과이며, 특히 이러한 문제들을 여성운동의 중요한 이
슈로 삼아 활동해 온 여성운동가들의 노력의 성과라 할 수 있다.

3) 생활세계의 내적 식민화 테제에 대하여

하버마스는 근대화 과정을 합리화의 변증법으로 파악하면서, 합리화
에는 일상과 생활세계를 물화시키고 형식화하는 측면이 있음을 포착해
냈다. 동시에 합리화에는 성찰되지 않고 반성되지 않는 전통의 부담으로
부터 해방을 가져왔다는 진보적 측면이 있음을 인식하게 해준다.

현대성에 대한 그의 비판이론은 현대의 양가적 측면을 고려함으로써,
총체적인 비관론에 빠지지 않고도 현대사회의 갈등과 위기의 원인을 분
석해 내고, 동시에 그러한 위기와 갈등이 극복될 수 있는 저항의 잠재력
이 존재하는 지점을 밝혀 낸다. 그의 이러한 시도는 이성에 대한 추상적
인 비판을 넘어서서, 사회과학적 그리고 사회이론적 탐구성과들을 기
반으로 한, 구체적 비판의 길을 열어 준다. 이러한 의미에서 그의 비판
이론은 이성의 전면적인 거부로 귀결될 위험을 피해 갈 수 있다.

이미 앞에서 서술한 바대로, 하버마스는 정통맑스주의는 후기자본주
의의 분석을 위한 적합한 틀이 되지 못한다고 주장한다. 그 이유는 생산
패러다임으로는 국가개입주의와 대중민주주의 그리고 복지국가에 대한
설득력 있는 설명을 할 수 없기 때문이다.

하버마스는 맑스이론의 결정적인 약점이 "생활세계가 체계의 정언명령
에 포섭되는 특수경우를 과잉 일반화하는 데 있다"고 본다. 그에 의하면
계급 적대의 원인이 임금노동과 자본 사이의 '기본모순'에 기인한다고 할
지라도, 물화의 과정이 반드시 물화를 야기하는 영역에서만, 즉 노동세
계에서만 등장한다고 볼 수는 없다는 것이다. 왜냐하면 화폐에 의해서
조정되는 경제는 (권력이라는 매체를 통하여 분화되는) 행정적 행위체계의
기능적 보완에 의존하고 있기 때문이다. 그러므로 형식적으로 조직된 행
위영역이 돈과 권력이라는 이 두 가지 매체를 통해서 의사소통적 삶의
맥락을 흡수한다. 그래서 물화과정은 사적인 삶의 영역에서와 마찬가지
로, 공적인 삶의 영역에서도 드러날 수 있으며, 취업자의 역할에서와 마
찬가지로 소비자의 역할에서도 생겨날 수 있다. 그러나 맑스의 생산 패
러다임에서는 이렇게 물화과정이 다양한 삶의 영역에서 나타날 수 있음

을 간과하고, 오로지 노동세계에서만 일어나는 것으로 간주하는 약점을
지닌다. 맑스이론에 대한 비판적 설명은 다음 도식에서 분명해진다
(Habermas, 1981:473).

생활세계의 제도적 질서	교 환 관 계	매체로 조정되는 하위체계
사적 영역	(권력) 노동력 ———————▶ (화폐) 노동임금 ◀——————— (화폐) 물품과 서비스 ◀——————— (화폐) 수 요 ———————▶	경 제 체 계
공 공 성	(화폐) 납 세 ———————▶ (권력) 조직 업적 ◀——————— (권력) 정치적 결정 ◀——————— (권력) 대중적 충성 ———————▶	행 정 체 계

이러한 모델은 경제적으로 편향된 해석을 방지하고 국가와 경제의 상
호작용에 주목한다. 또한 이것은 선진자본주의의 정치체계를 특징짓는
특성들에 대한 설명을 가능하게 한다. 여기서는 후기 자본주의적 복지사
회에 대한 이론을 네 개의 테제로 정리하여 개관한 뒤에, 이에 대한 페
미니스트의 비판을 논의해 보기로 하겠다.4)

---

4) 이 글에서는 복지 자본주의에 대한 하버마스의 이론을 6가지 테제로 정리한
   프레이저의 논문의 기본골격을 부분적으로 차용하여 보다 상론한 것이다
   (Fraser, 1987:47).

하버마스의 후기 복지사회에 대한 설명은 다음과 같은 테제로 정리될
수 있다.

(1) 복지사회는 공사영역의 분리를 체계의 수준에서 부분적으로 극복
한다. 복지자본주의는 체제순응적인 보상(돈, 휴무일 등으로)을 통
해 사적 투자수위와 자본주의적 재산구조를 건드리지 않고도 전통
적인 계급갈등의 증대를 막기 때문에, 사회국가적 대중민주주의와
국가간섭주의를 통해 자본주의의 성장 역동성을 어느 정도 유지한
다.

(2) 이는 체계와 생활세계의 관계에 변화를 가져오며, 이러한 변화는
생활세계의 두 영역, 즉 공적 영역과 사적 영역 양쪽에 영향을 미
친다. 우선 사적 영역에서는 임금노동과 관계된 불만족이 상품소
비에 의해 보상되면서, 소비자 역할의 중요성이 증가한다. 공적
영역에서는 저널리즘이 매체가 되고, 시민역할의 중요성이 감소되
면서 정치정당은 관료화되어 시민들의 정치참여는 가끔 투표하는
것에 국한된다. 이와 같이 시민역할의 중요성이 줄어들면서 동시
에 시민이 국가와 갖는 관계는 사회복지의 수혜자라는 새로운 역
할로 제한된다.

(3) 이러한 발전은 양가적인 측면을 갖는다. 한편으로 임금노동과 가
족에서 자본의 무제한적 권력을 제한함으로써 새로운 사회적 권리
를 제도적으로 보장하는 것은 자율을 증대시키는 것으로 볼 수 있
다. 다른 한편 이러한 사회적 권리를 실현하기 위해 사용되는 수
단은 자유를 위기에 처하게 한다. 그러한 수단은 관료적 과정과
돈이라는 형태를 띠기 때문이다.

(4) 복지수단의 가장 양가적인 측면은 의료, 노인돌보기, 교육, 가족
법 등과 관련해서 나타난다. 관료적 행정과 돈이라는 매체에 의해
이들이 구조화될 때, 생활세계의 핵심적 영역은 관료화와 화폐화
의 명법에 의해 침투당한다. 즉, 생활세계의 영역이 화폐와 권력
이라는 조정매체에 의해 침식당하게 된다. 모든 관계가 소비주의

402

적으로 재형성되고, 삶의 조건들이 관료화됨으로써 생활세계의 재
생산에 병리학적 증상이 나타나게 된다. 즉, 물질적인 재생산 과
정에서 비롯된 위기들은 오로지 생활세계를 병리적으로 만드는 방
식으로만 조정될 수 있다.
(5) 복지자본주의는 생활세계의 내부적 식민화를 가져온다. 현대사회
로 이행함에 따라 생활세계의 합리화가 역설적으로 진행되는 과정
을 하버마스는 '생활세계의 내적 식민화'라고 개념화한다. 즉, 합
리화된 생활세계는 하부체계의 성립과 성장을 가능하게 하였으나,
하부체계의 자립화된 명령들이 다시 생활세계 자체에 파괴적으로
작용하게 된다는 것이다. 사회적 합리화는 자본주의를 통해 경제
를 도구적으로 조직화하며, 관료주의를 통해 정치적인 것을 형식
적으로 조직화한다. 또한 형식적 조직의 구조를 통해 사회적인 것
을 도구적으로 조직화하며, 국가화된 인륜성을 통해 문화적인 것
을 도구적으로 조직화한다. 즉, 정치와 경제 영역이 확장되고 화
폐와 정치권력이 확장되면서, 정치와 경제의 논리가 문화적 재생
산, 사회적 통합, 사회화를 수행하는 제도와 과정들 속으로 침투
해 들어가 생활세계의 의사소통에 장애를 일으키고, 병리현상을
일으키게 한다는 것이다.
(6) 생활세계의 내부적 식민화는 새로운 형태의 사회갈등을 촉발시키
며, 또한 체계와 생활세계가 연결되는 부분, 즉 새로운 갈등 지대
에서 신사회운동이 발생한다.

계급간의 갈등과 노동자 계급의 저항적 잠재력이 사회복지국가적 민주
주의에서 제도적으로 조정된다. 그러나 그와 같이 조정되었다고 해서 곧
저항의 잠재력이 통틀어 정지된 것은 아니다. 종래와는 다른 갈등의 진
영, 즉 사회복지국가적 모델 아래서 나타나는 새로운 형태의 갈등이 발
생하는 저항의 잠재력이 생겨난다. 하버마스는 이를 다음과 같이 설명한
다.

그러한 갈등은 더 이상 물질적 재생산의 분야에서 점화되는 것도 아니며, 더 이상 정당이나 단체를 통하여 분출되는 것도 아니다. 〔…〕 새로운 갈등은 오히려 새로운 문화적 재생산의 분야, 사회통합의 분야, 그리고 사회화의 분야에서 일어난다(Habermas, 1981:676).

그러한 새로운 갈등은 의사소통행위의 영역이 물화된 결과로서 점화되기 때문에, 화폐매체나 권력매체에 의해 해소될 수 없으며, 사회국가적 보상으로도 해결되지 않는다. 여기서 문제가 되는 것은 위협을 받고 있는 생활방식을 방어하고 회복하는 일, 또 변혁된 생활방식을 관철시키는 일이다. 그러므로 새로운 갈등이 일어나는 곳에서 새로운 형태의 저항의 잠재력도 함께 생성된다. 경제와 행정 체계가 생활세계를 침식하는 내적 식민화의 결과로, 이미 있어 왔던 갈등 위에 새로운 갈등이 겹쳐 층을 쌓게 되는 것이다.

새로운 저항의 잠재력을 담지하는 집단들은 자본주의의 중심부에서 생산과정에 직접 참여하는 집단들이 아니다. 이들은 생활세계의 유기적인 기반을 침해당하고 있음을 절실히 느끼는 이들이며, 다양한 삶의 양식을 지닌 이질적인 집단들이다.

따라서 새로운 사회운동은 생활세계의 탈식민화를 목표로 한다. 첫째, 그것은 상징적 재생산 영역에서 체계의 통합적 기제를 제거하는 것, 둘째, 의사소통으로 규범맥락을 대체하는 것, 셋째, 국가 경제체계를 극복할 수 있는 생활세계내의 새로운 민주제도를 개발하는 것이다.

현대사회를 치밀하게 분석하면서 새로운 비판이론의 전망을 제시함에도 불구하고 그의 이론은 몇 가지 문제점을 가지고 있다. 여성주의 이론은 하버마스의 테제에 대한 비판적 통찰과 한계점을 다음과 같이 지적할 수 있다.

(1) 이 첫 명제에는 크게 문제될 것이 없다. 복지 국가에는 위기관리를 통해서 체계수준에서 부분적으로나마 공사의 분리를 극복한다.
(2) 두번째 명제는 중요한 통찰력을 가지고 있다. 그러나 여전히 이러

한 발전 안에서 성별 하위범주를 하버마스는 보지 못한다. 즉, 복지의 새로운 수혜자에는 성별 구분이 있으며 그것은 여성적 역할의 패러다임을 갖고 있다. 복지국가의 수혜자가 대부분 여성이라는 사실을 간과하는 것은 복지체계가 내부적으로 이원화되어 있고 성별화되어 있다는 것을 간과하는 것이다. 복지체계는 두 가지의 기초적 프로그램의 종류를 포함하는데, 남성적 프로그램은 일차적 노동력 참여와 연결되어 주요 부양자에게 혜택을 주도록 만들어져 있는 반면에 여성적 프로그램은 가정의 '실패자'들을 위해서, 즉 남성부양자가 없는 가족을 위해서 만들어져 있다. 이 두 하위체계는 서로 분리되어 있으며 불평등하다. 여성적 프로그램의 수혜자는 전적으로 여성과 그의 자녀들이다. 이러한 실태는 남성지배의 성격이 사적 가부장제에서 공적 가부장제로 변화하는 것을 나타낸다.

(3) 세번째 명제에는 의미의 굴절이 있다. 복지 자본주의의 양가성은 올바른 판단일 수 있으나, 꼭 그가 의미한 바대로 나타나는 것은 아니다. 여성은 전통가족으로부터 자유로워졌지만, 반면에 남성중심적이고 관료적이고 가부장적인 국가에 의존하게 되었다.

(4) 가정영역의 복지개혁이 임노동 분야의 개혁보다 더 양가적이라는 것은 경험적으로 사실이다. 그러나 그것은 복지제도의 가부장적 성격에 기인하는 것이지, 하버마스가 주장하는 것처럼 생활세계 제도의 상징적 성격에 내재하는 것은 아니다. 또한 하버마스의 이론에 의하면 물적 재생산을 담당하는 체계 통합제도의 분화는 사회가 합리화되어 가고 있다는 징표이다. 공식경제 체계의 분리는 한 사회가 자연과 사회 환경을 관리하는 능력을 고양시킨다. 체계의 복잡화는 발달단계적으로 볼 때 진보를 의미한다. 이러한 논리에 따르면, 임금노동이 자리하고 있는 공식경제 체제가 양육과 관련하여 분화의 반대방향을 택한다면 그것은 사회적 퇴행이다. 이러한 논리는 여성의 종속을 유지시키는 공사의 분리를 옹호하는 것으로 이용될 수 있다. 사유재산제도, 이윤지향성, 위계의 폐지

자체가 공사구분의 변화에 영향을 주지는 못하기 때문이다. 양육이 체계 속에서 수행될 때 병리적 현상을 가져온다는 것에 경험적 근거가 있는 것은 아니다.

(5) 내부식민화 명제에는 후기자본주의 사회의 움직임의 방향(*vector of motion*)이 체계에서 생활세계로 옮겨간다는 전제가 있다. 그러나 수혜자로서의 여성의 역할은 이 전제를 모순되게 한다. 성별정체감의 규범과 그 의미는 생활세계의 영향이 체계에 미치고 있음을 보여준다. 이 규범은 지속적으로 국가규제적 경제의 구조를 형성한다. 이는 국가규제 경제에서도 성별분업이 지속되고 있다는 사실에서도 잘 드러난다. 또한 이 규범은 국가 행정에도 나타나고 있다. 복지자본주의 역시 남성지배와 여성종속이라는 '규범적으로 확립된 합의'(*normatively secured consensus*)를 유지하기 위한 여러 다른 수단들을 사용한다. 하버마스의 이론은 생활세계로부터 체계로 향하고 있는 역운동의 방향을 간과하고 있다.

(6) 하버마스는 새로운 사회운동을 내적 식민화와 관련하여 설명하고 있다. 여기서 여성운동도 역시 생활세계의 내적 식민화에 저항하는 운동으로 파악된다. 그러나 여성운동은 생활세계에서 일어나는 모든 형태의 재생산 과정에 내재하는 일체의 성차별적 요소들에 저항하는 운동이기도 하다. 하버마스는 여성운동을 생활세계의 내적 식민화 경향 이전의 혹은 그보다 더욱 뿌리깊은 가부장적 명법 (*imperative*)에 저항하는 운동으로 파악하지 않았다. 이 점이 그의 비판이론이 안고 있는 '성별문제에 대한 생략'(*gender blindness*)의 다른 한 가지 결과라 할 수 있다.

4. 맺는말

필자는 "하버마스의 비판이론이 여성주의 이론의 모든 요구에 부응하지 못한다는 이유에서 비판하는 것은 정당하지 못하다"는 벤하빕의 견해에 전적으로 동의한다. 이 글에서 개관된 하버마스에 대한 비판적 문제제기는 사회비판이론으로서 여성주의 이론이 하버마스의 비판이론으로부터 새로운 통찰을 수용하고 있으며, 동시에 그에게 간과되거나 생략된 측면들을 주제화함으로써, 그의 비판이론을 재구성할 수 있는 가능성에 대한 탐색의 시도로 이해되어야 한다.

하버마스의 이론은 현대사회이론 중에서 가장 포괄적인 이론의 하나로 간주될 수 있다. 특히 그의 이론은 여성주의 이론에서 가장 핵심적인 문제인 공사영역의 제도적 분리를 분석하는 데 그 어떠한 사회이론의 분석틀보다 많은 도움을 줄 수 있다.

프레이저가 지적하듯이 하버마스의 모델은 공사영역간의 상호작용뿐만이 아니라 그 구조를 정치한 방식으로 설명해 내고 있다. 그러한 장점에도 불구하고 그의 모델은 성별 하위범주에 대한 문제제기 없이 체계와 생활세계의 분리, 물질적 재생산과 상징적 재생산의 분리를 상정하고 있다. 그럼으로써 그의 사회이론에서 핵심적인 범주라 할 수 있는 노동자, 시민, 소비자, 복지사회 수혜자들이 갖는 사회적 정체성이 성별 정체성과 불가분한 관계에 있다는 점을 보여주지 못한다. 또한 그는 생활세계와 그 안의 비대칭적인 성별위계가 경제와 공공정치 참여영역 양편의 성격을 형성하고 있음을 간과함으로써 체계로부터 생활세계로의 과정을 일방적인 역동성으로 상정하고 있다. 아울러 그의 이론은, 현대 핵가족이 '비정한 사회 속의 작은 천국'이 아니라 '이기적, 전략적, 도구적 계산이 일어나는 장소이며, 서비스, 노동, 화폐, 성이 일상에서 착취적으로 교환되며 강제와 폭력이 드물지 않게 일어나는 장소'라는 사실을 무시하고 있다.

그러나 현재의 사회에 그 사회가 가지고 있는 긍정적인 잠재력을 실현

할 수 있는 가능성이 내재해 있다는 하버마스의 통찰과, 특히 그의 사회
운동의 역학에 대한 분석은 여성운동을 위한 새로운 실천적 전략을 제공
해 준다. 위에서 지적된 그의 이론적 한계점을 보완하여, 여성주의적 관
심과 페스펙티브로 재구성한다면, 여성으로서 노동자, 시민이 될 수 있
는 사회적 질서와 제도를 요구하는 여성주의적 관심에 부합하는 이론틀
을 정립하는 데 큰 기여를 할 수 있을 것이다. 여성주의가 지향하는 사
회질서와 삶의 방식을 실현하기 위해서는 현재와 같은 사회조직, 영역간
의 관계, 그 성격과 그 경계를 근본적으로 변형하고 이들을 매개하는 역
할을 변형하는 것을 필요로 한다. 이러한 변화에 대한 요구의 근거로 필
자는 하버마스의 자신의 말을 인용하면서 이 글을 마무리하고자 한다.

> 모든 사람이 다 자유롭지 않다면 개개인은 자유로울 수 없으며, 모든 사
> 람이 공동으로 자유롭지 않다면 모두가 자유로울 수는 없다(Habermas,
> 1985:76).

■ 참고문헌

하버마스/장은주 역, 1995, 《의사소통의 사회이론》, 관악사.

한국현상학회 편, 1992, 《생활세계의 현상학과 해석학》, 서광사.

Barrett, Michele & Anne Phillips, 1992, *Destabilizing Theory, Contemporary Feminist Debates*, Stanford Univ. Press.

Benhabib, Seyla, 1992, *Situating Self : Gender, Community and Postmodernism in Contemporary Ethics*, NY: Routlege.

_____ & Drucilla Cornell (ed.), 1987, *Feminism as Critique : Essays on the Politics of Gender in Late-capitalist Society*, Polity Press.

_____, Drucilla Cornell & Nancy Fraser, 1994, *Feminist Contents : A Philosophical Exchange*, NY and London: Routledge.

Fraser, Nancy, 1987, "What's Critical about Critical Theory?," Benhabib, & Drucilla Cornell (ed.).

Habermas, Jürgen, 1981, *Theorie des Kommunikativen Handelns, Zur Kritik der funktionalistischen Vernunft*, Bd. 2, Frankfurt.

_____, 1985, *Die Neue Unübersichtlichkeit*, Frankfurt/M.

_____, 1989, *Vorstudien und Erganzung zur Theorie des Kommunikativen Handelns*, Frankfurt/M.

Harvey, Elizabeth D. (ed.), 1992, *Women and Reason*, The Univ. of Michigan Press.

Honneth, Axel, 1993, *The Critique of Power : Reflective Stages in a Critical Theory*, MIT Press.

Kelly, Michael, 1994, *Critique and Power : Recasting the Foucault/Habermas Debate*, Cambridge: MIT Press.

Marschall, Barbara L., 1994, *Engendering Modernity : Feminism, Social Theory and Social Change*, Cambidge : Polity Press.

Nicholson, Linda (ed.), 1990, *Feminism / Postmodernism*, NY: Routledge.

Rockmore, Tom, 1989, *Habermas on Historical Materialism*, Indiana Univ.

Young, Iris Marion, 1990, *Justice and the Politics of Difference*, Princeton Univ. Press.

_____, 1987, "Impartiality and the Civic Publics : Some Implications of Feminist Critiques of Moral and Political Theory," Benhabib, Seyla & Drucilla Cornell (eds.).

하버마스 : 인물과 사상

의사소통 관계의 인간화를 위한 역정

허 영 식

1. 하버마스와 프랑크푸르트 학파

이른바 프랑크푸르트(Frankfurt) 학파의 비판적 사회이론은 한편으로는 후기 자본주의의 발전경향을 맑스주의적인 이론의 정신에서 파악하려는 시도를 보여주었으며, 다른 한편으로는 역사적 유물론의 수준에서뿐만 아니라 현대 사회형태에 대한 비판의 수준에서 맑스주의적인 이론을 재구성하는 데 노력을 경주하였다. 비판사회학의 핵심적인 사상은 의사소통 관계의 인간화를 통한 해방이라 할 수 있는데, 이 사상을 방법론적인 수준과 사회비판적인 수준, 그리고 역사적 유물론의 수준에서 가장 포괄적으로 발전시킨 사람은 프랑크푸르트 학파의 제2세대를 대표하는 위르겐 하버마스(Jürgen Habermas)이다. 그가 내세우는 가장 근본적인 명제 중의 하나는 이른바 '지배에서 벗어난 의사소통'(*herrschaftsfreie Kommunikation*)을 사회조직화의 원리로 만들어야 한다는 것이다 (McCarthy, 1980:435 참조).

하버마스는 자기 연구활동의 과제를 '실천적인 의도를 가진 사회이론'의 수립에 두고 있는데, 여기서 실천적인 의도는 사람들이 외부 및 내부의 강제와 지배로부터 스스로 벗어나는 것을 함축하고 있다. 이러한 궁

410

■ 허 영 식

서울대학교 독어교육과 및
동대학원 사회교육과 졸업
독일 프랑크푸르트대학 철학 박사
현재 청주교대 사회교육과 교수

저서로 《민주시민교육론》,
《사회윤리·이데올로기·의사소통》,
《민주시민교육의 방법》 등

극적인 목표를 염두에 두고서 그는 특히 고전적인 희랍 철학과 독일 철학의 핵심적인 문제들, 이를테면 진리와 덕(또는 좋은 삶), 사실과 가치, 이론과 실천의 불가분성에 대한 명제들을 오늘날의 인문 사회과학과의 폭넓은 만남을 통하여 재구성하였으며, 현대의 인문 사회과학의 연구결과들을 시대의 비판적 의식으로 탈바꿈시키는 데 어느 누구보다도 많은 업적을 남겨 놓았다고 할 수 있다(Held, 1980:250).

비판 이론을 다시 정식화해야 할 필요성은, 하버마스에 따르면, 역사의 진행과정에서 저절로 흘러나온다. 20세기의 역사는 사회주의 사회와 자본주의 사회가 겪은 일련의 특징적인 경향을 보여주고 있다. 러시아 혁명은 스탈린주의와 기술지배적인 사회관리 체제로 퇴화 내지는 경직화되었으며(물론 이것은 고르바초프의 소련 개혁정책 이후 야기된 동구의 대변혁 또는 '평화 혁명'을 도외시하고 말하는 것이다), 서구에서는 이제까지 대중혁명이 실패하였다. 또한 대중적인 수준에서 프롤레타리아 혁명으로 나아갈 수 있는 계급의식이 부재하였으며, 맑스 이론은 결정주의적이고 객관주의적인 과학으로 굳어지거나, 아니면 그 반대로 비관주의적인 문화비판으로 빠져들어 갔다. 그리고 자본주의 사회의 구조적인 변화들은 그것의 외관뿐만 아니라 본질도 바꾸어 놓았다. 국가의 간섭이 증가하고 상대적으로 시장의 지위가 감소되고 있다. 자본주의는 점점 더 '조직화'되고 있으며 확대 일로에 있는 도구적 이성과 관료주의는 정치적인 삶에 대한 토론의 장이 되어야 할 공공분야를 위협하고 있다.

20세기의 사회진단에 관한 한 프랑크푸르트학파 제1세대의 사상과 견해는 사회이론에 대한 하버마스의 초기 저서에서도 별 차이 없이 발견되고 있다. 대규모의 경제 및 상업조직의 성장, 과학 및 기술과 산업 간의 상호 의존성의 증가, 국가와 사회 간의 상호 의존성의 증가, 대중매체의 상업화, 그리고 사회생활 각 분야에서의 수단-목표 합리성의 확대가 지적되고 있다. 이러한 발전경향들은 경제와 정치의 새로운 판도를 창출하였으니, 정치는 이제 더 이상 '상부 구조적인 현상'만이 아니다. 국가의 팽창(자본주의 사회의 위기 경향을 예고하는 징후라 할 수 있는)은 사회 및 경제 분야에 행정가와 기술자가 점점 더 많이 개입되는 것을 뜻하며, 그것은 또한 과학, 기술 및 산업의 융합현상과 함께 새로운 형태의 이데올로기를 낳는다. 이데올로기는 이제 더 이상 단순한 교환의 관념에만 근거를 두고 있지 않으며, 사회질서에 대한 기술지배적인 정당화에 그 기초를 두고 있다. 그때그때의 특별한 역사적인 계급이익에 기반을 둔 실천적인 문제들이 기술적인 문제로 규정되고 있으며, 정치는 '체제'를 위협하는 역기능과 갈등 잠재력, 기타의 위험부담을 기술적으로 제거하고 회피하기 위한 영역이 되고 있다(Thompson & Held, 1982; Held, 1980: 251).

프랑크푸르트 학파와의 이러한 연속성에도 불구하고 하버마스의 견해는 현대 사회의 분석에서 제1세대와의 차이점을 보여주고 있다. 마르쿠제(Marcuse)는 과학과 기술에 내재하고 있는 이데올로기성을 주장한 데 반하여, 하버마스는 과학과 기술은 인류 전체의 '프로젝트'(project)이기 때문에 역사적으로 뛰어넘을 수 없다고 해석한다. 그리고 급진적인 사회변혁의 문제에 대해서는 비억압적인, 또는—마르쿠제가 정신분석학의 용어인 '승화'의 개념을 다시 한번 더 뒤집어서 표현한 바—'탈승화화된'(entsublimiert) 사회의 가능성을 옹호한 마르쿠제만큼 낙관주의적이지도 않으며, 그렇다고 해서 호르크하이머(Horkheimer)와 아도르노 (Adorno)가 《계몽의 변증법》(*Dialektik der Aufklärung*)에서 보여준 만큼 그렇게 비관주의적이지도 않다.

하버마스는 호르크하이머와 아도르노, 그리고 마르쿠제가 철학에 대하여 취한 입장을 공유하지 않는다. 예를 들면 아도르노는 인식과 가치를 위하여 궁극적이고 근본적인 토대가 있다는 것을 부정한 데 비해 하버마스는 그 반대의 입장을 취한다. 그는 체계적인 사고에 대한 아도르노와 호르크하이머의 반대감정을 거부한다. 또한 연구 대상에서도 하버마스는 미학이나 대중 문화는 별로 취급하지 않고 있다. 그렇지만 사회의 제도적 틀과 개인의 정체성 형성 사이의 연계를 해명하는 데 있어 심리학의 중요성을 강조한다. 그리고 권력과 이데올로기의 관계를 논하는 데 있어 정신분석학적인 개념을 원용하고는 있으나 초기의 비판이론가들처럼 프로이트(Freud)의 범주들을 그렇게 직접적으로 이용하지는 않는다. 정신분석학에 대한 그의 관심은 주로 방법론적인 것에 쏠려 있는 것 같다. 다른 한편으로 그는 비판이론의 심리학적인 차원을 발전시키는 데 현대의 개인 및 사회 심리학의 여러 흐름을 통합하고 있는데, 그 중에는 상징적 상호작용론(Mead, Goffman), 역할이론(Parsons), 그리고 인지 발달 심리학(Piaget, Kohlberg) 등이 포함된다. 70년대 중반에 그는 자아발달과 정체성 형성의 분석을 위한 토대를 마련하는 일에도 착수하였다. 하버마스는 자신이 체계화하려는 대상영역을 더욱 더 확대하였는데, 이를테면 가다머(Gadamer)와의 공개토론은 사회이론을 위한 해석학의 적합성을 제공해 주었으며, 루만(Luhmann)과의 토의는 사회탐구를 위한 체제이론적인 접근의 가능성과 한계를 명료화할 수 있는 계기가 되었다. 그리고 그 자신이 설계한 의사소통 능력의 이론은 사회이론의 철학적인 기초를 마련하기 위하여 언어학 및 언어철학이 제공해 줄 수 있는 적합성을 구체화한 연구 결과라 할 수 있다(Held, 1980:252~253).

2. (비판) 사회 이론에의 기여

이상에서 우리는 하버마스의 비판적 사회이론이 갖는 기본적인 입장과 목표, 그리고 연구대상의 영역을 초기 비판이론을 배경적 좌표로 삼아 간략하게나마 언급하였다. 그러나 사회이론을 위한 하버마스의 가장 독창적이고 중요한 기여는 무엇보다도 의사소통의 일반이론 — 그는 이것에다가 '보편 화용론'(*Universalpragmatik*)이라는 이름을 붙였다 — 에서 찾아야 할 것이다. 비판이론의 이 '언어학적인(또는 언어 분석적인) 경향'은 역사적 유물론 또는 더 나아가서 비판 사회이론의 철학적인 근거를 재구성하려는 시도이며, 이론과 실천 문제의 근본을 재고해 보려는 시도라 할 수 있다.

이미 하버마스는 1960년대에 언어를 (노동 및 지배와 함께) 인간의 사회생활을 전개시키기 위한 보편적인 매개로 특징지었다. 이런 관점을 우리는 헤겔)의 《정신의 철학》(*Philosophie des Geistes*)에 대한 논의에서, 현대 이데올로기로서의 과학과 기술에 대한 비판에서, 그리고 《인식과 관심》(*Erkenntnis and Interesse*)에서 발견할 수 있다. 사회문화적인 생활형식은 상징적으로 중개된 상호작용의 체계에 묶여 있다. 더 나아가서 현대의 언어학 및 언어철학의 발전은 오늘날 '언어'의 문제가 '의식'의 전통적인 문제를 대치했다는 것을 분명히 하였다. 다른 한편으로 전통적인 관념론과 해석학뿐만 아니라 현대의 분석철학도 일상언어에서 의사소통이 갖는 독특한 구조를 잘못 생각하였다. 하버마스에 따르면, 이에 대한 보다 더 적절한 관념은 모든 의사소통의 규범적인 기초를 제시하며, 동시에 체계적으로 왜곡된 의사소통의 가능성을 설명해 주는 보편화용론(또는 의사소통 능력의 이론)에 의해서만 발전시킬 수 있다.

비판 사회이론에 대한 하버마스의 기여로서 빼놓을 수 없는 또 하나의 업적은 이른바 노동(*Arbeit*)과 상호작용(*Interaktion*)의 개념적 구분인데, 이것은 특히 역사적 유물론에 대한 하버마스의 기본적인 사상과 견해를 이해하는 데 가장 핵심적인 범주적 틀을 형성한다. 맑스(Marx)는 포이

어바흐(Feuerbach)의 유물론에 대한 비판에서 '감각적이고 인간적인 행동'(*sinnlich-menschliche Tätigkeit*), 즉 실천(*Praxis*)의 개념을 사용하였는데, 이것은 분석적으로 구분될 수 있고 상호 환원이 불가능한 반면에, 실제의 사회적 활동에서는 상호 의존적인 두 가지 요소로 구성된다. 그 하나는 도구적 또는 목적합리적(*zweckrational*) 행위이며, 다른 하나는 의사소통적 행위 또는 사회적 상호작용이다. 도구적 행위 차원에서의 합리화는 생산력의 증가와 기술적인 통제의 확장을 의미하며, 사회적 상호작용 차원에서의 합리화는 지배에서 벗어난 의사소통의 확대를 의미한다. 여기서 결국 하버마스가 강조하고자 하는 지론은 바로 '의사소통적 합리성'에 대한 문제인 것이다.

그는 이 범주적 구분을 여러 수준에서 발전시킨다. '준(準)선험적인 수준'에서 인식관심(또는 인식을 이끄는 관심)의 이론은 한편으로 객관화된 과정의 예측 및 통제에 대한 기술적인 관심을, 다른 한편으로 왜곡에서 벗어난 의사소통의 유지에 대한 실천적인 관심으로부터 구분한다. 방법론적인 수준에서는 기술적으로 이용 가능한 법칙론적인 지식에 목표를 둔 경험·분석적 과학, 행위에 정향을 둘 수 있는 상호 이해의 보존과 확장에 목표를 둔 역사적·해석학적 과학, 그리고 의사소통의 체계적인 왜곡으로부터의 자기반성적인 해방에 목표를 둔 비판적 과학(정신분석학이나 이데올로기 비판과 같은)이 논리적으로 구분된다. 사회학적인 수준에서는 목적 합리적인 행위의 하위체계들과, 그것들이 들어가 있는, 다시 말해서 그것들의 활동여지를 제공하는 제도적 틀이 구분된다. 사회진화의 수준에서는 생산력과 기술적인 통제의 성장이 지배에서 벗어난 의사소통의 확장으로부터 구별된다.

위와 같은 분석적인 구별을 하는 데 있어 하버마스의 궁극적인 의도는 맑스의 범주적 틀이 안고 있는 일차원적인 환원주의를 극복하되, 맑스보다 뒤떨어져서 다시 헤겔좌파주의나 비과학적인 유토피아주의 또는 비판주의적인 문화비판(*Kulturkritik*)으로 빠져들지 않으려는 데 있다. 초기 프랑크푸르트 학파는 바로 그러한 비판주의적인 문화비판 또는 신관념론의 길로 들어서는 경향이 있었다. 하버마스에 따르면, 경제적인 '토대'

(또는 '하부구조')의 분석도 그리고 사회문화적인 '상부구조'의 분석도 그 자체만으로는 선진자본주의 사회의 역학을 파악하는 데 불충분하다. 비판이론이 경제주의나 신관념론의 극단을 피하기 위해서는 사회의 서로 다른 영역들 사이의 '변증법적인' 상호 의존성이 범주적 수준 및 방법론적 수준에서 반성되지 않으면 안된다.

그러므로 앞에서 거론한 의사소통 능력의 이론은 적어도 역사적 유물론에 대한 관념론적인 대체물이 아니다. 그 이론이 사회진화를 이해하기 위해서 만족할 만한 메타 이론적인 틀을 제공하려면, 그것은 역사적 유물론의 근본적인 가정들과 연계가 되어야 한다. 하버마스는 루만과의 논쟁을 통해서 사회진화 이론은 세 가지 차원에서 진행되어야 할 것이라고 주장한다. 그 하나는 생산력의 발전(경제적 차원)이고, 다른 하나는 사회의 조종능력을 제고시키는 조직적 행태 및 기술의 발전(정치적 차원)이며, 또 다른 하나는 정당화하는 해석체계의 발전과 그 위기적 소멸(사회문화적 차원)인 것이다.

3. 의사소통 행위 이론의 전사(前史)

맑스에 따르면, 모든·이론적인 노력의 진리 표준은 성공적인 실천에 놓여 있다. 비판 이론도 이론의 이 실천준거를 강조하고는 있으나 실천을 변화시키려는 의도하에 그 이론을 추구하는 것이 도대체 누구를 위한 것이냐의 문제에 봉착하게 되면 비판이론은 할 수 없이 맑스주의적인 이론의 주장에서 멀리 떨어질 수밖에 없다. 왜냐하면 맑스주의 이론의 수신자는 프롤레타리아 계급이었지만 후기 자본주의 사회에서 비판이론이 목표로 하는 특정한 수신자는 사라졌기 때문이다. 비판이론은 또한 전통적인 이론의 요구로부터도 멀리 떨어져 있다. 왜냐하면 그것은 사회 '철학'이 아니라 사회 '과학'임을 주장하고는 있으나, 전통적인 과학이해의 표준에 따르기를 거부하기 때문이다. 결국 비판이론은 전통적인 과학이해와 맑스주의적인 과학이해를 기피하기 때문에 이중의 고립상태에 빠지게 된다.

해방적인 의도를 갖고 이론을 추구하려는 프랑크푸르트학파의 요구에 대해서 지식이론적 또는 인식론적으로 근거를 수립하려는 하버마스의 노력은 바로 이 점에서 출발하며, 여기에서 이론과 실천의 관계를 새로 규정하려는 시도가 있게 된다. 그는 《이론과 실천》(*Theorie and Praxis*, 1963)의 신증보판(1971) 서문에서 자신의 연구가 지향하는 바를 "실천적인 의도에서 설계된 사회이론의 이념을 전개시키고, 이 이론의 지위를 다른 출신의 이론들로부터 구획지으려는 시도"라고 특징짓는다. 이 문장에는 하버마스를 호르크하이머와 아도르노의 비판론과 연결시키고, 동시에 그것으로부터 떼어놓는 것으로 표현되어 있다. 하버마스에게서 사회이론은 실천적인 의도에서 이론을 행하려 하는 것을 의미한다. 그러나 실천에 정향을 둔 이 이론의 지식 이론적인 지위는 근거수립(*Begründung*)을 필요로 한다. 바로 이 근거수립을 둘러싸고 있는 것이 하버마스의 작업이다. 아래에서 우리가 개관해 보려는 것은 바로 이 근거수립을 수행하기 위해서 그가 60년대 초부터 오늘날까지 걸어온 길인 것이다.

1962년에 발표된 논문 "공론장의 구조변동"(Strukturwandel der Öffentlichkeit)에서 하버마스는 시민들이 그들의 역사를 '의지와 의식을 갖고' 꾸려 나간다고 할 때 그것에 대한 이성적인 합의를 어떻게 생각해야 할까의 문제를 추적한다. 여기서 그는 '공공성'(또는 공공분야)의 제도가 손상 내지는 붕괴되는 과정을 추적하면서, 이 제도가 처음에는 군주의 비공공적인 정치에 대항하는 수단이었으며, 그 기본적인 이념은 공공적인 토론을 통하여 지배(통치)를 합리화하는 것이었다고 지적한다. 공공성 또는 여론의 개념은 18세기에 비로소 형성되었는데, 그 함축 의미는 시민적 법치국가의 수립과 맥을 같이한다. 중세 시대에 공공분야는 정치적의사소통의 영역이 아니라 말하자면 봉건적 권위의 전조로서 오히려 사회적인 지위를 상징하고 있었다. 시민사회의 발전과 함께 그리고 국가와 사회의 분리현상과 함께 공공적인 세력의 영역은 군주의 사적(私的)인 영역과 분리되었다. 새로 등장하는 시장경제의 틀에서 개인적인 생활의 재생산이 개별적인 경제의 한계를 점점 더 많이 뛰어넘음으로써 시민은 그들의 이익을 표현하고 토론할 수 있는 공공성의 분야(이를테면 신문)를 필요로 하게 되었다.

그러나 자유주의적 자본주의가 '조직화된' 자본주의로 발전하면서 국가와 사회의 관계는 다시 새롭게 변화하고, 그 결과 공공분야의 구조변화를 초래하였다. 사회의 자본주의적 재생산 과정이 그 자체내에 적대주의적인 이해갈등을 안고 있으면서 동시에 시장 혼자서는 체제를 안정시키는 이해조정을 수행할 수 없기 때문에 이전에는 분리된 것으로 파악된 사회영역으로 점차 국가의 간섭이 필요로 하게 되었다. 따라서 공공적인 토론을 통한 지배의 합리화로 관념화된 공공성의 이념은 이제 변화된 기초 위에서만 실현이 가능하게 되었다. 서로 경쟁을 하되 자체내의 구조에 있어서뿐만 아니라 국가 및 사회와의 교제에서 그리고 서로간에 있어서 공공성에 확고한 정향을 둔 조직들의 상호 통제하에 사회적 · 정치적 권력행사를 합리화하는 것만이 공공성의 이념을 실현하는 길이다. 이러한 조직내적인 공공분야에서 비로소 비판적인 공중의 역할이 효과적인 의미를 가질 수 있다.

이 공공성의 논의와 결부하여 하버마스가 특히 관심을 쏟은 물음은 과학적 · 기술적 진보의 귀결 — 이것은 자연에 대한 인간의 지배가 증가한 결과인데 — 이 어떻게 다시 토론을 통하여 사람들의 의사소통적 생활 연관성에 편입될 수 있는가 하는 것이다. 기술적인 합리성과 실천적인 이성의 중개를 어떻게 생각해야 할 것인가의 문제를 둘러싼 논문이 1968년에 쓴 "과학적 · 기술적 진보의 실천적 귀결"(Praktische Folgen des wissenschaftlich-technischen Fortschritts)이다. 당시 독일 사회학에서 이른바 '기술지배에 대한 토론'(Technokratiediskussion)과 관련하여 하버마스는 어떤 이론이 역사 철학적인 모델의 진보개념을 대치할 것이며, 과학적 · 기술적 진보의 실천적인 귀결을 보다 더 적절한 분석적인 틀에서 해명할 수 있을까 물음을 던진다.

이 물음에 대한 그의 답변은 이미 앞에서 소개한 그의 기본적인 범주체계, 즉 '목적 합리적(또는 도구적) 행위'와 '의사소통적 행위'의 구별로

418

나아간다. 이미 "'이데올로기'로서의 기술과 과학"(Technik und Wissen-schaft als 'Ideologie', 1968a)에서 하버마스는 한편으로 사회체제의 '제도적 틀'(또는 '사회적 생활 세계')과 다른 한편으로 그 안에 틀어박혀 있으면서 기술적으로 진보하는 '목적합리적 행위의 하위체제들'을 분석적으로 구분해야 할 것을 제안하고 있다. 기술진보와 실천적 귀결 사이의 연관성에 관한 물음은 이 새로운 분석적 틀에서 재정립되어, 이제 연구의 대상이 된 것은 기술적으로 진보하는 체제들이 제도적 틀에 어떤 영향을 주는가에 대한 문제이다. 바로 여기에서 하버마스는 초기 비판이론의 딜레마, 즉 기술적 합리성의 압도적인 우세로 말미암아 실천적인 이성을 찾아낼 수 없었던 어려움을 해결하려는 시도를 꾀하고 있는 것이다. 그의 해결책은 사회를 분석적으로 이분하는 것에 있는데, 여기서 사회는 한편으로는 '사회적 생활세계'이며 다른 한편으로는 '기술적으로 진보하는 하위체제들'이다. 분석적으로 양분된 이 사회는 사회적 행위를 통해 구성되며, 이 사회적 행위는 다시 '의사소통 행위'와 '목적 합리적 행위' 또는 '도구적 행위'로 분석된다.

《이론과 실천》에 들어 있는 논문들은 기본적으로 하버마스가 "기술 진보와 사회적 생활 세계"(Technischer Fortschritt and soziale Lebenswelt)라는 제목의 글에서 요약한 주제를 둘러싸고 있다. 그 주제는 바로 과학화된 문명의 생활문제로서, 기술적 진보와 사회적 생활세계 사이의 관계를 어떻게 반성하여 합리적인 통제하에 둘 수 있는가 하는 것이다. 하버마스에 따르면, 근대 자연과학적인 사고모형의 확립과 더불어 비판적 이성과 사회적 실천의 내재적인 연관성이 사라졌다. 이론과 실천의 관계는 이제 경험과학적인 사고의 의미에서 새롭게 이해된다. 과학은 자연적인 존재(또는 사회적인 존재에 대해서도)의 법칙을 인식함으로써 지식을 산출하려는 데 목표를 두고, 이 지식은 기술로 변형되어 점점 더 세계에 대한 지배력을 향상시키려는 데로 나아간다. 여기서는 '그것이 도대체 무엇을 위해 좋은 것인가?'에 대한 물음이 배제된다. 이렇게 더 포괄적인 이성개념을 포기하는 대신 지불해야 할 대가는 실천의 영역에서 비합리적인 '결단주의'(Dezisionismus)가 성행하게 되는 것이다. 현재의 그리고 미래의 과학화된 문명권에서 어떻게 기술적인 힘과 실천적인 힘 또는 '기술적 합리성'과 '실천적 이성'을 구분해야 할 것인가의 물음은 오늘날까지 하버마스가 품고 있는 핵심문제 중 하나로 남아 있다.

《이론과 실천》의 작업에 뒤이어 하버마스가 비판적 사회이론의 지위를 해명하기 위해서 걸어간 길을 관찰하면 무엇보다도 세 가지 연구작업이 두드러진다. 그것은 프랑크푸르트대학에 초빙되어 행한 취임강연인 "인식과 관심"(Erkenntnis und Interesse, 1965)과 사회과학 이론의 주요 흐름을 지식 이론적으로 논술한 "사회과학의 논리에 대하여"(Zur Logik der Sozialwissenschaften, 1967), 그리고 그의 해석학에 관한 논의인 "가다머의 '진리와 방법'에 대하여"(Zu Gadamers 'Wahrheit and Methode')와 "해석학의 보편성 요구"(Der Universalitätsanspruch der Hermeneutik)이다. 끝에 든 두 논문은 아펠(Karl-Otto Apel)과 다른 사람들의 글을 모은 책인 《해석학과 이데올로기 비판》(Hermeneutik und Ideologiekritik, 1971)에 수록되어 있다.

취임강연인 "인식과 관심"에서, 그리고 같은 표제하에 1968년에 발행된 책(1968b)에서 취급된 물음은 '순수한' 이론, 다시 말해서 모든 이해관심(利害關心)의 기초에서 벗어나 있는 이론적인 인식이 있을 수 있는가에 대한 것이다. 이 물음에 대한 하버마스의 답변은 실증주의적인 과학의 조류가 이것과 관련하여 설정한 명제를 부인하는 것이다. 실증주의를 거부하는 데 그가 근거로 삼은 것은, 이미 우리가 앞에서 논의한 근본적인 행위의 구분, 즉 '목적 합리적' 또는 '도구적' 행위와 '의사소통적' 행위의 구분에 있다. 인간이 자연과 관계를 맺으며 행하는 모든 교제 또는 대결은 인간학적으로 주어진 그 두 가지 행위양식의 틀 속에서 일어난다. 우리의 삶 또는 생존은 두 가지의 매개체, 즉 노동과 언어에 묶여 있다. 이 두 가지의 매개 또는 앞에서 말한 두 가지 행위양식은 동시에 또한 구별이 되는 두 가지의 인식 관심(Erkenntnisinteresse)을 조건짓는다. 그 하나는 '기술적' 관심이며 다른 하나는 '실천적' 관심이다.

이 두 가지 인식 관심은 과학적인 인식의 구조에서도 발견할 수 있다. 과학이라는 것이 우리 삶의 재생산을 위해서 자연을 우리 것으로 습득하

420

는 특별한 형식에 불과하다면, 그리고 인간이 자연을 수용하는 이 과정이 노동과 언어의 두 매개체에 묶여 있다면 — 이 매개체의 구조 속에 다시 모든 경험을 선험적으로(*a priori*) 이끄는 그 두 가지의 관심, 즉 기술적인 인식 관심과 실천적인 인식 관심이 들어가 있다면 — 그렇다면 과학적인 대상영역의 형성도 바로 그 두 가지의 준선험적인(*quasitranszendental*) 인식 관심에 의해 미리 결정될 것이다. 결국 "인식과 관심"에서 하버마스가 주장하는 핵심적인 명제는 다음과 같다.

> 경험적·분석적 과학의 접근 속에는 기술적인 인식 관심이, 역사적·해석학적 과학의 접근 속에는 실천적인 인식 관심이, 그리고 비판적으로 정향을 둔 과학의 접근 속에는 해방적인 인식 관심이 들어간다 (Habermas, 1968a:155).

여기서 문제시되는 것 중의 하나는 해방적인 인식 관심의 도출인데, 하버마스는 그것에게도 실천적인 인식 관심이나 기술적인 인식 관심에서와 마찬가지로 준선험적인 지위를 부여한다.

이와 더불어 여전히 해결되지 않은 채 남아 있는 문제는 그가 이미 《이론과 실천》에서 해결하려고 시도한 것인데, 그것은 스스로 '비판'이라고 이해하는 사회이론의 규범적 근거를 제공하는 일이다. 《인식과 관심》에서 하버마스가 쓰고 있는 또 하나의 중요한 명제를 인용해 보자.

> 성숙성(*Mündigket*, 자율과 책임)에 대한 관심은 단순한 환상이 아니다. 그것은 선험적으로 통찰될 수 있다. 우리를 자연에서 벗어나게 해주는 것은 우리가 그 본질상 알 수 있는 것, 즉 '언어'이다. 그것의 구조와 더불어 성숙성은 '우리를 위해서' 설정되었다. 첫번째의 문장과 함께 하나의 보편적이고 강제받지 않은 합의의 지향(志向)이 명백하게 표현되어 있다(Habermas, 1968a:163).

이 선언적인 주장에는 아직 그의 명제를 설득력 있게 근거수립한 흔적을 찾아볼 수 없다. 하지만 그 반면에 이 문장들 속에는 그가 나중에 노력을 경주한 것의 전조를 엿볼 수 있다. 언어의 구조와 더불어 성숙성이 우리를 위해 정립되었으며, 따라서 이성을 가능케 하는 조건들을 추적하는 일은 형이상학에 넘겨진 또는 보류된 기도(企圖)로 남아 있어서는 안 된다. 오히려 한편으로는 인류사적인 능력의 발달을 재구성함으로써, 그리고 다른 한편으로는 이 능력의 역사적 현실화를 재구성함으로써 추진되어야 한다는 것을 근거 수립하는 일 — 바로 이것이 하버마스가 그 이후의 작업에서 추구할 목표인데, 이 목표설정은 이미 위에서 인용한 명제 속에 들어 있다. 그리고 바로 이 명제에 뒤따라서 의사소통 능력에 대한 작업과 진화이론적인 접근이 구체화되고 있는 것이다.

그런데 위의 명제를 언어분석적인 접근에서 근거짓기 전에 하버마스는 사회학의 주요 경향을 역사적 접근방법으로 정리하였는데 그 결과 출판된 것이 《사회과학의 논리》(1967)이다. 여기서 그는 자연과학 또는 정신과학과의 비교를 통해서 사회과학이 오늘날 처해 있는 불안정한 지식이론적 또는 방법론적인 상황을 논술하고 있다. 이 맥락에서 그의 방법론적인 작업의 출발점을 이루는 것은 상징적으로 구조화된 대상영역에의 접근이 정신과학에서 사용된 방법, 즉 이른바 '이해'(Verstehen)의 방법과 같은 절차를 필요로 하지 않느냐의 의문이다. 여기서 하버마스가 취한 논의의 처리방식은 개개 학문경향의 보편성 요구를 비판하고 일종의 종합을 찾는 것인데, 그가 내린 결론은, 사회이론은 '의미 이해'(Sinnverstehen) 없이는 해나갈 수 없다는 것이다. 그렇지만 의미 이해의 방법은 철학적인 해석학의 의미에서 이해되어서는 안되고, 오히려 해석학적인 해석들은 이데올로기 비판(Ideologiekritik)과 결합되어야 한다는 것이다.

해석학적인 해석과 유물론적인 이데올로기 비판의 결합이 어떻게 하나의 분석적인 준거체계로 통합될 수 있는가의 문제는 《사회과학의 논리》에서는 아직 미결인 채로 남아 있다. 바로 이 문제를 둘러싼 연구작업들이 뒤따른다. 아펠 및 가다머 등과 함께 출판한 《해석학과 이데올로기 비판》(1971)도 이런 방향에서 토론이 행해졌다. 해석학의 입장에 따르면 상징적으로 구조화된 대상영역과 관련된 과학에서는 의미를 이해하는

관점을 극복한다는 것이 불가능한데, 하버마스는 이에 대해서 모든 상호
주관적인 합의는 지배를 통해 강요되어 있다는 혐의를 받고 있다는 반대
논증을 내세운다. 따라서 의미 이해는 사회과학에서 인식의 유일한 방법
적 수단으로서는 불충분하다. 오히려 이해의 상황결부적인 성격을 이론
적인 요소들을 도입함으로써 완화시켜야 하는 일이 필요한데, 그렇게 해
야만 강요된 합의를 '진정한' 합의로부터 구별할 수가 있다. 더 나아가서
그 이론적인 요소들은 사회적 행위가 한편으로는 틀어박혀 있으면서 동
시에 다른 한편으로는 사회적 행위 그 자체가 구성을 하는 객관적인 준
거체계를 파악할 수 있도록 허용해 주어야 한다. 그러한 범주체계는 지
향(志向)적인 행위(intentionales Handeln)의 의도하지 않은 귀결을 분석적
으로 파악할 수 있어야 한다.

이런 문제거리와 관련해서 당시 하버마스의 연구활동은 두 방향에서
이루어지고 있다. 그 하나는 1971년에 루만(Niklas Luhmann)과 함께 출
판한 《사회이론이냐 사회공학이냐》(Theorie der Gesellschaft oder Sozial-
technologie)에서 전개된 토론으로, 여기서는 《사회과학의 논리》에서 시
작된 기능론과의 논쟁을 심화시키고 있다. 기능주의는 스스로를 행위연
관성의 '객관적인' 의미와 '주관적인' 의미를 둘 다 분석적으로 파악하기
위한 적절한 준거체계라고 주장하고 있는데, 이 보편성 요구를 하버마스
는 비판한다. 다른 한편으로 그는 프랑크푸르트대학에서 1969/70년 겨
울학기의 세미나를 통해 하나의 새로운 이론적 처리방식에 출발점을 제
공하는 원고를 내놓았는데, 그 제목은 "의사소통능력의 이론을 위한 예
비적 고찰"(Vorbereitende Bemerkungen zu einer Theorie der kommuni-
kativen Kompetenz)이다.

이 "예비적 고찰"과 함께 하버마스에게는 저술활동의 새로운 국면이
시작된다고 할 수 있는데, 여기에는 후에 출간된 《의사소통행위이론》
(Theorie des kommunikativen Handelns, 1981)을 위해 결정적인 논증들이
포함되어 있다. 하버마스는 우선 피아제(Piaget), 콜버그(Kohlberg, 발달
심리학), 그리고 촘스키(Chomsky), 설(Searle), 오스틴(Austin) 등(언어
학)과의 논의를 시작으로 하면서 하나의 새로운 분석적 개념을 발전시키

고 있는데 그것은 이른바 '재구성적 이론 접근'(*rekonstruktiver Theorieansatz*)이다. 《사회과학의 논리》에서는 아직 분명치 않게 선언되었던 것, 즉 "언어는 아직 망—이것의 실에 주체들이 걸려 있고, 또한 거기에서 비로소 주체로 형성되어 가는—으로 간파되지 못하고 있다"(Habermas, 1967:124, Gripp, 1984:7, 36에서 재인용)는 문장 속에 함축되었던 것이 이제 언어분석적인 탐구의 대상이 된다.

여기서 재구성적 과학의 목표는 실제적으로 쓰이고 있는 함축적인 규칙 지식의 구조들과 요소들을 범주적인 표현형식을 통해 명시화하는 데 있다. 그리고 이 재구성적 접근의 타당성 요구는 '본질주의적인 요구'(*essentialistischer Anspruch*)로서 그 타당성의 본래적인 표준은 적합하냐 아니면 부적합하냐이다. 재구성은 그것이 참되다면 이른바 표면구조의 산출을 실제로 결정하는 규칙에 그대로 상응해야 한다. 따라서 그것은 규칙능력의 구조를 해독하고 재구성한다. 그렇지 않으면 아예 해독을 하지 못하는 것이다. 결국 재구성적 과학은 심층에 존재하는 규칙지식을 명시적이고 체계적으로 재구성하는 접근방식을 쓰는 것이다(Habermas, 1976a:193; Gripp, 1984:38).

재구성적인 이론 접근의 분석적 지위를 배경으로 삼고서 이제는 바로 이 새로운 이론접근에 따라 전개되는 의사소통적 능력의 이론에 대한 하버마스의 가정들을 추적할 차례가 되었다. 그러면 '의사소통적 능력의 이론' 또는 그가 나중에 '보편화용론'(*Universalpragmatik*)이라 명명한 것은 무엇인가? 우리는 여기서 하버마스가 이미 《인식과 관심》(1965)에서 해방적인 과학의 가능성을 위한 입증 책임을 언어라는 현상에 놓은 것을 상기해야 할 것이다. 그런데 거기서는 그 명제에 대한 설득력 있는 근거 수립은 행해지지 않았다. "예비적 고찰"(1971), 그리고 더 나아가서 "진리이론"(Wahrheitstheorien, 1973)과 "보편화용론이란 무엇인가?"(Was heißt Universalpragmatik?, 1976a)—바로 이 논문들이 이전에 단지 선언적으로 주장만 한 것에 대하여 근거를 제공하려는 첫 시도라고 말할 수 있다. 그 선언적 주장은 다름 아니라 언어를 말할 수 있는 인간의 특징적인 능력이 바로 인류를 성숙성과 이성으로 나아갈 수 있게 하기 위한 필요조건이며 동시에 충분조건이라는 것이다.

　의사소통 능력의 이론에서 하버마스가 설정한 첫번째 가정은 상호이해 (*Verständigung*) 의 모든 가능한 상황은 말하는 자와 듣는 자가 두 수준의 의사소통에 발을 들여놓고 있음을 포함하고 있다는 것이다. 그 하나는 말하는 자와 듣는 자가 '서로 함께'(*miteinander*) 말을 하는 상호 주관성의 수준이며, 다른 하나는 대상의 수준으로서, 그 대상에 '대해서'(*über*) 그들은 서로를 이해한다. 두번째의 중요한 가정은 모든 상호 이해상황은 본질적으로 거기에 참여한 자들이 수행하는 이상화(*Idealisierung*)에 근거를 두고 있다는 것이다. 우리는 가능한 상호 이해의 상황에 들어서게 되면 원칙적으로 그 도달된 상호 이해가 언제나 '실제적인'(*wirklich*) 상호 이해라는 것을 가정한다. 이런 확신은 바로 우리가 다른 사람과 어떤 의사소통에 들어서기 위한 조건이 되는 것이다.

　문장들(*Sätze*)이 발설(*Äußerung*)이 되려면 문장들이 어떤 상황적 맥락에 묶여 있어야 하는데, 이때 의사소통을 하는 자 사이에는 어떤 특정한 상호작용 관계가 수립된다. 간단히 말해서 언어적 발설은 항상 구두(口頭) 외적인(*extraverbal*) 발설(즉, 행위 및 몸짓)과 연결되기 때문에 모든 상호이해는 따라서 언제나 두 수준의 의사소통, 즉 '내용'의 수준과 '관계'의 수준에서 진행된다. 그리고 우리는 말로 발설한 것이 어떻게 이해되어야 할까를 몸짓을 통해서, 우리의 '몸에 결부된 표현'을 통해서 해석하기 때문에 의사소통은 행위의 한 특별한 형식인 것이다.

　다음에 하버마스는 의사소통의 두 가지 형식을 분석적으로 구분한다. 여기서 그는 우리가 이미 언급한 바 있는 '의사소통적 행위'를 한 걸음 더 나아가서 분석하고 있는 것이다. 그 하나는 '의사소통적 행위'이며 다른 하나는 '담화'(또는 '담론', *Diskurs*)이다. 전자에는 발설을 했을 때 그 발설을 언제나 이미 동반하는 구두 외적인 맥락에 묶여 있는 발설이 해당되며, 그 반면에 후자에서는 그 발설된 것의 사용의미를 동반하고 해석하는 그 구두 외적인 행위가 가능한 한 배제된다. 하버마스에 따르면, 이 담화의 수준은 우리가 모든 상호이해 상황에서 원칙적으로 가정하는 이상화를 통해 들어갈 수 있는 것이다. 그의 용어에 따르면 모든 담화에서 우리는 하나의 '이상적인 대화 상황'(*ideale Sprechsituation*)을 가정하지 않을 수 없다.

우리가 서로 함께 의사소통을 할 때 원칙적으로 기도하는 이 이상화에는 두 가지가 있다. 그 하나는 의사소통의 수준을 변경하는 것으로서, 모든 의사소통적 행위수행에서 발생하는 오해는 의사소통적 행위에서 담화로 넘어감으로써 해결될 수 있다. 다른 또 하나의 이상화는 이상적인 대화상황의 가능성을 원칙적으로, 비록 '반사실적'(*kontrafaktisch*)이긴 하지만, 가정하는 것인데, 이를 달리 말하면 우리는 모든 체계적인 왜곡이 배제되어 있는 상호이해의 상황이 원칙적으로 가능하다는 것을 예기 내지는 가정한다는 것이다. 이상적인 대화(또는 말) 상황은 의사소통의 체계적인 왜곡을 배제한다. 오직 그럴 때에만 전적으로 '더 나은 논증의 강제 없는 강제'(*der zwanglose Zwang des besseren Arguments*)가 지배하며, 이것이 또한 실천적인 문제에 대한 결단을 '합리적으로 동기화'(*rational motivieren*)할 수 있게 한다.

결국 《인식과 관심》에서 제시된 명제와 함께 하버마스가 떠맡은 입증 책임은 분명해졌다. 언어의 구조와 함께 성숙성이 우리를 위해 정립되어 있다는 명제의 해명은 바로 담화 속에서 언제나 이미 기도되고 있는 이상적인 말 상황에 대한 예기 또는 가정을 규정하고 분석하는 일로 귀결된다. 이것은 이미 《인식과 관심》에서 기록된 바, "모든 진술들의 진리는 궁극적으로 참된(또는 좋은) 삶에 묶여 있다"(Habermas, 1968a:167)는 명제와 맥을 같이하고 있으며, 바로 여기서 우리는 의사소통 관계의 인간화가 왜 필요한가에 대한 정당성을 찾아낼 수 있을 것이다. 그리고 또한 의사소통 능력의 이론이 비판적 사회이론의 근거수립을 위해 갖고 있는 함축의미도 읽어 낼 수 있을 것이다(Held, 1980:345 참조).

보편화용론은 가능한 상호이해의 보편적 조건들 또는 상호이해에 정향을 둔 의사소통의 일반적인 전제들을 차후 재구성함으로써 이성의 근거수립 가능성에 도달하려고 한다. 그 분석의 결과는 다음과 같이 요약할 수 있다. 말 행위에서는 네 가지의 보편적인 타당성 요구(이해가능성, 참됨, 진실성, 올바름)가 제기된다. 이 네 가지의 타당성 요구는 합리적인

근거수립의 의무를 내재적으로 지시하고 있다. 그리고 이 합리적인 근거
수립의 의무는 담화를 통해서만 이행될 수 있다. 진리의 이념이 오로지
담화를 통한 타당성 요구의 이행에 준거를 갖고 있으면서 전개된다면,
그리고 그 네 가지의 타당성 요구는 이성적임(*Vernünftigkeit*)이라고 부를
수 있는 하나의 연관성을 나타낸다면, 이제 모든 말 행위에서 언제나 이
미 제기된 네 가지의 타당성 요구 및 이것에 결부된 근거수립의 의무와
더불어 이성의 가능성 조건이 제시된 것이다. '진정한' 상호이해, 그리고
그와 함께 '지배에서 벗어난' 합의가 종국에는 하나의 실현되어야 할 가
능성으로 인간 앞에 남아있다는 사실은 인간이 의사소통 능력을 갖추고
있다는 것을 함축하고 있다(Gripp, 1984:54~55).

　위에서 언급한 보편 화용론적인 가정들의 구체화를 뒤따르는 연구 작
업들은 이제 재구성적인 이론 접근을 한편으로는 주관성의 개체 발생적
인 발달에 대한, 다른 한편으로는 사회의 진화에 대한 숙고에까지 확대
하는 데 목표를 두고 있다. 여기서 열거해야 할 글들은 "역할 능력의 개
념에 대한 메모"(Notizen zum Begriff der Rollenkompetenz, 1972), "도덕
발달과 자아정체성"(Moralentwicklung und Ich-Identität, 1974), "상호작
용 능력의 발달에 대하여"(Zur Entwicklung der Interaktionskompetenz,
1975), 그리고 되버트(Döbert) 및 눈너 빙클러(Nunner-Winkler)와 함께
발행한 《자아의 발달》(Entwicklung des Ichs, 1977)이다. 《역사적 유물
론의 재구성》(Zur Rekonstruktion des Historischen Materialismus, 1976b)
에 수록된 진화이론에 대한 논문들은 재구성적인 이론접근을 일반적인
사회이론으로 옮겨 놓는다.

　자아의 발달에 관한 하버마스의 가정들은 그의 의사소통 이론에서 구
별한 여러 가지 수준에서 출발한다. 주체는 네 가지의 세계(외적 자연 또
는 객관적 세계, 사회적 세계 또는 사회, 내적 자연 또는 주관적 세계, 그리
고 언어)에 대해서 자율성을 획득한다. 그래서 개체발생 또는 자아의 발
달은 현실의 그 네 가지 차원에 대해서 자율성과 책임성을 획득할 수 있
는 능력이 증가하는 방향으로 나아간다. 자아발달은 언어, 인지, 상호작
용의 발달과의 상호의존적인 연관성에서 진행된다. 따라서 여기서도 의

사소통 능력의 이론에서와 마찬가지로 보편적인 능력의 합리적인 재구성이 문제된다.

하버마스의 연구가 지향하는 프로그램적인 목표는 앞에서도 강조한 바와 마찬가지로, '비판적인' 사회분석을 행하려는 프랑크푸르트학파의 요구를 규범적으로 근거짓는 것이다. 비판이론은 스스로를 맑스 전통의 이론으로 이해하였으며, 하버마스도 역시 자신이 그리고 있는 사회이론의 유형이 여전히 맑스에 근거하고 있는 것으로 본다. 아도르노, 호르크하이머, 마르쿠제 등이 그들의 작업에서 은연중에 역사적 유물론의 특정한 가정들을 내버려둔 채 놓아두는 경향이 있지만, 하버마스는《역사적 유물론의 재구성》에서 명시적으로 이 이론의 재구성을 꾀하고 있다.

특히 하버마스는 역사 철학적인 사고에 대한 근본적인 반성의 필요성을 역설하고 있는데, 이 철저화 작업에 기여하는 것이 바로 역사적 유물론의 재구성이다.《인식과 관심》에서는 인식론적인 관점에서 맑스의 노동 개념을 비판하고 확대하려는 데 주안점을 두었음에 비해,《역사적 유물론의 재구성》에 들어 있는 논의는 사회적 노동과 인류역사의 결합에 대한 맑스적인 개념을 문제시하는 데 목표를 둔다. 여기서는 역사의 '주체', '상부구조'에 관한 명제, 그리고 사회의 '변화' 등에 관한 논의가 중심을 이룬다. 특히 하버마스가 독창적으로 내세운 명제는 통상 사회의 '상부구조'로 유보되어 있는 규범적 구조가 자기 고유의 발전논리를 갖고 있다는 것으로서, 그는 고대 문명의 발생이나 서구 자본주의의 발생으로 이끈 커다란 내생적인 발달의 추진력은 중요한 생산력의 발전을 '조건'으로 갖고 있지 않고 오히려 그 '결과'로 갖고 있다고 주장한다. 그 이유는 기술적으로 이용가능한 지식이 생산력 발전을 위해 충분히 활용되기 위해서는 그것을 허용하는 사회통합의 새로운 형식이 선행되어야 하기 때문이다.

하버마스가 가설적으로나마 제안하고 있는 또 하나의 명제는 자아발달과 사회진화 사이에서 어떤 상동성 또는 상응성을 찾을 수 있다는 것이다. 그 근거는 사회의 진화적인 학습과정이 거기에 속한 개인들의 능력(이 능력에는 자아발달 이론에서 본 바와 같이 인지능력, 언어능력, 상호작용

능력이 포함된다)에 의존하고 있으며, 거꾸로 개인들은 그 능력들을 개체
화된 단자(單子)로서 획득하는 것이 아니라 그들이 속한 생활세계의 상
징적 구조 속으로 들어가면서 성장하기 때문이다. 하버마스에 따르면,
사회의 진화는 인지적·기술적 학습의 차원과 도덕적·실천적 학습의 차
원 속에서 진행되는 양 차원의 학습과정으로 생각할 수 있는데, 이 발전
논리의 해독을 위한 모델은 기본적으로 피아제와 콜버그의 인지발달 심
리학에 그 근거가 놓여 있다.

  어쨌든 여기서 하버마스가 강조하고자 하는 것은 역사의 고유의미도
합리적으로 재구성할 수 있는 발달모형을 따른다는 것이 단순한 허구가
아니라는 것이다. 왜냐하면 역사발전의 실체로서 이해되고 있는 사회문
화적 체제는 일상 언어적인 의사소통의 매개를 통해 조종되기 때문이다.
비판이론과 같이 역사 철학적인 사고에 의무를 느끼고 있는 사회이론 안
에서는 특히 정신—이 안에서 역사가 발전되는데—에 대한 문제가 제
기된다. 맑스가 헤겔을 뒤집으면서 이에 대해 제시한 답은 인간이 그들
의 역사를 스스로 만든다는 것이었다. 그리고 그렇기 때문에 인류의 역
사는 항상 산업 및 교환의 역사와 연관시켜서 연구되고 다루어져야 한다
는 것이었다. 그런데 하버마스는 역사가 움직이는 틀을 제공하는 그 '정
신'에 대한 물음에 대해서 인간에게 특징적인 삶의 구성적인 특수성—
즉, 언어 능력을 갖추고 있다는 것—에 대한 반성을 통해 답변하려고
하는 것이다(Gripp, 1984:70~71).

  이에 즈음하여 우리가 짚고 넘어가야 할 문제 중의 하나는 하버마스의
이러한 구상이 다시 관념론으로 되돌아가지 않는다는 어떤 확증에 대한
반성이 필요하다는 것이며, 다른 하나는 사회적으로 보아 사실상 합리성
이 더 많이 가능하고 비합리성이 더 이상 가능하지 않게 되리라는 전망
그 자체에 대한 의구심이다(Gripp, 1984:72).

4. 의사소통행위 이론

《의사소통행위이론》(*Theorie des kommunikativen Handelns*, 1981)을 발간하게 된 핵심적인 동기로, 하버마스는 정기간행물이었던 《미학과 의사소통》(*Ästhetik und Kommunikation*)을 통해 호네트(Axel Honneth) 등과 가진 대담에서 다음 네 가지를 들고 있다. ① 상대주의가 만연하고 있는 시점에서 '합리성의 이론'을 시도하는 것, ② '의사소통 행위의 이론'이라는 형식을 빌어서 논증이론, 그리고 무엇보다도 먼저 사회이론을 위해 기여하는 것, ③ '사회적 합리화의 변증법'을 주제화하는 것, ④ 의사소통 이론의 개념 속에서 '근대의 이론'을 발전시키는 것 — 특히 여기서는 이른바 체제이론과 행위이론을 결합하는 사회개념이 문제된다 (Habermas, 1985b:178~180; Gripp, 1984:72~73 참조).

《의사소통행위이론》에서 하버마스가 전개시킨 논증의 과정을 요약하면 아래와 같다. 우선 사회적 행위의 두 가지 기본적인 형태가 구별된다. 그 하나는 목적합리적 또는 목적론적(결과에 정향을 둔) 행위이며, 다른 하나는 의사소통적(상호이해에 정향을 둔) 행위이다. 의사소통적 행위의 개념은 다시 담화, 규범에 의해 조정된 행위, 그리고 연극적인 행위 등 세 가지로 분화된다. 그리고 상호이해에 정향을 둔 행위는 사회적 행위의 '원형적 양식'(*Originalmodus*)으로 정의된다. 보편화용론적으로 출발하는 말 행위이론(*Sprechakttheorie*)이 이에 입각해서 의사소통 행위의 이론에 통합된다. 또한 말 행위이론의 도움을 빌어 얻어낸 세 가지의 순수한 의사소통 행위의 형태(담화, 규범에 의해 조정된 행위, 연극적인 행위)로부터 의사소통적 합리성의 개념이 발전된다.

의사소통적 행위의 개념만큼 확대된 행위관념이 사회이론에 통합되는데, 이때 사회의 개념 안에서는 체제(*System*)와 생활세계(*Lebenswelt*)의 두 차원이 분석적으로 구분된다. 어떤 사회를 통합하는 형식에는 두 가지가 있는데, 그 하나는 행위결과 또는 탈언어화된 의사소통의 매개에 의한 체제통합(*Systemintegration*)이며, 다른 하나는 의사소통적 행위에

430

의한 사회통합(*Sozialintegration*)이다. 그때그때의 체제통합의 수준은 제
도적 복합체를 통해서 생활세계에 근거를 두고 있다는 가정이 제시된다.
또 하나의 가정은 진화의 관점에서 볼 때, 체제통합의 더 높은 수준은
또한 역시 생활세계의 합리성 구조도 더욱 발전되어야 할 것을 요구한다
는 것인데, 여기서 합리성 구조가 더욱 발전된다는 것은 주체들의 입장
에서 볼 때 가치정향의 개념이 더 보편적이고 더 형식적이 됨을 의미한
다.

합리성 구조의 발전은 '세계사적인 계몽과정의 부단한 아이러니'로 나
아간다. 한편으로는 의사소통 행위에 들어 있는 합리성의 잠재력이 연속
적으로 펼쳐지고 사회적인 지식의 더 넓은 영역들이 토론의 장으로 들어
온다. 그러나 다른 한편으로는 문제의 복합들을 토론을 통해 처리할 수
있는 바로 이 개방의 폭이 점점 더 그리고 체계적으로 제한받고 있는데,
그 이유는 탈언어화된 의사소통의 매개체(이를테면 돈과 권력)를 통해 조
정되는 행위에 대한 강제들의 명령이 생활세계에 침입해 들어오기 때문
이다.

의사소통 행위의 이론은 근대의 이론으로서 이중의 과제를 안고 있다.
첫째로 그것은 베버(Weber) 등이 분석한 합리화 과정의 병리를 새롭게
추적한다. 사회적 합리화는 생활세계의 구조에서 진행되는 것이지, 베버
적인 가정들이 암시하는 바와 같이 주체들 그 자체의 행위정향에서 이루
어지는 것이 아니다. 둘째로 행위자들이 목적합리적으로 그리고 동시에
의사소통적으로 행위하기 때문에 — 이때 그 두 가지 행위형태에는 서로
다른 합리성의 관념이 귀속된다 — 의사소통 행위의 이론은 사회적 합리
화의 과정을 '전체적인 폭에서', 다시 말해서 체제와 생활세계 양쪽 모두
에서 파악해야 한다. 끝으로 그 이론은 의사소통적 행위 또는 의사소통
적 합리성의 개념화에 기초하여, 그리고 사회의 개념을 체제와 생활세계
의 양 차원으로 분석적으로 분화시킴으로써 한편으로는 발전의 병리현상
들을 부인하지 않으면서도 다른 한편으로는 진화의 규범적인 진보적 전
망을 포함할 수 있다.

앞에서 이미 지적한 바와 같이, 하버마스의 연구가 궁극적으로 지향하

는 바는 비판적인 사회이론의 가능성에 대한 규범적인 근거수립을 수행
하는 것이었다. 그리고 그 비판의 표준은 의사소통 이론에 입각한 이성
이기 때문에 그 목표는 이 이성의 근거수립이기도 한 것이다. 이 새로운
이성개념의 발전은 하버마스의 연구체계에서 다음 네 단계를 거쳐왔다.
우선《이론과 실천》에서 보여준 바와 같이 사회철학의 고전적인 대표자
들과의 논의에서 출발하여, 둘째로는《사회과학의 논리》와《해석학과
이데올로기 비판》에서 전개된 바와 같이, 좁은 의미에서 사회과학의 이
론적·방법적 관념과의 논의를 거쳐, 셋째로는 "의사소통 능력의 이론을
위한 예비적 고찰", "보편 화용론이란 무엇인가?" 등을 통해서 사회과학
을 위한 재구성적인 이론개념이 발전되었고, 끝으로 이제까지 작업한 이
론적 가정들이《의사소통행위이론》에서 종합된 것이다(Gripp, 1984:108
~109 참조).

5. 의사소통행위이론 이후

위에서 우리는《의사소통행위이론》이 성립된 과정과 그 이론의 요점
을 간단히 정리해 보았다. 아래에서는 이 체계적인 대작 이후에 발표된
주요 저서를 소개함으로써, 말하자면《의사소통행위이론》의 후사(後史)
를 약술하기로 한다.

《도덕의식과 소통적 행위》(*Moralbewußtsein und kommunikatives Han-
deln*, 1983)에서는 특히 '담화 윤리'(*Diskursethik*) 또는 '윤리의 담화 이론'
의 기초가 제시되었으며, 이 주제와 관련된 다른 논문들은 다시《담화
윤리에 대한 논고》(*Erläuterungen zur Diskursethik*, 1991)에서 발표되었
다.《의사소통행위이론에 대한 선(先) 연구와 보충》(*Vorstudien und
Ergänzungen zur Theorie des kommunikativen Handelns*, 1984)에는 문자 그
대로 의사소통 행위 이론과 관련된 선행연구와 보충적인 논문들이 들어
있다.

하버마스는 1980년 가을에 아도르노상을 받으면서 "근대-미완의 기

432

획"(Die Moderne-ein unvollendetes Projekt)이라는 제목으로 강연을 하였다. 여기서 그는 '포스트모더니즘'과의 철학적인 논쟁에 본격적으로 발을 들여놓게 되는데, 이 주제와 관련된 강의를 그는 1983년 여름 학기와 1983/84년 겨울 학기에 하였다. 주로 이때 강의된 내용을 모은 책이 《근대성의 철학적 담론》(Der philosophische Diskurs der Moderne, 1985a)이다. 이와 때를 같이하여 함께 나온 책이 《새로운 불투명성》(Die neue Unübersichtlichkeit, 1985b)인데, 여기서는 말하자면 정치적인 측면에 강조점을 두면서 '근대의 철학적 담화'를 보충하는 글들이 포함되어 있다. 책제목과 동일한 표제의 장에 들어 있는 논문의 제목은 "복지국가의 위기와 유토피아적 에너지의 고갈"인데, 여기서는 특히 노동사회에서 의사소통 사회로의 패러다임 변화가 주제화되었다. 또한 "합리화의 변증법"(Dialektik der Rationalisierung)이라는 글은 하버마스가 호네트 등과 면담한 내용을 옮겨 실은 것인데, 여기서 하버마스는 특히 《의사소통행위이론》을 쓰게 된 동기를 밝히고 있다 (이 동기에 대해서는 이미 앞의 제5절에서 언급하였다).

《새로운 불투명성》이후 정치적인 측면이 강조된 글들을 모은 책으로는 1987년의 《일종의 손해 청산》(Eine Art Schadenabwicklung)과 1990년의 《나중에 뒤따르는 혁명》(Die nachholende Revolution)이 있다. 앞의 책에서는 1986/87년에 했던 이른바 '역사가 논쟁'(Historikerstreit)에서 하버마스가 자신의 입장을 밝힌 글이 포함되어 있다. 역사가 논쟁이란 유태인 학살을 포함하여 과거 나치 시대의 어두운 과거를 다시 독일 역사의 연속선상에 놓아, 말하자면 그 시대의 역사적 '정상성'을 회복하고 그 부정적인 과거의 '쓰레기를 치워버리려는' 움직임을 둘러싸고 이루어진 것이었다. 여기서 하버마스는 어두운 과거를 '역사화'하려는 경향에 대해 단호히 반기를 들면서 독일인의 정치적 정체성은 어디까지나 보편주의적인 시민적 원칙에 근거를 두어야 한다는 점을 강조하였다. 이러한 생각은 《나중에 뒤따르는 혁명》에서도 새삼 강조되고 있으며, 이 책에는 또한 동구에서 발생한 '평화혁명'을 바라보면서 하버마스가 느낀 점들도 기록되었다.

《후기 형이상학적 사고》(*Nachmetaphysisches Denken*, 1988)에서는 그동안에 쓴 철학논문들을 포함하고 있는데, 여기서 하버마스는 특히 형이상학적인 사고형태로 복귀하려는 일부 경향에 대해서 '회의적이지만 그러나 패배주의적이지는 않은 이성개념'을 옹호하고 나선다.

1991년에 발간된 《본문과 맥락》(*Texte und Kontexte*)은 피어스 (Peirce), 후설(Husserl), 하이데거(Heidegger), 비트겐슈타인(Wittgenstein), 호르크하이머(Horkheimer), 짐멜(Simmel), 미철리히(Mitscherlich) 등 여러 철학자와 사회과학자의 저작과 사상에 대한 해설을 포함하고 있는데, 여기서는 특히 그들의 '글'(또는 본문)이 당시대의 '맥락'과 어떤 관계에 있는가라는 관점이 부각되었다.

《의사소통행위이론》과 그 일부인 "담화 이론"을 법과 정치영역에 적용시킨 생각들을 체계화한 최근의 주요 저서는 1992년에 발간된 《사실성과 타당성》(*Faktizität und Geltung*)이다. 여기서 하버마스는 법과 민주적 법치국가의 담화이론에 대한 글들을 제시하고 있는데, 그는 특히 법과 법치국가의 담화이론을 제시하면서 도덕과 실정법의 상호관계, 사실성과 타당성의 양면성 또는 긴장관계를 강조하고 있다. 이 책에서는 또한 민주주의의 절차개념으로서 이른바 '심의적 정치'(*deliberative Politik*)가 제안되고 있으며, 시민사회와 정치적 공공분야의 역할에 대해서도 의사소통 이론적 관점에서 논의가 되고 있다.

어쨌든 《공론장의 구조변동》(1962)으로부터 30년 뒤에 발간된 《사실성과 타당성》(1992)에 이르기까지 일관되게 관통하는 하버마스의 지론 또는 기본 지침이 있다면, 그것은 다름 아니라 '미완의 기획'으로 남아 있는 이른바 '근대성'에 정향을 둔 비판 사회이론에서 핵심적인 것은 정치와 공공분야의 의사소통 과정 또는 담화과정에 시민들이 보다 더 자유롭고 평등하게 참여할 수 있도록 우리 사회를 조직하고, 우리의 생활세계를 합리화하는 것이다(Cooke, 1994:166; Dubiel, 1992:116~121 참조). 그것은 다른 말로 해서 사람들 사이의 의사소통 관계를 보다 더 인간화하는 것이다.

434

■ 참고문헌

Benhabib, S. & F. Dallmayr(eds.), 1990, *The Communicative Ethics Controversy*, Cambridge, Mass.

Cooke, M., 1994, *Language and Reason : A Study of Habermas's Pragmatics*, Cambridge, Mass.

Dubiel, H., 1992, *Kritische Theorie der Gesellschaft*, Weinheim.

Gripp, H., 1984, *Jürgen Habermas*, Paderborn.

Habermas, J., 1962, *Strukturwandel der Öffentlichkeit*, Neuwied.

_____, 1963, *Theorie und Praxis*, Neuwied.

_____, 1967, *Zur Logik der Sozialwissenschaften, Philosophische Rundschau*, Beiheft 5, Tübingen.

_____, 1968a, *Technik und Wissenschaft als 'Ideologie'*, Frankfurt/M.

_____, 1968b, *Erkenntnis und Interesse*, Frankfurt/M.

_____, 1971, "Vorbereitende Bemerkungen zu einer Theorie der kommunikativen Kompetenz" in ders. N. Luhmann, *Theorie der Gesellschaft oder Sozialtechnologie*, Frankfurt/M., SS. 101~141.

_____, 1976a, "Was heißt Universalpragmatik?" K. -O. Apel(Hg.), *Sprachpragmatik und Philosophie*, Frankfurt/M., SS. 174~272.

_____, 1976b, *Zur Rekonsruktion des Historischen Materialismus*, Frankfurt/M.

_____, 1981, *Theorie des kommunikativen Handelns*, 2 Bde., Frankfurt/M.

_____, 1983, *Kommunikatives Handeln und Moralbewußtsein*, Frankfurt/M.

_____, 1985a, *Der philosophische Diskurs der Moderne*, Frankfurt/M.

_____, 1985b, *Die neue Unübersichtlichkeit*, Frankfurt/M.

_____, 1988, *Nachmetaphysisches Denken*, Frankfurt/M.

_____, 1990, *Die nachholende Revolution*, Frankfurt/M.

_____, 1991, *Erläuterungen zur Diskursethik*, Frankfurt/M.

_____, 1992, *Faktizität und Geltung*, Frankfurt/M.

Held, D., 1980, *Introduction to Critical Theory : Horkheimer to Habermas*, London.

Honneth, A. & H. Joas(Hg.), 1986, *Kommunikatives Handeln*, Frankfurt/M.

McCarthy, Th., 1978, *The Critical Theory of Jürgen Habermas*, Cambridge,

Mass.

_____, 1980, *Kritik der Verständigungsverhältnisse : Zur Theorie von Jürgen Habermas*, Frankfurt/M.

Thompson, J. & D. Held, 1982, *Habermas : Critical Debates*, Cambridge, Mass.

Wiggershaus, R. , 1991, *Die Frankfurter Schule*, München.

나남신서 561

하버마스 : 이성적 사회의 기획, 그 논리와 윤리

1997년 9월 5일 발행
1997년 9월 5일 1쇄

編　者 : 鄭昊根 外
發行人 : 趙相浩

發行處 : 나남출판

137-070 　 서울 서초구 서초동 1364-39 지훈빌딩 501호
전화 : (02) 3473-8535 (代)
FAX : (02) 3473-1711
은행지로번호 : 3005028
등록 : 제 1-71호 (79. 5. 12)

ISBN　89-300-3561-2　　　　　　　　값 12,000 원

Jürgen Habermas

"오늘날에는 곳곳에 안개가 너무 많이 끼어 있습니다.
저는 이 안개가 걷힐 수 있다는 희망을 버리지 않습니다.
이 일에 제가 무언가 기여할 수 있다면 좋겠습니다."

– 하버마스

하버마스 한국 방문 7강의

현대성의 새로운 지평

하버마스 / 한상진(서울대) 편

그에게 동의하든 동의하지 않든 오늘날 그를 거쳐가지 않고는
사회이론이나 사회철학을 논하는 것이 거의 불가능할 정도라
고 평가되는, 현대의 마지막 거대이론가 하버마스. 그가 한국
에서 남긴 말은 과연 무엇인가?

· 신국판 / 496면 / 12,000원

도덕의식과 소통적 행위

하버마스 / 황태연(동국대) 역

도덕철학 및 문화론에서의 근대 및 탈근대 논의, 사회과학적
방법론 논의, 정치사상에서의 인권적, 정치윤리적 보편성과 문
화적 특수주의 논쟁과 관련하여 중요한 논제를 제공해 줄 책.
국내 초역.

· 신국판 / 264면 / 8,000원

하버마스의 사상 주요 주제와 쟁점들

장춘익(한림대) 외

하버마스를 처음 접하는 독자들을 위해 그의 의사소통행위이
론, 법이론, 근대성이론에 대한 논문 등 가급적 넓은 영역을
포괄한 하버마스 사상의 총괄적 소개서.

· 신국판 / 468면 / 10,000원

NANAM 나남출판 서울 서초구 서초동 1364-39 지훈빌딩 501호
TEL:3473-8535 FAX:3473-1711